彩图 1　五亭桥
又称莲花桥，坐落在瘦西湖上。

彩图 2　扬州新城的小巷

摄影：作者，1980 年。

彩图 3 瘦西湖畔的旧园林
摄影：作者，1980 年。

彩图 4　普哈丁墓

该墓大约修建于 1275 年，位于扬州城东大运河边。刻着波斯文和阿拉伯文墓志
铭的碑石现存于墓园中。摄影：作者，1980 年。

彩图 5　下河地区，兴化县
摄影：作者，1992 年。

彩图 6　白塔

摄影：作者，1980 年。

彩图7 文昌阁

该建筑横跨旧城运河，直至后者在 1952 年被填平为一条马路。这是太平天国运动期间严重受损的建筑之一。摄影：作者，1980 年。

彩图 8　作者一家与当地人的合影
摄影：作者，1980 年。

彩图 9　郑元勋《临沈石田笔》(1631)

郑元勋临摹权威的文人艺术家沈周的作品，由此确认了自己的文人品味，这在其园林的构想和设计中也体现得很明显。苏州博物馆藏，载于 Cahill, *Shadows of Mount Huang*, p. 75, fig. 15。

彩图10 禹之鼎《王士禛放鹇图》细部（1700）
故宫博物院藏，载于 Mayching Kao, *Paintings by Yangzhou Artists of the Qing Dynasty*（北京：故宫博物院；香港：香港中文大学艺术中心），第44页，图26。

彩图 11　看西洋景（1895）

上海图书馆藏的一份木版年画，载于冯骥才编：《中国木版年画集成·上海小校场卷》，第 356 页。

彩图 12 王云《休园图》细部（1715—1720）
旅顺博物馆藏，载于《中国美术全集》，第 10 册，第 103 页，图 102。

彩图 13　罗聘《筱园饮酒图》(1773)

版权所有：美国纽约大都会艺术博物馆，2004 年，第 13.220.34 号。

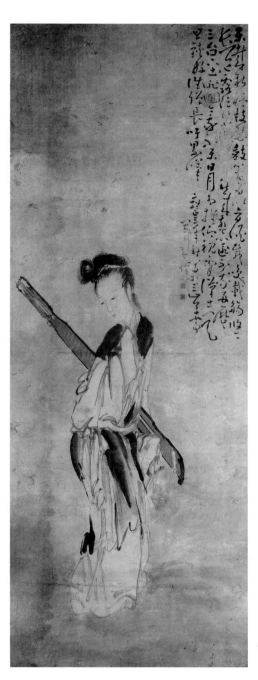

彩图14 黄慎《携琴
仕女图》(1724)
绘于黄慎刚到扬州的
第一年，泰州市博物
馆藏，载于卢浩编：
《扬州八怪画集》，第
39 页。

彩图 15　18 世纪初的时尚

不同的服饰风格和发型的对比，扬州
画家禹之鼎所绘。《乔元之三好图》细
部（左），无创作日期，南京博物院
藏，载于何恭上编：《历代美人画选》
（台北：艺术图书公司，1984 年），第
106 页。《双英图》细部（右），1710
年，清华大学美术学院藏，载于刘人
岛编：《中国传世人物名画全集》，第
2 卷，第 351 页，图 341。

彩图 16　马氏兄弟及其朋友（1743）

方世庶、叶芳林：《九日行庵文讌图》细部，1743 年重阳节。画中此部分从左至右分别为：无名仆人 1、王藻、洪振珂、陆钟辉、马日琯、无名仆人 2、汪玉枢、程梦星、马日璐、陈章、方士廉、厉鹗、无名仆人 4、无名仆人 5。版权所有：Cleveland Museum of Art, 2004; The Severance Greta Millikin Purchase Fund, 1979. 72。

Speaking of Yangzhou

A Chinese City, 1550-1850

说扬州

明清
商业之都的
沉浮

[澳]安东篱——著
李霞 李恭忠——译

北京联合出版公司
BeiJing United Publishing Co.,Ltd.

谨以此书纪念我的父亲

彼得·芬安（1926—2001）

中文版序

　　这本书的研究工作始于 20 世纪 70 年代末，那时候，研究中国历史的西方学者们正好对地方史尤其是城市史怀有强烈兴趣。我想起了我在南京大学的指导教师吕作燮教授，他曾经饶有兴趣地观察到中、西史学之间的这一差异。他评论说，在中国，历史学家们主要致力于观察宏大的图景。中国的老师和同学们都很奇怪，我怎么会去研究扬州这样一个城市，因为它看上去远离了近代中国历史的主流。

　　从那以后，中、西史学之间的缺口有了相当的缩小。改革开放年代，研究者们进入、流出中国成为常态，由此促进了观念和研究方法的交流。新一代学者们将新的问题引入了历史学。假如本书的基础工作完成于更晚些时候，那么毫无疑问，它将成为一本迥异于目前模样的书。早在我得以拾起自己博士论文的思路进而写作本书之前，更年轻的学者们已经开始转而关注扬州。2001 年，斯坦福大学出版社推出了艺术史专家徐澄淇（Ginger Hsü）的著作《以笔换珠：18 世纪扬州的商业绘画》（*A Bushel of Pearls: Painting for Sale in Eighteenth-Century Yangchow*）。三年之后，梅尔清（Tobie Meyer-Fong）在同一家出版社出版了《清初扬州文化》（*Building*

Culture in Early Qing Yangzhou）。此外，丹麦学者易德波（Vibeke Børdahl）也早已开始了关于扬州说唱文学的一项重要研究。她的第一部重要著作《扬州评话探讨》（*The Oral Tradition of Yangzhou Storytelling*）出版于 1996 年。

事实上，20 世纪末 21 世纪初的几年里，涌现了一批专门探讨或者涉及扬州的英文论著。在易德波和捷克学者卢齐耶·奥利沃娃（Lucie B. Olivová）的引领下，一些学者随后形成了一个学术共同体，号称"扬州研究俱乐部"（the Yangzhou Club）。到目前为止，扬州研究俱乐部已经推出了两部重要的文集：一部是论文集，涉及扬州社会生活的各个侧面（*Lifestyle and Entertainment in Yangzhou*, 2009）；另一部是翻译和评注类型的《扬州文选》（*Yangzhou, A Place in Literature: The Local in Chinese Cultural History*, 2015）。第三部文集目前正在拟议中。

因此，眼前这本书只是我关于扬州的诸多英文论著中的一种，它们大多已经被翻译成了中文。本书第一版中译本遇到了学识丰富的中国读者，暴露出了一些错误之处。这些错误在这一版里得到了更正，不过本版很可能还存在着别的错误。此外，书中的一些结论，也许有必要通过英文原著出版以来学术界的新近研究成果加以验证。感谢后浪出版公司考虑出版本书的第二版中译本，也感谢南京大学的李恭忠教授，他是第一版的共同译者，现在又来为第二版出力。

本书第一版中译本面世于 2007 年，是由中华书局出版的。如果没有蔡少卿先生，这一切都无从谈起。蔡先生是恭忠读博士期间的导师，也是 1977 年我最初到达南京大学历史系时的一位老师。

多年以来，他的友善、指导和支持，让我永远难忘。蔡先生于 2019 年去世了，我想将这个新的版本献给他，作为永久的纪念。

安东篱

2021 年 7 月

序

我首次访问扬州是在 20 世纪 80 年代初，正值该市封闭多年后第一次对外国游客重新开放不久。这是一座安静的城市，灰蒙蒙的，满是尘土，但很迷人。城东小巷中的那些小瓦房，看上去似乎已经矗立了好几个世纪，或许情况确实如此（见彩图 2）。那些更宏伟的建筑虽已荒废，但依然暗示着遥远过去的辉煌岁月。小贩们在街头出售各种食物。

中国的新年正在临近，游客们正在城外湖边陈旧的亭台楼阁前闲逛（见彩图 3）。他们正踏着前辈游人的足迹而行。正如我们将要发现的，在 18 世纪后半期，扬州以活跃的旅游业而自豪，并且在其财富源泉耗尽之后的很长时间内继续吸引着许多游客。不过，在 20 世纪 80 年代以前的中国，旅游业作为一种经济活动方式并未得到有力的促进。当时该市最新的旅游指南出版于 1954 年。

我和丈夫在街上漫步时，一个人开始与我们攀谈起来，并送给我一份这种旅游指南。他邀请我们去他家做客。那是一间昏暗的屋子，地面满是脚印。他为我们冲了两杯加糖的开水，不无嘲讽地向我们讲述他在"文革"期间的"挨斗"经历。我在那次旅行中拍了一些照片，但可惜的是没有写日记，无法想起他的姓名。他大约四十多岁，衣着寒碜，却懂一点英语。他的阶级背景肯定不好。我们离开的时候，他送给我一本破旧的小书，书页上有他随意写下的笔记和着重号。书名为《扬州名胜》，纸张很粗糙，书中那些名胜的黑白照片印得非常模糊。封面为五亭桥（也叫莲花桥）的彩照，该桥修建于 1757 年，以庆祝即将到来的皇帝的巡视。当时扬州是全国最繁华的城市之一，远近各方的人都来这里共睹其辉煌盛况。我用这则封面作为本书护封的插图，谨此对多年以前那位友好的主人表示谢意。

目录

第一部分

基　础

Foundations

本书探讨的对象是中华帝国晚期的一个大城市，它因为在18世纪积累了巨大的财富而广为历史学家所知。对于外国人而言，它或许不如苏州、杭州那么熟悉，后者作为江南文化的著名中心，往往是众多旅游线路中的亮点；但对于中国人来说，它的名字往往会带来丰富的历史和文化联想。民国时期著名作家朱自清长大以后发现，一提起自己的故乡，就会引起身在北京的学界同人们的相同反应。他写道："你若向人提起扬州这个名字，他会点头或摇头说：'好地方！好地方！'"[1]

著名的地方往往像一个人一样，而为一座城市写一本书，某种程度上就相当于撰写一部人物传记。一个地方可以获得某种想象出来的人格特征，乃至获得某种性别，并成为自身历史中的一个角色。扬州的情况正是如此。这座城市如何被想象？这就是本研究所关注的问题。我们可以利用地图、文字记载和历史遗迹对以往的城市进行实体性的调查，也可以根据现存的记载来描述其经济和行政功能；不过，我们还要研究一个地方的文化，以便观察滋生了这座城市的社会的世界观。

本书的名字来自朱自清一篇文章的标题，即"说扬州"。朱自清写了许多与故乡有关的文章，它们大多反映了扬州的流行形象与他自己在该市的生活经历之间的张力。因此，本书的名字所指，既是关于这座城市的观念，也是催生了这种观念的历史的复杂性。

全书分为四个部分，第一部分为其余部分提供了史学和历史基础。第一章介绍文化阐释和历史学话语结构中的扬州，辨别那些主导着中国社会内部对这座城市的认知的修辞，以及这个崛起于18世纪的独特的城市社会所提出的史学问题。第二章对这座城市进行时间和空间定位，确立一些可以为后来的扬州认知提供启示的历史参照层次，并描绘出这种认知的大致范围。

第一章

导　言

一

　　扬州博物馆的院子里矗立着一座威尼斯商人马可·波罗的纪念碑。他在著名的中国游记中称，自己曾经在忽必烈大汗时期当过三年的扬州总督。[1] 马可·波罗明智地选择了这座中国城市。即使在那个时候，扬州在中国人心目中的地位，依然可以跟欧洲人后来心目中威尼斯的地位相提并论。这种地位正好来自财富、权力和文化活力的结合，这种结合在另一种传统中的另一座城市身上打下了深刻的烙印。这两个地方获得文化成就的时间并不相同。威尼斯的"黄金时代"在13—16世纪。扬州则有两个这样的时代，一是6—9世纪的隋唐时期，二是本书集中研究的16—19世纪。唐代扬州的诗歌和清代扬州的绘画在中国人的精神世界中持续流传，使这座城市的名字成了中国文化史上的一个参照点。与威尼斯一样，扬州使人想起许多艺术家、文人、富商巨贾及水道的形象。这是一种非常迷人的城市环境，一段充满色彩和浪漫的过去。在18世纪，这座城市因为"奢靡消费"而闻名——这正是彼得·伯克（Peter Burke）对17世纪威尼斯的说法。[2]

西方的汉学家往往将特定的中国城市与设想中的欧洲对应城市相提并论。这种比较并无不妥，而是使陌生环境变得熟悉，让人能够理解。尽管这两座城市在规模上有着显著的反差，但读者只要能把扬州想象为中国的威尼斯就已经不错了。在最繁荣的 18 世纪，扬州是一座富有、美丽并且具有历史影响的城市，被运河包围和分割——虽然这里的运河没有威尼斯那么多，但也足以使舟船成为日常生活的一部分。与威尼斯一样，这里也有一条大运河，当时如果没有"冈朵拉"的话，肯定有画舫——它为李斗那本著名的导游著作《扬州画舫录》的书名提供了灵感。[3]并且与威尼斯一样，在其全盛期之后很长时间里，扬州依然吸引着许多游客。

在中国文学当中，扬州被建构为一个梦幻之地。郑板桥（1693—1766）写道："我梦扬州，便想到扬州梦我。"[4]这些文字中最明显的幻象是哲学家庄子的一段话，后者梦见自己是一只蝴蝶，醒来后怀疑自己只是蝴蝶梦中的一个片段。[5]庄子之后，扬州梦在杂文、小说和戏剧中得到了充分的描述。[6]其源头来自杜牧（803—852）的一首诗：

> 落魄江湖载酒行，楚腰纤细掌中轻。
> 十年一觉扬州梦，赢得青楼薄幸名。[7]

一千年后，周生的《扬州梦》刻画了 19 世纪中叶这个变动时期的扬州社会及其"青楼"的情况。在太平天国运动期间该城被毁之后，作者不无怀旧地想起了这个依然很活跃的消费社会。[8]

扬州梦在 20 世纪褪去了色彩。郁达夫（1896—1945）的《扬州旧梦寄语堂》将关于扬州的罗曼蒂克式文学建构与民国时期扬州的破败现实进行了对比。[9] 丰子恺发表于 1958 年的《扬州梦》是一个革命的梦。他在梦中本能地想表达郁达夫所感受到的对于过去的惋惜，却转而自觉地意识到老扬州的繁华是以劳动人民为代价而创造出来的。[10] 这些更晚的作品是一个时代的产物，在民族主义和现代化的双重支使下，中国和她的城市当时正在被重构，正被以不同的眼光来看待。在 19 世纪 90 年代，金乐婷（Mary Geraldine Guinness）发现扬州的异教寺院多得可怕，那里的居民不是本地面孔，而更具异国情调。[11]

不仅繁华凋落了，连可能欣赏这种繁华之踪迹的时代也过去了。[12] 滋养了扬州的中华帝国已经消逝，新建立的南京国民政府致力于塑造一个国家。韩起澜（Emily Honig）关于上海苏北人的研究显示，在此背景下，上海的扬州移民被嘲笑来自一个落后的地方，甚至被指控与日本人合作。[13] 从本质上说，这座城市是一种历史的产物，而这种历史在国民党时代被认为是一个问题。不管是过去还是现在，那里城市精英的悠闲生活都成了颓废的标志，有人认为它应对 20 世纪前半期中国的消沉负责。[14]

新闻家范长江（1909—1970）[15] 这样概括诸多扬州形象导致的张力：

> 扬州有两个，一堕一英豪。
>
> 炀帝花柳客，盐商亦其曹。
>
> 史公正气雄，八怪品亦高。
>
> 而今劲更足，鲜花朵朵飘。[16]

简单地说，扬州有一些值得称道的文化英雄：英勇的史可法（1602—1645），在 1645 年清兵围攻时奋起保卫该城；还有 18 世纪的"扬州八怪"，为一种伟大的中国艺术形式做出了重要贡献。但这座城市的名妓被重新描述为娼妓，隋炀帝及盐商因为与她们有关系而染上了污点。

二

范长江的诗注意到了扬州在两种重要的明清史叙事中的地位：一是 17 世纪朝代更迭的故事，史可法在其中被刻画为一名主角；二是 18 世纪商人财富增长和社会变迁的故事，向上流动的盐商形象是其中的主角。扬州这个地方在明清易代之际的名声，某种程度上可以归因于王秀楚《扬州十日记》的广泛传播，后者是关于1645 年扬州城陷事件的目击记录。[17] 何炳棣一篇关于扬州盐商的论文，则稳固地确立了扬州作为 18 世纪商人财富和权势的展示柜之地位。何炳棣的文章发表于 1954 年，事实上在很长一段时间内，该文都是英语学界关于清代商业活动和商人文化的仅有的一篇历史研究论著。[18]

从文学、哲学、绘画到戏剧研究等各个领域，大部分研究清代历史的学者迟早都会发现自己应该征引何炳棣的开创性研究成果。[19] 连同他的后续论著一起，该文有力地阐述了关于明末和清代社会的两个既定假设。一种认为商人与士大夫之间的社会区别在帝制晚期开始模糊。另一种认为同乡特殊主义（native-place particularism）——在此基础上，或许可以认为中国最多只是一个碎片化的社会——正在让位于越来越强的地区间社会和经济一体化。[20] 扬州有着庞大的商业和寄居人口——至少是相互重叠的两个类别。在关于中国社会的粗略图像中，它正好可以作为这些进程的标准案例。

近半个世纪以来中国史研究领域发生了深刻的变化，尽管如此，何炳棣的研究依然显得很中肯，其重要性由此可见一斑。在强调经济的货币化、地区间贸易的增长、对外贸易的确立（即使是边缘性的）、城市的扩展和城乡关系的变化、城市制度的增生、商人势力的崛起、社会界限的模糊、印刷文化的普及和识字率的提升，以及从玄学到经验学问之转变的修正主义史学当中，扬州及其拥有功名的商人和消费经济，被证明非常值得一提。[21]

作为这幢史学大厦的一块基石，地方史与中国史之间的关系在扬州身上得到了体现。当某个城市作为中国社会内部正在发生的事情之例证而被征引时，它就注定会成为中国的微观化身。当何炳棣未能在 18 世纪的扬州发现同乡组织过剩的确凿证据时，他在无意中便指出了这一假设背后的难度。[22] 正如何炳棣指出的，同乡组织是一种商业活动——尤其是参与远距离贸易——的指数。如果扬州缺乏这种组织，并且在其他大城市中没有自己的同乡组织作为代表，那么这座城市在何种意义上能够成为帝制晚期城市发展和社会变迁的代表性例子？

作为"整体的一个部分"，18 世纪的扬州从反面体现了张琳德（Linda Cooke Johnson）指出的上海问题。张琳德批评了如下概念，即把前通商口岸的上海视为有待西方加以城市化的"沉睡的渔村"。她认为整个帝制晚期，上海在其腹地的经济和社会组织的发展方面扮演了积极角色。[23] 18 世纪的扬州与 19 世纪末的上海并非没有任何相似之处。扬州被视为曾经的一个著名商业活动中心，占据着盐业贸易中的枢纽位置，在远距离贸易网络中无疑具有重要地位——后者是中国经济走向一体化的基础。人们经常会隐约提及它在目的论历史变迁中的地位和表现，有时甚至直接将其阐述出来。[24]

这种历史建构中固有的典型性和代表性问题，只能通过特定城市体系内部的深度比较研究得到解决，而这项任务已经超出了本书的范围。这里能说的是，作为所有政府专卖行业中最富庶的两淮盐业的行政中心，扬州与首都北京有着密切的关系，后者在韩书瑞（Susan Naquin）看来并不是一个非典型的中国城市。[25] 扬州在地理上与江南的众多大城市接近，这助长了一种看法，即把它看作全国城市化程度最高的地区城市发展的标志。它的名字通常与苏州相提并论，二者都因为美女、园林及其他文化产品而出名。不过作为盐政中心，18 世纪的扬州是一个独特的城市，就如 19 世纪初作为指定外贸口岸的广州一样。扬州的独特性，并不意味着这个特殊的城市社会没法向我们透露关于整个中国社会的某些东西，但它确实告诫我们，不要轻易拿扬州作为例子来证明其他地点和其他地方社会的趋势和现象。

正如王振忠的开创性研究所探讨的，扬州与 18 世纪的其他大城市有某种相同之处，即徽商在其社会构成中占有很高的比重。[26] 徽州距离扬州大约 250 英里（1 英里 ≈ 1.6 千米），徽商活跃在整个长江中下游地区的各个重要贸易中心。在汉口——这是少数得到了深入研究的清代中国城市之一，徽州盐商在城市社会组织中也扮演了关键角色。[27] 但徽商活动之处的独特的地方特性，意味着他们对各个地方社会的影响也相当不同。斯波义信分析了18世纪福建、徽州和山西商人在宁波的存在情况。[28] 扬州和宁波的一个不同之处在于，这些客商在宁波的影响表现为强大的地方商人群体的兴起。18世纪初，宁波商人"逐渐崭露头角"。斯波义信认为，可能"他们的许多商业技巧和在资本方面的敏锐性都得自竞争对手"，主要是来自徽州和福建的商人。[29] 在山陕商人也很活跃的扬州，却一点也看不到这种发展迹象。在19世纪末的上海，宁波以商人银行家们的故乡而闻名。[30] 来扬州的人则成为无产阶级。[31]

徽商在扬州留下的最持久的遗产，就是在他们赞助下出版的丰富的美术作品集，而且关于这座城市，艺术史家们已经出版了一些非常有意思的历史著述，这一点也不奇怪。徐澄淇新近出版了一项关于18世纪扬州绘画的研究成果，探讨了绘画作品交易背后的社会和经济关系变迁，提供了比以往更加细致的关于这座城市内部社会和经济关系的清晰论述。[32] 徐澄淇正确地强调了扬州商业社会的深刻性和复杂性。在关于石涛（1642—1707）晚期作品的研究当中，乔迅（Jonathan Hay）朝理论方向迈出了更大的一步，提出扬州"从许多方面来看都是一个现代城市"，并且其"更加现代的特征……并不为这座城市所独有"。[33]

正如乔迅进一步提出的，关于一个充满地方特性的城市的探讨，存在着一定的限度。他这样写道，扬州的"社会、经济和文化特征，在很大程度上不能通过这一地点和空间所固有的地方性联系来界定，而应通过与其他地方的关系来加以界定"。[34] 从这个角度来看，与其平行地看待城市社会，还不如从有机联系的视角来看待它们，而徽商本身就是影响着这种联系的重要媒介。如果将扬州看作一个城市体系中的一员，那么与其说它是整个体系中（或者说整个国家）正在发生的事情的例证，还不如说它是后者的一个产物。那里的著名画家大都来自其他地方，这个事实就说明了这一点。

另一方面，扬州的一些独特之处，有助于理解这座城市在 20 世纪背景下的矛盾形象。扬州还有其他一些画家，借用龚贤（约 1619—1689）的区分，他们通常被描述为绘"图"者而不是"画"家，绝大多数来自扬州及其下辖各地。[35] 同样，还有另一个扬州——一个贫穷而非富庶的扬州。帝制晚期的官方记录提供了一些线索，可以用来解释 20 世纪以后扬州的去魅化。简单地说，它们显示了地方社会的相对微弱，显示了这座城市对一个为维系并服务于晚期帝国而设计的结构的依赖，还显示了大扬州地区的环境问题，以及经济多样性的缺乏，后者原本或许能够帮助这座城市安然渡过鸦片战争开启（至少可以说是促发）的一个变迁阶段。

从地方志到档案记录等官方和半官方记载，与同一时期的文学记载形成了发人深省的反差。在谈到扬州时，一份奏折或者上谕很可能会提及该地区的洪灾、赈饥的需要，或者是作为区域主导产业的盐业的失衡。相反，涉及扬州的诗歌和散文，却往往更倾向于谈论这座城市本身，后者大体上不受自然灾害的直接影响，并且往往不会因为盐业贸易的失衡而遭到损失。官方记载中的扬州埋藏在档案或卷帙浩繁的官府文书里。文学中的扬州继续在整个汉语文献世界自由流传。

扬州因为自己在文化地图上的地位而吸引了人们的注意；其转型位置不仅显示了它自己的变迁命运，也体现了它在中国人心目中的位置之变迁。这个特殊偶像的褪色，至少在部分程度上可以归因于中国人的城市经验的变化，以及中国人的世界观的相应转换。这座城市的名字也是以它为治所的一个府的名字，使人注意到另一种实际的景观：帝制晚期一个由城墙围绕起来的市，在那里，一个具有文化特色的复杂城市社会正在形成；以它为治所的两个姊妹县，当地人口即来自这两个县；该城所在的更大区域（无论从地理上还是从政区上而言），官僚体制和经济纽带的网络将该城与其他大大小小的行政中心、市镇、村庄、稻场、鱼池和盐场连在一起。假如观察者再后退一步，第四种景观就会浮现出来，因为扬州是帝国的产物，诞生于南北交会之处，并且由于南北之间的交通而得以持续发展。即便从辽阔的距离来看，纵览各省份、水路和边远地区，中国的风景也不会盖过观察者心目中的帝制晚期扬州印象。相反，观察者的目光被一条条交通线路引向这座城市：长江自西向东流过，就在扬州南面与大运河交汇。

从这些不同的风景中得出的扬州历史充满了悖论。这是一片贫困区域中的一座富裕城市。这座城市孕育了许多杰出的学者和艺术家，但很少有官僚。它处于两条重要商路交会处的战略位置，买卖活动就跟吃喝一样寻常。但在一个地区间贸易蒸蒸日上的时代，扬州人在其他重要商业城市的存在却一点也不明显。这种悖论根植于帝制晚期的扬州社会本身，而且构成了扬州历史的一部分。

这些悖论的阐明得益于一部独特的文集，它使我们能够把这座城市当作一个地方性场所加以反思。梅尔清已经指出，17 世纪晚期，清初的士大夫们通过一系列文学工程，开始在已有形象的基础上重新赋予扬州别的意义。[36] 在 18 世纪，扬州人正忙于记录这座城市的方方面面，因为在盐商们非凡财富的影响下，它显然正处于繁花似锦的状态。李斗在成书于 1795 年的著作中列举了自己所能获得的一些重要资料来源：汪应庚的《平山揽胜志》、程梦星的《平山堂小志》、赵之璧的《平山堂图志》，以及汪中的《广陵通典》。[37] 借此他得以开展自己那雄心勃勃的计划，即记录下这个城市和社会的全盛状态。这些著作都是徽州人主导扬州时期的产物。汪应庚和程梦星都活跃在 18 世纪上半期，属于当时最著名的徽商。汪中（1745—1794）的故乡同样在徽州，但我们将发现他在这方面的立场有点反常。[38] 赵之璧一度担任过盐运使，这是扬州当时最有权势的职位。除了汪中那部最晚的未竟之作，其他著作都以平山堂为主要依归。该堂位于扬州西北面的山丘当中，是一个充满宗教和历史意义的场所。

李斗的《扬州画舫录》是最广为人知的一部关于 18 世纪扬州社会的著作，屡屡被后人征引，可以为历史学家提供丰富的历史资料。与各种平山堂志不同，这部"编年录"密切关注扬州城本身。李斗隶籍扬州正西边的仪征，除了撰写这本书别无其他的名声。他的户籍与许多扬州人相同，因而用那时候的术语来说，基本上可以被视为本地人或"土著"。[39]（相反，徽州人的后代大多被目为"流寓"，尽管并不全是如此。）《扬州画舫录》一书的资料编纂工作始于 1764 年，也就是乾隆皇帝第三次南巡的两年之后。乾隆末年（1795），李斗完成了该书，在撰书期间，皇帝还进行过三次南巡。就这座城市在 18 世纪后期的扩展而言，乾隆皇帝的南巡对扬州产生了非常大的影响，而李斗正好在此基础上开始了自己的撰述。但在该书的开篇之卷中，他提到了茶馆、饭馆和澡堂，这座城市的悠闲生活大多围绕着它们而展开。皇帝的南巡尽管为当地带来了荣耀，南巡本身却成了以各色市民翘首以待为特征的都市景象的一部分。

这种关于 18 世纪扬州的参与式和启发式叙事，不禁使人想到其构筑过程中存在着一种关于地方特性的渐进发展理念。李斗原本可以按照地方志的体例来组织自己的著作，以不同的部分来处理沿革、地理、名胜、景点、传记和艺文。相反，他感觉到了这座城市的有机性质。过去和现在、人物和场所、作品和作家，都紧密地交织在一起，从而造就了一种有着戏剧性互动的城市社会叙事，文学表现的奇妙性正好可以跟帝制晚期扬州社会本身的奇特性媲美。这种对于城市生活的敏感后来变得很明显。与李斗同时代的林苏门（1749—1809 以后）显示了对商品和地方文化的强烈兴趣，在 1808 年出版了一本关于扬州的诗歌集注；自称"邗上蒙人"者也是如此，在 19 世纪 40 年代创作了《风月梦》，韩南（Patrick Hanan）认为该书是中国"第一部城市小说"。李斗有力地确立了一种想象这座城市的方式，它可以被后来者利用。邗上蒙人自然也读过他的著作。[40]

《扬州画舫录》使"扬州梦"得到了发展和具体化。李斗非常了解当地社会，尤其关注那些不知名的艺术家和学者的成果，但他的著作显然并不涉及该城地方行政方面的寻常内容。他这本书描写的是城市的庆典，跟文艺复兴前期的作品《城市颂》（Civis Laus）很相似。回头看来，其著作也标志着一个记录了扬州梦的时代的终结，以及一个即将回忆起扬州梦的时代的开始。在从诗集到治水协议等各种作品里，通过记录 1645 年以后的岁月里所经历的一切，李斗之后的扬州文人们让自己的家乡进入了历史表述当中。同样，一种高度的地方感依然很明显。所有这些作者都以不同的方式相互连在一起，著名的士大夫阮元（1764—1849）则在社会和文学关系中起到了枢纽作用。他们的著作所覆盖的多种题材，为这座城市提供了更复杂的过去和更丰富的区域背景。[41]

尽管清代的扬州活跃着许多艺术家，但关于建筑环境的视觉表现形式相对少见。它们主要包括关于各处名胜的木版画，以及一些经常被引用的关于扬州园林、寺庙和城外风景的隐喻性绘画。在石涛笔下的城市风景中，这座城市若有若无地隐现于薄雾和水汽之中——乔迅认为这是一种"悬浮中的现实"般的视觉形态。[42] 1953 年该城的城墙被拆除，关于这座城市的一种最显眼的视觉表现形式由此消失，这种现象明显见之于石涛的许多绘画作品当中；[43] 而过去的其他痕迹尚能存留下来，应当只是因为被宽容地忽略了。

二战结束后不久，威廉·H. 斯科特（William Henry Scott）曾经在扬州做过传教士。从他的蜡笔画作品集中，我们可以看到一份罕见的扬州城墙拆除之前的图画记录。[44] 这是一座陈旧的城市之轮廓，充满了阴影，街上都是碎石，奇怪的晾衣竿沿着狭窄的巷道伸展开来，上面挂着晾晒的衣服。寥寥数笔的人物形象有穿着蓝色长袍的男人——这种时尚将不再持续多久。一幅图画中的电线杆提醒我们注意到新近发生的技术变革，尽管用电还是一件稀罕的事。一面城墙上写着红色的大字标语"毋买日货！"，对于一个被日本军队侵占了八年的地方来说，这是一种姗姗来迟的战争呼吁。该城的建筑景观也一目了然。斯科特描绘了天宁寺、莲花桥、白塔和文峰塔

图 1　城墙被拆掉之前的一道城门和码头
蜡笔画，威廉·H. 斯科特作，大约 1946 年。

等标志性的名胜，以及城门和厚重的城墙。部分城墙被画成长满植被的样子，使该城的"芜城"这一别称显得名副其实。

这些素描将 20 世纪中叶与一段更早的视觉历史连接了起来。18 世纪末的额勒桑德（William Alexander）用水彩画描绘过文峰塔，石涛的一张画页中也出现过它的身影。[45] 石涛所画的文峰塔对面、大运河面前的大屋顶城门，可能就是斯科特在两个半世纪之后所描绘的同样部位，只不过是从更近的视角（见图 1）。这就是南门，或称"江安门"，掩藏在一座子城后面。斯科特这些作品有一个鲜明的特征，即关注码头上正在展开的经济生活；对此石涛也有所暗示，粗略勾勒了依稀可见的大运河上的一长列小船的模样。在

18世纪，来自西南边瓜洲的卖芦苇者通常由南门外的码头进出扬州。他们在南门街上的小客栈歇脚，吃着一碗碗的豆腐干（干丝）。这是当地特产，码头附近的食品摊上就有卖。[46]

三

斯科特这些朴素、迷人的图画描绘了20世纪40年代后期的日常生活，以淡淡的笔触将昔日的辉煌融入其中，使人注意到扬州是一个有着本地历史的地方，流寓人口甚至皇帝都在其中扮演了重要角色，但他们并没有改变这座城市在区位上的特殊优势和不足。本书试图论述这种历史。随后各章将考察这座城市在明末和清代的形成，既涉及历史学的问题，比如该城在历史上的地位，也涉及符号学的问题，如在时间长河里累积起来的关于扬州的意义。这些问题是相互关联的：这座城市的实际构造——该地的学术环境、慈善组织、园林、茶馆和妓院——为型构某种关于扬州的观念提供了基础，即便这种观念吸收了更早的历史意义从而变得更加丰富。

如前所述，本书分为四个部分。第一部分包括导言和随后的一章，介绍这座既是一个史学问题，又是一个可以通过以往记载进行历史认知的场所的城市。第二部分将这座城市置于清代盛世的历史背景之下，关注其在明末清初的发展，追溯16世纪晚期以降徽商在扬州的兴起，并结合1645年的扬州城陷事件和17世纪后半期的忠义问题，对明清易代的历史提出新的问题进行探讨。大体上可以证明，18世纪的扬州形象在明朝灭亡之前已经略见规模。第三部分考察 18 世纪扬州城与更大的扬州地区之间的关系。第六、七章集中探讨盐务管理和扬州腹地治水问题。盐意味着财富，而洪水意味着贫困。第八章展现了同一时期扬州城本身所发生的一切：正如我们可以设想到的，那就是繁荣，但在 18 世纪漫长岁月的不同阶段，繁荣的方式也不一样。第四部分从社会等级中的性别和同乡关系这一角度来探讨这座城市，同时质疑那种传统的描述，即认为扬州在社会边界的模糊方面最为突出，而这种边界的模糊构成了 18 世纪中国社会的特征。这一部分的各章显示，18 世纪扬州城内所能见到的某些特定的空间模式和社会分化模式，在很大程度上体现了徽州人和扬州人之间的关系。最后，尾声部分提出了关于 19 世纪扬州历史的基本看法，从这种历史中我们可以清晰地看到先前时代的某些历史特征。每个部分之前都有简短的引言以介绍该部分的主题。

尽管存在着上述一些名为跨文化研究的实践，但在西方的历史社会学当中，长久以来的做法都是在中国城市和欧洲城市之间做出截然区分。[47] 就政治组织和功能而言，中国城市和欧洲城市当然互不相同，但工业化以前不同文化背景下的城市生活经验之间的共同之处，或许会比我们通常所认识到的更多。这篇导言开头提及威尼斯作为参照，但结尾之处的参照也许可以是阿姆斯特丹。跟扬州一样，阿姆斯特丹的编年史也充满了移民在社会流动方面的兴衰故事，他们通过赞助建筑、艺术和学术对这座城市做出了巨大贡献，同时也激发了本地人的敌意。但根据彼得·伯克的说法，在 1680 年前后，"阿姆斯特丹的成长停止了下来"。波罗的海谷物贸易走向衰落，1672 年以后，"仅有一个初代移民跻身于阿姆斯特丹社会名流之列，在上层名流构成方面，食利者自然占据了主要地位"。[48] 一个多世纪以后，扬州的情况与此颇为相似，当时盐业贸易走向衰落，扬州移民社会中的徽州人士凋谢殆尽。1800 年前后，扬州的成长停止了下来。

第二章

名字和地方

扬州是一个内陆城市。尽管位于濒临海洋的江苏省，但它距离最近的沿海城镇还有 100 多英里，距离最近的海港上海则更远。它与海洋的距离并非一直如此遥远：扬州东边 60 英里就是泰州，该地最初叫作"海陵"，即海边的丘陵之意。几个世纪以来大海后退，留下一大片滩涂，使扬州与海岸的距离更远。海洋中出产海盐，这是帝制晚期扬州财富的基础，但除此之外，海洋对扬州人的生活几乎没有产生什么影响。他们生活在一个江河、湖泊和运河的世界，在 19 世纪中叶以前，那里挤满了来来往往的船只。1793 年 11 月，马戛尔尼使团沿着大运河顺流而下，吧龙（John Barrow）在扬州停泊时看到"至少有上千艘各种各样的船只"。[1]

作为一座城市的名称，"扬州"一词的含义并非不言自明。"扬"字意为"巨大"或"辽阔"，"州"字意为"地区""省"或"国家"。在古代，这个名称指的是长江以南的一片辽阔区域，而不只是正在萌芽并且日后会将其包容在内的那个政治社会的中心。因而故事始于数千年以前，中国文明开始在黄河中游地区的黄土平原上兴起，并从肥沃的核心地区逐渐向东、西、南方扩散。随着"天下"版图的扩展，领土的标志也发生了变化。曾经显得很遥远的长江变得近在咫尺，其背后的"江南"地区，也变成了"佳丽地"。[2]

　　长江与黄河之间是淮河。淮河发源于桐柏山区，流经现在的河南、安徽和江苏三省，然后注入大海。泗河将淮河与黄河下游地区连在一起[3]，但淮河与长江之间没有这样的水道。相反，来自扬州的船只"沿于江海，达于淮泗"。[4] 对于很早以前的水路交通而言，沿海线路是南方和北方之间唯一的通道。扬州的设置即取决于这一事实。南方那个遥远的省级行政区"扬州"，后来成为一座城市的名字，但这样一座城市要到很久以后才出现。一开始只有粗糙的城墙，用来保护驻扎在山丘顶部的一些士兵。这是公元前486年的事，当时相互敌对的吴国和齐国之间展开了一场战争。南方的吴王夫差（约前495—前473在位）率领自己的人马向北渡过了长江，到处寻找一个适合作为城堡的地点。[5]

　　现在的扬州市东边是一片平坦之地，西北边却有一系列低矮的小山。夫差的人马在一块高地顶部筑起了城墙，从那里可以纵览下面的平原，后来这个地方被称为"蜀冈"。他们在东边开始了中国最著名的工程——开挖运河。它把长江与淮河联系起来，这无疑是为了便于把军队和给养运往吴国前线。[6] 夫差输掉了这场战争，却在扬州的历史上为自己留下了名声。他所修筑的城堡在他败退之后显然被废弃了，不过留下了今日扬州市的起源。[7]

　　这座城堡被称为邗城，开凿的水道被称为邗沟。在这段早期历史及此后大约三个世纪中，几乎没有任何人工创造物得到了恢复。在这几个世纪里，中国变成了一个不同的地方。相互争战的各个国家已经被"焊接"成一个帝国，先是经历了秦朝（前221—前206）的短暂统治，然后是一个统治期更长的汉朝（前206—220）。

公元前 195 年，汉朝开国皇帝刘邦把东南部的吴国作为封地交给自己的侄子刘濞。吴国覆盖了古称"扬州"的许多地区。吴王刘濞在邗城之地修建了自己的国都，并且称之为广陵，意为"开阔的山丘"。[8] 城墙长约 14 里半（约 6 千米），围起了一块较大的区域，足以容纳小块的耕地，以及居住区、军营和市场。[9]

汉朝延续了四百多年。在此期间开凿了来往广陵的运河，筑起了堤防，栽上了桑树，并从大海中提取出海盐。大多数治水之举，包括江淮运河的改道，都发生在东汉期间（公元 25—220），这让我们想到生齿日盛，拓殖扩展，还有灌溉和运输需要的与日俱增。[10] 直至东汉结束，广陵依然是一个边陲之镇，依然是南北交汇之处，不过这种交会在那时更加频繁，这座城市在政治地理上的基础地位得到了进一步的巩固。从那时开始，在从长江到淮河的运河边一直会有一座城市。[11]

汉朝之后是一个很长的分裂阶段。广陵的战略意义——这在几个世纪之前夫差修筑其城堡之时即已预见到——得到了反复的证明。敌对各国争战期间，这座城市屡次遭到洗劫。5 世纪末，诗人鲍照（约 414—466）用诗文反映了这座城市在汉末遭到的破坏，不过这些诗句也适用于他自己那个时代的情况，其标志就是 451 年和459 年的广陵城陷事件：

> 边风急兮城上寒，井径灭兮丘陇残。
>
> 千龄兮万代，共尽兮何言！[12]

鲍照的诗题为《芜城赋》，广陵因而也被称为"芜城"，即荒芜或者"长满荒草"之城。这一别称一针见血地指出了这座城市的命运之短暂。

直到隋朝（581—618）重新统一为止，这座城市都没有完全复苏。589 年，隋朝太子杨广（他在历史上更为人知的名称是隋炀帝）驻于广陵，负责管理南方这个辽阔的省级行政区——扬州。他重新恢复了这个地方，建造了一个繁华的大城市。他称之为"江都"，或者说是"江边的大都市"。[13] 好几个世纪里，这个名字既指一座城市，又指与该城紧邻的那个行政区域，但其最著名之处依然与隋朝昙花一现的荣耀相连。隋朝建立还不到三十年，叛乱就导致了它的灭亡，此时炀帝的逃亡之所正是江都。他在 618 年被谋杀，葬于现在的扬州城不远之处。一千多年以后，石涛将他的墓地画进了一幅秋景当中，以此缅怀一个朝代的逝去。[14]

在隋朝江都城的基础上出现了一座唐朝（618—907）城市：它位于平原而非山丘之上。从名字和行政地位的多次改变来看，它的成长最初并不稳定。朝代的更替通常带来地名的变换，这不仅是因为行政层级和疆域发生了改变，也是因为名字的改变意味着国家贴上了新朝代的标签。隋代江都城曾经是一个在行政方面相当重要的城市，下辖长江南北的十六个县，即现今江苏和安徽两省的范围。[15] 其重要性在唐初得到了重申，624 年该城成为一个都督府的驻地。此时它获得了"扬州"这一名字，尽管其治所依然是"江都"。[16]

这并不是该城的最后一次更名——"广陵"这个名字在 8 世纪中叶一度被重新起用。但这座城市正是以"扬州"为名度过了自己的黄金时代，并且这个名字实际上延续了下来。诗人们将它刻入文集当中，这对于创造和维系某种历史传统而言至关重要。8 世纪，李白（701—762）在黄鹤楼送别孟浩然（689—740），一句"烟花三月下扬州"[17]，使它名垂千古。

有唐一代，扬州一直很繁荣。用薛爱华（E. H. Schafer）的话来说，它是"8世纪中国的宝石……是一座熙熙攘攘的中产阶级城市，金钱在那里轻松地流动……是一座穿着考究的城市，一座随时可以获得最好的娱乐的城市"。[18] 它的繁华得益于南北交通的增长。7世纪和8世纪初，从南方到都城长安的商船数量增多，为了适应这种情况，内陆水道系统也得到了扩张。[19] 扬州有着优越的地理位置，能够从交通的改良中获益，并且获得了商业强于农业的名声。[20] 它成了一个地区间乃至国际贸易的中心，吸引了来自亚洲腹地和西部的大量商人。[21] 安史之乱（755—763）爆发后，它成为淮南节度使的驻地、新建立的政府盐业专卖体制的行政中心。[22] 由于士兵、难民和盐商的流入，城市人口逐渐膨胀。[23]

这种经济、官僚政治和战略功能的混合，意味着扬州依然是一个相当重要的城市，直到黄巢起义（874—884）为止，随后扬州降身为争战双方手里的一枚棋子。[24] 城墙及城内的许多地方，可能在957年南唐躲避后周军队时遭到了摧毁。[25] 南唐末代皇帝李煜（937—978）用如下诗文来凭吊这座城市的毁灭，这不禁让人想起五个世纪以前鲍照的赋：

> 江南江北旧家乡，三十年来梦一场。
> 吴苑宫闱今冷落，广陵台殿已荒凉。[26]

10—18世纪扬州城墙的历史，在很大程度上见证了这座城市后来的兴衰命运。北宋时期（960—1127），沈括谈到了扬州以往"最有富盛"。他从唐代扬州城墙的庞大规模中清晰地感受到了这一点。唐代的扬州城墙"南北十五里百一十步，东西七里三十步"，是广陵城墙的三倍还多。[27] 相比之下，修筑于后周（951—960）期间的城墙，所环绕的仅仅是唐代扬州城的东南一角。北宋期间没有任何修筑城墙之举，与此相应的是这一时期扬州城地位的下降。[28] 但在南宋期间（1127—1279），都城位于长江以南，而不是长江以北，扬州成为保护朝廷的堡垒，又增加了两道围墙。一道是为了保护蜀冈上的要塞，另一道围墙更小，是为了将要塞与主城连接起来，这样总体城区范围得到扩大。1276 年 8 月，蒙古人花了很大力气才攻下这座具有复杂三城结构的城。这个悲壮的围城故事说，城里不断有人饿死，南宋守将李庭芝（1219—1276）登上城墙向敌人宣告："奉诏守城，未闻有诏谕降也。"[29]

　　蒙古人在宋朝的各座城池遇到了顽强的抵抗，因而对于修筑城墙并不怎么热心。[30] 他们可能悄悄地拆毁了扬州周边的城墙。元朝（1271—1368）的防卫不是依靠城堡，而是依靠大量骑兵的运用，这在江淮地区尤其如此。[31] 《马可·波罗游记》中言之凿凿地说："人们以贸易和制造为生，因为武士和重装骑兵的大量甲胄都是在那里生产的。大量军队奉可汗的命令驻扎在该城及其附近地区。"[32] 但在 1357 年，朱元璋（1328—1398）的势力占领了扬州，他后来成为明朝（1368—1644）开国皇帝。此时朱元璋正在与另一支势力张士诚（1321—1367）作战，于是让自己的人马修筑了一道城墙以防御张士诚的军队。[33] 由此发展起了吧龙在 1793 年所看到的那座方形城市，它为一条河道和城墙所环绕，"很古老，上面覆盖着苔藓"，尽管其年代相对较晚。[34] 1557 年修筑了第二道城墙，以保护那些居住在旧城以外者。[35]

有明一代，扬州成为一座府城，管辖着长江以北的十个县，并且经历了最后一次更名，被称为"维扬府"。这个名字与"扬州"有着语源学关系，其出处为《尚书》中的一句话："淮海维扬州。"这句话似乎可以解释为"淮河与大海之间只有扬州"，尽管"维"字的意思在这里还不确定。[36] 民间仍在使用"扬州"这一名字，"维扬"则成为明代以后诗文中的用法。[37] 该城在宋代的名字"江都"依然作为它的本县的名字而保留下来。[38]

城与国

到明末为止，扬州城市历史中的一些稳定特征已经形成。该城基本上是国家的产物，政治地理因素是决定这座城市的历史发展的关键，并且在任何时候，南北关系都在促进或者阻碍着它的成长。从作为南方王国抵御北方王国的堡垒开始，其军事意义在随后围绕它而展开的历次战争中得到了确认。在关于扬州历史的著作的序言中，姚文田（1758—1827）如此评论这一特征："维扬为南北要津，自秦汉以后，厄于戎马之冲，其郡县之废兴，疆域之分并，视他郡特多。"[39]

围绕扬州而展开的军事冲突，乃是缘于江淮地带在战略上的重要性。从中华帝国早期的历史开始，每当分裂期间，江淮之间往往就会形成一道边界。三国时期吴国与魏国的边界，南北朝时期北魏与南齐的边界，五代时期南唐与后周的边界，以及 12、13 世纪宋金之间的边界，都沿着这两条河流的流向而划分。南明期间，就在扬州不幸被围的 1645 年，江淮下游地区成了南下的清军与南明都城南京之间的缓冲地带。

以北方为重心的朝代，比如唐朝和元朝，自然有兴趣控制或者利用南方的资源。南宋和南明这样的朝代同样想让其疆域免遭北方的侵袭。扬州位于南北交通要道上，因而在王朝冲突中就成为一个可能的军事目标。占领这座城市，对于北方的势力而言意味着可以很容易到达长江，对于南方的势力而言则是长江的有力屏障。在和平稳定时期，这座城市同样可以成为重要的行政中心。幸好更多的时候都是和平状态，因而扬州总体上发挥了很好的区位作用。

当国家统一、政治稳定之时，扬州通常能够从如下两种重要制度中获益：大运河和食盐专卖。南宋期间都城位于杭州，大运河的重要性不如隋唐时期；但它在元代得到了复兴，并且向北延伸到了更远的地方，因为都城在大都（今北京）。[40] 明朝一开始定都金陵（今南京），后来仿效元朝于 1421 年迁都北京。因此，大运河的维护就成了朝廷的当务之急。作为一条地区间交通贸易线路，尤其是作为每年南方漕粮北运的线路，大运河使扬州变得极为重要，因为它是运河上的一个重要港口。

食盐专卖在唐朝就已经是扬州城市经济的重要因素，为扬州在 16—18 世纪复兴并成为中国的主要城市之一提供了基础。宋朝时期，扬州的城市经济没有多少值得提及之处，但盐税依然是政府收入的重要来源，对于南宋的防务经费而言至关重要。[41] 元朝时期，盐权可能是国家最主要的财政收入来源，两淮商人的财富已经被公认为一个事实上的私人银行，官员们可以通过他们为运河等公共事务筹集资金。[42]

在主要家族的世袭控制下，大运河和食盐专卖得到了发展，并向他们的利益倾斜，但也为这座城市在和平时期的繁荣提供了基础。总的来说，扬州是一个人为结构的获益者，这个结构的存在取决于国家的政策，只有善治才能确保其效率。淮安也在部分程度上拥有该城的这种物流优势。它在大运河的更北边，就在淮河与大运河交汇处的附近。明清时期，淮安也承担了扬州那样的行政功能，比如盐业贸易、漕粮运输和关税征集。

扬州紧邻长江，这决定了它在历史上相对于自己的北部邻居的优势地位。隋朝时期，扬州成为北方的最前哨。从那里再往前走，势必就要越过长江——早期曾经有一位皇帝对这条大江感叹说："嗟夫！固天所以阻南北也。"[43] 跨过长江就进入了真正的南方，唐朝和南宋时期那里的经济和人口增长，将给吴越地区带来相比于全国其他区域而言的持久优势。[44]

即使有着靠近长江这一相对优势，扬州依然容易受到行政结构变动的影响。南宋时期，附近的长江港口仪征（当时名叫真州）成为漕粮转运使的驻地，并取代了扬州作为茶叶和盐业贸易中心的地位。[45] 同样，扬州的行政地位在元朝时期一度上升，扬州成为省级都会，后来这一角色又回到了南部的杭州身上。[46] 因此，扬州虽然据有醒目的核心位置，但其潜力也可能因为官府的一纸命令而大幅下降。

城与府

14 世纪至 20 世纪初，中国的政治地理结构保持着相对稳定，尽管国家的版图在清代得到了巨大的扩展。在这几个世纪里，扬州是一个很大的府的治所。中国人习惯于对行政中心及其所辖政区的地名不加区分，有时候会导致城市和府的混淆。比如，一说到18世纪盛世期间的大扬州地区，人们就往往会从城市的富饶推及区域的繁荣。[47]事实上，即使是在扬州城很繁荣的时候，其广大农业腹地内的居民能做到收支相抵就已经很幸运了。尽管如此，扬州的巨额财富依然主要来自其属地，有时候该城看上去在扬州府之内但不属于后者，其他的时候，城与府的联系却显而易见。

扬州府据有江苏省中部的大部分地区，方圆2万多平方千米（见地图1）。该省的中部区域南被长江、北被淮河一分为三，尽管淮河河道在12世纪末以后逐渐为黄河夺占。对于观察者而言，这三个地区的划分非常明显。一段晚清时期的评论记载了它们之间的反差：

> 北部地区，特别是徐州附近，与华北没有任何不同。谈不上如何富足，只有稀疏的竹林、柳树、白杨和一些刺槐，为这片贫困地区带来些许绿意。很少看到桑树，既不种水稻，也不种茶。栽有一些果树，果子很不错，尤其是桃。中部地区没有北部那样好，但运河湖泊中满是鱼类，那里生长的棉花质量非常好。南部地区情况最佳，棉花、水稻、桑树是通常种植的主要作物。竹林茂盛，但茶叶的种植很落后。山丘完全裸露在外。长江、运河、湖泊中有各种鱼类。[48]

18世纪的田赋定额证实了中部地区的条件比南部相对更差。南

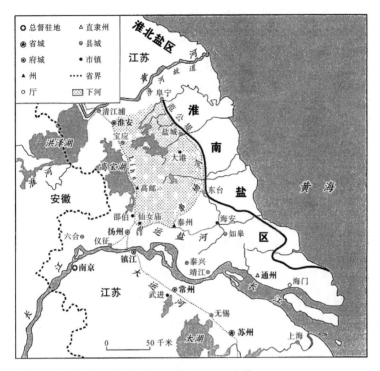

地图 1　18 世纪江北各行政中心、盐场和重要水道

部的在册土地不到全省一半，却承担了大约四分之三的地丁银和更大比例的田赋。从税收来看，除了主要出产于北部的小麦，南部的各种税赋比中部和北部的总和还多。尽管中部地区不像北部那么贫穷，但这两个地区之间的差异，几乎没法与南部和省内其他地区在繁荣程度方面的鸿沟相提并论。[49]

就像金介甫（Jeffrey Kinkley）曾经评论过的湘西一样，江苏中部也是一个有待命名的地区。[50] 江苏省设置于 1667 年，当时江南省（明代的南直隶）被一分为二。[51]"江苏"这个名字来自"江宁府（今南京）"和"苏州府"第一个字的组合，这两个府的府城都是省级行政中心。南京是两江总督驻地，苏州则是江苏巡抚驻地。总督有权管辖安徽省（前江南省的另一部分）和邻近的江西省。在实践当中，江苏省被划分为两部分来管理，苏州负责管理该省东南部的吴语区域，江宁的总督府负责管理其他地区。[52]

江苏中部地区有时称为"淮南"，意即淮河以南。其他称呼还有"淮扬通""淮扬"和"江淮"，前两个名称都源于分巡道的辖区范围，后者指的是长江与淮河之间的区域。[53]"江北"及后来的"苏北"也是可能的称呼，二者都可以翻译为"江苏北部"，但"江北"一词另外还有一层非常古老的含义，即"长江以北"。明朝地理学家谢肇淛（1567—1624）比较了中国而非江苏的南北部，并这样写道："江南无闸，江北无桥。江南无茅屋，江北无溷圊。"[54]

"江南"意即长江以南，这个词同样有另一种意思。现在它在广义上指江苏南部和浙江北部地区[55]，在清初却指后来成为安徽和江苏两省的区域。这个名字在 18 世纪的河道管理中保留了下来，但令人感到奇怪的是，江南河道总督与长江以南的水利管理没有任何关系。该督驻扎于扬州北面很远之处的清江浦，在淮安附近，其管辖区域仅到长江北岸为止。[56] 显然，这个头衔来自旧的省名，而不是源于字面意义上的"江南"。

理解江南、江北这两个名字，需要结合地理、文化和行政因素，它们有时甚至相互矛盾。对于本书的目的而言，"江北"这个不无含糊的术语足以作为江苏中部地区的名称。它与其反义词"江南"有着语源学关系，并且到了 20 世纪，主要用来指长江以北及淮河以南的地区。[57] 清代的扬州通常被认为是一座江南城市，本质上具有南方特色，与之同属一个方阵的是苏州、无锡，而不是具有鲜明北方特色的淮安。[58] 但在 18 世纪，即便是淮安也有着某种南方的魅力，这明显见之于那里的南方风格的园林。[59] 确实，在 19 世纪内陆水道系统衰落和沿海贸易蓬勃兴起之前，江苏南部与中部地区之间的联系比此后更加紧密。在此期间，某种意义上显然可以把扬州看作属于"江南"——这个术语具有丰富的历史内涵，至少跟"江苏"这个词一样，足以传达某种关于该城空间背景的一般观念。

不过正确地说，扬州应该属于江北，甚至连其城市人口的特征也只有在此背景之下才能得到最好的理解。在 1542 年版的《惟扬志》中，一位编者对该城的人口构成提出了质疑：

> 国初扬郡查理户口，土著始十八户，继四十余户而已，其余皆流寓尔，盖兵火之余也。然自国初至今已百七十余年矣，田粮则有定额，户口亦不大增，何也？[60]

这个问题只是个设问。作者给出了自己的答案：

> 灾伤饥疫，江海漂溢，节遭事变也，无亦赋重役劳，生理不遂乎？刘晏曰："户口滋多，则赋税自广，理固然矣。"夫扬地旷衍，湖荡居多而村落少，巨室小民无盖藏，一遇凶岁，束手就毙。何也？地利未尽垦，沟防未尽兴，俗奢未尽革，游手未尽归农，治田多卤莽，蚕织不加意也。[61]

总之，农业处于糟糕的状态，产业未得到发展，人们处于维持生存的生活水准，城市缺少繁荣的迹象。所有这些因素将明中期的江北与江南区别开来，直到清中期依然如此。我们将看到，其后果之一是扬州本地士绅相对弱小，另一个后果则是城市社会分为土著和流寓（或者移民）社群这种奇特现象。

在中华帝国晚期的地图上，江北的边界非常清晰。南面是长江，北面为黄河，后者在 15 世纪末完全夺占了淮河河道。西面是大运河及一系列湖泊，东面是大海。只有极西南部较难看到水上边界，因而地图上有一条界线将仪征县与六合县划分开来。这一区域覆盖了扬州府全部地区，包括后来的通州直隶州（今南通）。

扬州府下辖的县级行政区数量因时而异，因为有的县被分割开来，有的县又做了进一步的划分。17 世纪初期，扬州府由三州九县组成，可到了 18 世纪末，下辖的行政区就减至七个。[62] 一个主要变化与本县江都县有关。1732 年，该县被一分为二，于是出现了一个甘泉县。新的甘泉县界正好从扬州城中间穿过。该城北部和西部被划给甘泉县，其余部分属于江都县。两县当中江都更富，因其境内有许多繁荣的市镇。相比之下，甘泉县境内只有一些相对贫瘠的农田。正如明代方志中提到的："城西［后来的甘泉］民勤力耕作，颇易治……万寿、归仁［在江都］地饶沃可田……未富虽奢。"[63]

扬州西南是仪征，明代称为仪真，更早之前称为真州。[64] 仪征与瓜洲是一对孪生兄弟，后者是江都县境内一个熙熙攘攘的河港，位于扬州正南面。仪征和瓜洲都是活跃的商业中心，大运河的不同支流将它们与扬州连在一起。本地人和流寓人口之间展开了激烈的商业竞争，据报告说欺骗行为很常见。[65]

扬州北面是高邮和宝应。这两个行政区横跨大运河。东边是农田，19 世纪中叶（或许包括此前几个世纪）主要种植"水稻、蔬菜、谷类、大豆、豌豆和荞麦"，除非大运河发生洪灾——但这种情况往往会发生。在大运河西边，人们濒湖而居，通过"打鱼、养鸭、割苇和种植菱角、莲藕"来维持生活。[66] 直到今天，船上人家依然是这两个县乡村生活中的一道风景。再往东是兴化县城，后者居于江北的地理中心，是一座岛城，经常受到周围水体的威胁。此处"东北盐瘠，西南洼下，民有十年九不收之谚"。[67]

兴化南面、扬州城正东面是泰州。[68] 泰州原来是一个很大的行政区，西起江都县界，一路向东直至大海，境内有着全国最有价值的盐场。16 世纪时，可以这样说：

> 天下六运司，惟两淮运司为雄，治莅三分司，惟泰州分司为最，而安丰又泰州之巨场也。商灶渊薮，盐利甲东南之富。我国家国用所需、边饷所赖，半出于兹。[69]

1765 年，泰州被分割开来，由此出现了一个沿海的东台县。1724 年，扬州府以前的属县如皋被剥离出去，这是为设置通州直隶州而进行的行政区划大调整的一部分。这个新的府级行政区沿着长江北岸展开，位于扬州东南面，囊括通州、泰兴和如皋——它们原来都是扬州府的一部分。[70] 1671 年，通州东边的海门县从政区地图上消失了，当时该县县城被海水吞没。但在 1768 年，它又作为一个直隶厅得到了恢复。[71]

再往北边，在仍然是江北地区的扬州府之外，是山阳县和盐城县，1731 年又设置了阜宁县。[72] 这些县属于淮安府，但在经济和文化上，它们与扬州的关系比跟淮安府其他地方更加紧密，后者已经位于黄河以北。堤坝密集的黄河下游，构成了江北与淮北之间一段无路可通的可怕区域，且将淮安府划为两半。在施坚雅（William Skinner）的大区域模型中，淮安府可以被看作居于双重边缘位置：它下辖的淮北各县是华北大区域的外围，其江北各县则是长江下游大区域的外围。城市化程度因而较低。从 15 世纪末开始，当黄河完全改道南流时，原先的淮河下游流域的贸易便经历了长期的萧条。根据《阜宁县志》记载："在昔淮水安流，港浦通波，南漕由此海运。马逻、芦浦、羊寨、喻口，皆为巨镇，青沟为山盐孔道，阛阓亦甚殷繁，今悉荒落矣。"[73] 淮安城位于江北地区，靠近大运河与黄河交汇之处。扬州和淮安之间有一条完整的大运河延长线相连，在盐业贸易和治水方面有着共同的利益。这两座城市之间交通往还不断。

除了扬州、淮安和通州这三个府级行政区，江北还包括一个由于环境变迁而产生的小县靖江，夹在长江北岸的如皋县和泰兴县之间。靖江属于南方的常州府。它曾经是长江中的一个岛屿，但江流的变化改变了河床的高度。到 16 世纪末，靖江在地理上已经成为江北的一部分。但在文化上，它依然是江南的一部分。因而有这样的说法："靖隶吴，礼节俗尚与江南诸郡邑大略相似。"[74] 至少直到最近为止，靖江人依然跨过长江去做生意，而不是与自己的江北邻居们做生意。[75]

这就是 15 世纪末至 19 世纪中叶将近四百年里的江北。这一阶段划分是根据黄河的运动而做出的，后者是该地区最重要的地理特征，尽管这一特征并不完全为江北地区所独有。12—15 世纪黄河的改道南流，以 1495 年北方河道的关闭为顶点，永久性地改变了江北大地的面貌，为该地区的自然环境带来了一个高度不稳定的因素。结果，随着乡村地区转向商品作物和家庭手工业，江南正在经历广泛的商业化和城市化，而"灾伤饥疫"成为江北的特征。于是，扬州府变得与江南的苏州府非常不一样，尽管扬州和苏州经常被一同提及。

中心地？

江北地区市场的分布是由水道决定的，其中最重要的水道就是大运河淮扬段。大运河主要是一条地区间贸易线路，经过扬州的大多数水路货物，其目的地无疑都是江北以外的各个市场。在 18 世纪，来自苏州和杭州的茶叶、布匹、原棉、油及各种"杂货"，在北运货物中占了相当比重；反过来，从北方运往南方的则是小麦、大豆及腌制鱼肉。官方漕运船队中的数千船只都在从事为数甚巨的地区间贸易。1729 年以前，北行船只被允许在漕粮之外携带最多 60 斤土产，这个数字在该年提高到了 100 斤。卸下漕粮之后，它们载运着小麦、大豆和瓜果返回。[76]

扬州是大运河淮扬段最重要的市镇，是一个税关口岸，为来自其他各地的货物提供了一个很大的消费市场。仅有的一条连接中国南北的国内水路，从南向北把江苏、山东和直隶省大约十八个大大小小的行政城市，还有更多的城镇和市场中心直接串联起来。南边则是镇江及南河口，大运河南段通向长江下游三角洲的各个繁华城市：常州、无锡、苏州、嘉兴及杭州。[77]

唐朝时期，这种位置使扬州无可争议地成为全国最大的贸易中心。唐以后的人口变迁，导致了扬州作为一个商业中心和贸易口岸的重要性的下降。明清时期，南方在人口水平、第一和第二产业、城市化和文化生产力等方面远远超过北方，以至于再也不便将扬州视为整个中国的门户。除了盐业贸易，扬州或许只能被视为从一个地方到另一个地方的中转站。[78]

漕粮、盐政，还有作为税关口岸的地位，这些依然是对扬州有利的因素。当这些因素还在发挥作用时，它就依然是一个忙碌不停的口岸和贸易中心。1749 年制订的关税定额显示，扬州预计要上缴20 多万两税银，在制订了具体定额的全国四十个税关当中名列第七。在制订关税定额的基准年 1735 年，扬州是上缴税银超过 10 万两的仅有的九个税关之一。[79]

18 世纪晚期，扬州内部有不下于十二个市场（相比之下，东南地区另一个繁华城市宁波，在 18 世纪 80 年代只有八个市场。[80]）围绕这座城市，周边的市镇大量增生，表明这是一个中心地结构的典型例子。但是，空间的平衡被扭曲了，情况对东南地区有利，那里汇集了更多的市镇。流经江都的运河及位于运河边的城镇将该县与甘泉区别开来，后者水道极少，总体繁荣程度更低。[81]

大运河对于扬州南北的城市化的意义非常明显。扬州以北除了高邮、宝应、淮安和清江（设置于 1760 年）等城市[82]，在大运河与淮河、黄河交汇处以南至少还有九个市镇。扬州以南，在其本县有着最大的市镇瓜洲。该镇筑有城墙，那里"居民商贾骈集辐辏"，过往商船多泊于此，百货荟萃，生意颇为兴隆。[83] 在仪征县境内，能够称得上镇的大型居民点只有六个，其中三个位于大运河西段，介于仪征和扬州之间。其中的两个在明代至多不过是"市"（定期集市），但在清代最终得到了实质性的发展。[84] 另一个市镇即江都境内的扬子桥，位于大运河瓜洲段和仪征段的交汇之处。

江北的城市化取决于官盐运输线路的影响。除了行政中心，海安和西溪是扬州以东的江北地区最重要的两个镇。它们的重要性都来自盐业贸易。海安在泰州境内，位于一个运河系统的交叉点上，该系统将它与泰州城、如皋、通州和串场河（即连接各盐场的运河）连在一起。这是一个很有实力的镇，镇上有一所书院。[85] 它也是通州各盐场盐运船舶发往泰州之前的集中之处，最终成为一个活跃的私盐交易中心，为此那里驻有一名盐务巡查官员。西溪在东台县城西南 5 里（近 3 千米）外，是通往盐场内各个市场的贸易门户，众多商人聚集于此。[86]

次要市镇的分布，证实了官方运输线路对江北城市化和市场行为的生成性影响。雍正时期扬州府境内榜上有名的五十个镇当中，大约有一半或者位于大运河边（包括两条流经仪征和瓜洲的大运河南部支流），或者位于从大运河通往东边各盐场的盐路上。盐场中心本身就包含市场，这些市场都位于与范公堤平行的串场河边。此外，超过四分之一的镇都是边界镇，有的还位于省界上。在那些地方，行政、防务和税收功能是影响城市化进程的重要因素（见附录一）。

根据中心地理论（central place theory），我们或许会期望发现这样一个市场等级体系：它与主要城市中心保持有规律的距离，又允许适当的地理障碍的存在。然而从实际情况来看，江北的市场结构虽然显示了一些集中化的迹象，但主要还是呈现为树状特征。主要市镇位于漕运和盐运线路上，也就是大运河及其南部支流、运盐河和串场河。在本书研究的时段内，对于解释扬州城本身而言，中心地理论还不如网络系统理论奏效，后者假定某座城市之所以存在或者显得重要，是因为它作为一道门户，将其腹地与一个远距离贸易网络连接起来。在中心地理论中，距离和运输方面的困难被视为一种障碍，限制了长途贸易的经济意义，因而在促进前工业化时代的城市化进程方面作用有限。网络系统理论则认为，利益动机可以克服这些障碍。[87]

网络系统理论有助于我们理解中华帝国晚期巨大的跨地区贸易系统，当时各个区域体系之间的差别依然非常明显。扬州是这个系统中的一个节点。为扬州提供了财富的淮南盐业市场区域，从江苏西南部一直延伸到安徽、河南、湖北、湖南、江西和贵州边陲地带。换句话说，扬州与长江下游大区域之外的地方有着重要的经济关系，这与如下假设相矛盾，即大区域内部各个城市间的相互联系，比跟其他大区域的城市的联系更加紧密。这可以解释扬州为何没能继续保持一个强盛的贸易口岸之地位。19 世纪晚期和 20 世纪，随着上海的崛起、蒸汽船的到来，以及铁路的发展，盐政和基础设施方面的变动最终夺走了扬州的远距离贸易伙伴。扬州被迫回归于自己的腹地，在 20 世纪 30 年代主要以出口腌制酱菜、化妆品和牙刷而闻名。很少有游客来到这里。即使是艰难时期曾经聚积在其城门下的难民，这时也绕过这座城市，向南渡过长江，奔着更有希望的沃土而去。

18 世纪的情形迥然不同。这座城市位于前往北京的线路上，自然成为一个汇集八方来客的口岸，它的财富也吸引着远近各色人等。李斗写道："四方贤士大夫无不至此，予见闻所囿，未能遍记。"[88] 除了官员、学者，还有其他的人；1841 年阴历五月，周生从长江南岸的镇江乘坐客船前往扬州，根据他的见闻，这支队伍有着形形色色的人：

> 赤日行天，流水欲沸。舱不满七尺，内外坐二三十人。一时秀才酸气，乡先生腐气，和尚酒肉气，负贩葱蒜气，守钱虏臭气，衙门人仆隶恶气，皆随汗出，聚于鼻观，不辨何味。而又东船醡商开江锣，西船宰官起马炮……[89]

在这段话里，周生简洁地捕捉到了清代扬州社会，或者更准确地说是江面上的扬州社会的特征：塾师、有抱负的儒生、和尚、高利贷者、贩夫、衙役，他们同类相聚，都挤在一条来往于扬州的船上，由此勉强维持生活，或者是去把握最大的获利机会。妇女显然不在船上，但并没有脱离观察者的视野。一名乘客开始说话了："诸君亦知扬州有美人乎？美人不知与苏小、葛嫩若何？"这时，"秀才作狂，乡先生不复能为道学面目，和尚悔削发"。[90]

由于身份、财富和权力而与普通百姓区别开来的，是一边的官员和另一边的盐商。他们正好代表着明清时期这座城市所赖以维持的双重基础，即行政管理和盐业贸易。周生所看到的盐商，可能像他自己一样是镇江人，因为在 19 世纪初，镇江商人已经开始投资于两淮盐业贸易。[91] 但在上一个世纪，扬州的繁荣得益于来自更远之处的人。他们的故乡非常遥远，因而他们在这座城市安家，促进了这个城市社会的创造，并且成为该城的一个鲜明特征。

第二部分

从明到清

From Ming to Qing

与同一时期的英格兰一样，17世纪中叶的中国也是一个"颠倒的世界"。朝代的鼎革，尤其是强加而来的异族统治，激起了汉族士人的深刻情感。他们在探索明亡以后自己应持何种思想和伦理立场才算合适。尽管社会史研究者倾向于更长时期的变迁过程，对于明清之间的区分往往不怎么重视，但新近一些关于清朝的研究，再次使人注意到朝代鼎革的重要性，尤其是在统治群体的政治文化方面。

　　在扬州，朝代更替是在异常剧烈的感受中进行的。1645年，清军以粗暴的方式占领了这座城市，成就了明朝守将史可法这位烈士，正如近四个世纪以前蒙古大军成就了李庭芝这位英雄一样。扬州将永远承载着这场创伤的标记，那里的史可法纪念碑就像一道正在萎缩的战争伤疤。不过，事情过去几十年后匆匆浏览一遍这座城市，就能看到它的重建模样与城陷之前没有多大区别。一个世纪之后，一位明朝人或许会惊叹于该城建筑环境的变化，但不一定会对它们感到迷惑。最令人感到惊奇的新变化或许是发型，因为强制留起来的长辫已经使占人口一半的男性看上去就像北方的满人。

　　清朝皇帝在这座省会城市的历史上留下了突出的特征，而对于一个聚焦于清朝统治问题的城市而言，1645年自然可以作为该城历史上的一个分水岭。社会经济的发展使人想起一个更长的时段。本书的这个部分中，第三章将追溯扬州盐商社群的成长，表明 17 世纪初的扬州社会已经开始呈现出某些特征，它们将在 18 世纪变得更加明显。第四章考察 1645 年该城遭受的洗劫，将仔细解读王秀楚那部著名的《扬州十日记》——关于清军攻城的最著名记载之一。第五章探讨关于清初扬州的两种历史之间的紧张关系：一种是以忠义问题为核心的道德叙事，另一种是关于该城和城市社会在实践当中如何重建的故事。明清两个朝代之间自然存在着断裂，但在扬州，连续性也很明显。18 世纪繁荣的扬州城市社会有其深远的历史根源。

第三章

商人之城

汉语中的"商"字大概可以追溯到周代初期，当时战败的商族人被迫求助于贸易以为生计。这个词源神话抓住了与商人或者生意人有关的外来人这一概念。帝制晚期，关于商人的标准说法是"客商"，实际上意味着外来人。相应地，以传说中的商代义士为基础的财神，在一些故事中也被赋予了穆斯林特征，被描述为一位胡须卷曲、眉毛突出的黝黑的外国人。[1]

这种形象在扬州有其历史的共鸣。当巴格达和长安（今西安）分别是西方和东方世界最大的城市之时，阿拉伯人、波斯人，有时甚至连犹太商人也横穿过东西方之间的遥远距离，从"地中海西部的弗兰克地"这样遥远的地方来到印度和中国，"把这些地方的麝香、沉香、樟脑、肉桂及其他物品带回去"。[2] 这个时候，在8、9世纪，扬州正位于一个交通网络的枢纽，后者将长安与广阔的海上贸易线路连在一起。往来都城的途中，来自远方的商人往往在扬州停留，或者留下来买卖宝石和稀有药品。因此杜甫（712—770）有诗曰："商胡离别下扬州。"[3] 安史之乱期间扬州遭到洗劫的时候，"数千波斯客商被杀"。[4]

13、14世纪，在"蒙古全盛"时代（Pax Mongolica），这些远方的商人再度造访扬州，当时成吉思汗的后代为丝绸之路提供了保护，并欢迎客人们漂洋过海来到中国。阿拉伯地理学家阿布尔费达（Abulfeda, 1273—1331）知道扬州的存在。他写道："某人到过那里，说那里位于温带地区，有一些园林和荒废的城墙。"[5] 一个中文名叫普哈丁的伊斯兰传教士，被认为是穆罕默德的后裔，就在阿布尔费达出生前后葬于扬州。[6] 精致的墓园里（见彩图4）还保留着他的许多同胞的墓碑，比如卒于1302年的尔路丁（Erlueding），被称颂为"一位伟人"，一位有教养、精于商业、关心普通百姓的客商。[7] 若干年之后，伊里奥尼姐弟俩（Catherine and Antonio Illioni）葬于扬州，其墓碑刻着如下开头的拉丁文碑文："hic iacet……（这里安息着……）"[8] 他们肯定是踏着那位声称代表大汗做过三年扬州总督的马可·波罗的神秘足迹，沿着某条贸易线路来到中国寻求财富的。

异国风情的历史随着蒙古帝国的灭亡而被埋葬。那些刻着神秘莫测的铭文的墓碑，在新的王朝下被用来当作修筑新城墙的石块。此后，虽然扬州还有穆斯林，甚至一度有过犹太人[9]，但他们不是漂洋过海而来；就我们所知，他们也不被看作有实力者。后来几个世纪里的商人总体上是一类不同的外来人，他们买卖的不是容易运输的小型贵重货物，而是人类饮食中的基本成分——食盐。

对于中国的盐业贸易，至少是两淮盐区和垄断了两淮贸易的扬州盐商，学术界已经有了广泛的研究。[10] 概括说来，盐业对于扬州的重要性无须赘述。帝制晚期的大部分时候，盐业都是这座城市的主要财富来源。鄂多力克（Oderic of Pordenone）曾经在14世纪来到中国。他以不无敬畏的口吻评论说："这座城市的领主［每年］

光从食盐身上就能获得五百土曼的巴利斯（balis），一个巴利斯值一个半弗罗林，这样一土曼就有一万五千弗罗林！"[11] 在此前后，两淮盐产定额是第二大产区两浙盐区的将近两倍；16 世纪晚期，其年度税收是第二个税收大户长芦盐区（包括直隶及河南部分地区）的将近四倍。[12]

两淮盐区之所以如此富庶，原因之一在于淮南盐场的出产能力。两淮盐区沿着淮南和淮北（江苏中部和北部）的海岸展开。盐场多位于淮南，这里的产盐量超过了两淮总产量的五分之四。另一个原因是官方划定的盐业市场区域的规模。明清时期，这个区域包括七个省的全部或者部分地区，从北方的河南直到西南的贵州边陲地带（见地图 2）。各个不同省份的数百万消费者的财富，因而源源不断地流向扬州并在那里聚积起来，何炳棣曾经估算过，其数量超过了清代中期其他任何一座中国城市的财富。[13]

盐业贸易对扬州社会结构和城市文化的特征有着决定性的影响，这种影响通过盐商的存在和行为得到了非常明显的体现。这些富人及其行为决定了 18 世纪扬州城的形象。本章追溯他们在明代的起源，揭示一种城市文化——对此人们往往根据 18 世纪的特定社会变迁来进行描述——的基础有多么深厚。

两淮盐政与明代扬州

明初的扬州是一个非常普通的城市。一名朝鲜游客在 1488 年沿着大运河北上，南方的苏州、杭州及北方的临清都给他留下了深刻印象，但他只字未提扬州，尽管他沿途经过了这座城市。[14] 南京作

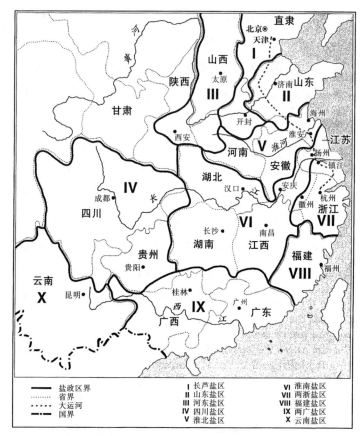

地图2　清代主要盐政区
选自佐伯富：《清代盐政之研究》，第19页。

为明朝一开始的都城，此时得到了蓬勃发展，同样，苏州也越来越发达。它位于大运河南段，居于繁荣富饶的江南之心脏位置。[15] 扬州在繁荣的邻居面前显得黯然失色。它的军事意义已经削弱，其腹地的活力相比于苏州而言根本不足以称道。

　　然而，政权从蒙古人向汉人的转移，意味着一系列新的国家战略考虑：夺回来的北部边境现在需要加以保护。辽阔的边境地区并不适合居住，军需供应成本很高。朝廷建立了军屯制度以使军队能够自给自足，但该计划由于贫瘠的土壤和战斗任务而落空。在这种情况下兴起了一种制度，即给商人颁发许可证，让他们从事盐业贸易，作为回报，他们要为边境地区的卫所提供军粮。1370 年，山西巡抚最早提出这一制度，希望能够在大同和太原地区实施。[16] 于是，在关于明代中国盐业贸易控制权的竞争当中，这两个地区的商人迈出了较早的一步。该制度被称为"开中法"。[17] 在这种制度下，商人将粮食解运至边境地区的官仓以备时需。作为回报，他将获得一份许可证，可以从盐场认购食盐进行零售。认购的食盐数量取决于他所供应粮食的数量和来源。

商人们很快改进了这种方法，发展出一种由无地流民承担的"商屯"，这样就不需要长途运输粮食。该制度还有一些变通，允许商人提供马匹、铁器或者衣服来换取食盐。1438 年，一名来自扬州的商人能以一匹上等好马在陕西获得 100 份盐引，或者以一匹次等马获得 80 份盐引，每份盐引以 200 斤计算。[18] 由此，西北地区的养马者和东南地区的制盐者之间形成了某种松散的奇怪关系。

该制度对于政府而言运行得很好，对于商人来说却非常不方便。从边境地区到两淮盐区有很远的路程，其他海盐产区甚至距离更远。尽管该制度不乏参与者，但商人们总体上还是跟淮盐打交道，后者的利润较大，不像其他地区出产的食盐往往卖不出去：

> 何也？两淮为江河之冲，四通八达，水运甚易。浙江则稍
> 僻远，而山东、长芦又深入东偏，陆路数百余里，水路千里之

远。故商人报中只于两淮，而浙江差少，长芦全无。[19]

为解决一些盐产区无人问津的问题，初期的努力是限制商人认购淮盐，迫使他们将剩余的份额用在其他地区。[20]

只要能用比食盐更便宜的价格买到或者生产粮食，这种长途贸易对于商人而言就有利可图，他们以政府的损失为代价变得富裕。相应地，在成化年间（1465—1487），政府开始将以盐换粮的交易折换为货币交易。其最简单的形式是折色，意味着商人直接向盐运使支付银两，换取从盐场购买若干食盐的资格。这些银两被运到北京，然后其中一部分被拨给边境地区去购买粮食。[21]

纳粮制度与折色制度并存了一段时间，16 世纪中叶甚至还有过将两淮和两浙盐业贸易恢复至以纳粮为主的尝试。[22] 然而 15 世纪晚期以后，淮盐商人逐渐分为三种类型：边商，通过为边境地区提供粮食或银两而获得盐业贸易资格；内商，独立于边商之外，向盐运使纳税以获得若干盐引，然后在盐场认购食盐；水商，将批量食盐运往广阔的两淮盐区以外。边商是经营粮食的"沿边土著"，而内商则"多徽歙及山陕之寓籍淮扬者"。至于水商，他们大多来自江西和湖南，熟悉中南地区的交通线路。[23] 从 16 世纪中叶起，边商开始退出直接的盐业贸易，主要向内商出售盐引。[24] 由此扬州与西北边境地区的联系变得微弱。[25]

西　商

扬州盐商虽然在明初就很活跃，但其数量的稳定增长应该归功于折色。从 15 世纪末开始，在弘治年间（1488—1505），"山陕富民多为中盐，徙居淮浙，边塞空虚"。[26] 泾阳、三原是陕西商人的重要来源（见地图 3）。明初泾阳"颇近古，人尚朴素，城市衣履鲜有纯绮，乡落父老，或襜帢，靸履不袜，器惟瓦瓷，屋宇质陋"。[27] 但该地科场之风颇盛，人才辈出，胥吏谙熟法律。[28] 人们很快就从开中制的开创中获益，富人数量倍增，婚丧嫁娶变得奢华。邻近的三原"科目甲于诸邑，农勤力作，工不事淫巧，惟商贾远出，每数年不归，劝令买地耕种，多以为累"。[29]

事实上，这些地区的土壤没有多大出产能力。儒家学者朱轼（1665—1736）曾于 18 世纪初担任陕西学政，他这样写道：

> 查山、陕二省地瘠民稠，即丰年亦不足本省食用，全凭东南各省米艘，由江淮溯河而北，聚集豫省之河南、怀庆二府，由怀庆之清化镇太行山口运入山西，由河南府之三门砥柱运入潼关。晋省民人，藉以糊口，由来已久。[30]

陕西在唐代和更早以前曾经是一个大都市之区，但随着经济和政治权力的东移而变得孤立。该省居民在地区间贸易方面显示出来的主动精神，也许可以部分归因于这种边缘化进程。他们是一种核心文化的继承者，并指望该地能在明朝时期回归为一个核心经济区域。但他们其实面临着一些不利条件。在东边，黄河——陕西有渭河与它相连——可以通航，但很曲折；而在北边，山陕之间有一系列瀑布和急流，水运并不可行。出省的主要交通线路是陆路，一条沿着东北方向，穿过陕西，通往首都北京；另一条沿着东南方向，

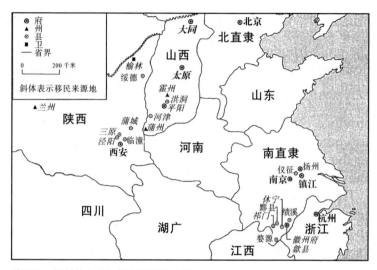

地图3   扬州的山陕和徽州移民的来源
经常被提到的来源地有徽州歙县，陕西临潼、三原和泾阳，以及山西太原和
大同。

通往以前的首都南京（见地图3）。[31]

晋商的来源地甚至更加偏远，黄土坡和石头山将其与周边各省
隔离开来。贝尔（Colonel Mark Bell）曾在19世纪晚期经过山西。
他认为大同充满了潜力："在一个有魄力的政府之下，拥有大量燃
料的大同府周边地区，注定将成为一个重要的制造中心，因为蒙古
是骆驼毛、羊毛、兽皮等原材料的生产大户。"他展望中的大同的
繁荣，有赖于南口山道通上马车，这样北京和雁北地区的交通才更
加便利。[32]

被视为中华帝国晚期最强大的商人群体的晋商，是一种边境的
产物。正如贝尔暗示的，边境把经济和政治体系分割开来，因而有
利于贸易的活跃。明初以牛马、兽皮换取粮食和布匹的边境贸易，

是晋商资本发展的重要因素。盐商的一个主要来源地大同，就位于山西省的北部边远地区，靠近长城。太原和襄陵（临汾）也是盐商家族的故乡，位于山西省中部和南部，就分布在从大同到西安的路上。交通情况决定着扬州各个流寓社群的本籍构成。

晋商与作为邻居的陕商夹杂在一起。明清时期，全国至少有二十个联合性的山陕会馆。[33] 在盐法志中，这两个商人群体被统称为"西商"，并且扬州和其他许多地方逐渐成立了单一性的会馆来服务于这两个群体。[34] 调查名单显示，陕商在两淮盐业贸易中比晋商更有优势。[35] 这不是因为他们的资源更多，而是由于他们的商业兴趣范围更加有限。晋商参与了非常广泛的商业活动，包括纺织品、粮食、盐业贸易，以及最重要的活动——票号经营。明朝后期，他们支配着北方的商业，而徽商则支配着南方的商业，但根据谢肇淛的说法，"其财富胜于徽商"。[36]

西北地区的人来到扬州以后，发现自己所在之处与故乡很不一样。唐朝时期，长江三角洲正在快速发展，从长安前往东南地区的官员们一度惊叹过那里如何不一样，偶尔还有一些抱怨：

淮海多夏雨，晓来天始晴。

萧条长风至，千里孤云生。

卑湿久喧浊，寥开偶虚清。[37]

干旱多山的西北各省与低缓多雨的长江下游各地几乎没有多少共同之处。商人们从土路和山路之地来到一片运河与湖泊之区。在这里，船比马要多得多，洪灾比旱灾更常见。主食是大米，而不是小麦、小米和玉米。当地方言虽然属于官话系统，但听在耳中几乎难以明白。确实，在这里他们远离故乡。1556年，当他们听到西北各省发生地震的消息之时，肯定已经是在事情发生数周或者数月之后了。[38]

地震发生那年，盐商之子、陕北榆林人何城正在扬州处理问题。[39]他在1532年中了进士，一度在陕西为官，退休后在扬州生活。当时该城已经超出了修筑于1367年的城墙范围：可能在15世纪后半期盐政体制变革之后，城市就随着商人的流入而开始扩展。商人们在城东建起了自己的宅邸，避开了官员们的活动范围。流寓苏州的客商也展开了同样的行动，产生了同样的后果。16世纪中叶，这两座城市都在城墙之外发展起了一个实质性的富裕郊区。[40]在扬州，城墙以外的郊区范围包括盐运使的衍生机构，以及税关驻地。[41]沿海各省倭患期间，盐税、关税，以及盐商群体的私人财富，都使扬州郊区成为海盗们眼中的诱人目标。其中一个海盗首领就是徽州歙县人，他的同乡们就在扬州做盐商。[42]

1556年，海盗突破了扬州地区。他们攻击扬州正南面的长江口岸瓜洲，放火烧毁了漕运船队。次年，他们进犯如皋、海门和通州，然后抢劫了扬州和高邮郊区，进而在更北的宝应安营扎寨。六年里他们一直对这个地区构成了威胁，1562年洗劫了扬州东北部的兴化城。[43]

何城敏锐地注意到了同乡们所面临的危险，早就敦促知府在这片居住着大多数盐商而又毫无防卫的居民区修筑一道城墙。这片郊区紧靠大运河西岸，如果不拆除部分居民区的话，就没有地方来修筑城墙。受到影响的居民提出了强烈抗议，但1557年的遭袭推动了这个问题的解决。新的城墙耗资 4.6 万余两白银，其中 3 万两来自商人们的腰包。[44]

1558 年，另一名陕西商人阎金参与了该城的防卫：

> ［嘉靖］三十七年，倭犯扬州。知府石茂华发民乘城，众皆恇怯。金率西北诸贾人登陴，以强弩射之。有郜姓者善射，连毙数酋，贼惊溃。且闻陴间人语多秦声，疑为三边劲旅至，乃宵遁。[45]

因为这些海盗，我们才得以目睹 16 世纪中叶扬州社会构成之一斑。明朝初年，据称扬州府仅有少数土著家庭；其他所有的人在元末战争期间或者死去，或者逃往他处。[46] 170 年之后，扬州府的人口水平依然较低，但从城外的发展程度来看，扬州城的情况并非如此。明中期扬州的居民都来自何方？关于该城人口的不同来源，16 世纪的扬州地方志几乎没有提供多少线索，但 16 世纪 50 年代该城的防卫历史暗示了陕西商人的巨大力量和社会地位。

西商在扬州的存在几乎没有留下多少踪迹。一名在 1529 年来到扬州的官员以间接方式暗示了盐商对城市文化的影响。他发现该城处于道德衰退状态。根据他的分析，商人对此负有责任——他们豪华的居室、漂亮的服饰、盛大的宴会，正在把人引向迷途。[47] 从当时人对扬州和淮安徽商之奢靡放荡的抱怨来看，这些人可能就是徽商。[48] 西商拥有节俭的名声。

扬州地方戏曲表演的风格也许受到了山陕流寓人口的影响。16 世纪中叶，扬州的声乐和器乐据称非常独特。[49] 它们不同于长江下游流域其他地区的音乐，至少在苏州地区，昆曲正日益成为一种风格。这可能仅仅是由于如下事实：长江把扬州与江南其他城市分割开来，因而扬州可能展现出相当独特的文化特征。但清初的情况也可能是这样的，即"［在扬州］转龘大秦梆子腔"。[50] 秦腔可能是西商引入扬州的，似乎为以扬州本地方言表演的"乱弹"的兴起提供了基础，至少对它产生了很大的影响。乱弹在 18 世纪的扬州非常兴盛，当时秦腔刚刚让位于昆曲风格的华丽表演。[51]

扬州的缠足习俗也可能是西商的存在留下的深远后果之一。17 世纪的作家李渔（1611—1680）自认为是品鉴美女的行家里手。他在一篇著名的文章中这样写道："予遍游四方，见足之最小而无累，与最小而得用者，莫过于秦之兰州、晋之大同。"[52] 大同和兰州都是扬州盐商的来源地。西北各省多以普遍缠足著称，淮扬地区的乡村妇女则通常不缠足。但同样根据李渔的说法，扬州城裹足之风较他处尤为普遍，即便力役、佣人、女裁缝、老弱穷困者亦裹足。[53] 在这方面，扬州城与华北的共同之处，远较与本地区的共同之处更多，这似乎与西商的流入有某种联系。

西商极少出现在关于城市建设的记载中。1493 年陕西商人出钱新建的大明寺一翼、大明寺中的一座塑金佛像 [54]，以及 1557 年筑成的新城墙，就是我们所知的各地盐商对该城物质构造的贡献。他们可能资助了 1528 年仪征县学的修复和 1535 年维扬书院的创建，不过当地的记录中仅提及与这些事业有关的盐务官员之姓名。[55]

16 世纪晚期，西商在扬州的地位遭到了动摇。原因之一是边境供粮与食盐认购之间的联系减弱。转折点在 1550 年。这一年，为了增加军需收入，明朝政府允许专卖商在每份"正引"之外附带两份"余引"。余引必须通过在扬州缴纳银两才能获得，而不能在边境地区得到。每引的重量也从 550 斤增至 750 斤。这样，边商事实上不得不买卖越来越多的食盐，而这种买卖的资格又必须通过一种复杂的双重交易才能获得。1567 年，有人提到他们"不及等待"仪征盐务监掣那冗长的验盐手续，正在"贱售其引"，这些盐引可能出售给了内商。[56]

从那时起，首先被提到的总是徽商，尽管他们更早之前就已经活跃在两淮盐业贸易中。在 17 世纪初的徽州府本县歙县，人们可以自豪地说："而今之所谓大贾者，莫有甚于吾邑。虽秦、晋间有来贾淮扬者，亦苦朋比而无多。"[57]

徽 商

徽州府属于安徽省，该省与跟江苏一样，跨越了长江流域和淮河流域。明朝时期，这两个省都是南直隶的一部分，后者以明朝一开始的都城南京为中心，但如前所述，这个省区在 1667 年被一分为二，形成了江苏和安徽两个省。

徽州山区对艺术家颇有吸引力。高耸入云端的黄山七十二峰，成为帝制晚期绘画作品中的流行主题，锋利峻峭的岩石地形很适合作为水墨画的对象。这种地方不那么适宜耕种，而且徽州人生活中面临的条件限制之一，就是可耕作土地的缺乏。少数平原地区和众多峡谷地带被耕垦完毕之后，农民就只能在山坡上开垦梯田，灌溉和施肥都很费劲。

地形既让徽州感到痛苦，也给徽州带来了福音。与欧洲中世纪的威尼斯人一样，这里的居民开始开发自己拥有的资源：柏树和其他针叶树种为建筑和木作提供了优质木材；茶叶则是中国最流行的饮料的主要成分。到 9 世纪时，徽州的商品农业已经得到了很大发展。向周边省份出售的木材和茶叶，提供了购买粮食所需的现金。纸和墨后来成为主要产品，拥有稳定的市场。有了唾手可得的书法和绘画工具、随处可见的云雾缭绕的群山，以及有待装点的商人宅邸，绘画走向繁荣的环境已经成熟。16、17 世纪，黄山成为中国画当中出现得最频繁的景观之一。[58]

　　尽管徽州画家兴起于一种商人文化，但徽州在地区间贸易中的地位不够突出。帝制晚期发展起来的大规模的地区间贸易中心，往往都很接近水路：汉口位于长江边，苏州位于大运河边，佛山位于珠江三角洲，上海既近海又邻江。相比之下，徽州——或者是更早以前的名字新安——的群山妨碍了行旅的便利。它们提供了一个自然的堡垒，从 3 世纪到 13 世纪，徽州社会连同其独特的方言、强大的宗族和商业导向，在那里逐渐发展了一千年。徽州的少数水路得到了改善，以利于跟周边和更远省份的交通，木材和茶叶通过这些水路运出去，当地人的财富即奠基于此。[59]

　　徽州地区耕地有限，并且分散在狭窄的谷地中，加上劳动力和资本密集型的木材和茶叶生意的增长，这些都有助于某种商业文化的成长和逐渐传播。强大的宗族体系有助于大规模的移民，人们一般把徽商筹集资本并投向外部有利可图之事业的能力归结于此。他们成功地主宰了帝制晚期的地区间和边境贸易，以至于他们在 19 世纪上半期消失的事实一直让人感到奇怪。

　　徽州府由歙县、休宁、婺源、祁门、黟县和绩溪[60] 等县组成

（见地图 3）。徽商理论上可能来自其中任何一个县，但在扬州，大多数徽商都来自府城所在的歙县。附近的休宁县排在第二位，却与扬州相差很远。虽然休宁也和歙县一样，"商贾之最大者举辄"[61]，但休宁人在浙江从事两浙盐业贸易者比在两淮者为数更巨。[62] 剩余的各县，祁门人和婺源人仅偶尔出现在两淮盐业记录中，黟县人出现得甚至更少。徽州府内部存在着一种地域性的商业专业化倾向：歙县人主要为盐商，休宁人主要为典当商，祁门人主要为茶商。宋代大哲学家朱熹（1130—1200）的故乡婺源，则以茶叶和木材而著称。[63] 黟县和绩溪的资源相对贫乏，在提供商业人才方面微不足道。[64] 由此导致的后果之一就是，关于这几个县的历史研究几乎都被忽视了。

歙县几乎就等于徽州本身，在关于明清盐商或者徽州商人的大多数论著中占据了核心位置。休宁、祁门，甚至还有婺源，也成了专题研究的对象。关于黟县，1566 年版的府志仅提及"地小人寡，纤俭大类祁婺，戈戈益甚焉"。至于绩溪，最可称道的就是"其俗埒于黟"。[65] 绩溪是一个偏僻的地方，明初其他各县的人为躲避赋税而开发了此地，通向北京的主要陆路绕过该县而行。[66] 19 世纪中叶，当汪士铎（1802—1889）为该地的贫困而感叹时，他所谈论的便是徽州最穷之处。[67]

纳粮折色制度增强了徽商在盐业贸易中的竞争力。他们比西商距离两淮盐产和市场区域更近，这对其参与盐业贸易更加有利。明朝后期，从扬州到徽州的标准商路大约长 700 里（约 400 千米），从扬州到襄陵则要远三倍左右。[68]

在浙江，徽州的优势甚至更加明显。尽管边商不得不一度从事浙盐和淮盐贸易，可西商在两浙的记录中几乎没有什么位置。[69] 浙江距离山陕更远，与徽州的距离比两淮更近，同时不那么有利可图，因而对于西商的吸引力更小。相反，徽州休宁县为两浙提供了更多的商人，该地有新安江与直通杭州的钱塘江相连。[70]

16 世纪初，徽商在扬州的相对地位还不能与此后相比。宋汉理（Harriet Zurndorfer）解释了其中的缘由。直到 16 世纪中叶，农业商品经济对于徽州人而言依然有利可图。此后，他们越来越对苛捐杂税感到失望。他们放弃了徽州的土地，来到离家遥远的城市生活，转向盐业贸易，后者"让他们从繁忙的农耕中脱身，也让他们获得了声望、权力，当然最重要的还是财富"。[71]

16 世纪晚期徽商大规模离开家乡涌入扬州，这似乎促进了一种强烈的歙县地方认同。第一部歙县志出现得相对较晚，直至 1609 年才刊行，对此卜正民（Timothy Brook）曾经感到困惑。[72] 对于歙县的精英们来说，某种意义上这样一部县志没有必要在更早的时候出现，因为歙县是徽州府最重要的县，而徽州有一种深厚的府志编纂传统。随着徽商"殖民地"在长江下游地区的增多，歙县突然在中国文化版图上呈现了新的意义：它是扬州绝大多数盐商的故乡。

对于此时的盐商而言，扬州城并不一定是扬州府内最适宜生活的地方。在 16 世纪中叶的制度变革之前，内商可以直接向盐运使购买许可证，并获得一纸票据，有权在盐场购盐。在这种情况下，他必须身在扬州，而且考虑到人际关系在生意上的重要性，他如果能够生活在那里就更好。另一方面，他可以从边商那里购买盐引。在那种情况下，他可以手持盐引前往盐场购盐，绕过扬州到仪征的盐务监掣去。此外，盐引是在南京而非扬州颁发的[73]，而仪征更靠近南京。值得注意的是，在明代的路程书籍《士商要览》中，扬州府与徽州之间的线路以仪征而非扬州府城为起点。[74]

仪征是一个沿河之县。它是扬州府的西界。唐朝时期，当扬州已经是一个富庶的大城市时，仪征才以一个名叫瓜洲的小镇的面貌出现，但其地位在 11 世纪得以凸显，据有了扬州以前作为税收转运和茶叶、盐业贸易中心的地位。北宋时期，扬州的重要性严格局限于地方层面，仅辖有自己所在的江都县，而仪征（当时的真州）则是长江北岸商业活动的重要中心。[75] 能够扮演这个角色，是因为它位于大运河一条支流与长江的汇合之处。它比扬州更符合一个长江口岸之名。明朝时期，仪征再次归属于扬州，但它是盐务监掣所在地，外运食盐必须在那里称掣，并从淮扬运河中使用的运盐驳船转至可以航行长江的大船上。

许多来自徽州的盐商家族在仪征占籍，对于参与盐业贸易的家庭来说，最初这里很可能是更合理的改籍之处。关于这一转换的标准描述是："以盐改籍，盐册占籍。"[76] 1699 年的一份徽州移民居留表中包括仪征、扬州和淮安三个地方。淮安位于大运河边，靠近大运河与黄河、淮河交汇处，是淮北之盐的集散口岸，因此相当于北方的仪征。但仪征本身在表中也有值得自豪之处："徽之富民尽家于仪扬、苏松、淮安、芜湖、杭湖诸郡，以及江西之南昌，湖广之汉口，远如北京，亦复挈其家属而去。"[77] 至此，徽州人在扬州的存在已经无可争议，但寄籍仪征的盐商家族的数量，至少暗示着这两座城市之间的"扬州"商人还是有所区别。

徽商在扬州或者仪征的兴起，与宋汉理描述的徽州府的环境变迁相吻合。[78] 这两个府之间存在着某种象征性的关联，明代徽商的

显赫，以及清代扬州盐商相应的高调姿态，即可反映这一点。直到
16 世纪后半期，当一种不利的税收制度开始将徽州人从耕地上赶
走之时，扬州才逐渐呈现出在清代更长时期内都将看到的特征：该
城本身由于第二道城墙的修筑而扩大，越来越多的徽州流寓定居下
来；此处还有风月场所的繁荣。[79]

徽商在扬州的兴起，不仅对应着徽州社会的转变，也对应着西
商在扬州的相对衰落。这可能是出于西商的商业活动范围之故：他
们不仅从事盐业生意，也从事金融和地区间日用品贸易，包括江南
的纺织品贸易。[80] 这种广泛性尤其使晋商成为帝制晚期无可辩驳
的商人之王，但这也意味着他们的分布非常稀疏。相比之下，徽
商则趋于结成家族或宗族群体，并集中从事食盐、茶叶和木材贸
易。[81] 无论如何，在清代的扬州，西商在数量和花销上均不如其徽
州同行。

晚明盐政的进一步变革看来可能对徽商有利。1617 年，功能
紊乱的边境纳粮制度被正式废止。官盐销售量出现了相当程度的下
滑，原因可能是商人们被要求为未来几年的盐纲提前纳税，因而不
那么积极参与盐业贸易。他们的位置被私盐贩子所取代。为了恢复
商人们的兴趣，政府于是提供了世袭的许可证，来管理两淮盐区内
指定地区的盐纲。这就是"纲法"。[82] 该制度立即获得了成功，这
可以解释为何在明朝最后几十年里，扬州的乡村腹地正在遭受洪涝
和饥荒之时，该城却依然很繁荣。新的制度延续了两个世纪，在此
期间徽商一直是扬州的主导社会群体。

晚明扬州的一个徽人家族

到 17 世纪初，就社会流动和社会角色而言，扬州的徽商家族已经有点像其在 18 世纪之后裔的模样。考察一下郑景濂家族（约盛于 16 世纪晚期）便能看到，明朝晚期的扬州社会已经预示了其在清代的景象。郑家在歙县可能是农民，受当地大户所欺，家财尽失。他们可能曾经属于那个有着充分记载的社会群体，即自耕小农。明朝晚期他们输给了更有权势的宗族成员[83]，但仍吹嘘有（或者被认为有）一些地位显赫的祖先。景濂的高祖和另一位家族成员，在 15 世纪初都死于靖难之役，被尊为建文皇帝的殉难者。[84]

郑景濂决定远离家乡寻求财富之时，已经结过婚，至少有一个五岁的儿子，名叫之彦。他把小孩交给奶奶照看，自己和妻子一起离开了歙县，在明朝晚期这个急速、忙乱且动荡的时代寻求自己的出路——当然，那时没有任何人清楚这个时代究竟有多"晚"。五年以后，这个家族在扬州发达了。他们可能在 16 世纪最后二十多年里的某个时候迁到了扬州，因为 1598 年郑之彦的第二个儿子郑元勋在那里出生。郑氏家族随后究竟怎样跃升到扬州社会的塔尖，这已经没法弄清楚。跟其他许多人一样，郑景濂的进身之路或许也是从饱受折磨的边商手中廉价购买盐引，然后高价出售食盐。郑之彦在某个时候来到扬州的父母身边，以能够很好地把握"利国通商之事"而著称；或许，对于有益于家族的生意，他甚至做得更好。[85]

郑家在非常短的时间内就获得了成功。他们通向地方权力的道路，属于何炳棣在其关于扬州盐商的研究中所描述的那种典型，即通过在盐业贸易中创造财富来获得进入士绅行列的机会。郑之

彦获得了生员资格，并确保其子元嗣、元勋（1598—1645）、元化
（？—1655 以后）和侠如（1610—1673）受到良好的教育。[86] 明朝
最后二十年里，郑元勋成为扬州社会最有影响的人物之一。

仪征和扬州之间在徽商本籍归属问题上的混乱，从这个家族身
上可以得到很好的例证：扬州、江都、仪征和歙县都声称自己是郑
家本籍的确切归属地。[87] 就居住地而言，这个问题可以得到解决，
因为我们知道郑元勋及其兄弟都生活在扬州城。与此同时，一份代
代相传的仪征户籍又承载着某种历史，将这个家族与邻近的仪征县
连在一起。此外，这个家族的一支看来曾经在仪征居住过。[88] 这可
能是出于大家族内部的人员分工之故。

这个家族的核心人物郑元勋在 1627 年乡试中夺魁，并在远近
各方赢得了很高的声望，然后于 1643 年获得进士功名。地方志传
记描绘他具有儒士的所有品质，尤其是他从事的慈善活动，标志着
他是一位 17、18 世纪优秀徽州人的典型。他在 1640 年的饥荒中表
现了仁爱精神，组织宗族成员捐出了超过 1000 石粮食，在扬州建
立了一个施舍点。他促成了对节孝事迹的记叙，这是徽州新儒家人
士的典型事业。他关照远近各方的朋友，曾经安排一位来自远方的
客人就医，并料理了另一个人的遗骸回乡安葬事宜。[89]

郑元勋还参与了带有晚明不满士人之特征的文学活动。尽管他
年纪较轻，但据称路过扬州的高级官员已经咨访过他，并且屡次敦
促他出来任职；可是被授予兵部某职位之后，他又以需要照顾老母
为由而引退。[90] 他把精力投入了复社——命运多舛的东林党运动的
继承者。复社本身是一个地方文人结社的联盟，其中可能包括扬州
竹西续社。[91] 郑元勋及其 1643 年同年进士梁于涘（？—1645），还

有另一位同年、郑元勋的侄子郑为虹（？—1645），都是该组织的成员。[92]

郑元勋在扬州的其他事业，预示了18世纪扬州盐商将凭以闻名的某些文化活动模式。首先，他修建了一座园林，或者至少可以说出资修建了这座园林。扬州在郑元勋生活的时代以前就有过园林，但他的影园是该城盐商园林兴起的直接标志。[93]该园建于1634年，当时扬州和附近各镇还有其他园林正在修建。[94]此时或此后，郑家几个兄弟都以拥有园林而著称。根据李斗的记载，他们"以园林相竞"。[95]

郑元勋的园林之所以突出，不仅与他自己是郑氏兄弟中最杰出者有关，也与其设计者计成（1582—？）有关。计成的名声主要来自其撰写的《园冶》一书，该书在西方通常被译为 *The Craft of Gardens*，出版于1634年。书前有郑元勋的序，他可能赞助了该书的印行。[96]影园位于扬州城外，显然在城市的西南边，靠近西边的城墙，大门向东对着这座城市。[97]现代园林学者朱江基于文献资料，把影园的设计描述为"大型园林"的一个典型，但就面积而言，该园看上去很难属于这一类型。[98]郑元勋谦虚地描述该园"阔仅数步"，实际上有人估计它占地1英亩多（1英亩≈4047平方米），不包括附属的菜园和花圃。[99]厅堂、望楼及亭台为溪流和池沼层层分隔，又由曲折的游廊和小桥连为一体。该园无疑并不算小，足以让他的客人们享受到曲径通幽的乐趣。[100]

郑元勋之弟郑侠如在清初建造了一座休园，现存的一幅《休园图》为我们提供了很好的机会，使我们得以了解可能是典型的17世纪扬州大型园林的一些设计特征（见图2）。[101]郑侠如的休园占地约 50 亩（约 3 公顷），位于新城东墙内，合并了两所更早的园林。[102] 该园有着和缓的起伏和弯曲的界线，里里外外都流露出古典南方园林的某些特征：曲折的走廊；园内划分为不同区域以形成园中园；"山""水"的结合，以创造一种观赏风景画的感觉。北京也建造了这样一座园林，以抚慰明朝末代皇妃的思乡之情——她因为思念自己的故乡扬州而变得人形憔悴。[103] 影园或许拥有所有这些特征，只是规模更小。

郑元勋声称自己的园林会成为"伺奉老母"之处[104]，但与休园和其他清代著名园林一样，这里也是一个文人集会的场所，"以集天下名士"。[105] 当地复社的集会可能就在这里举行，因为郑元勋，至少还有该园的一位常客——郑的同年梁于涘，都是复社的成员。[106] 在这些地方举行的文学活动，与在 18 世纪各处园林中的那些活动相似。1643 年该园举行了一次庆祝黄牡丹盛开的诗会。客人们在这

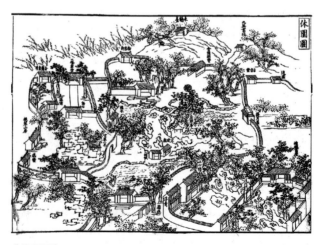

图 2 《休园图》
来自郑庆祜的纪念性著作《扬州休园志》（1773）中的一对木版画。

里创作诗歌，竞相表现出优雅的文辞和新颖的构思；集体作品得到了印刷和装订。冠、亚军分别获得一笔奖金。[107] 这种场景与李斗在下个世纪描述的情形很相似。[108]

与后来那些园林一样，影园也跟绘画作品联系在一起。郑元勋自己是一位略有名声的画家。高居翰（James Cahill）称他现存的两幅风景画从绘画角度而言"算不上什么"，但显示了董其昌（1555—1636）松江画派与新生的安徽（徽州）画派[109]之间的有趣互动（见彩图9）。而董其昌则是郑元勋的客人之一。[110] 据郑元勋称，董其昌在影园规划阶段就与自己讨论过，并为它起了这个名字。[111] 董其昌的密友陈继儒（1558—1639）为该园题写了一块"媚幽阁"匾额，郑元勋后来用这几个字作为一部文集的标题，其中收入了董其昌一篇论述南北画派的重要文章。[112]

主客之间在这种园林环境中的相互交往，颇能体现一种后来与扬州普遍相关的社会进程，即盐商家族的士绅化。[113] 帝制晚期，商人园林与士人园林之间有时存在区别，尤其是就盐商园林而言，但这种区别往往很模糊。[114] 扬州的园林传统是苏州（明代士人园林的重要发展中心）园林传统的延续，如果说这种传统清楚地体现为夸张的假山等寻常特征的话，那么它也清楚地体现为苏州人计成所设计的园林之优雅。[115] 出身于商人家族的士大夫郑元勋支持文人路线。他这样写道："［园］主人胸有丘壑，则工丽可，简率亦可。"[116]

郑元勋扮演的园主、赞助人、士人和慈善家角色，为此后的扬州徽籍代表人物所继承。这个群体的主要成员都拥有园林和功名，因为赞助公益事业而著名。清军的攻城剥夺了郑元勋及其同道们的机会，使他们没能留下后来的扬州徽人所赢得的那种集体历史地位，但他们在城市结构中留下了某种生活方式的烙印。到了明朝灭亡的时候，扬州在许多方面都已经成为一个徽州城市。即使是朝代的兴亡也没有改变这个事实。

第四章

扬州十日

徽州人大规模移民扬州始于 16 世纪后半期，大约结束于 18、19 世纪之交。在扬州的社会历史当中，这是一个相对离散的阶段，在此期间，歙县商人主宰着当地社会。然而，这段历史被一个重大事件打断了，那就是 17 世纪 40 年代席卷全国的改朝换代战争，这场战争将满人皇帝送上了权力的宝座。

在明亡之后的扬州历史上，满人皇帝和官员显然属于新的角色。作为更宽泛的中国历史上的行为主体，他们与徽商处于一个相同的时间序列中。满人最初以采集渔猎为生，16 世纪转向农牧业。[1] 辽河流域尤其如此，这里比其他的主要聚落更靠近中原，并且生活着相当数量的汉人。通过向汉人和朝鲜人出售人参、兽皮和马匹，这里的人在 16 世纪逐渐富裕起来。在勇武的努尔哈赤（1559—1626）的领导下，他们也逐渐强大起来。1587 年，已经成为君主的努尔哈赤修建了自己的第一座城市。[2] 1616 年，他正式建立了后金政权，同时对明朝宣战。[3] 不到三十年之后，他的第十五个儿子多铎（1614—1649），即豫亲王，就漫步于已经成为一片废墟的扬州街道上，在巡察满汉战争期间最惨烈的一个事件中造成的损失。[4]

在中国的编年史上，扬州是朝代更替的一个显著参照点。该城的沦陷预示着明朝复兴期望的破灭，也逐渐被视为一个时代之终结的悲剧象征。在关于王朝兴衰的道德故事所提供的结构性叙事当中，该城被攻破的那一刻标志着历史的断裂。[5] 王秀楚的《扬州十日记》是一部关于 1645 年扬州沦陷的文集，在提供这种叙事的所有经典著述中占有核心位置。[6] 然而细读该书就能发现，它也支持另一种关于过去的表述，使我们得以窥见晚明以降扬州地方历史在某些重要方面具有连续性。

满人与明朝的灭亡

明朝晚期政治上的不稳定，在整个长江三角洲地区都表现得很明显。1604 年，东林书院在无锡重建，这个地方从扬州跨过长江沿大运河南下即可到达。东林书院为改革派的发展提供了一个中心，这一党派的主导力量是由江南和西北山陕两省——正是这几个省份为扬州提供了许多盐商——的官员结成的强大联盟。二十年来，东林党逐渐有了相当的影响，然而在 1625 年遭到了中国历史上著名的反面人物之一宦官魏忠贤（1568—1627）的镇压和清洗。与这场清洗相伴的，是以魏忠贤为中心的个人崇拜的发展，其标志就是为他建立祠庙、形成一套仪式。在扬州，按察使王徵（1571—1644）是来自陕西的"二劲"之一，拒绝向魏忠贤的祠庙致敬。[7] 可能就在同一时期，郑元勋冒着很大的个人风险为一位朋友提供了藏身之处，后者与某个当权宦官发生了冲突。[8]

政治上的困难伴随着社会经济危机而来。17 世纪 20 年代，西北各省遭受了干旱、饥荒和土匪的蹂躏，种种灾祸导致了公开的叛乱。[9] 扬州的西商家族无疑受到了这些情况的影响。扬州府的情况也好不到哪去。17 世纪 20 年代后期，兴化爆发了匪乱。匪徒们成功地包围了县城，直至骁勇的地方官员将这场动乱镇压下去为止。[10] 17 世纪 30 年代，扬州和仪征的武将们都面临着保护地方免遭淮河流域叛乱者南下侵袭的任务。[11] 陕西起义者张献忠（1606—1647）已经成为明朝政府最大的内患之一，当时几乎可以在整个华北自由游荡。1637 年，他联合江北土匪对仪征发动攻击，然后沿着长江退居湖北。[12] 1635 年，扬州附近饥民载道。1636 年，随着饥荒的持续，不少人上吊或者投水自尽。1637 年，长江向北泛滥，仪征死者无数。[13]

王朝正在慢慢解体。江河泛滥，降雨过多或过少，粮食不足，士绅不愿就职，明朝的军队接连战败。明王朝被二十余年的农民起义弄得筋疲力尽，日益强大的满人力量又在威胁着边境。终于，这一王朝在 1644 年走向灭亡。4 月 24 日，就在北京即将落入陕西起义者李自成（1606—1645）之手的时候，明朝末代皇帝杀掉自己的妃子，并于次日结束了自己的生命。在南京，前明官员创建了一个残余政权，即南明政权，希望能够保住南方。扬州注定要从一座闲暇娱乐之城转变为镇守要地，这在它的历史上已经不是第一次。

南京的南明政权意识到了历史上的先例。兵部尚书史可法主张南京的安全取决于淮河下游地区的防卫。这项任务被交给四位名声可疑的职业将领，他们为控制扬州争吵不休，这是危害南明存在的因素之一。扬州城防在政治和军事上被分割开来，扬州居民只能等

待着王朝更替战争的最终结果。1645 年 5 月末，这一悲惨的结局终
于降临到他们身上。

《扬州十日记》：前六日

扬州的沦陷在关于 17 世纪中国的历史撰述中占有核心位置。
这个故事经常被人提起。当时扬州城的一位居民王秀楚在这场浩
劫中幸存下来，写下了一份关于城陷之后可怕的破坏经历的详细叙
述。他的《扬州十日记》在整个 18 世纪都是一部禁书，19 世纪末
20 世纪初作为反清读物流传开来，随后被翻译成法文和英文。该书
可能是关于明清更迭这段历史的最有名的叙事。[14]

除了这部叙事中透露的信息，我们对于王秀楚一无所知。他的
家族看来已经在这座城市站稳了脚跟：当躲避占领军的时刻来临之
际，他带着怀孕的妻子和儿子，三位兄弟，一位嫂子，一位侄子，
以及妻子娘家的三位成员一起逃难。王秀楚反复提到"扬人"，暗
示着自己并非其中的一员。他描述了两名道德沦丧的扬州妇女，她
们的行为有损于地方荣誉。[15] 书中提到邻居乔承望是一名"西商"，
这又将他王秀楚与山陕流寓区别开来（乔家来自山西襄陵，在扬州
很有名望）。[16]

然而他很有可能是徽州人，尽管书中有一段话暗示他和自己
的兄弟并非"富商"。[17] 他生活在新城南部，紧挨着城墙，那里正
是盐商聚居区。[18] 他的邻居都是商人，在扬州这就意味着他们来自
其他地方。他自己就可以支配大量银两，他的妻子也拥有金银珠
宝。他的姓氏是常见的"王"字；汪姓在徽州更常用，但也有人

使用"王"这个寻常的姓氏。此外,他的兄弟中有一位洪姓姻亲,这个姓氏在徽州很普遍。[19] 这位亲戚就是书中提到的两名妇女之一。另一名郑姓妇女王秀楚并不认识,但"郑"也是常见的徽州姓氏。[20] 书中将其他许多人描述为"扬人"或"服色皆扬俗"[21],甚至是"西商",但与此相反,他并没有对这些妇女的籍贯做出区分。

扬州城陷之时,王秀楚及其家族,此外还有其他数千人为何会待在该城?这个问题值得深思。有一句谚语说:"小难避乡,大难避城。"[22] 这条原则往往被付诸实践。在清军到达北京之前,"数不清的男男女女,扶老携幼,蜂拥出城"。[23] 再往南边,在福建浦城,郑元勋的侄子、在扬州出生的郑为虹,在守卫一座清军到来时几乎已被抛弃的城市中英勇捐躯。[24]

这种逃亡显示了人们对于中国军事战略的基本要素的本能理解:许多战斗都集中在城市。[25] 不过对于扬州来说,城陷之前的一年以内,战斗进展并不怎么顺利。1644 年 4 月 25 日,北京沦陷于陕西起义者、自称皇帝的李自成之手,但在那个时候,关于清军占领扬州的想法还显得很遥远。张献忠不久以前还在附近,这时则在西部的四川省施虐。他似乎更可能成为长江下游地区的威胁。[26] 如果要选择的话,人们应该逃往何方?到了 6 月,扬州城面临着另一方向的威胁——当时南明将领高杰(?—1645)包围了该城。[27] 根据戴名世的记载,此时确实有许多人逃离该城,前往北方的湖泊地区避难,但"多为贼所害,有举室沦丧者"。[28]

史可法被派往扬州解围,但高杰只是撤退到附近的河边城镇瓜洲。高部在那里的威胁性存在,有效地阻断了从扬州逃往南方的最短线路。1645 年正月,高杰被谋杀,但他的军队还在。此外,没有了高杰的碍事，其对手黄得功（1594—1645）把目标瞄向了这座城市。这些动乱导致了难民的流入，不是降低而是增加了该城人口的规模。[29] 比如王秀楚的妻子和嫂子，就是为躲避令人讨厌的高杰所部乱军，而在扬州被围前夕从附近的瓜洲逃入扬州。[30]

明朝末年，在空旷的路上旅行对于富人来说是件冒险的事。扬州居民中有许多盐商和木材商，他们在家里贮藏了足够多的财富，以至于后来能够向清军一次提供数千两白银以换取自己的性命。[31] 是让自己的财富丧失于在乡野中游荡的士兵和土匪之手，还是利用它来帮助守卫这座城市？他们选择了后者。[32] 史可法的到来给了他们乐观的理由。史可法从南京带来一支军队，各地忠义之士都跑来加入他的阵营。与日益膨胀的清军及其合作者相比，这些明朝力量的标志终将黯然失色，但他们近在眼前，敌人却很遥远。

根据王秀楚的记载，扬州居民几乎没有接到任何关于扬州之役的通告，但史可法的函件表明，他几乎在攻城前一个星期就知道该城注定要沦陷。史可法不久前曾经率领一支部队防守更北边的地区，但被迫连同自己的军队一起撤至城墙的掩体内。[33] 阴历四月十九日（公历5月14日），他估计"扬城旦夕不守"。两天以后，他在写给家里的最后一封信中说："北兵于十八日围扬城，至今尚未攻打。然人心已去，收拾不来。法早晚必死，不知夫人肯随我去否。"[34]

相反，王秀楚对于战略形势的了解非常混乱，甚至在攻城开始之后，他还对步武严整的军队的出现寄予过一阵希望。他的记述从攻城前夕开始。当时满城都是明朝守军，这让户主们颇感烦恼。王秀楚试图通过宴请统兵将领摆脱这种不便。该城沦陷前的那个晚上，这名将领设宴作为回报，席中有位名妓在场。这名将领喜欢音律，打算用琵琶为她伴奏。这群人正聚在一起，准备狂欢一夜的时候，从史可法那里传来一纸消息。王秀楚写道："主者览之色变，遽登城，予众亦散去。"[35]

次日早晨一片混乱。狭窄的街道上突然传来马蹄的回声。明朝守军正在逃跑，敌人的骑兵在身后紧追，从北面进入该城。士兵们从城墙溃退下来，脚步震得屋顶的瓦片"咔咔"作响，手持弓箭的胜利者正在追逐失败者。衙门、生活区，还有私人居住区的卧室，都遭到无所顾忌的侵袭。不久就能看到占领者一方的士兵挨家挨户索要银两，夜幕降临之前，一场悲剧已经开始。雨一直在下，但随着房屋被点燃，大火在熊熊燃烧，"赤光相映如雷电"，照亮了黑夜。第二天，"满地皆婴儿，或衬马蹄，或藉人足，肝脑涂地，泣声盈野。行过一沟一池，堆尸贮积"。悲剧从阴历四月二十五日一直持续到五月一日。最后一天，曾经由高杰指挥但这时已投降清军的军队开入该城，"寸丝半粟，尽入虎口"。[36]

根据王秀楚的记载，城陷之后焚化的尸体达 80 万具，这个数字高得难以置信。明清战争的伤亡数字通常不可靠，原因很简单：战役和暴行的目击者无疑被展现在眼前的恐惧所淹没，根本无从清点那些死尸。数字通常以万计，其中传达的与其说是数目，还不如说是一种数不胜数的感觉。[37]一位历史学家曾经估算过，扬州被围时约有 2 万—3 万人口，这个数字远低于王秀楚提供的死难数字，不过加上明朝军队的数字，足以说明城陷之后街上丢弃数千具尸体是可能的。[38]魏斐德（Frederic Wakeman）认为这个估计数目对于扬州城本身而言太低，宁愿相信其他地方提到的同样是太高的数字："扬州市民有 100 多万。"[39]当时扬州人口不可能超过 17.5 万，这是施坚雅估算的 19 世纪 40 年代初该城的人口数字。

最好将王秀楚提供的数字理解为仅仅是对这场惨剧之可怕程度的表述。处理全部尸体颇有难度,解决方案是将大量尸体堆积起来,然后点火焚化。[40] 可即便如此,城里依然还有乱七八糟的尸骸。这年年底,当周亮工(1612—1672)来到扬州担任清代首任盐运使之时,他发现新城北部的广储门外有一座白骨堆成的小山。他为这些尸骸修建了一座公墓。[41]

并非所有的死亡都是侵城者造成的。江都地方志的忠义人物传中讲述了群众投水或上吊自尽的悲惨故事。[42] 众多女性死难者尤其得到了关注。通过记录这些妇女的事迹,当地文人可以跟不那么光彩的扬州女人做斗争,后者或许可以被看作明朝幸存者不尽忠节的悲伤隐喻,甚至可以充当明朝为何灭亡的一个解释。王秀楚关于明朝灭亡原因的见解,是由于看到一名扬州妇女在掠城期间与清军来往而促发的:

> 妇扬人,浓抹丽妆,鲜衣华饰,指挥言笑,欣然有得色,每遇好物,即向卒乞取,曲尽媚态,不以为耻。予恨不能夺卒之刀,断此淫孽。卒尝谓人曰:"我辈征高丽,掳妇女数万人,无一失节者,何堂堂中国,无耻至此?"呜呼,此中国之所以乱也。[43]

妇女无疑经历了一个艰难的时期。根据王秀楚的记载,有的妇女在寺院中寻求庇护,但因为饥饿或者害怕而死在那里。还有的人被绑架,被带到遥远的地方,成为讲另一种语言的男人的妻妾，由此终了余生。[44] 然而，地方志记录中尊崇的并非这些不幸者，而是那些选择自尽的妇女。张国华之妻史氏架起一堆柴火，坐上去并点燃了它，在火焰中死去。[45] 同样，张嗣祥之妻鲁氏和儿媳桑氏，用柴火堵住门口，然后在屋内点燃一把火，家里四十七人被烧死。[46]

史可法也死了。他的遗体从未被找到，但他的衣冠被葬于城北护城河边的梅花岭。这里因为种植了一百株梅树而得名。1592 年，当时的扬州知府曾经在此修建了一座园林。[47] 一个多世纪之后，扬州的常客全祖望（1705—1755）写过一篇短文纪念这个地方，其中记载了死在史可法身边的一些英勇坚贞的官员：

> 二十五日，城陷，忠烈拔刀自裁。诸将果争前抱持之。忠烈大呼德威，德威流涕，不能执刃，遂为诸将所拥而行。至小东门，大兵如林而至，马副使鸣騄、任太守民育及诸将刘都督肇基等皆死。忠烈乃瞠目曰："我史阁部也。"被执至南门，和硕豫亲王以先生呼之，劝之降。忠烈大骂而死。初，忠烈遗言："我死当葬梅花岭上。"至是，德威求公之骨不可得，乃以衣冠葬之。[48]

正如全祖望注意到的，关于史可法的事迹还有其他版本。有人称自己亲眼看见他骑着一匹白马而走，有人说他从城北天宁门离开了扬州，有人说他自己投入了长江。还有人说他根本没有死，许多后来的起义者都打着他的旗号。[49] 如此多的起义，如此多的故事，意味着这位明朝的英雄将徘徊在清朝上空，直到他们自己也承认他为止。

另类历史之一：郑元勋

扬州十日的历史意义很深远，但也很复杂。清代前期和中期，王秀楚所描绘的至少是一种隐秘的历史知识。王秀楚的记录可能以手稿形式在流传，至少到 18 世纪 70 年代才被公开禁止。有人在某处大胆地密藏了一份抄本，到 19 世纪末，它引起了晚清民族主义者的注意，他们通过《国粹学报》将其公之于众。[50] 此时扬州已经不再是一个重要城市，但民族主义者的呼喊有效地使它跻身于民族主义史学的核心位置。这种史学是易变的，就跟民族主义本身的内容一样。到了 20 世纪 30 年代，日本成为民族的敌人，1934 年就出现了一种关于王秀楚的记载的修正主义阐释。[51]

遗民史学家戴名世（1653—1713）[52] 描绘了关于扬州沦陷的另一个著名版本。他集中关注史可法领导的保卫扬州城和南明朝廷的斗争。从语序和语汇的相似性来判断，全祖望关于史可法之死的描述，看来是以戴名世的叙述为基础的。[53] 虽然戴名世的著作在清朝统治下被禁，但史可法保卫扬州之举是一个可以并且得到了公开纪念的历史事件。由新政权发起、有许多扬州学者参与编撰的《明史》中记载了这个事件。[54] 前明主要殉难者一般得到了清朝皇帝的承认，而且因其义举被授予了身后的荣誉。

作为史可法抗清和殉难之地，扬州在明朝覆亡史上获得了远远超出该城本身之沦陷的意义。用一部关于扬州的当代出版物中的话来说，"史可法属于扬州，也属于全体中国人民"。[55] 很久以来，史可法墓都是一个重要的旅游景点。17 世纪，遗民诗人吴嘉纪（1618—1684）和清朝官员王士禛（1634—1711）都祭拜过那里；18 世纪，袁枚（1716—1798）在那里大哭过一场，乾隆皇帝（1736—1796 在位）也赞扬过它；20 世纪，郁达夫、易君左（1899—1972）、郭沫若（1892—1978）和田汉（1898—1968）都在诗文中对它表示过敬意。[56]"文化大革命"期间，史可法作为封建因素和历史进步的阻碍力量遭到了冲击[57]，但这只是一个短暂的阶段。"四人帮"倒台以后，梅花岭得到重建，现在已经是该城最知名的旅游胜地之一。

朱自清曾经评论过史可法墓的突出地位。他写道："城里城外古迹很多，如'文选楼''天保城''雷塘''二十四桥'等，却很少人留意；大家常去的只是史可法的'梅花岭'罢了。"正如朱自清提到的，存在着另一个扬州："倘若有相当的假期，邀上两三个人去寻幽访古倒有意思；自然，得带点花生米，五香牛肉，白酒。"[58]

这就是地方性的扬州，对于朱自清这样生长于斯者充满了意义。它在地方史上也有相应的内容，显得很零碎，因为仅见于家族记录、碑传和明末清初一些学者的零星著述当中。这种地方史集中关注地方英雄的道德高度，同时呼应并疏离了以"扬州十日"和梅花岭为中心的更宏大叙事。那些谈论明朝灭亡者最关注道德伦理。研究扬州的历史学家和英雄传记作者，也跟戴名世等当时著名文人一样关注这一焦点，但他们的叙述在细节上有很大区别。这些细节从扬州的角度来看非常重要，尽管它们最终无碍于一种朴素的民族主义神话在 19 世纪末的产生。

关于郑元勋——他可能是最杰出的明末扬州殉难者——之死的相互冲突的叙事，便集中反映了这两种历史之间的张力。魏斐德在关于清军攻城的笼统叙事中用一条脚注简单提到了郑元勋。郑元勋的名字在《明代名人传》（*Dictionary of Ming Biography*）中只是偶然出现过一次，即作为著名风景艺术家计成所设计的园林的主人。[59] 但他在关于扬州沦陷的叙事中占有核心位置，戴名世和地方史编撰者都对他给予了应有的关注。

郑元勋在 1645 年事变中的角色，早在六年以前围绕该城发生的一系列乱象中就拉开了序幕。1639 年，后来以明朝遗民而知名的袁继咸（1593—1646）被任命为扬州副使，这可能是出于其朋友吴甡（1589—1644 以后）的推荐，后者是扬州兴化县人，时任兵部左侍郎。[60] 据说监官杨显名当时正掌控着两淮盐政，"御使、转运使以下，跪拜趋谒"。当袁继咸未能显示同样的顺从姿态时，杨显名就弹劾他并使其去职。这引发了当地人的骚动，他们迫使城门关闭，以阻止袁继咸被逐。十日之内该城所有交通均陷于停顿。郑元勋及其弟弟郑侠如"二人独往，［向袁继咸］侃侃言地方事，于利弊罔不中，遂出劝城中人启门"，这时僵局才被打破。[61] 这则轶事显示，郑氏兄弟在地方危机中扮演了由来已久的士绅领袖的角色。

郑家的好运在 1643 年达到了顶峰，当时郑元勋及其侄子郑为虹双双获得了令人羡慕的进士功名，无可争议地确立了扬州郑氏家族的资望。同年扬州还产生了另外四名进士：梁于涘和王玉藻，二者都来自扬州地区的北湖农村；[62] 宫伟镠，祖籍直隶的泰州人；宗灏，本籍扬州兴化，但居住在扬州或附近的市镇宜陵。[63]

这些进士及第者有五人担任官职。然后，明朝灭亡之际，1643 年这班进士散布在全国各地。郑元勋辞去了职务，留在扬州；宗灏作为道台驻守于满目疮痍的陕西平凉；[64] 王玉藻任浙江慈溪县令；[65] 梁于涘任湖北万安县令；[66] 郑为虹则担任福建浦城县令，一直留在该地，直至后来升任湖广道监察御史。[67] 宫伟镠在京师翰林院任职，北京城陷时正在现场，后来他隐居泰州，坚决拒绝在新的朝廷中任职。[68]

崇祯皇帝之死和北京陷落的消息在扬州引起了一阵恐慌。当郑元勋听到这个消息时，

> 麻衣哭于圣庙。扬人闻流寇且东下，先事载妻子去。元勋破产招集义旅，告以忠孝，人始有固志。[69]

正如标准的故事中所讲述的那样，扬州面临的紧迫问题不是土匪，而是依附于南明的军队，他们相互争夺对扬州及其财富的支配权。当高杰在1644年夏包围该城之时，郑元勋的最后时刻到了。根据遗民史学家戴名世的说法，郑元勋的行为方式有点懦弱：

> ［高杰抵达扬州］……其兵不戢，扬州人恨之，登陴固守，而四野共遭屠杀无算。江都进士郑元勋，负气自豪，出而调停。入往杰营，饮酒谈论甚欢，杰酬以珠币。元勋还入城，气益扬，言于众曰："高将军之来，敕书召之也。即入南京，尚其听之，况扬州乎！"众大哄，谓元勋且卖扬州以示德，共杀之，食其肉立尽。[70]

当地的记载提供了一种不同的叙述。在仪征县志中，他的传记开头是关于其科场成功的记载，接着关注他作为儒士的社会特征。公私两方面的虔敬行为，确立了他在当地记载中无可动摇的忠义之

士的形象。关于他的死亡，传记中没有掩饰如下记录：

> 进士郑元勋与杰旧识，恐城不可守，诣杰营说之。杰喜，解围，退兵五里，示无他意。城上乃集众议事，元勋曰："杰之来，敕书诏之，未可拒绝，宜姑许其入城，勿撄暴乱。"士民哗曰："不见城下杀人累累耶！"元勋曰："此亦有杨诚所杀，不尽由高镇。"杨诚者，[高杰辖下之]扬州营将，标兵多不法，故元勋及之。众误以为"扬城"，遂詈其卖城，磔之城。[71]

关于这个故事，扬州府志中有一个更加详细的版本，其中透露了故事中各个主角之间的复杂关系。根据这个版本，当时地方官员和士绅意见不合。负责城防的副使陕西人马鸣騄嫉妒推官汤来贺。如前所述，这位马鸣騄后来死在史可法身边。郑元勋与汤来贺关系很好，因为汤的父亲与郑元勋是同年进士。出于这个原因，马鸣騄便与郑元勋作对，宣称应守住该城，不应与高杰妥协。随后郑元勋自己的民团捕获了许多正聚在外边烤火的高杰所部士兵，并将他们钉在城墙上。高杰大怒，于是将当地的一个村庄夷为废墟。但高杰欠着郑元勋一个人情。当他还在山东巡抚王永吉手下当参将时，因为触犯了刑律，被王永吉处以死罪。王永吉是扬州府高邮州人，与郑元勋同时中举。可能是为了江淮地区的军事防卫起见，郑元勋成功地运用这层关系免除了高杰的罪刑。出于这个原因，高杰封锁扬州后郑元勋有信心去接近他。

包围圈解除，北边的城门就可以打开，以便运入粮食和燃料。高杰在郑元勋的要求下让军队后撤，承诺惩治部下杨诚，并送给郑元勋几百道允许商人进出该城的符券。郑元勋根据需要来分发这些符券，但很快就发完了，使后到的人感到失望和怨恨。谣言于是开始流传："为伪言曰：'高杰以免死牌与郑某，非［郑元勋］亲昵与贿不得，有死尔。'语一夕遍。"

那天晚上，马鸣騄以矢石向高杰所部发动了一阵攻势。后者被激怒了，大喊着再次迫近该城，仿佛就要展开攻击。在这个节骨眼上，郑元勋派人去高邮请王永吉来调解。王永吉能够抚慰高杰，当地士绅随后出去见他。但与此同时，一些士兵抢劫了扬州东边的市镇仙女庙。半夜时分，城里一片混乱。针对郑元勋的谣言蜂起。街上流传的谣言说，某个姓郑的人是匪党，高杰承诺的惩治"杨诚"，不是要惩罚他自己的部下，而是要惩罚"扬城"。一群武装起来的暴徒包围了郑元勋并向他发起攻击。他的仆人殷起也死于斗争之中。[72]

这样，地方叙事中呈现的不是傲慢、自私并出卖扬州城的郑元勋，而是一个无可指责的努力拯救该城的士绅领袖形象，不幸的是，他的行动被这座城市的群氓所误解。从本质上说，两种版本都提供了一个忠义之士的形象，戴名世的著名叙述如此，地方史编撰者也捍卫了当地士绅及其家族的一位领袖成员的名声。这些不同的叙述，包括戴名世在内，都是以民间传说为依据的。戴名世的叙述与郑元勋死时的民间传言一致，并且占有支配地位，因为戴名世自己最终被尊为一名汉人烈士。不过，扬州文人反对这些传言，在扬州沦陷之后即努力确保郑元勋将得到后人的尊敬。扬州学者焦循（1763—1820）记载说，郑元勋为"歹徒"所害。[73]李斗关于扬州人生平的简单介绍极少超过数行文字，在郑家及其园林身上却花费了数页篇幅，并根据地方志中的信息完整地复述了郑元勋之死的故事。[74] 19 世纪初扬州府志中的郑元勋传也有好几页的篇幅。[75]

另类历史之二：宗灏

地方史中还包括其他故事，它们并不都与英勇有关。与郑元勋同科的进士当中，其他四人也被认为值得在地方记载中予以表彰。一位是他的侄子郑为虹，他驻守在遥远的福建浦城，英勇地守卫这座几乎已经被遗弃的城市，并像一名烈士那样死去。[76] 在湖北万安，城陷时梁于涘试图自尽，却被家里人救起，随后作为俘虏被押往南昌，在那里结束了自己的生命。[77] 这些人都像郑元勋一样，被载入了地方志中的忠义直行之列。

幸存者当中，明朝灭亡时王玉藻正在浙江东部担任县令。跟梁于涘一样，他也曾经试图自尽。随后他试图加入明朝藩王朱以海（1618—1662）残部，却没有成功。于是他化装成道士，四处流浪了八年，历经危难，才在 1653 年前后回到扬州北面的北湖故里，在那里过着隐居生活。[78]

宫伟镠在北京沦陷时幸存下来，并且回到泰州。他被推举在新的政权中担任职务，但他以"独子辞养"这一先例为托词拒绝任职；其父亲宫继兰（1637 年进士）为避免在前明政权中任职，也使用过同样的借口。宫伟镠在泰州为自己修建了一所书房，开始从事学术研究，包括编撰 1673 年版的泰州志。[79] 宫伟镠和王玉藻都避免服务于新的王朝，确实符合"忠臣不事二主"这句伦理训诫。对地方记录的编撰者来说，他们是值得一书的对象。

六名进士中，宗灏的情况却不一样。关于宗灏的个人情况我们几乎一无所知，因为地方志里除了他的姓名和功名几乎没有提到其他任何东西，但在六名进士中，他可能是郑氏叔侄以外唯一生活在扬州或者附近地区的人。[80] 郑元勋的传记洋洋数页，关于宗灏则仅有寥寥数字，这种反差，不禁让人想到背后有一种不同类型的史学张力在起作用，这种张力可能从一开始就因为扬州人之间的关系网络而形成。

宗家在晚明的扬州很有名气，与郑家形成了有意思的对比。两个家族的财富都建立在盐业贸易基础之上，但在地方志的传记中，关于郑家的情况有着清晰的表述，而宗家的情况几乎匿而不见，只是简单地描述为扬州兴化县土著。这可能意味着他们是地主，但两淮盐法志里显示这个家族原为"灶户"出身。宗姓非常罕见，在淮南盐区却很常见。草堰场的宗部和宗节，是16世纪泰州学派民本主义者王艮（1483—1541）的思想的追随者，也是来自草堰场的"灶户"。[81] 宗灏的祖父宗名世（1589年进士）来自附近的小海场，其家族可能作为那里的一个盐场主而发达起来。

宗名世可能在年轻的时候随家人一起迁至扬州。他在1588年顺利通过了乡试，次年又获得了进士功名，随后任职于北京的工部。他喜得四子，老大宗万化在1609年中举。宗灏是其幼子宗万国的儿子。

盐业家族虽然有能力在科场获得成功，却没有在扬州确立起商人家族那种显赫地位。宗家在地方上出了名，却是以一种不同的方式。根据沈德符（1578—1642）的说法：

> ［宗名世］长孙弱冠矣，漫游惰学，而大父以堂构期之，延丹徒名士陈肖者，课以举业。陈绳督过严，夏楚不少贷，宗孙积愤，出怨言，陈闻之怒，榜掠愈苦。遂生恶心，市砒杂肴啗饲之，夜狂燥呼水，禁不得入，遂殒于塾。[82]

这肯定是 1610 年扬州一件名噪一时的事件的原因。陈的儿子以为父亲是被年轻人毒死，或者认为年轻人应当为父亲的自杀承担责任，于是将案件告官。当地士绅团结一致，不愿提供任何证据。宗名世费了不少成本，最终与陈家达成庭外解决方案，可是地方官对此不满意，将案件呈递给巡抚衙门。沈德符记录此事的时候，尽管公众广泛支持宗名世的长孙，向高层当局递交了无数陈请，但宗名世之孙依然被羁押在监狱里。[83]

当然，这件是非没有出现在地方志中，但宗名世长子宗万化的经历得到了应有的关注。宗万化在 17 世纪 20 年代被任命为荆州县令。他在那里成功地镇压了一次白莲教起义。据说有八千多名叛乱者死于他的三千士兵之手，他自己也成为当地的英雄，其英勇事迹被刻在石碑上。后来在潮州同知任上，他与总督熊文灿（1593—1640）在镇压海盗的方法上发生了冲突。他被总督指控为私通海盗，于是被投入监狱，案子来不及审理就死在狱中。[84] 宗万化死后得到了昭雪，当时熊文灿因为没能成功镇压湖北的张献忠而被处死。[85]

宗万化的生平在地方志和盐法志中都有详细记载，这使宗灏的相关记载显得更加简短，尤其是考虑到宗灏的功名等级更高的话。我们也知道一些关于宗家其他成员的信息。宗灏的堂弟宗元鼎（1620—1698）是清初扬州最著名的文人之一。他是一个行为古怪的人，在城外虹桥出售自己栽种的草花来挣钱。[86]另一位堂弟宗观，是一名在当地颇受尊重的诗人。[87]因此，他这些弟弟们当时不可能对宗灏的仕途完全一无所知。

宗灏的名字在一份清初江南地方官员名单中的出现，为了解这个问题带来了一些曙光：扬州街上的鲜血还没来得及变干，他就跨过长江成为常州知府。[88]地方志中略去了他的真实生平，看来这是出于当地史学家的道德判断：1643年的这六名进士当中，他是唯一在新王朝之下任职者。恐怕他自己也感受到了这一决定的压力。据记载，他的儿子作为江宁府居民通过了乡试。[89]如果这一户籍变动是出于宗灏的主意的话，那么他实际上就切断了与自己故乡及跟明朝的联系。

与叔叔宗万化和堂弟宗元鼎、宗观不同，宗灏在关于明清易代的地方史中没有任何位置。[90]相反，从大众的角度来看，郑元勋的核心位置则通过一座为他及其弟弟郑元化而修建的纪念祠得到了保留。郑元化是殉明烈士郑为虹的父亲，通过郑元勋的职务关系，曾经在明朝担任过都督同知。[91]该祠由当地人所建，位于该城西南部，紧邻郑元勋的园林。这座园林在清初被毁，但该祠看来得到了保存，18世纪晚期李斗对它有详细的描述。[92]它位于城西并面朝东，正好与梅花岭上的史可法墓遥遥相望。史可法墓面朝南方，此方位正好适合于它这个前明的象征物。郑元勋墓居于客位，但他是这座城市最尊贵的客人，尽管他的根在徽州，这座城市依然宣称他是本地人。

《扬州十日记》：后四日

王秀楚的笔记中对扬州沦陷的描述，至少在一个世纪里使得关于这一事件的其他叙述黯然失色；其中留下的关于一座清初城市的废墟印象是如此之深，以至于人们往往设想它需要在很长时间以后才能得到恢复。着眼于地方性的细节而非全国性的意义来分析这份笔记，我们或许会得到相反的印象。围城和城民被杀仅为笔记中前六日的现象，笔记中的后四日同样重要。阴历五月二日，即王秀楚笔记中的第七日：

> 传府道州县已置官吏，执安民牌遍谕百姓，毋得惊惧……初三日，出示放赈……初四日，天始霁……秽臭逼人，复经日炙，其气愈甚，前后左右，处处焚灼……初五日，幽僻之人始悄悄走出……

最后这天，王秀楚的兄弟由于在城陷期间受伤而死。而且，王秀楚依然不敢回到自己家里：他与妻子儿女过了一段隐居生活，试图避开在城市街道上游荡的暴徒们的注意力。尽管如此，随着官员的任命，法律和秩序开始回归。当局着手清理街道，为幸存者提供食物。知府任民育据说在陪伴史可法出城时被杀，加上县令罗优龙[93]的死亡，该城与南明的联系被切断；随着弘光皇帝逃离南京，以及扬州陷落三个星期之后南京不流血的投降，南明无论如何终将垮台。[94]

等到多年以后王秀楚撰写这份笔记之时，他已经能够反思那些可怕的日子与"后之人幸生太平之世，享无事之乐"的反差，即便在他看来这一代人同样"不自修省，一味暴殄"。[95] 仔细阅读他这份笔记，我们只能得出如下结论：终其一生，他肯定目睹过晚明扬州的繁华、改朝换代战争期间该城的毁灭，然后是这座城市在新的清王朝之下的迅速复兴。

第五章

忠义之城

扬州以北约 15 英里的大运河西边就是北湖地区，这里布满了湖泊、田野和池塘，溪流和隆起的道路交错，以防行人弄湿自己的脚。在定期举行的集市之日，农民和小贩背着箩筐，赶着驴子，带着粮食、布匹、家畜等简单的日常生活所需去赶集。明朝末年，梁氏和孙氏是这里的大家族。郑元勋的同年梁于涘就是梁家的后代。[1]

1644 年，阮秉谦的寡妻为躲避扬州附近的动乱，举家来到这个偏僻之处。[2] 六代之后，这个家族产生了 19 世纪初扬州最有名的士大夫阮元。阮元这一代，他的一位堂姊嫁给了当时另一位著名学者北湖人焦循。[3] 阮元出生于扬州城，但焦循在北湖长大，并以一部地方志形式的小型史地著作记录了当地的情况。

北湖望族之间的通婚可能很常见。焦循与北湖王家也有姻亲关系。根据焦循的说法，北湖地区的学术是从王纳谏（1607 年进士）开始繁荣的。[4] 王纳谏是郑元勋的同年王玉藻之父。焦循回忆自己小时候有一次去拜见舅舅，在他家里见过一幅光着头、没有穿官服的王玉藻画像。这位舅舅是王玉藻的玄孙，他解释说这是由于王玉藻已经"自［明末任职的］浙归隐于农，遗命不冠而殓，故画像如之也"。[5]

如上一章所述，王玉藻在明朝灭亡后走上了隐逸道路。他是典型的忠于明朝者，即"遗民"：作为一介遗民，身体处于清朝统治之下，心里却依然忠于明朝。"明朝遗民"这个概念被界定为"有意义地适用于任何一个这样的人——他明显地改变了自己的生活方式和目标，以此表明对已失落秩序的不变的个人认同"。[6] 王玉藻避免在清朝任职（"逸"），并退而转向隐居生活，这是遗民情感的最明确标志。

王玉藻有两个儿子，即王方岐和王方魏，他们都与父亲一样拒绝在清朝任职。阮元在1799年编辑的一部诗集中记录说，有位爷爷以前的学生来找王方魏，请他参与公共生活。王方魏以一首诗作答：

> 把钓湖滨已廿年，垂垂霜影惜华颠。
>
> 昨朝叭上看新涨，只有秋潮去复还。[7]

这几句诗清楚地暗示了明朝的败亡。这首诗看来作于1664年或1665年前后，也就是明王朝和扬州分别沦陷二十年之后。1659年，长江下游地区的遗民曾经有过一阵短暂的振奋，当时郑成功（1624—1662）领导的南明势力占领了扬州南面的江边城镇瓜洲。在这种背景下，王方魏的诗或许可以解读为某种希望落空的表达。

阮元和焦循对北湖王家的关注，见证了后来清代文人所建构的清初遗民的明确存在。在后来的编年史家眼里，这些遗民与扬州的联系很紧密，这种联系由于他们对自己故乡的自我历史化而得到了加强。阮元和焦循都曾经参与编撰的1810年府志中收录了一小部分扬州流寓人口，其中属于清代者大约有一半为生活在扬州或其附近地区的清初遗民。其中包括当时一些著名艺术家和作家，比如徽州画家程邃（1607—1692）、来自陕西的诗人孙枝蔚（1620—1687）、来自四川的诗人费密（1623—1699），以及来自徽州的诗人孙默（1613—1678）。[8] 除了这些人，还有其他一些遗民和同道，有的列名于这部府志的不同类别当中：来自湖北的诗人杜濬（1611—1687）定居南京，但偶尔到扬州来；多产的风景画家龚贤，往来于南京和扬州之间；另一位来自徽州的画家查士标（1615—1698），17 世纪 50 年代才开始拿起画笔；还有最著名的石涛，是明朝皇室的后代。[9] 这些流寓人口的名字因其作品而不朽，这些作品又因为与遗民有关的悲剧和传奇而具有特殊的深度和吸引力。

这部方志中对扬州府的"隐逸"之士同样给予了应有的关注，他们过着相对隐居的生活，拒绝出来任职。"隐逸"和"遗民"这两个词不能互换："遗民"特指那些王朝更替的幸存者，而"隐逸"则指那些由于种种原因拒绝在明朝或更早的朝代任职的人。[10] 然而在清初，"隐逸"和"遗民"是同义词。府志中的"隐逸"类包括许多北湖遗民，诸如来自沿海安丰场的诗人吴嘉纪，[11] 以及宗元豫、宗元鼎兄弟和"二仕"官员宗灏的兄弟。[12]

府志中此部分的一些条目，完全是从早先的府志中复制过来的，这种做法很常见。其他一些条目则是新增加的。新条目征引的资料来源表明，为了构筑一个作为伦理实践场所的扬州形象，编撰者进行了相当的调查研究。这些资料中就有阮元自己的《淮海英灵集》。因而，这部清代规模最大的扬州府志的关注焦点——忠义，并不是明朝遗民情感的历史连续性的证据。相反，对此应该在一种新的忠义动机的背景下加以理解。乾隆皇帝是这种动机的发起者。出于自己的目的，他鼓励开展一些以忠君问题为核心的传记编撰项目。[13]

扬州府遗民的空间分布，显示了某种令人感到奇怪的与府城的疏离。扬州遗民中的杰出人物包括曾经做过官的宫伟镠，他是郑元勋的另一位同年，生活在扬州东边的泰州。许多流寓人口，包括费密等著名遗民，据记载都曾经在泰州生活，或者在不同时期去过那里，到春雨草堂去拜访宫伟镠。[14] 泰州盐场也涌现了许多遗民，最著名的就是吴嘉纪。[15] 附近的如皋县生活着复社成员冒襄（1611—1693），他在南明覆亡前夕南京的党争中很出名。[16] 冒襄与宫伟镠有姻亲关系，他的兄弟娶了宫伟镠的女儿。[17] 在扬州本县江都的遗民中，宗元鼎与府城关系最密切，但他生活在城墙之外；他和自己的兄弟看来住在城东的宜陵镇。[18]

在扬州近邻地区，北湖看来是遗民情感的聚积之处，虽然也许是由于焦循和阮元等北湖学者在扬州方志编撰中的突出影响，而使这个地方在文献中占有过分突出的地位。北湖的遗民社群很亲密，在有关其生活的秘密记载中，其相互关系的直接性令人震惊。这些人也不都是男性。隐居者范荃的妻子也持隐居姿态，"椎髻大布"。她是王玉藻长子王方岐的一名学生，喜欢与北湖的隐居者一道吟词。[19] 几位武举中式者在北湖遗民谱系中的出现，则使关于这个社群的记录多了一种相当勇武的氛围。北湖遗民群体中有一名1640年的武进士。[20] 阮元祖上曾在万历年间担任正兵千户，祖父是1715年的武进士，其他许多亲戚也都拥有武举功名。[21] 焦循家族也有人获得过武举功名，他写道："不祀[真武神]者非吾族也。"[22]

在北湖这种乡村地区，遗民可以比在城市里更容易回避参与官方生活。不言而喻，中国的城市属于朝廷。通过某些组织，城市在实体上区别于有时甚至是更大的经济繁荣的市镇。这些组织包括城隍庙、府学或县学、府衙或县衙，当然还有城墙，尽管一些战略重镇也有城墙。这些特征宣示着城市与朝廷的关系，就如长袍上的饰物表示某人是官员一样。参与城市就是参与官僚机构，最终就是参与朝政。未经批准的社会组织，比如秘密社会，则更可能以市镇而非国家的行政中心为据点。[23]

城市的仪式意义之重要颇受承认。焦循在描述王方岐的正直人格和对忠义理想的执着时，注意到了他对城市的躲避："不入郡城，不授徒，不游，不酒食，往来浑浑穆穆，以全其天，精研易理。"[24] 另一位北湖遗民徐石麒拒绝出席扬州的文人集会，哪怕是宗元鼎、吴嘉纪等著名遗民诗人在场的集会。[25] 附近的兴化县居住着遗民陆廷抡，他"十年不入城"。[26] 从本质上说，这条伦理规则的要义不是避免社会交往，而是避免向清朝权威在地方上的表现形态致敬。

不过，扬州对遗民学者和艺术家依然有吸引力。久远和新近的历史事件的混合，使清初的这座城市成为反思过去的最佳背景。17世纪60年代，吴嘉纪是扬州的常客，写下了无数关于为家族利益而牺牲其生命的妇女的诗文，其中许多诗文即以1645年的扬州沦陷为背景。齐皎瀚（Jonathan Chaves）将其解释为对明朝的忠诚的隐喻。这无疑是对的。吴嘉纪的密友孙枝蔚毫不含糊地写道："烈女即忠臣。"[27] 艺术家当中，值得注意的是元代画家倪瓒（1301—1374）。他在16世纪末17世纪初日益受到艺术家和收藏者的欢迎，这种现象似乎与 17 世纪后半期的遗民画家尤其有关系。元朝及其蒙古霸主和遗民文人，为清初的臣民提供了有其特定条件的相似对象。关于自己那不加渲染的严肃风景画，程邃曾经这样写道："我很容易把握倪瓒画作中的孤独精神，因为我们有着相同的生活体验。"[28]

夏天的傍晚，当画家和诗人在城墙外把盏交杯、交流诗文的时候，他们会从以往的踪迹中一致想起王朝的覆亡：鲍照的《芜城赋》，作于这座同名城市在 5 世纪被毁之后；姜夔对于 1133 年扬州遭女真人洗劫的哀悼，"废池乔木，犹厌言兵"；[29] 李庭芝在蒙古人逼近时英勇坚守城墙直至惨死的故事，正如后来史可法在清军面前的作为一样。同样，这些流寓人口和本地人的故乡或者毁于明末的叛乱，或者毁于清军的攻城。在扬州，他们总会看到一些东西向人们诉说着 1645 年发生的一切。该城东南部某个地方获得了"红水汪"这一名称，根据周生的说法，乃是因为彼处"前明用兵之遗迹也，杀人如麻，血流成河"。[30]

对于那些远离该城的人而言，做出一种坚守原则的决定，就意味着某种惩罚，即脱离文人生活的源泉。手稿的交换、画作的完成和欣赏、欢乐的诗会，以及关于考据和义理之要义的学术探讨，对于精神生活和文学创造力而言都是至关重要的活动。17 世纪后半期，这种活动在扬州颇为兴盛，遗民是重要的参与者。然而，王玉藻在北湖躬耕，他的儿子王方魏致力于《易经》研究，他们的形象不禁让人想起这座城市还是一个谈判和妥协的场所。北湖的遗民可以在后明朝的末日中度过自己的余生，扬州的遗民则被无情地吸入了清朝的岁月。他们的生活和社会活动为新的秩序所塑造，后者竟然是那么令人熟悉。

重建和复兴

清初扬州的故事除了作为遗民之城的传奇一面，还有另一个平凡的方面，即该城作为行政和贸易节点的重建。有一种推测说，最著名的遗民之一石涛之所以选择在扬州生活，是因为清初城陷时的悲剧为异议的种子提供了沃土。[31] 正如乔迅的研究所揭示的，石涛来到扬州生活，这表明该城另有一种吸引力。石涛在很小的时候被一名仆人藏在贵州一座寺庙里，当时他的家人都被清军杀死，是这名仆人将其救了出来。经过一段流浪之后——包括在徽州待过一阵和 1673 年偶然初访扬州——他在南京待了八年，主要是在一个隐居遗民社群里，然后在 1686 年迁往扬州。扬州城比南京小得多，他并没有被这座城市打动，认为在那里生活犹如"瓮中之鳖"。在他看来，这座城市还有更不利之处，即缺乏任何吸引人的风景，这种观察可谓十足正确。[32] 但南京也有其问题。1685 年，石涛曾经在南京画过一册画集拿去出售，"但无人对他感兴趣"。[33] 他从 1686 年起断断续续地在扬州生活，1697 年起永久生活在那里，这座城市为他提供了更好的谋生途径。

在与扬州遗民有关的作家和艺术家当中，石涛是一个后来者。与石涛一样，龚贤在南京也有据点，17 世纪 40 年代末和 50 年代有能力在扬州谋生，此后频繁返回此地；[34] 自称"扬州客"的查士标显然也是如此，17 世纪 60 年代他至少在扬州短暂待过，可能从 1670 年起定居该城。[35] 看来在该城被毁之后相对较短的一段时间内，城市经济已经恢复到了一定程度，以至于人们可以通过教书和出售自己的作品来挣钱。

诗人孙枝蔚提供了一条线索，有助于解释货币经济在扬州的初期复兴。1631年前后，还是一名12岁男孩的孙枝蔚随父亲首次来到该城，但后来又回到陕西三原故里求学。三原在明末被起义者李自成夷为废墟。明朝灭亡后，孙枝蔚带着妻子再次投奔扬州而来。他们生活在其父亲修建的园林宅邸中。[36] 孙枝蔚开始从商，无疑是做食盐生意，很快聚积了上千两财富。[37] 但他的财运并不旺盛。根据汪懋麟（约1640—1688）的说法，"旧业日落，遂卖其园居，更僦屋于［新城西］董子祠旁，名其所居曰溉堂"。[38] 然而，财运的下降并不能掩盖如下事实：他在扬州拥有资源，有能力在那里挣钱谋生。汪懋麟自己出身于休宁的徽商家族，没有提及孙家是否从事盐业生意，但孙枝蔚在两淮盐法志里出现过，显然食盐是其财富来源。[39]

两淮盐业贸易的恢复得到了新王朝的密切关注。1645年，清朝第一任两淮巡盐御使李发元颁发了6万份盐引，根据将近三十年前建立的纲法来恢复盐业贸易。[40] 最初几十年里，盐业贸易的平稳运行遇到了无数阻碍。灶户逃离盐场，市场由于战争而崩溃，官员们对食盐运输征收超额规费。投资气氛很不宜人。1659年郑成功袭击期间，朝廷试图征集45万两淮盐税收作为防务经费。好几名商人因为没能给钱而被捕，并被殴打致死。[41] 不过徽州人很快就自己重建了盐业贸易。当李发元重开盐籍时，明朝灭亡之前就活跃于盐业贸易的徽商闵鼎，立即获得了超过4万引的专卖权。[42]

盐业贸易是一个重要因素，影响着扬州流寓遗民社群的规模，以及17世纪后半期艺术的相应繁荣。徽州盐商处于文人传统的文化产品的包围之中。他们当中的艺术行家越多，市场上的业余爱好者就越少。当他们迁往别处时，会随身带上自己的文化习惯，并且往往也会带上自己的艺术家。[43] 简单地说，扬州之所以有许多艺术家，是因为那里的艺术品市场很繁荣，至少从康熙初年即已如此。来自太仓的王时敏（1592—1680）是清初正统画派的"四王"之一。他在 1666 年写道，苏州人大量来到扬州，向一名来自云南的收藏者出售自己的艺术作品。这名收藏者"不识货"，雇用了一名中间人，后者通过低价买进画作，再以高价卖给其委托人，赚了不下 2 万两白银。[44]

为了赞助艺术，徽商还开展了一些意在稳定当地社会和复兴文化结构的工程，或者简单地说，就是创造一座适宜居住的城市。闵世章（1607—?）是赞助石涛的许多徽州人之一，[45] 他"空手"来到扬州，通过为当地人做账发了一笔"千两"小财。然后他投身于盐业贸易，由此真正致富。[46] 从 17 世纪 50 年代到 70 年代，他在各种慈善活动中非常活跃，比如修桥、资助育婴堂、重建养济院，以及救济"聚集府城"的扬州下属各县难民，当时洪灾连续七年吞噬了农民的收成。[47]

这些活动都在已经得到重建的行政结构的框架内进行。"扬州十日"之后不久，扬州迎来了清代首任知府胡蕲忠，由此被正式纳入新王朝的统治之下。1645 年，胡蕲忠着手重建府学，或者称"学宫"，它是该城行政地位的最重要象征之一。[48] 同一年在南京举行了一场乡试。中式者包括六名扬州本县江都县人士——这是该地士绅首次与新王朝达成妥协。[49]

种种这些发展，既象征着新的王朝权威在扬州的确立，对于该城居民而言也意味着新秩序在某种程度上是旧秩序的延续。两年以后的 1647 年，城墙得到修复。[50] 同一年，清朝举行第一次殿试，十二名来自扬州府的举人获得进士功名，其中江都县有四人。[51] 这也是扬州在清朝科举中的最佳表现。扬州的优秀表现在很大程度上是由于缺乏竞争，当时南方许多地区尚未平定，[52] 但这也表明精英层总体上愿意跟新政权合作。这些进士接着在清朝担任官职。在被占领地区，这种对新王朝的接纳即使不是通则也是正常现象。假如扬州不是保卫南京的南明朝廷之堡垒，那么或许可以质疑它是否会对清军进行坚决抵抗。[53]

把子女送上科场的，其中就有被战争摧毁的徽人家族。郑元勋的两个侄子，即明朝烈士郑为虹的兄弟和堂兄弟，都参加了清初的科举考试，并在帝王权力的中心——北京任职。[54] 在新政权之下，徽州流寓在扬州士大夫中占有更显著的位置，包括前述汪懋麟；吴绮（1619—1694），作为一名剧作家受到了康熙皇帝赏识；还有汪楫（1636—1699），作为清朝派往琉球的使节而出名。[55] 看来，虽然扬州浩劫期间财产被劫被毁，但这些家族中有许多人还是保留了在明朝灭亡以前获得的财富。正如本书第二章所述，郑元勋的兄弟郑侠如，新王朝创建初期就在新城东部购买了两块相邻的地产，并在那里建了一座可爱的大型园林。

满人采纳了自己所取代的王朝的组织原则，而且做得比一个世纪以前的蒙古人更为周密。官员的身体形态发生了改变：汉人被要求根据满族习惯剃光脑袋前面，剩下的头发扎成辫子拖在背后，并穿上长袍。但满人在扬州的存在通过其他方式被削弱。清朝首任知府是江南本地人，县令是河南人。随后二十年里，这些职位都由北方人掌握，知府主要是辽东人，但直到 1678 年，地方行政官员依然以汉人为主。当年任命了一名旗人，这一模式随之被打破，尽管他属于汉军八旗而非满洲八旗。[56] 扬州没有成为清军的驻防地点，也许从它的战略位置来看这有点令人感到奇怪。

巡盐御使和盐运使这些重要职位，在清朝刚开始时也由汉人掌握。1652 年一名满人被任命为盐运使，1658 年另一名满人被任命为巡盐御使。[57] 有利可图的扬州关监督职位早就被满人掌握，他们取代了汉人，或者与汉人联合管事。[58] 扬州的其他职位由寻常汉人官员掌握，并且将继续如此。这与江南（明代的南直隶）职官的整体模式基本相符，尽管在清朝刚开始时一些地方也有满人或者汉军旗人担任知府。在沦陷之后不久的扬州，这种任职情况可能被有意避免。不管如何，这座城市的早期复兴是在汉人官员领导下进行的。

这些官员为扬州遗民文化的繁荣提供了部分背景，但这种表述淡化了他们在塑造这种文化方面的贡献。他们的赞助为遗民的事业提供了支持，他们自己的文学活动也跟遗民学者的活动相互吻合。在关于这些活动的记载中，我们可以看到遗民被清朝社会容纳和该城自身被重新写入清朝历史的过程。

重写扬州

关于清初几十年的历史，没有什么能比在明、清忠义范围内进行的狂热撰述更让人感到惊奇。虽然战争还在继续，江河还在横流，粮食供应依然还是个问题，但文人仍在奋笔疾书。就在扬州沦陷当月，官修明史的诏书便颁布下来，这其实是宣布明朝灭亡的讣告。17世纪80年代明史修纂工作真正展开时，一些坚决拒绝服务于清朝的著名学者被吸收进来。记录历史——在这里就是有着深远的汉人传统的王朝历史——的渴望，对于许多人而言都无法抗拒。[59]

一个难以回避的印象是，在这个阶段，汉人文士——遗民和公开服从清朝的臣民都一样——全神贯注于将自己描绘到历史图卷中去。他们通过文本、审美或伦理传统跨越了王朝之间的断裂带，将自己置于儒家学者的谱系当中。尽管王朝有兴废，这个谱系却被认为不会中断。同时，他们重新绘制了帝国的版图，这样，曾经是明朝的领地变成了清朝的疆土，富含明朝历史的地方也就获得了一种清朝的历史。

帮助扬州作为一个清朝之地得到重新发展的清初士大夫当中，一个著名人物就是周亮工，他是最早抵达扬州的清朝官员之一。周亮工是1640年进士，明代曾任鲁东潍县县令，一个世纪之后扬州艺术家郑板桥也担任过这一职务。在18世纪70年代乾隆皇帝发动的文字狱当中，死后的周亮工被称为"二仕官员"。[60] 他在1645年被任命为两淮盐运使，一年之内又转任淮扬道，然后调往福建，1647年至1654年间在那里担任过一系列省级职务。然而到了17世纪60年代，他连续在山东和南京任职，赴任途中沿着大运河上上下下，经常回到扬州。

进入清朝以后，周亮工最初的文学活动提供了关于前明臣子的写作冲动的一个极好例子。据记载，周亮工还在扬州时，"闲暇时多在船上随意作画"。[61] 这些画册为我们提供了灵感，由此可以了解画家的生平、作品自身的历史，以及周亮工用画作题跋这一形式表达的思考。[62] 1646年，当他还在扬州或者更北边的淮安时，即已开始撰写其著名作品《读画录》, 这是一部关于 17 世纪艺术和艺术家（包括清初作品）的重要而隐秘的记录。[63] 一位为该书作序的人将其起源简单地归结为周亮工对艺术感兴趣，[64] 但从 1646 年这一写作起始时间来看，周亮工其实是在进行一项意味深长的净化工作，即记录 1644 年之前的"当下"。1645 年，周亮工忙于组织安葬扬州沦陷之后的满街尸体。他肯定在闲暇时光乘着小船去过城外的保障湖，因为当时那里很出名——从城墙很快就能走到那里，但从那里看不到城墙内的劫后惨状。画页中这位静默的清朝士大夫坐着小船躲避波涛汹涌的现实这一图景，也许可以跟明朝遗民王方魏伏案沉浸于《易经》的形象相互映衬。士大夫和隐士由于忠义姿态的不同而区分开来，但在对于过去的关注上，他们又走到了一起。

　　在更长时期内与扬州保持着更密切关系的是王士禛（见彩图 10）。关于他在清初扬州建设方面的贡献，梅尔清已经有过深入的研究。[65] 他是 1658 年进士，1660 年被任命为扬州推官，担任该职直至 1665 年。[66] 王士禛作为一名官员的经历，为我们了解清初扬州所面临的困难提供了一些线索。1645 年至 1660 年间，扬州积欠税银 2 万两，由此导致对逃税行为的追查。王士禛来到扬州时，发现监狱里满是被起诉者的亲属，他们"形容憔悴，脸色苍白，镣铐叮当"，仅仅因为被牵连而受罪。他在扬州的成就之一是提出了一个方案，加上盐政和民政官员的配合，欠款由此得到了偿还。[67]

　　此外，该地区依然存在着军事上的动乱。王士禛抵达前的一年，距离扬州都特别近的长江口岸瓜洲和仪征，遭到了郑成功所部的攻击，这提醒人们王朝之间的战争仍未结束。惊恐的扬州居民散入周边腹地，过了好一阵时间以后才返回城里。汪楫家族或许可以作为例子。当时汪楫举家迁往东边的泰州，在那里至少住了三年。[68] 王士禛来到扬州时，正好赶上这场攻击引起的一些刑事案件，并获得了公平处理被起诉者的名声。[69] 1661 年，顺治朝最后一年，这些案件在南京审理，加上其他许多官场事务，在扬州任职的王士禛于是多次跨过长江，往返于南京和扬州之间。

王士禛在江苏境内长江南北的旅行提示我们，官员在促进跨行政区和远距离的士绅社群整合方面发挥了重要作用。我们可以通过他的文学活动追寻他的行踪。1661 年正月，他经由无锡前往苏州，这是他首次来到这个著名的南方文化中心、晚明东林党和复社圈子的基地。他根据太湖边上的渔洋山为自己起了一个笔名"渔洋山人"，这个名字最初见于在仪征撰写的一部著作——次年秋天他在仪征度过了一段时间。同在 1661 年，他在著名的南京秦淮河边待过，该地以名妓和文人圈子而著称。他也去过江北的许多地方：北至高邮、淮安，然后跨过淮河；东自高邮至兴化，并从扬州直接往东去泰州，往东南去如皋，在那里见到了冒襄。[70] 这些地方都载入了他的诗文。

王士禛的文学活动起到了将扬州重新绘入中国文化地图的作用。他那些关于扬州的诗文具有典型的地形学特征，其出发点是某个镇、寺院、水道，或者是他正在参观的某个场所。这些诗文的唤起能力远远超出了诗文中的视觉和情感因素。他的诗文与其诗歌理论一致，充满了典故（"典"），能够通过间接涉及久远的事情（"远"）来反思过去和现在，这种策略使这些地方本身重新获得了某种由王朝变迁而被危及的历史意义。"波绕雷塘一带流，至今水调怨扬州"；"东风作意吹杨柳，绿到芜城第几桥"；"髯公三过平山下，白发门生感故知"；"梅花岭畔青青草，闲送游人骑马回"。王士禛大量征引和解释唐朝诗人杜牧、杜甫、王维的诗歌，用这些诗文重新描绘了扬州，反复回顾扬州历史上的主要图像：5 世纪时鲍照的赋中描绘的城市废墟、杜牧在一首诗中最先描述的二十四桥、雷塘附近的隋炀帝陵、12 世纪欧阳修（1007—1072）曾经修建的一座寺院所在的城西北名胜平山，以及史可法衣冠冢所在的梅花岭。[71]

王士禛还在诗文中记录了自己跟扬州遗民文人的联系：为陕西诗人孙枝蔚的画像而所的题词，阅读四川诗人费密诗作之后的感想，给扬州本地诗人宗元鼎的献辞，给返回黄山老家的徽州诗人孙默的一首告别诗，等等。[72]这些诗文更直接地指向王士禛在清初扬州文学生活中的主要贡献——他积极培养诗人，为该城在 17 世纪后半期崛起为全国最重要的诗词中心奠定了基础。这项事业也具有地形学意义。王士禛任职期间，扬州最著名的两件文学事件就是在红桥上举行的诗会，这座桥位于城西北不远的瘦西湖南端。[73]该桥建于明朝末代皇帝崇祯年间（1628—1644），因而不具有多大的历史意义，但在王士禛任职于扬州之后，"于是过广陵者多问红桥［何在］矣"。[74]王士禛自己在红桥创作的诗文也肯定了过去与现在之间的联系。

王士禛在扬州的活动记录，异常确切地显示了一名清朝士大夫和一位遗民诗人之间可能发生联系的背景。他想找到扬州兴化县一位名叫李沂的诗人。明朝覆亡时李沂辞去官职，和一位堂兄弟在兴化成立了一个诗社。王士禛听说此人后，专程从扬州到兴化去拜访他，路上走了两三天，带着十足的官威来到他的门前。李沂只是表示了歉意，却拒绝见他。王士禛尊重他的立场，在这个问题上没有用强。[75]

王士禛与吴嘉纪的交往取得了更大进展。关于如何与吴嘉纪相识，他写过一篇文章：

> 予居扬州三年，而后知海陵吴嘉纪。嘉纪贫士，所居濒海斥卤之地。老屋败瓦，苦竹数亩蔽亏之；蛇虎蒙翳，鼪鼯啼啸，人迹昼绝，四方宾客之所不至。嘉纪苦吟其中，不求知于人，而名亦不出于百里之外。广陵去海陵百里，嘉纪所居，去海陵又百里，虽见其诗，而无由见其人。一夕雪甚，风籁窈窕，街鼓寂然，灯下检箧中故书，得嘉纪诗，读且叹，遂为其序。明次，遣急足驰二百里，寄嘉纪于所居之陋轩。嘉纪感余意，为余刺舟一来郡城，相见极欢。[76]

王士禛在其文中提到，周亮工在自己之前就认识了吴嘉纪，汪楫认识他甚至更早。王士禛雪夜批览的诗作手稿，实际上是周亮工在 1663 年给他的，当时周亮工正经过扬州前往山东。周亮工也是从汪楫那里知道了吴嘉纪的名字，后来资助了这些手稿的刊印并为之作序，王士禛和汪楫也为之撰写了序言。[77] 因此，吴嘉纪的名声建立在一个有影响力的清初士大夫圈子这一坚实基础之上，并有赖于 17 世纪中叶在扬州地区的交往。他的作品在 18 世纪末被收入四库全书，其声名由此得到确认。

士大夫的友谊和赞助对吴嘉纪的诗产生了影响。他积极参与扬州的文人结社，尤其欣赏孙枝蔚、孙默、汪楫和汪懋麟——这是一个遗民和清初学者的混合圈子，其本籍多在外地。与汪楫一样，汪懋麟也出身于扬州的徽人家族，并与汪楫一同在北京参与明史修纂工作。吴嘉纪被介绍给二汪家族圈子，尤其是汪楫家族，在婚丧寿诞等场合为其提供诗作。[78] 与数不清的扬州徽人之间的离别诗，证明他有一个广泛的熟人圈子，这显然是与汪楫交往的结果。吴嘉纪多次来过扬州，对这座城市非常熟悉，尤其是"名胜古迹"。由此导致的一个结果就是，他为芜城、隋炀帝墓、平山堂、史可法墓等场所写下了一系列诗作。1665 年王士禛离开扬州时，吴嘉纪也是出席在禅智寺为他举行的告别聚会的诗人之一。禅智寺在城北数里之外，已经由于杜牧和苏轼的诗歌而变得不朽，从此又将因为与王士禛自己的联系而被人们记住。[79]

　　因此，在多种意义上，扬州为遗民学者和清朝士大夫提供了一个汇合之处。这既是他们得以见面的一个地方，也是在知识共同体和共同情感的表达基础上激起回应和反思的一个地方。王士禛在跟遗民交往的同时也为清朝效力，这样就把明朝臣民坚决纳入了清朝的领地。实际上，他对这座城市本身也是这样做的，为这个明朝灭亡的象征注入了某种生气勃勃的文化意义。这种成就在他举办的诗会上体现得最明显。这些诗会起到了将红桥嵌入地形志的作用，扬州正是由于后者而被视为一个文化场所。

　　王士禛在扬州的活动几乎为孔尚任（1648—1718）所复制，后者继承了前者，同样是赞助扬州诗文的士大夫。他们两人只在晚年见过面，那是在 17 世纪 90 年代，当时他们都在北京，但孔尚任很久以前就是王士禛的崇拜者。他们都来自山东省，加上都对诗文感兴趣，这为他们提供了自然的联系和适宜的交往背景。孔尚任在

1686 年来到扬州。走在扬州的大街上，他仿佛感到这片土地因为自己那位杰出前任的足迹而变得神圣。孔尚任在扬州的文学活动与王士禛非常类似，这显然是有意模仿的结果。[80]

假如不是因为整个官员任命制度都以学术成就为依据的话，那么孔尚任和王士禛所拥有的官职似乎就与持续的文学活动不相容了。这位孔子后裔在 1684 年康熙首次南巡期间引起了皇帝的注意，随后被授予河道管理系统中的某个职务，帮助监督江北水利系统的修复工作。这使他即将在该地区到处旅行。出于职责的要求，他从扬州前往泰州、兴化、高邮、宝应和盐城，这些地方完全或者部分位于地势低平、易受洪涝的下河地区。[81] 结果，他结交的地方文人圈子甚至比王士禛的圈子更加广泛，尽管这两个圈子有所重合。王士禛结交的许多遗民都还健在，包括徽州画家查士标和戴本孝、当地诗人宗元鼎和宗元豫、如皋遗民冒襄，以及南京画家龚贤。[82] 吴嘉纪卒于 1684 年，但孔尚任将他引以为自己在诗歌艺术方面的三位榜样之一。[83]

孔尚任与这些遗民的社会交往，包括 1686 年和 1688 年的重要文会，在该城另一次诗文活动高潮中得到了反映，帮助确立了扬州作为康熙朝最重要的诗文中心的名声。[84] 他自己在这几年间创作的诗文被其遗民同好编辑起来。与王士禛一样，他在诗文中记载了扬州的名胜：雷塘、梅花岭、平山堂、二十四桥和芜城。[85] 可到了这个时候，清朝的扬州已经有了某种自身的历史，在一首题为"红桥酒家"的诗中，孔尚任吸收了由王士禛开创的新一轮历史典故：

（［红桥酒家位于］小秦淮水上，王阮亭司李宴游处，有冶春词，人多诵之。）

　　　红桥新有名，买醉人出郭；

　　　司李诗句佳，市酒都不恶。[86]

　　在这几行文字里，孔尚任有效地将王士禛时代的扬州表述为某种历史。刚刚消逝的过去不再是明朝，而是孔尚任自己的青少年岁月。当他写作那部为自己带来巨大声名的戏曲《桃花扇》时，他已经能够与那些更遥远的过去拉开清楚的距离，将它们记录下来，搁置一边。

　　自从年轻时起，孔尚任头脑中就在孕育着这部关于南明朝廷在南京的最后岁月的戏剧，它在 1699 年得以完成。早在 1708 年刊印之前，这部作品就在广泛流传和上演。据说康熙皇帝很喜欢它，曾经对南明皇帝的境遇叹息不已，后者空有一番抱负，周围却是阴谋诡计和道德腐败的大臣。[87]康熙 1684 年南巡时曾经路过的扬州，作为史可法抵抗之处在剧中短暂出现过。孔尚任没有停留在"扬州十日"这一事件上，但该城在南明事业中的坚定位置在第三十五场结束之处体现得非常肯定，剧中史可法挥着血泪说：

　　　不怕烟尘四面生，江头尚有亚夫营；

　　　模糊老眼深更泪，赚出淮南十万兵。[88]

　　孔尚任称，随着时间的推移，自己完成该剧的兴趣越来越小，只是出于同好的督促才写完这部作品。[89]他重新提笔写作该剧这一事实，既显示了 1644 年明朝灭亡之后时间流逝的重要性，也体现了他自己年龄渐长的重要性——1698 年他度过了自己的五十岁生日。岁月和环境已将 17 世纪 40 年代那种惨乱的景象远远隔离开来。世界已经太平，面对老之将至，他或许感到可以自由地反思朝代的鼎革。该剧开篇即为关于这一主题的沉思，一个遗民角色在回忆自己以往在南京太常寺的任职情况，发现时代已经发生了变化："又到上元甲子，尧舜临轩，禹皋在位，处处四民安乐，年年五谷丰登。"[90]

考虑到该剧的题材，这几行文字或许可以理解为一段开场白，意在冲淡可能的政治含义，但它也是 17 世纪末汉人士大夫广泛持有的某种看法的表达，即他们从秩序和经济的恢复中找到了王朝更替的正当理由。这篇序言写于 1684 年，这是康熙皇帝首次南巡的年份。此前一年，清朝势力终于摧毁了台湾的郑氏政权，从而给了南明事业一个迟到的结局。

变　迁

1684 年被认为是清朝历史上的一个转折点，这一年情况开始好转。正如乔迅暗示的，这一年是"忧伤期"的结束。这一年也是中国"漫长的 18 世纪"的大致开端。[91] 而这种阶段划分则为王士禛和孔尚任分别在 17 世纪 60 年代前期和 80 年代晚期的扬州经历之相似性打上了问号。孔尚任肯定生活在一个更加习惯于清朝规则的城市。从王士禛的离开到孔尚任的到来，二十一年里整整一代人成长起来，清朝的统治也得以巩固。

在扬州，17 世纪 70 年代这个过渡期显示了一些社会变迁的迹象。出身于一个山西家族的当地士绅李宗孔（1645 年进士），生动地记叙了该城在 1672 年经历的几次特大洪涝灾害和严酷的冬天。扬州是难民们寻求庇护的自然去处：

> 饥民数万，屯住扬州四郊寺观，或搭席篷，或借小船，居沿河住。虽督抚漕盐诸臣劝谕商民，赈粥施衣，而雪久寒深，冻饿死者，一日之内，少者数十，多者百余；一月之内，死无数矣！饥民携儿挈女，鸠形鹄面，百结鹑衣，行乞城野。[92]

当李宗孔写下这些文字时，四万五千名难民已经在城外扎营，正处于他所描述的不幸状态当中。巡盐御史命令盐商展开救济。城墙外设立了四处施舍点，每日为贫困者提供一次米粥。大量粮食被运往扬州腹地的泰州、高邮和兴化。此外还有上万布匹即将提供出来。据估计，这些救济措施的总成本达 22 670 两白银。[93]

关于这场灾害的记载，首先要注意的是，它显示了盐政当局和受命出来救灾的盐商们的组织能力和财力资源，也体现了盐业贸易的恢复能力及其对扬州社会的重要性。其次，它使扬州意识到了其被忽略的内陆地区——尤其是地势低平的下河地区——正在发生的问题之严重性。不出数年，大运河-黄河复合体系的修复工程就在靳辅（1633—1692）的指导下展开。他在刚到职的 1677 年就发起了大运河淮扬段的大修工程。[94] 这项工程的完成根本不能解决扬州腹地严重的治水问题：靳辅的一名继任者提出了相反的意见，指责靳辅设计的排水系统应该对依然存在的下河洪涝问题负责。[95] 但它意味着政府正在关注基础设施的修复问题。1684 年，康熙初次南巡路过时亲自关心过下河问题的解决，并启动了新的水利方案的制订。[96]

17世纪70年代正值三藩之乱，此次叛乱的平定，剥夺了南方藩王对各省的准自治控制，稳固了清朝在整个王朝版图中的统治。这场叛乱在扬州的见证，就是蜀冈平山堂在实体上和作为一个文学活动场所的重建。平山堂与红桥不同，在清朝以前早就是一个有名的历史景点。它建于1048年，当时宋代大诗人、官员欧阳修在扬州任知府；它与宋代诗人苏轼（1037—1101）也有密切关系，因为苏轼前往那里拜访过欧阳修。汪懋麟在督促该堂重建方面起到了重要作用，但承担此项工程筹款工作的是在扬州担任过多种职务的浙江士大夫金镇。

根据与金镇同年中举的魏禧（1624—1681）的说法，金镇心怀"化民善俗之意"。[97]魏禧遗漏了或者有意忽略了金镇的工作的政治意义。三藩之乱爆发于1673年，金镇时任署理扬州知府，当战火沿着长江而烧开时，他为保持该城的平静起到了关键作用。[98]从这个角度来看，随后在被修复的平山堂举行的酒会和诗会，或许可以被视为笼络人心的小恩小惠。尽管如此，魏禧关于诗文作为保守、稳健的社会活动之意义的评论很恰当。在一个由种种遗民人口组成的社会里，对于新的王朝而言，诗文当然是比实践性的替代方案（比如诉诸武力）更加安全的选择。

魏禧关于平山堂重建的记载，意外地包含着一种关于扬州社会的印象。对于任何一个了解18世纪扬州城的人而言，这种印象都显得异常熟悉：

> 盖扬俗五方杂处，鱼盐钱刀之所辏，仕宦豪强所侨寄。故其民多嗜利，好宴游，征歌逐妓，袨衣婾食，以相夸耀。[99]

这样，魏禧对金镇此项工程的记载，描述了一座沉湎于诗文和利润之中的城市。我们也许会理性地质疑他关于此项工程后果的描述："［不久］家吟而户诵，以文章风雅之道，渐易其钱刀驵侩之气。"但诗文和利润共同捕捉到了过去与未来之间的张力和当下的矛盾，也捕捉到了王士禛时代的扬州与孔尚任时代的扬州之间的张力。王士禛在该城任职时，除了极其幼小者，"扬州十日"对于所有人来说依然是一种活着的记忆，而孔尚任则用与魏禧大体相同的语汇来描述这座城市。[100]与王士禛一样，孔尚任也赞助诗文，他们两人的文人圈子也互有重合。但孔尚任的同龄人出生在一个清朝的世界，并且像他一样只能通过长辈的记忆和著述与明朝相遇。在这样一个社会里，年迈的遗民逐渐消逝于视野之外，诗文本身失去了吴嘉纪这种明朝幸存者的著述中显示的尖锐性。孔尚任坚韧不拔地培育一个遗民社会，对他们无限尊重，但在《桃花扇》当中，他发出了欢呼和告别的宣言，它们正好适合世纪之交的扬州及整个国家的情况。

第三部分

城市与腹地

City and Hinterland

在扬州，生活中的一大乐趣是乘坐画舫前往城外的保障湖——后来它被称为瘦西湖。在 18 世纪，这种大众休闲活动成为一项蓬勃发展的生意。画舫的规模和设计各式各样，随着时间的推移变得越来越精致，因为添加了餐饮设备。最普通的画舫仅由盐船改造而成，即将从泰州买来的"退役"盐船改装成客舟。[1]

　　通过一条船在不同生命阶段的鲜明对比，可以瞥见扬州与江北其余广大地区之间的某种反差：泰州盐船载着大包的食盐和一些衣着破旧的脚夫，往返于海岸和仪征之间的盐运线路，如此"服役"多年以后，往往在扬州的水道上焕发着新的青春。它们被喷上漂亮的漆，船头装饰着一两个大字以显示自己的名字，载着衣着考究的悠然君子，往返于城市与湖泊之间，可能多数时间都在湖面上闲游，让乘客们享受户外的大好环境。

　　正如彩绘的休闲工具与普通的盐运工具之间的对比一样，相对于自己的腹地而言，扬州是一个繁荣、悠闲的地方。人们通常以为江北总体上分享了扬州在 18 世纪的繁荣。然而相比于江南农村，江北显得贫穷、落后。产盐的沿海地带尤其受到经济和社会问题的困扰。再往内地走，区域治水系统中存在的问题对农业产生了负面影响，在很长时间内一直没有得到解决，以至于很难出现乡村繁荣的局面。

在以下各章我们将看到，煮盐所创造的区域资源平衡向扬州严重倾斜，因为盐政的漏斗使大量利润流入了这座城市。盐政管辖权是如此之重要，以至于农村地区所发生的洪涝灾害，这座府城甚至都可以从中获得某些好处。随着帝国政府努力寻找合算的方式来控制水灾，扬州在治水管理方面的重要性凸现出来。第六、七章分别探讨该城在江北地区的这两种行政角色，即盐业贸易和治水管理。在第八章我们将看到，虽然水灾和食盐走私对盐政构成了严重问题，但该城本身在18世纪后半期得到了有形的扩张，对于改造后的泰州盐船的需求量变得更大。

第六章

盐务管理

李斗在其著名的扬州导读著作中的某个地方，曾经把读者带到新城西北角的北柳巷，那里是盐运使司衙署所在地：

> 北柳巷……有董子祠。先为正谊书院，明正德间改正谊祠，祀汉丞相董仲舒，又贮《春秋繁露》一书。本朝圣祖赐"正谊明道"额，遂名董子祠。[1]

董仲舒（前179—前104）是西汉官员和儒学家，曾经短暂地担任江都国丞相。这座以他的名义而建造的寺庙，就建在据认为是他旧居之处。[2] 御赐匾额给该祠是1705年的事，当时康熙皇帝第五次到扬州。王朝依然处于"幼年期"，其君主采取这种姿态，很可能是出于如下想法：董仲舒调和了帝国兴衰与天地运行之间的关系，并根据统治者的德行来解释特定政权的成败，为政治哲学做出了最大贡献。[3]

这座关于儒家宇宙观和伦理道德的纪念建筑与盐运使司衙署相邻，后者占据了北柳巷以东的好几条街道，是扬州最大、最有权势的政府机构。[4] 扬州在行政体系内有较高的级别：作为一座府城，它被评为"最重"之处，这是四类层级中级别最高者。[5] 但知府并不重要，居于盐运使之下，后者实际掌管着两淮盐政，还有越来越多的其他各种地方事务。

作为一个盐政中心，扬州受到其腹地内盐产区和销售区之间的关系的制约，这种关系对该城和整个地区都有影响。17 世纪后半期，随着朝廷逐渐巩固对于一个庞大帝国的控制，明末建立的专卖结构得到重新肯定，使这座在"十日"中被摧毁的城市得以复苏。作为一个商业和文化活动中心，它在长江下游各城市之间的地位甚至得到了加强。然而，在该城呈现出与农村经济保持相对独立的同时，整个地区的复苏却缓慢得多。城市因食盐而成长，盐政决定着该城与这一地区的最主要关系。

君主与商人

1684 年，崔华被任命为盐运使，在 1693 年版的《两淮盐法志》序文中，他公开主张盐业贸易的重要性，明确提出了盐政之于区域经济的重要意义：

> 夫山泽之利，盐赋为最，而两淮盐赋，实居天下诸司之半。历汉、晋、唐、宋、元、明，榷盐之法，代虽屡变，要不过裕国、便民、惠商、恤灶四者。[6]

这则将盐业贸易视为帝国核心事业的毫不含糊的言论，与更早以前汪道昆（1525—1593）的主张一致，后者因为称赞商人的美德而著称。[7] 汪道昆是歙县人，那里是众多两淮盐商的故乡，他的世界观也形成于同样的社会经济变迁背景，后者促成了 16 世纪绅商家族在明末扬州的崛起。汪道昆的主张体现在其私人著述中，崔华的断言却出现在准官方出版物里。在序文中，崔华直接将盐法志与地方志相提并论，以说明编纂前者之必要性：

> 宇内寰区，绣错不胜纪也。然一都会、一郡邑，类有志书，纪山川风土、户口贡赋、建置沿革之本末，俾后之人，酌古准今，知所鉴戒，系诚重矣。况两淮盐法，尤国用民生之最大者乎！本朝定鼎后，百度维新，典章大备，改革彻底，规章有序，而独于两淮盐志一书，阙焉未讲，非所以昭文献、备征考也。[8]

盐法志的结构在某种程度上是对地方志的忠实模仿。[9] 关于天文、疆域、职官、官署、科举、艺文、地方风俗、古迹和人物传记的各卷都以寻常方式排列。传记被分成不同的类别，分别描写地方上的忠义、孝行、管理、慈善、义举和妇道的典范。寻常的地方物产卷在这里完全以食盐为对象。在最后的沿革卷之前，又跟寻常方志一样，是四卷各种各样的艺文，其中一卷收入了周亮工、王士禛、孔尚任、吴嘉纪及其他人的诗文。两淮盐政通过这部盐法志发出了最强烈的主张，即对于国家的经济、文化和伦理事业来说，盐业贸易的重要性与土地等同。其体例暗示着王朝更替助长甚至加速了盐业贸易的士绅化。

杨联陞曾经注意到另一个北方王朝——元朝的蒙古统治者"对

维吾尔族和汉族商人带来的巨额利润"的特殊依赖。[10] 这些王朝对商人的依赖，可能不仅体现在资金方面，而且体现为他们对王朝本身的积极或无言的支持。S. N. 艾森斯塔特（S. N. Eisenstadt）假定，这种依赖性的产生，是因为商人是一种统治者能够加以利用的"自由流动的资源"，而地主则是一种"嵌入式的资源"，更不容易服从当地以外的势力的调遣。[11] 与这一理论相符，商人在某种程度上是中华帝国最顺从的社会群体。

蒙古人招致盐商的方法之一，是为他们提供参加科举考试的方便，允许他们在经商的地方考秀才。其做法是为盐商中的士子建立"运籍"，后来称为"商籍"。[12] 在扬州，很久以来从商籍中获益的只有西商，因为它并不适用于在本省做生意的商人（两淮盐商的另一个来源地徽州，跟扬州同属一个省份，直到 1667 年才分属安徽和江苏两省）。西商紧紧把持着这一优势。1677 年，扬州为盐商和灶户后代建立了一所学校，西商强烈反对把徽商子女包含在内。[13]

科举制度为政府提供了将盐商与自己绑在一起的纽带。这根纽带在清朝得到了延续和加强。清代初期，朝廷收入尤其仰赖盐税。在王朝的广大疆域中，包括扬州腹地在内，农业正处于危机当中，首先需要广泛地重新开垦土地，然后才能有丰裕的田赋收入。为了筹措资金来平定三藩之乱，政府动用了盐税和两淮盐商的捐输。[14]

在清朝"漫长的"18 世纪里，朝廷与盐商的关系很紧密。1689 年，扬州经历了与新王朝的初次直接相遇，当时康熙皇帝第二次南巡，其间巡视了这座城市。此后皇帝四次巡视该城。盐商们以越来越盛大的规模来接待皇帝：进献古董和画作，由盐商们自己的剧团来表演戏剧，设宴，等等。[15] 1705 年，在扬州南边的高旻寺地块修建了一所完整的行宫。[16] 半个世纪以后，乾隆皇帝模仿自己的祖父六次南巡，受到的接待甚至更加奢华。通过这些巡游，最有权势的商人得以建立与皇帝的私人关系，其中一些人在自己那豪华的园林中接待过皇上。他们的努力换来了"奉宸苑卿"这类头衔作为回报，尽管只是空衔，但他们的园林也因为皇帝赐予的头衔而增色不少。[17]

皇帝的巡视创造了王朝与盐商之间的牢固纽带，产生了一种相互支持的制度，后者一直持续到 19 世纪初。朝廷在税收和杂项资金方面都高度依赖盐业贸易，必须培养与商人的良好关系。在清朝，中央政府的田赋收入与人口的增长基本无关，保持着一定的稳定，而盐税在全部收入中的贡献，却从 1682 年的 8.87% 攀升到了 1766 年的 11.83%。[18] 对于额外的支出而言，包括军事和水利事业，盐商都是现成的资金来源，他们可以通过"报效"为国库做出很大的贡献。[19] 在商人们而言，他们与政府紧密合作。负责紫禁城供应这一重大任务的北京内务府，向商人们借出数千两至上百万两不等的白银，商人们用它来投资，为此要支付 10% 的利息，从而既为自己也为债权人创造利润。[20]

专卖商及其财富

清代盐商的财富和权势，部分程度上是明末盐政重组的产物。在 1617 年引入的纲法之下，旧的边商、内商和水商之别让位于新的类别划分。边商显得多余并且消失。水商在 1617 年重组后的食盐专卖中没有竞争力，降至江西、湖广地区的小范围批发商之地位。内商不再以这个名称为人所知，而以"运商"的名义重新出现于世人面前。

在新的纲法中，每个口岸都被分配给一定份额，户部向资本充足、有能力认购和运输食盐的商人颁发一定数量的许可证。商人为了参与食盐贸易，每年都必须证明自己在食盐专卖中拥有既定位置（"引地"）并提供一份凭证（"根窝"）。这里的"窝"字或其同音字看来源于山西方言，王振忠解释为"公差空缺或位置"。[21] 每年起运季节，运商持这份凭证和许可证向扬州的盐运使申报，并核对纲册；然后盐运使颁发一份盐引，上面指明购盐数量和运输目的地。这份盐引称为"年窝"。[22]

捎客现象在盐业贸易中很常见，有的在册商人只是名义上的商人。他们投资盐业贸易，却向"业商"出租资格。大量不在册的盐商参与了日常交易事务。其中包括所谓的"租商"，他们从业商那里租得交易资格；还有"代商"，他们受雇于有资格的商人，替后者照管生意。[23]

运商与其亲密伙伴"场商"之间也有区别。场商或者独立运作，或者受雇于运商替其在盐场现场购盐。有的场商拥有原先作为制盐者（"灶户"，详后）世袭财产的盐田。[24] 区分场商与灶户的重要因素就是本籍。场商是徽州人或其后代，极少数情况下也有本籍山陕者。仅就淮南盐产区内的相关情况而言，所有灶户都是通州、泰州、山阳（淮安）或盐城本地人。

运商是当时的大商人，被认为拥有数百万两的个人财富。[25] 有的人比其他人更富有。1677 年，盐运使任命了二十四名商人首领（"总商"），其余称为"散商"，分别列入二十四位总商名下的纲册中。这一创新意在缓解政府当时面临的困难，即确保稳定的收入以平定三藩之乱。[26] 让最有权势的商人为其余商人负责，盐政当局由此转嫁了征税负担，并减少了需要跟自己打交道的商人的数量。总商的数量因时而异：雍正朝增至三十名，但在18世纪末降至二十五名，19世纪初又降至十六名。[27]

整个这一时期，总商是扬州商人中的精英。较早拥有该职位的包括程量入及其儿子程之韺。父亲程量入在17世纪60年代初就组织过多年滞销之盐的分销工作，1665年又修复了范公堤，从而显示了自己的能力。儿子程之韺担任总商一职二十年，领导该体系为1681年最终平定三藩之乱提供了资金。[28] 程之韺的孙子程梦星是1712年进士，一度担任翰林院编修，后来退职接管家族盐业生意。他建造了18世纪初扬州最大的一座园林——筱园，是康熙后期和雍正时期文人圈子中的核心人物。[29] 与程梦星同时代的汪应庚是18世纪上半期最著名的总商，领导了一些慈善和道德改良事业，比如灾害救济和促进寡妇守节。[30] 程梦星和汪应庚都创作过关于扬州的诗文集。[31]

乾隆时期，盐商群体进一步集权化，某位总商被推举为"首商"——该职位出现于1768年之前的某个时候，每次任期三年。[32] 最著名的首商是江春（1721—1789），他在漫长的盐商生涯中可能多次担任过该职。江春是一位诗人、箭术家和戏曲爱好者，是18世纪后半期扬州社会的主导人物。他第一个为乾隆皇帝1751年的初次巡视制订了应对程序，[33] 并于1762年至1784年间在其各处园林里四次接待过乾隆皇帝。在长达五十年的盐商生涯中，他因为在救灾、水利和军需方面据说付出了一百万两银子而著称。[34] 他在老年时期变得穷困潦倒，内务府出面为他提供救济。[35] 较晚的首商包括鲍志道（1743—1801）和鲍漱芳父子，他们是 18 世纪末 19 世纪初扬州社会最活跃的人物之一。还有至今尚存的著名个园的主人黄至筠，他是一个有争议的人物，因为滥用职权，在 1822 年的食盐销售调查中遭到严厉批评。[36]

这份名单中包括了一百五十余年里扬州社会的许多显赫人物。此外还有一些拥有私家园林的商人。乾隆皇帝曾经巡视过这些园林，其主人肯定都是总商。[37] 这些人都是大富豪、慈善家、艺术鉴赏家，有的还是作家。他们多来自徽州，在不同程度上承担了维持和改良城市基础设施、地区水利治理及饥荒救济体系的责任。他们位于两淮盐商群体和政府的结合处。首商的主要作用之一就是组织商人向朝廷"报效"，其报效数额在首商制度创立之后事实上有了大幅提高。[38]

关于商人群体的规模，只有一些非常笼统的数字。陶澍（1779—1839）在 1831 年写道，以前曾经有"数百"运商；几年前李澄也说过类似的话。[39] 商人数量的不确定，使我们很难精确衡量个别商人的财富，以及盐业贸易的具体收益率。不过根据以下一些可获得的数据，我们能够做出某些推断。1726 年两淮盐场应税之盐总计约 4.5 亿斤，1723 年汉口的批发价格大约为每袋（8.25 斤）0.13 两，由此可以计算出大致的销售总价。[40] 这是一个 700 多万两白银的批售总额。其中税收大约占了 200 万两，刨去商业和其他成本（工资、包装、运输、派款），很难设想怎么还能剩下 400 多万两的盈余。王方中估计实际利润（不包括资本投资的保值）约为销售价格的一半，那样的话就有 350 多万两。[41]

往宽松处说，如果当时淮南、淮北有三百多名运商的话，那么根据 1726 年销售额推算，每年的平均利润还不到 1.2 万两。作为对比，两淮盐务官员的养廉银为 400 两至 3000 两不等（见附录二）。1748 年，画家郑板桥通过出售自己的作品每年能挣 1000 两左右。[42] 18 世纪 90 年代，盐政资助的扬州两所书院的二百六十名在册学生年度津贴总额为 6000 两多一点。[43] 从这些标准来看，商人的"平均"利润显得非常可观，但如果要达到最富裕商人据说曾经拥有的上百万两巨资，那么这点收入确实还要精打细算地使用才行。

也许根本不存在平均利润这回事。18 世纪初，扬州"大商"控制了汉口贸易的六七成，其余份额属于"小商"。[44] 如果这种比例在 17 世纪属实的话，那么在 18 世纪 20 年代，超过 200 万两的利润可能都被三十名总商（假定他们占了"大商"的大多数）所分享，剩下的用于填补散商们更瘪的口袋。由此，18 世纪 20 年代最富有的商人每年赢利或许能达到 5 万—10 万两。

在盐业贸易的合法收入之外，商人们还通过高利贷[45]、超卖和走私来获利。通过充分利用官方盐业贸易，他们可以赚到数百万两。1768 年，扬州爆出了一则重大丑闻，新上任的盐运使在调查账簿后发现，此前二十年里有上千万两的利润被擅自挪走。[46] 此案非常著名，因为它导致前任盐运使卢见曾（1690—1768）和巡盐御史高恒（？—1768）被处以死刑，后者是一名皇妃的兄弟。[47] 然而这种挪用很可能只是伪造账目的一个例子，做假账可以或多或少地在常规的盐政运作范围内使利润最大化。

许多活跃的盐商（与业商相对而言）也从事其他生意。1740 年一份关于违反关税义务的通告显示，有一条属于徽州休宁人的船被迫返回江西的关卡，为一船从盐城运来的咸鱼补缴未纳的关税。这名商人很不走运，遇到一阵大风暴，船只在港口沉没，损失了全部货物。[48] 盐城在淮南盐产区之内，咸鱼是一种地方特产。几乎可以肯定，这名商人正在从事食盐生意之外的副业。

更重要的副业是粮食贸易。汉口是两湖之盐被运往的批发市场，也是来自湖南、四川的大米的销售点，它们多被运向长江下游出产棉花、茶叶而粮食不足的地区。运盐船只不会空着从汉口返程。1731 年，湖广总督报告说："今查汉口地方，自去年十一月至本年二月初旬，外贩米船已有四百余号，而盐商巨舶装运者，尤不可数计。"[49]

即便将这些赚钱方式都考虑进来，那些拥有巨额财富者的人数依然相对很少。然而不管是非常富裕还是一般富裕，盐商都对扬州社会和经济产生了深远的影响。据估计，在两淮盐政的财富处于巅峰期的 18 世纪，那些仰食于盐业贸易的扬州人，包括商人、官吏、士人，以及全城舟师在内，数量可以万计。[50] 整个这一时期城市人口无疑都在增长，到 18 世纪末可能超过了 10 万，但也可能没有这么多。[51] 根据这一估算，盐业部门在该城的存在确实很广泛。

除了这"数以万计"者，还有那些向他们出售商品和服务的人，包括他们赞助的艺术家，以及为该城提供食品的渔民和农夫。渔民每天从远至 40 英里之外的地方赶来，为生意兴隆的城东北黄金坝鱼市提供商品，因此 18 世纪该城到处都是餐馆。晒干的咸鱼和各种新鲜的淡水、咸水产品，如菱角、莲藕、虾米、螃蟹、牡蛎等，都从沿海及淮河、长江运到这里的市场。[52] 扬州本县许多村庄"驴驮车载，络绎不绝"，加上来自通州、泰州、高邮、宝应等更远之处的船只，为该城提供了丰富的酒类产品。[53] 盐商一踏进扬州，其财富掀起的涟漪将呈波浪状扩散，最终影响到沿海灶户身上。但中心地区所受影响的强度要比边缘地区更大。

商人与制盐者

从盐场中可以发现扬州及其商人的故事的另一面。食盐专卖是扬州府及附近沿海各州县经济活动中最主要的财富创造形式，数十万人以种种方式参与其中。[54] 淮南之盐产于江北海滨地带，盐产区的界线沿着范公堤两边延伸，几乎等同于整个江北海岸线的长度。这一区域跨越了好几个县级行政区（18世纪初为四个，18世纪末为六个），内部划分为许多不同的"场"。18世纪初有二十六个场，但由于合并之故，18世纪末仅有二十个场。[55] 它们大小不一，总共覆盖了约2万平方千米的地区。[56]

盐区大多种植芦苇，用来作为煮盐的燃料。煮盐和芦苇荡的权利在制盐者（灶户、灶丁）之间世袭，尽管到清初已经可以转让。这些灶户是在明初从当地人口、罪犯及明太祖朱元璋的对手那里广泛征调来的。14世纪，淮南沿海是最先揭竿而起反对蒙古人的地区之一，在盐户张士诚的领导下，爆发了一场大规模的起义。后来张士诚与蒙古人和解。朱元璋赢得战争并成为皇帝以后，对曾经站在张士诚一边的江南家庭采取惩罚性行动：在一场大规模的迁徙计划中，他们被赶出故土，迁往山东，世代隶属盐籍，终身从事制盐活动。在广东也采取了同样的行动，那里的家庭被放逐到淮南。[57]

要让制盐者安于工作很难。农民在危机缓解之后往往回归土地，与他们不同，灶户往往利用战争、洪水或者饥荒的机会远走高飞，再也不回来。由于 16 世纪的一系列水、旱灾害和流行病，灶户或死或逃，人口下降了一半多。代替他们的是一些违反盐法者，以及被判处服苦役、流放或者死刑的罪犯，这些刑罚被折算成若干时间的制盐生活。[58] 尽管灶户——当然这些被判刑者除外——可以通过科举考试这一社会阶梯走向成功，但可能是由于社会边缘人的名声，加上盐场的贫困和不法等印象，这些沿海居民的形象累世不变。在一名歙县商人看来，昔日灶户为刑犯，今日为无赖，为非作歹，不畏官府。[59]

然而，即便是上面这名商人也能发现，灶户有时无衣无食，有时卖儿鬻女，有时无薪煮盐，有时贱价出售，反欠官员一笔债。[60] 1693 年版盐法志中的插图证实了制盐者的艰辛。图中他们形容憔悴，肋骨突出，妇女和老人衣衫简陋，小孩在工作场所附近闲荡。这位不知名的艺术家对社会细节有着敏锐的眼光，与后来者形成了鲜明的对比——在 1806 年版的盐法志中，同样的制盐场景仅有刻板、概要的表现（见图 3）。与园林或书房中描绘的好吃、好穿的悠闲盐商形象相比，其间的反差甚至更使人震惊（见彩图 16）。

盐商和制盐者生活在不同的世界。富足与贫穷、悠闲与劳累，这就是他们之间的区别。正如盐法志中详细解释的，制盐工作包括许多任务：割芦苇做燃料；在海边围起一片富含盐水的潮淹区，这片区域要在一年以后才能成熟；在盐田表面遍撒灰烬，然后等着盐粒结晶的出现（阴历正月至五月期间）；将已经变白的块团连灰扫起，并在上面踩踏，以使炼过的盐水排入井里；等着盐慢慢凝结，然后将它铲入盐锅，加上盐水；煮上十二小时以上，直到出现质量

图3　1693年（左）和1806年（右）盐法志所绘煎盐图
资料来源：《（康熙）两淮盐法志》和《（嘉庆）两淮盐法志》书前插图。

优良的白色食盐；将盐打包并用船（在通州是用马车）运至场库；筛选并将粗劣之盐与可食用的细盐区分开来；最后将细盐打成苇包，称重，然后将其送上路。整个过程都有官员的细致监督，并有记录。[61]

　　为数百盐商带来700万两销售额的4.5亿斤盐，在产地每斤仅值二三钱，或者说能够在数千制盐者当中进行分配的只有不到150万两。[62]光靠制盐并不足以养活他们，其他的谋生方式包括捕鱼、耕种和食盐走私。关于禁止在芦苇荡种植其他作物的布告显示，灶户们可能正在转向农业以养活自己。[63]从18世纪中叶起，虽然灶户可以抵押或出售其草地，但这种交易仅限于制盐者群体之间的土地转让，土地的用途仍然限于燃料生产。[64]实际上，制盐者的数量在 18 世纪迅速增加，超过了这一行业的劳动力需求。1776 年，巡盐御史拒绝将过剩的灶户重新登记为寻常百姓（"民"），他们被遣去海滨而居，或者从事非农耕的职业。[65]

这并不意味着江北众多农民的情况比灶户更加优越。地方志中这样描述东台县范公堤东西两旁的生活，或者说"灶"与"民"的生活：

> 西村民皆力稼，而水旱频仍，鲜有弃藏，势不得不俭约。各场灶贪煮盐之利，有恒业而无恒产，好逸恶劳，贸易不轻去其乡，以游荡酒食相征逐。[66]

显然，通过某种内地农业社区所不知道的方式，金钱流过了各个盐场。然而实际从事制盐业的灶户当中，唯独有着锅灶的盐主（即有灶籍的本地人）才可能不必通过走私来聚积财富。但他们在清朝逐渐丧失了自己的地位。王朝更替期间，盐商到处买下盐田，开始雇用雇工来代替灶户。[67] 部分程度上，这是灶户们在 17 世纪中叶放弃盐场的一个结果：在某个盐场，据说到了 1679 年，所有的原始灶户都已销声匿迹。[68] 到 19 世纪初，整整一半盐田都为盐商所拥有。[69]

盐主与商人之间存在着紧张关系，后者声称自己受到灶户的高价盘剥。盐主反驳说商人迫使自己去借高利贷，这种情况似乎更为可能。[70] 这是灶户生活中的"七苦"之一。正如当地流传的一种说法所言，其余苦难为居食、蓄薪、淋卤、煎办、征盐，以及遇潮。[71] 与商人可能获得的资源相比，盐主的资源非常有限，这在 19

世纪 30 年代讨论食盐专卖制度的重组时变得很明显。有人建议所有盐税都在产地征收，但遭到了拒绝，理由即灶户都是"穷人"。[72]

盐务官员

通过为确保国家对盐业贸易的垄断而发展起来的行政架构，远离海边的扬州与海滨紧密联系在一起。两淮盐政是一个极有权势的官僚部门，拥有丰富的资源，职位很吃香。泷野正二郎曾经指出，卢见曾案发生时江南高层官员之间的复杂关联，表明 18 世纪中叶的扬州几乎已经成为高氏家族的闲差。故事发生时，倒霉的高恒正担任巡盐御史。其父亲在 1748 年至 1753 年间曾任江南河道总督，一位堂兄弟又在 1761 年继任该职，后来成为两江总督，该职务自 1731 年始即兼有"总理盐务"的责任。1768 年，高恒在这位堂兄弟——后者的两任官职都堪称其上司——领导下的机构受审。高恒的亲兄弟担任过山海关监督及河东盐运使。另一位同辈的族亲担任过各种职务，比如河东盐运使、长芦盐运使、杭州织造监督。[73]

高级盐务官员的权威不仅基于该职务本身，也基于该职务在官僚机构和社会交换网络中的地位，在清代的中国，后者是权力等级的决定性因素。两淮巡盐御史从相对优越的满人和汉军旗人中选任，比如高氏家族。为了保持官僚机构中的满汉平衡，通常会任命一名非旗籍汉人为盐运使，比如卢见曾。卢见曾也有很好的关系网络，其家族成员和姻亲在官僚机构中占有一些显著位置。[74]

巡盐御史是扬州的高级盐务官员，全面负责监督两淮盐政的运行。他的职务介于盐务管理和地方行政管理之间。他驻在扬州，却要关照扬州以外的地方，监督两淮六省盐业市场区域的食盐分配，并报告每次食盐运输的完成情况。他还负有协调文武官员控制食盐走私的责任。[75] 与这个角色相一致，其衙署位于扬州旧城，地方行政机构也在那里。巡盐御史一职没有品级，受任者保留以前的职官品级。[76] 但既然盐运使都是从三品，品级高于知府（从四品）而低于巡抚（从二品），巡盐御史通常也会从高级官员中选任，否则他就会处于要向盐运使鞠躬的尴尬地位，严格来说，后者只是他的下属。

政府在巡盐御史和盐运使之间维持着某种平衡：其养廉银的变动显示，相比于巡盐御史而言，盐运使的地位在18世纪晚期有所下降（见附录二）。然而在18世纪的大多数时间里，盐运使实际上是该城及扬州府最有权势的官员。其衙署占据了新城的好几条街道，里面除了他自己，还有四名属官、十名吏目，以及大量编外人员。清朝初期，盐政下面分为十房，多少模仿了政府的职能分工——吏、户、礼、工等。房的数目与时俱增，因为创建了新的房来处理原有机构特别是户房承担的超额任务，并承担一些新的职责。到了19世纪20年代，总共已有二十房。[77]

盐运使的职责包括密切监督盐丁和食盐生产，审核食盐重量和销售情况，迅速递解盐税，报告食盐积压情况，以及最重要的——向商人颁发许可证并监督他们。[78] 有清一代，盐运使逐渐在江北城市和农村事务管理方面扮演了核心角色，因为他拥有跟商人的关系及对盐业贸易税收的支配权，能够侵夺通常为高级地方官员所有的地位。这在水利管理中体现得尤其明显，对此下一章将会加以探讨。邻近盐运使司衙署的施药局，既是官僚机构仁慈大方的标志，也向人们提示着盐政在扬州的重要性。

在扬州和仪征以外，盐务管理在盐产区最为集中。在这里，盐务管理的空间组织与府、州、县的通常划分相反，与民政管理的运作发生了冲突。民政和盐务官员之间关于盐场管辖权限的划分非常不确定。每个盐场都有一个区别于县城的行政中心，有的地方如余东、东台和石港，这种行政中心还有城墙围绕，就跟县城一样。[79] 这种行政中心由于盐课司大使的存在而得到有形的界定，每个盐场各一个。盐课司大使一职最初无品级，但在1728年被定为正八品，级别与县丞一职相同。[80]

就跟一名知府或同知统辖几个州县一样，一名盐运司运判或分司也统辖着若干个盐场，其品级为从六品，地位上等同于州同。两淮最初的三十个盐场被分别划归淮安、泰州和通州三个盐运司运判管辖。从空间上看，这种划分与已有的府、州、县的划分非常吻合。[81] 1732年，盐运司运判这一级的管理得到重组，淮安运判的管辖权被限制在淮北各盐场，淮南各盐场被分别划归泰州和通州运判管辖。[82] 从此，盐政和民政利益在沿海地区就有着一定的领土重合。以一府一县为基础的盐务官员，现在管辖着生活在另一州县境内的制盐者；对于生活在跨越两个州县边界的盐场境内之普通百姓的民政管理，或者被划归相邻的两个地方官，像草堰那样"由东、兴两县兼辖"，或者完全移交给其中一个州县，像刘庄那样"在兴、东两邑之间境，归兴化兼辖"。[83] 这些变动疏散了行政权力，降低了盐务官员与地方官员发生摩擦的可能性。

盐课司大使地位较低，每个盐场仅有一名盐务官员，这种情况，在该行业颇受走私问题困扰的背景下显得有点反常。相对于沿海各州县的辽阔幅员而言，这些地方的官员分布率显得比较低。阜宁、盐城和东台是江苏省幅员最大的县，其面积比该省多数其他州县要大二至十倍。[84] 18 世纪 60 年代阜宁和东台建县之前，它们原先所在的州县山阳和泰州甚至更大，而盐场大多分布在远离州县治所之处，犯罪和失序现象非常猖獗。一名官员抱怨说："场灶多有赌博、奸匪、斩殴、打降等事。"[85] 乾隆初年配备了河务及盐务官员，以弥补地方行政系统官员之不足。1736 年任命的东台盐场水利同知，不仅要负责治水，还要"查禁匪徒，巡缉私贩"。[86] 1746 年，盐课司大使被授予略小的权力去查禁罪犯并将之送交地方官审理。[87] 1767 年，两江总督高晋（1707—1779）力主在东台设立一所新的县治，当时他间接提到该地区的犯罪和失序，指出泰州与海岸距离遥远，并引用一句古老而形象的成语来描述行政幅员的问题："鞭长莫及。"[88] 食盐走私是对这几个县的官员们的最大挑战。

走私者

尽管国家将盐业据为己有并控制了食盐市场，但食盐依然是江北地区地方贸易中的重要物品。江北大多数地区都被排除在官方市场区域之外，因为在与盐产区紧密相邻的地方，走私问题实在太难控制。这意味着在整个江北地区，人们广泛从事数量相对较小的贩盐活动。[89] 为数更多的食盐被偷运出该地区，以有竞争力的价格在其他地方出售。[90]

对于制盐者来说，私下销售食盐是一条显而易见的生财之道。由于各种原因，官员们在阻止食盐非法流出盐场方面遇到了困难：人口在增加，而品官数量却非常固定；沿海及内地的大量渔民和船只使高度的流动性成为可能；行政管辖范围太大，实际管理效果有限；煮盐、捕鱼、耕作等寻常就业途径的回报较低；地方士绅的影响或领导能力微不足道。李澄在 19 世纪 20 年代宣称，在两淮盐产区非法交易的食盐中，来自两淮盐场的占了三四成。这并不是他那个时代的新问题。1737 年，巡盐御史请求筹集资金从盐场收购过剩之盐，以限制走私者所能获得食盐之数量。[91] 1745 年，淮南各盐场以产盐不足定额为由增加了二十七座盐炉，生产能力得到提高。[92] 而与此同时，未售出的官盐就堆积在附近的港口，这显示在产地流失的食盐正在降低对应税之盐的需求，同时留给盐场的食盐却不足以填补随后的定额。

江北地区合法商人控制的食盐之数量，实际上在最理想的情况下也非常之少，因为在大多数州县，小贩们都在从事合法、免税的小额食盐交易。南部的淮安、扬州和通州各地区，额盐最初仅被解往江都、甘泉和山阳，即扬州府和淮安府的本县。其余州县被认为位于盐产区内，或者过于靠近盐产区，因而在那里销售应税之盐的建议显得不可行。仪征被归于零售盐区是出于实践上的原因的：在称量和重新包装过程中，许多食盐散落在外，以至于仅仅是损耗之盐的私下交易，就能动摇将额盐强加给该县的任何设想。[93]

零售制度允许沿海州县的穷困者从盐场购买小量食盐，在免税的江北各县出售。1736 年，当局试图简化该制度，零售资格被限制为 60 岁以上的老年男性、15 岁以下的小男孩、身有残疾的年轻男子、老年妇女和无助孤儿。申请者必须亲自去所属县衙，符合条件者将发给盖印腰牌，允许他们每天从盐场购买最多 40 斤盐。这就是"老少"制度。[94] 但年龄要求几乎从一开始就被置之一边，至少在两淮盐区如此。[95]

在淮南额定盐产区内，扬州的两个本县被认为是阻止食盐走私的第一道防线。它们被归为食盐行销地（"食岸"）之列，作为保护更遥远的纲盐接受地（"纲岸"）的"藩篱"或缓冲地带。"食"盐比"纲"盐更便宜，因为其税更轻，但比附近零售区的食盐更贵，如果后者参与竞争的话它就很难销售出去。[96] 这两个县显然很容易成为私盐的入口，因为它们几乎被零售州县所包围：东边是泰兴和泰州，北边是高邮，西边是仪征。此外，还有沿着大运河而来的恒定物流，包括漕运船只，它们是臭名昭著的私盐运送者。[97]

尽管有着环境方面的种种不利，但江都和甘泉的 26 710 引定额在清朝前期似乎一直具有可行性：如果偶尔需要进行一些调整以处理未售之盐的话，这也是为了在特定年份让可能因水灾或饥荒而中断了官盐销售的其他口岸保持常态。直到乾隆时期，这一定额的完成才出现了长期性的严重困难。控制江都和甘泉私盐贸易的努力，以及扬州城库存"食"盐的累积，表明私盐贸易在 18 世纪得到了稳定增长。

清朝初期，对于江北地区交通线路的巡查看来是临时性的。巡商和巡役承担着这方面的主要责任。巡商可能是徽州小商人，受雇于更加富裕的同乡。成本由运库和商人自己分摊。[98] 巡查作为两淮和两浙盐业市场区域之分界线的长江，则是江宁江防同知的职责，由位于长江南岸的镇江水师所部承担。江防同知驻南京，远离问题地区，参与盐务巡查的军队数量很少。出于这些原因，江防同知于1717年移驻江都县东边的三江营，随后又从镇江分拨150名士兵汛守该处。[99] 在西北方，一支五人微型部队监控着经过洪泽湖的运盐船只，这片辽阔的水域提供了从大运河到安徽的通道。[100]

雍正时期进行了彻底的行政和财政改革，盐政也被置于密切监管之下。1723—1725年任兵部尚书的卢询估计，走私者和在册商人销售的私盐数量是官盐数量的好几倍。[101] 雍正皇帝试图通过机构改革找到一条出路。如前所述，改革措施之一就是授予盐课司大使品级。从1728年起，盐务官员和地方官员一样领取养廉银（见附录二）。

这一时期的第二项重要改革，是由南京的两江总督兼摄总理两淮盐政一职。最先担任这一新职位的是年轻的尹继善（1695—1771），他发现江北的盐务监管不能令人满意。他指示地方官员从大户人家征募盐务巡役，此举背后有一个可疑的假设，即富人比穷人更不容易屈从于走私的诱惑。这些巡役将驻守在交通线路的重要交叉口。巡商以前雇用的巡役也可以保留，如果他们的表现令人满意的话。从淮安和扬州两地共征募了464名巡役、186名水手和89艘巡逻船只，他们将在大江南北各条交通线路上巡逻。[102] 其中一大半驻守在扬州府境内，特别是江都、甘泉和仪征县境内（见表1）。从苏北职官制度的角度来看，这是一个非常有意思的变化：地方行政部门正在插手盐政事务，就跟盐政当局正在涉足治水领域差不多。

表1   1731 年至 1798 年间扬州地方行政系统的巡盐队伍

行政区	1731 年巡役	1798 年巡役	1731 年水手	1798 年水手
江-甘	24*	20（1761 年）		
江都	39	32（1761 年）	18	18
甘泉	48	40（1761 年）	20	12（1761 年）
仪征	20	20	6	6
高邮	40	40	22	22
兴化	13	23（1768 年）	6	10（1768 年）
宝应	40	32（1761 年）	12	12
泰州	75	40（1769 年）**	30	20（1769 年）**
东台		32（1769 年）**		14（1769 年）**
总计	299	279	114	114

资料来源：《（嘉庆）重修扬州府志》，第 21 卷，第 6—7 页。
注：括号中为定额调整之年份。
*"陆路"巡役可能驻守在扬州城附近，该城被分划给江都和甘泉两个县。
**1769 年东台县从泰州划分出来，导致这两个行政区的巡役和水手比例发生了变化。

不久后军事监管也得到了改良。仪征西部的青山特别部署了一支百人部队，由 3 名军官率领，负责监视食盐走私者从免税区流向纳税区。青山已经是一个要塞，驻扎着 600 多名士兵，但也许并非巧合的是，这里也是私盐贩子聚集的标准场所。后来又在扬州北部、大运河边或其附近的马家桥、公道桥和邵伯等市镇部署了军队。汛守扬州南边三江营的镇江水师被固定驻守的 155 人部队所取代，江宁江防同知被重新配置为三江营同知。与此同时，商人们加紧了对直接通往扬州的线路的控制。1732 年，沿着横贯该城东西的主要水道设置了十处不同的堤防，显然意在迫使船只中道而停。这些地方日夜进行盘查，委托一名有经验的总商外加两名巡商对违法现象进行调查。[103]

因此，到 18 世纪 30 年代，扬州已经是一个戒备森严的盐政堡垒，通往该城各道城门的主要交通线路都充斥着探子、巡役和士兵，他们的明确任务就是防止非法食盐流入这座城市。1735 年，附近的泰兴县由零售区转为纳税区；1743 年，位于大运河更北部的高邮和宝应同样如此。[104] 这些变化对扬州的官盐销售应该产生了积极效果，但在高邮和宝应，向税盐的转变却异常不成功，由于未售官盐的积压，两年内食盐定额被降了下来。江都、甘泉及其他地方口岸的未售官盐这时也在增加。[105]

扬州官盐销售未能达到定额，并不意味着食盐专卖的整体废弛：正如卢见曾案显示的，乾隆中期商人们的销售非常旺盛。相反，官盐在地方口岸尤其是在扬州城的失败，暗示着巡役和小官吏中出现了小规模的腐败。在这一点上，象征意义要大于经济效应。在官员们心目中，扬州的两个本县江都和甘泉是官盐成功批发的关键枢纽。1759 年，高恒奏请将未售官盐派拨给十六个地方口岸融销，户部建议不能允许扬州的两个本县这么做。户部奏称："江、甘二县逼近场灶，尤为私盐充斥之所，若〔将壅积食引〕派拨纲地，非特私盐愈滋，透越将见，纲盐口岸，悉为食引所占，殊于盐法有碍。"[106]

乾隆后期，江都和甘泉官盐销售的下降趋势变得明显。1765 年，城门的防范进一步加紧[107]，但尽管加强了警惕，1768 年的未售官盐数量依然非常大，以至于次年的递解甚至不予考虑。1770 年和 1774 年，当局两次请求将江-甘定额减半。该建议在 1774 年作为临时措施明显得到采纳，在恢复全额的尝试被证明为不成功之后，该措施又于 1793 年得到确认。[108] 考虑到每"引"重量的增加导致了定额数量的实际增长，我们也许可以放心地得出结论：乾隆时期扬州官盐的销售随着人口的增长而下降。

如果这两个县的情况能够说明什么的话，那就是乾隆时期私盐贸易正在迅速膨胀。墨子刻（Thomas Metzger）在其关于清代的著名辩护论著中强调了清朝官盐定额处理程序的灵活性，认为"官盐定额在相当程度上随着人口的增长而提高"，并且官盐贸易在18世纪得到了稳步增长。[109] 实际情况没有这么乐观：官盐定额的提高未能与人口的增长相匹配，因而官盐贸易的增长程度比较有限。不管盐窖是满还是空，私盐贸易增长到如此程度，以至于扬州城的官盐定额不得不在18世纪末减半，这种情况肯定是食盐专卖效率低下导致的后果，同时也是助长食盐专卖效率低下的一个因素。并且，人口增长显然对食盐专卖而非需求上升有着间接影响。18世纪后半期两淮盐区制盐者数量的增加，使非法食盐贸易参与程度的提高成为可能。

零售制度无疑使江北食盐贸易的管理变得更加复杂。大量小贩每天跋涉于盐场内外，怎么可能对他们的活动进行监控？据报告，引入"老少"制度以加强对零售者的监管之后，运送"盐斤"（即合法的小额食盐）的马车和牲口数量"成百上千"，表明当局正面临着计量问题。[110] 合法的小贩肯定或多或少参与过走私，除此之外，还有附近各处"狡黠之徒"，私携舟车偷偷购盐，继而销往他处。[111] 这些人的数量根本无法确定，而且商人销售量的持续增长在一定程度上遮蔽了这种活动的成功。然而到了乾隆五十年，他们已经严重侵蚀了位于两淮盐区之外的山东盐业市场。[112]

私盐贸易的竞争力基础不是个体走私者的零散活动。1778年的一个案件引起了乾隆皇帝的注意。它显示了大规模犯罪组织这一可怕现象的存在。该年阴历四月十九日，有人发现二三十艘盐船正在靠近盐城西门，该城就在盐产区内。其非法性肯定非常明显，因为这是一个零售区域，而零售之盐不能用船来运送，也不准使用马车和牲口。[113]

据报告，大胆的县官带着一帮当地驻守的武装人员前往调查情况。他发现自己遇到了一群好斗的走私者，数量可能有一百人。他们手持武器爬上运河，然后在城门外的桥上放起了火。接下来的冲突过程中，一名士兵被杀死，三名驻守人员受伤。驻守人员最后施放轻型大炮，走私者逃逸而去。当局捕获了其中十四名男女和十六条船。另外三名走私者被杀死。[114]

这帮走私者的规模及其中包含妇女（意味着这是一个族内结构）这一事实，都暗示着一个地下组织的存在，它正在对国家构成高度威胁。深入的调查显示，这帮人的首领之一是一名巡役。由于巡役来自当地人口，看来这人可能是本地人，在当地有着广泛的社会交往，这帮人本身也来自当地。调查还显示，这些私盐是以200—500斤的数量直接购自盐主和小贩之手的。[115] 此时，"老少"登记制度被认为是私盐泛滥的根源，广东当局已经呼吁废除该制度。[116] 该制度的问题可能在于，它为那些能够以欺骗手段获得零售资格的人提供了一定程度的保护。盐城事件导致"老少"制度在两淮盐区的终结，但这既不是零售制度的终止，正如我们已经看到的，也没有带来走私现象的终结。[117]

食盐贸易中合法与非法部分的竞争，并没有对富有的"守法"商人形成冲击，他们有着官僚机构的支持，与那些四处售盐以勉强维持生活的沿海贫困居民形成天壤之别。持证商人和官员跟盐主和巡役一样，很容易参与走私或者等同于走私的行为，即少报销售量，并且他们有更好的条件这样做。他们拥有特许经销权，可以动用信用、金融设施，在官僚机构中有一定的影响。这些因素无疑增强了他们在私盐贸易中相对于"成百上千"小商小贩和老弱人口的优势地位，后者缺乏这些有利条件。李澄记载了19世纪20年代食盐专卖中存在的问题。他将商人走私，包括商人与官员、船夫和食盐搬运工的合谋，列为最严重的问题。[118] 他写道："岸不足以害商，商适自害也。"[119]

扬州与沿海、徽商与地方私贩之间的种种竞争显得更加突出。引入"老少"制度以后，从盐场运盐外销的马车和牲口突然增加，这显示了食盐贸易在催生地方商业活动方面的潜力，后者在江北许多地方原本极为微弱。小贩和那些参与盐城事件的私贩的活动，都对食盐和售盐利润的垄断构成了反向要求，这种要求在某种程度上得到了成功的表达，因为食盐专卖力度开始变弱。到了19世纪20年代，大量淮北食盐早已为有组织的走私者所控制，其规模多至数百人，各有自己的首领和市场范围。[120]

淮南的走私现象从未达到淮北这种明显程度，但问题也非常大，而且更加严重，因为淮南地域更加辽阔。从19世纪20年代的走私案件报告来看，淮南商人正在与组织严密的地方同盟展开竞争。后者包括低级士人、制盐者、土匪和士兵，他们相互串通牟利，借助舟车，有时还有规模可观的武装人员，开展每次达数万斤至数十万斤不等的食盐贸易。[121] 当时，就连进京赶考的举人都被认为是私盐的可能携带者——他们大胆地以为自己的物品在税关不会受到盘查。[122]

整个 18 世纪，盐务管理机构和盐商成功地维持了自己对食盐贸易的垄断。从 18 世纪的三四十年代开始，扬州附近的食盐监管稳步加强，这表明控制资源的斗争正在加紧，但商人依然占上风。这对江北产生了影响，即促进了扬州作为一个财富和权力中心的艰难成长：食盐来自沿海地带，金钱却大量流向扬州。罗威廉（William Rowe）问道："在扬州、汉口这些流寓人口主导之地，物质上的辉煌广为人知，我们怎能接受这种观点，即认为流寓人口基本上是汲取性的？"[123] 对此似乎可以这样回答：流寓人口的汲取性，只是在城市化本身是汲取性的情况下才成立。扬州的流寓家族当然没有将自己的全部甚或大部分财富送回故乡，但他们也没有将多少财富送往江北其他地方。资源分配高度不平衡，一个明显标志就是商人对学校和慈善组织资助力度的不均匀。[124]

城市、食盐与基础结构

如本书第二章所述，官盐贸易对于江北的交通线路和城市等级结构具有基础性的意义。扬州在贸易管理方面的重要性，以及专卖商在该城的居住，确保了这座城市在该地区的突出地位。而且，从东北部淮安府阜宁县城沿串场河而下，然后西至扬州，这条食盐运输的固定线路影响了江北地区基础结构的形态，与其他因素一道决定着许多重要市镇的分布。

然而，扬州在食盐运输方面的地位仅限于管理、征税和仪式。每当纲盐起运之前，盐运使都要选定某个吉祥日期并向巡盐御史报告。至期巡盐御史首先占卜，然后下令盐纲通过城东白塔河北桥。向河神献祭的仪式在运河边的湾头进行，白塔河巡检司做报告，选出一包样盐称重，然后起运。这就是扬州直接参与食盐运输的仅有环节，影响非常有限，此外就只是在缺口门外有个巡查点，检查在秋天和初冬季节返回的漕船有无夹带私盐（见图4）。明朝时期，淮南食盐要在城外一座仓库中核查并重新包装，但此举在清初即被废除。[125]

与作为大量淮南食盐批发中心的汉口不同，扬州并不是一个食盐市场中心，其顾客仅有该城人口。它在食盐专卖中的作用尽管与其地理位置相吻合，但也很容易被其他一些城镇所取代，比如在宋代，仪征就是更加重要的中心。[126] 明清时期，仪征在食盐运输期间是一个繁忙的地方。这里是淮南食盐汇集之处，其中大多数食盐沿着长江被运走。实际上，为各个口岸重新包装食盐是仪征的一项主要产业。[127]

因而，扬州在盐务管理方面的既定位置就是该城财富的来源。盐商生活在这座城市，因为盐政总部在此。城内商业繁荣，商人汇集该城，因为盐商拥有大量财富。与它的繁荣相比，江北食盐贸易中的某些节点将黯然失色。淮安是一个重要的府城，并且由于河务官员、盐务官员和商人的存在而受益，因有一个由徽州程氏产业为主的园林郊区而自豪。[128] 它被称为"小扬州"。[129] 对于作为淮南食盐外运口岸的仪征，也有类似的描述。[130] 在沿海地区的东台还有另一个小扬州，因为"阛阓通衢，多茶坊酒肆浴池，而城市之间踵事增华"。[131]

所有这些小扬州，都证实了这座江北首府在事实上的"两

图 4　运盐过扬州

驻白塔河的官员正在监视从沿海运往仪征的食盐（上），随机抽查沿着大
运河运往扬州以东的盐船（下）。资料来源：《（嘉庆）两淮盐法志》，书前
插图。

淮省"的生活中的核心地位和生成性影响。然而，在扬州本身由
于食盐专卖的衰落而降为一个小扬州以后，其他这些地方便一无
是处。

第七章

水 利

19世纪后半期，康治泰（Dominique Gandar）神父着手一个有价值的项目，即记录大运河的历史和当前环境。19世纪70年代，康治泰在扬州及其周边地区从事传教工作，这份工作使他经常来往于瓜洲（在长江边）至清江（在北部的大运河与淮河交汇处）的大运河段。[1]他的劳动结出了果实，即《帝国的运河》(*Le Canal impérial*) 一书。这部学术著作以众多汉文古籍、地方志、商路书籍和其他作品为基础。该书也显示了作者对于自己居住和广泛旅行期间的江北地形的熟悉。

在康治泰看来，江苏省内各个行政区当中，扬州府"就水的分配而言是最幸运的"。在东边，大海冲刷着东台县的滩涂；在南边，长江为江都和仪征提供了水源；更北边的宝应、高邮和兴化，同时享受着天上的雨水及淮河水，有三十三个湖泊、池沼、湿地、运河和无数的溪流。扬州东边的泰州既受益于大海也受益于长江。[2]扬州府境内只有海拔更高的甘泉县不得不经常忍受干旱，"那里的居民被迫寻找更宜人的地方"。[3]海边偶尔有可怕的浪潮，但这种现象近些年很罕见，而且自从1850年黄河改道以后，洪灾的发生率总体上得以下降。

这就是"当时的大运河"附近的环境。历史上的情况曾经很不一样。一个世纪以前，正如他的研究同样显示的，每年夏收之前，都要进行一次治理黄河、预防江北水灾的斗争。康治泰这本书的顺序安排忠实追随了 1810 年版扬州府志的框架。府志中关于水道的四卷，为新来的官员和子孙后代提示着河务管理对于该府的重大意义。尽管江北水利系统在 18 世纪的大部分时期都处于高效运行状态，但从官僚机构的角度来看，扬州府是一个饱受治水问题困扰的行政区域。

康治泰到达扬州近两个世纪以前的 1684 年，一支皇家船队载着初次南巡的康熙皇帝沿着大运河而下。根据扬州府志的记载，皇帝看到前些年宝应和高邮洪灾留下的影响之后大为惊骇："见民庐舍田畴被水淹没，朕心深为轸念。"[4] 灾害情况一览无遗，因为皇家游船所经过的河床比周边陆地更高。马戛尔尼使团的画师额勒桑德在 1793 年经历了同样的旅程，描绘了一幅关于宝应湖风景的版画。一道狭窄的河岸将大运河与西边的湖泊分开，两者的水位都高得可怕。东边宽阔的河堤上就是显眼的住宅，这道堤岸原本是用来保护运河以东低地免遭洪水袭击的（见图 5）。

1684 年，东边的河堤非常牢固。为恢复大运河沿线的供水系统，此前十年里付出了大量努力。[5] 问题在于，当运河水位太高时，就必须通过闸门或者临时性的水坝来泄洪。堤坝被人工掘开或者被洪水冲破的现象并不罕见。1645 年至 1684 年间，高邮遭受了十八次洪灾，大约每 2.4 年就有一次，其中大部分洪灾均为大运河泛滥所致（见附录三）。

1684 年高邮没有洪灾记录。皇帝所看到的是 1683 年洪灾之后

图5 宝应湖边的大运河

额勒桑德绘于1793年。资料来源：Alexander, *Costumes et vues de la Chine*, 2: facing p. 32。

未能疏导出去的洪水。据说皇帝看到这种破坏景象后转向河道总督靳辅（1633—1692），并询问洪灾的原因、可能的对策和大致的成本。在靳辅看来，"[下河疏浚]约用钱粮一百多万"，这根本不是一个小的数目。另一方面，如果由地方官召集当地劳力承担疏浚工作，"必得十余年方可告成"。正如皇帝注意到的，十年以后，"谁知道将来河道如何？"[6]

这次沟通标志着国家加强干预淮扬水利系统的时期的开始，这一水利系统将承担起恢复江北环境的稳定乃至18世纪的繁荣这一重任。费孝通在1984年调查过那里的状况，并对自己的偏见进行了反思，即认为苏北是"一个贫穷落后没有前途的苦地方"。但他也注意到，"这种偏见其实只反映了中华人民共和国成立前近百年的历史，与长期的历史不符"。[7]对于费孝通来说，这一地区在18

世纪的繁荣安康的最明显标志，就是它有一个"如同今日江南的水网"（见地图 4）。[8] 他并不知道这张运河网中的交通规模有多小，淤塞频率有多高，以及它们对于大运河的疏浚而言是多么必要，尽管它们在此方面通常没有起到作用。

在江北行政事务当中，水利的重要性仅次于食盐贸易。由于大运河的重要性，以及大运河与黄河、洪泽湖交汇带来的困难，这一地区的治水问题是帝制晚期历史上的常见内容。更不为人所知的是水利体系对扬州腹地农业的影响，特别是在下河这一地势低平的区域，那里覆盖了扬州下辖的大部分州县。洪灾统计显示了整个清代农业部门的脆弱性，证实了扬州城的繁荣对于食盐贸易的依赖性。而且，水利成为盐政和盐商的一个重要活动领域，并使该城凸显为江北地区经济、社会和政治活动的组织和整合中心。在盐政部门对水利维护的干预最为密切、水利系统处于最高效的 18 世纪，扬州在江北各行政中心的主导地位非常明显。

水利设施

清代江北水利设施的所有关键成分都是更早时期留下的遗产。大运河是在许多个世纪里开凿的；黄河原先注入山东丘陵北部的渤海，12 世纪分成南北两条水道，然后在 1495 年完全改道南流；[9] 淮河在黄河改道时失去了自己的自然出口，河水囤积在淮安附近，形成洪泽湖。这个湖泊接纳了淮河与黄河水，是江北多数重大水灾的最直接来源。湖水被一条名叫高家堰（或称高堰）的堤坝围挡，但满载泥沙的黄河水的侵蚀，意味着湖床在几个世纪里逐

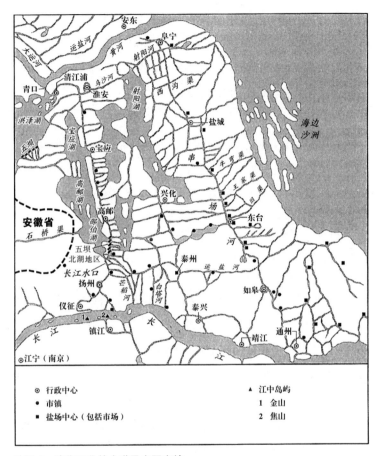

地图4　清代江北的水道及主要市镇

注：盐场中心包含市场。清代水利系统的主要特征包括：开挖清沟，使流入黄河的洪泽湖水有足够的力度来冲刷淤积的泥沙；洪泽湖东南部有五道泄洪坝，高邮南边大运河东岸也有五道相应的堤坝。此幅地图的底本是一份1863年的原始地图。当时黄河已经不再沿着此处所示路线流过，许多关键性的水利设备也早已停止运行。资料来源：《皇朝中外—统舆图》。

渐抬升。[10] 大运河的河床同样如此，接纳了来自洪泽湖的水。反过来，洪泽湖和大运河的堤坝必须加高，以防止洪灾，对于大运河而言也是为了保持通航能力。明朝都御史、总理河漕潘季驯（1521—1595）概括了该系统对下河的危险：

> 高堰去宝应高丈八尺有奇，去高邮高二丈二尺有奇；高、宝二堤去兴化、泰州田高丈许，或八九尺，其去堰不啻卑三丈有奇矣。淮一南下，因三丈余之地势，灌千里之平原，安得有淮南数郡耶？[11]

由于堤防系统的崩溃总是导致大规模的水灾，堤坝的维护对于防洪而言便具有头等重要性。为了在高水位之时保住堤坝，事实证明有必要将洪泽湖水疏导至大运河并通过下河入海，从而减轻堤坝所受压力。为了实现这一目标，就必须疏浚入海水道，保持其畅通，而这一任务需要通过大范围的维护工程来完成，这种情况又非常罕见。此外，在下河与大海之间有一道范公堤，入海水道必须通过该堤；然而范公堤闸门的打开又面临着高潮时海水倒灌的风险，那样将对西边的耕地产生负面影响。[12]

16世纪后半期的潘季驯为这个问题盆地的水利系统奠定了基础。[13] 潘季驯的理论大致如下：应该将洪泽湖水蓄至足够程度，使淮河可以通过出口奔向黄河，这样既可保护江北低地免受洪灾，又能帮助冲刷黄河河床的泥沙淤积。尽管可以将洪泽湖完全围堵起来，但这种做法并没有付诸实践，因为大运河需要水源。潘季驯的目标是使淮河水七成注入黄河，三成注入大运河。这套方案在清代得以继续，尽管如同高斌（1683—1755）在 1736 年所奏，"入运之水恐其多而难受"。[14]

即使对大运河、洪泽湖、黄河交汇处实施了足够的控制，江北水利系统依然面临着另一个主要困难，即大运河的排水问题。从 17 世纪末到 19 世纪中叶，负责江北水利的官员一直在两种相互冲突的防洪策略之间徘徊不定。第一种策略是通过下河将过量的运河水向东排入大海，这样就可以保护大运河的河堤。第二种策略着眼于防止下河洪水淤积，确保大运河应该接纳来自洪泽湖的全部水量，并通过江都和仪征境内各种各样的运河支流将这些水排入长江。[15] 靳辅主张排向东边；张鹏翮（1649—1725）主张排入长江，他在 18 世纪初使堤坝系统保持着适当的水量平衡。[16] 然而在 18 世纪，该系统的任何重大危机往往都会导致基本方略发生逆转：有时坚持一种主张，有时又是另一种主张。[17]

清代江北水利史基本符合发展−（危机）−衰退模式，或者是魏丕信（Pierre-Etienne Will）描述的"A 阶段−B 阶段"模式，尽管其中似乎还可以插入一个次要的重复环节（a−b）。[18] 在 17 世纪前几十年，也就是明代晚期，已有的江北排水问题由于水道被忽略而变得复杂，清初则是洪灾盛行。康熙年间，水道系统在 1684 年至 1705 年间经历了一次大修。皇帝 1705 年南巡期间视察过检修结果，发现情况良好。他宣称"朕之河工大成矣"。[19] 从下河防洪的角度来看，这个论断显得并不成熟。康熙帝回到北京后不久，就收到了整个江北发生大规模水灾的报告。[20]

尽管张鹏翮的水利系统在防洪方面未能完全取得成功，但它还是为一个相对稳定阶段的到来提供了可能性，而且降低了灾害的发生率。18世纪20年代，黄河河堤逆向决口，导致了该系统的新危机，也开启了雍正时期下一个小规模的重建阶段。从18世纪30年代至60年代，黄河的治理总体上是有效的，但下河也经历了严重的排水问题和洪灾。该系统的另一个稳定阶段出现在18世纪60年代至90年代，当时下河洪灾的发生率得以降低。可是，大约从18、19世纪之交开始，整个内陆水道系统明显处于环境和管理因素所导致的危险当中。

治　水

政府试图控制黄淮下游盆地的水灾，其后果之一就是扬州府官僚机构的扩大。在其他大范围的水利设施中，比如湖北的长江和汉江汇合处，以及湖南的洞庭湖附近，清政府的集中干预仅限于清初重建阶段的动议和投资。重建阶段过去之后，这些设施的管理和维护部分移交给地方团体——通常情况下为士绅（或者至少是地主）与地方官员的结合，二者通常互为冲突。[21] 尽管江北地区也有一些类似于这种模式的架构，但水利系统的规模、复杂性和脆弱性，以及该系统所要实现的利益的竞争性，都意味着这里的水利管理将以非常独特的方式演进。随着时间的推移，更多的官员参与进来，尽管有时候只是在已有职位上添加新的职能。

对于不同盆地水利安排的比较，可以揭示江北水利社会的两个深层特征：首先，盐务官员和盐商在水利政治方面扮演了突出角色。其次，江北的地方士绅相对微弱。在乡土中国，治水是地方士绅最重要的活动之一，但关于江北水利系统的文献极少提到这个重要的社会群体。涉及当地人的参与、吁求和反应的资料，都没有提及"士绅""邑绅"，或"豪右""大姓"，[22] 而是提到"民""士民"或者"兵民"。[23] "士"这个字的用法很模糊，在未与"绅"字连用的情况下，它最多只能指秀才。后者拥有一定的社会声望，但不具备士绅的身份（科举考试结果显示，举人、进士在扬州以外的江北地区的分布很稀疏）。[24] 扬州府两个本县的士绅集中程度最高，那里的防洪和灌溉比扬州府其他地方问题更少，士绅们更可能来自盐商家族，对于土地的兴趣很小，或者根本不感兴趣。[25]

与其他盆地的水利管理走向地方化相反，淮河下游流域，包括黄河–大运河–洪泽湖复合体系在内，一直都是中央政府的关注焦点。有着严阵以待的堤防设备的黄河中下游地区之所以为人瞩目，是因为黄河可能给邻近的水道和耕地带来危害。大运河对于中央政府而言非常重要，是因为它承担着将每年的漕粮从南方运至京师这一任务。这种关注在职官制度方面体现为河务管理，后者在1730年包括江南、河南–山东以及直隶三个部门，分别由三名河道总督统辖。[26] 每位总督之下都有一个庞大的文武官员体系。明朝时期，修筑堤防、疏浚水道的劳动力是在农闲季节里从丁壮农夫中征募的。到了清代，他们被河务当局直接领导的常备夫役取代，后者负责料理堤防和其他设施。[27] 河务当局的规模在18世纪稳步扩大，三个部门有品级和无品级的文官总数，从1689年的142人增加到1785年的304人。[28] 据估计，18世纪中叶河务当局雇用的夫役数量约为4万人。[29]

贫穷并且容易遭受洪灾的下河，在重要性方面竟然能够与黄河、大运河比肩，这是因为那里有许多州县，包括作为最重要的政府收入来源的淮南各盐场。下河水道的状况直接影响到淮南盐的成本。根据靳辅的计算，由于 17 世纪晚期江北运输线路的淤塞，每"引"盐的成本年均上升 1/10 两至 1/5 两，或者说对于淮南的定额而言，成本增加了 25 万两。[30]

治理黄河、维护大运河和保护盐业，这三大事务都在职官制度中得到了表达，因而江北除了地方官员，还驻有南河、漕粮和两淮盐政管理当局。水利管理的成败对于下河而言最为重要，因而是上述三个部门的共同关注点。它是河务管理部门之所以存在的理由，跟食盐和漕粮运输直接相关，又是确保和提高作物收成的先决条件。这些利益远不能相互兼顾。河工既要服务于朝廷，因为它对于大运河及漕粮运输而言非常重要；又要服务于百姓，因为它事关灌溉和防洪。这是一条既定原则。但兴化地方志中的看法也有一定道理，即水利方案中的矛盾实际上就是河务官员与地方官员之间的矛盾，前者要泄洪，后者想保护土地和民宅。[31] 在 18 世纪初张鹏翮设计的排水入长江以维护和改良水利系统的方案中，朝廷、地方政府、商人和百姓利益之间的紧张关系往往体现得很明显。

总体而言，大运河在政治上的重要性，以及治理黄河所面临的自然困难，都意味着内地水道系统的维护要优先于下河的其他利益，特别是农业利益。这从运河水的利用限制上可以得到证明。这些水既要用于包括串场河在内的江北运输线路，又要用于下河农田灌溉，但在漕运船只通行的阴历四、五月间，根本没有水可以用来灌溉。此外，大运河的水位一年到头必须保持五尺深。[32]

更常见的问题是水量过剩，而不是水量不足。如前所述，江北水利系统的设计，在 18 世纪的大部分时期都是为了保护下河免遭洪泽湖水之害，只要大运河能够安全接纳这些水的话。当水位偏高时，就要打开大运河东堤的排泄口，以减轻堤坝所受压力。这种情况每十年里至少出现两三次。[33] 下河水道的维护是将洪水安全排入大海的先决条件，因而有效的地方水利管理就是江北水利系统运行的主要因素。

关于下河水利管理运行情况的任何分析，都要考虑到水利与河务之间的区别。"水利"是府、县地方官员的重要关注领域。在清代职官制度中，它与"河务"有着鲜明的区别，后者是大运河及黄河下游流域河务管理官员的专门职责。下河不规则地徘徊于这两个机构的地盘之间。其西界大运河显然在河道总督的管辖范围内，但其东界串场河被雍正皇帝断为属于"督抚地方事务"。[34] 这种区分由于如下事实而变得模糊：1692 年，康熙皇帝对靳辅的奏折做出回应，迈出了非同寻常的一步，向通州、泰州、如皋、兴化和盐城的治所派驻河务官吏，这些地方都位于大运河以东，都在河务管理的通常范围以外。[35] 此举背后的根本原因是需要对下河水道进行更加密切的管理，而且这些任命起到了将大运河以东的大多数县级行政区纳入河务管理范围的效果。

然而，下河地区河务当局的权威很弱，原因部分在于整个河务管理的某些特征，部分在于河务当局在下河的存在受到了某些限制。比如，河务当局与普通机构的区别不如盐政当局那么明显。河务当局在结构上被纳入地方行政系统当中，其官员包括同知、县丞、主簿以及更低级的人员，他们都有具体的河务职责。[36] 在黄河、大运河一带任职的普通地方官员，也承担着繁重的河务职责。因而在行政大变革的 1728 年，雍正皇帝感到极有必要维持河务利益与地方利益之间的平衡：

> 河工固属紧要，而州县官均有地方民社之任，所关尤重。
> 沿河州县缺出，该督抚将工程效力之人题补，伊等虽能办理河
> 务，但民社事件最为紧要，该员等未必即能谙练。[37]

在下河地区，河务官员并没有什么实力。他们的数量很少，每
个县级行政区只有一个职位，而且他们多为"佐杂"——品级很低
甚至是无品级的官吏。仅有一名官员的品级高于县丞。此外，与河
务系统的主导部门相比，他们没有常备夫役作为支持力量。[38]这意
味着河务官吏不得不依靠地方官员来征募人力，承担疏浚和堤坝维
护工作。

毫不奇怪的是，尽管相关记载证实了下河地区在整个18世纪
一直设有河务职位，但这一时期的文献很少提到他们的职责和活
动。我们可以从1727年一份关于下河水道大修的奏折看到其地位
之低。总督建议将此项工程分别交给淮扬道和三名地方以外的高级
官员管理，扬州知府和盐运使负责筹集物资和经费。对此皇帝大体
上表示赞同。低级管理工作则交给河道总督属下的十二名官员和工
部的三十一名官员。地方河务官吏几乎完全被忽略：如果说此项工
程太大因而难以交给上述官员管理的话，那么就应该从扬州府"佐
杂"中"遴选勤慎熟练河务者，令协办分修"。[39]

由于这是一项特殊的工程，这种安排并不能显示下河水利系统
的日常运行情况，但值得注意的是，更容易被委以物资筹集和经费
核查任务的是扬州知府而非河务官员。这两项任务都是河务工作的

核心内容，但也可能对地方河务官员的职权范围提出了挑战，因为他们既在品级上低于知府，又缺乏知府的地方管辖权。同样值得注意的是，淮扬道的高级官员受命领导此项工程，这与他在河务系统内的角色无关，而是因为彼乃"地方大员"。[40]

18世纪50年代，下河排水重新成为江北水利管理的核心内容，下河河务官员权威的缺乏再度变得明显。该计划强调排水的重要性，但其实施由地方官而非河务官员负责。地方官被责成"于农隙之时，查明田间水道有堙塞浅溢之处"，并"传集里民"整顿问题区域。他们每年都要向督抚报告水道清理情况。[41]

显然，下河河务官员基本上是地方官的辅助人员，后者由于拥有地方管辖权，比河务官员更有条件组织水利工程。乾隆初期下河排水问题未能解决，由此对加强水利系统管理形成了压力，但河务官员的地位和作用根本没有得到提升。乾隆初年有一次变化，即在东台串场河边专门任命一名官员，负责下河东部的运河及范公堤的闸门，它们对于大运河水排入大海而言至关重要。[42] 这次任命的性质，表明河务与地方行政部门之间的区别已经变得模糊。尽管该职位的职责主要是在河务方面，而且隶属淮扬道领导，[43] 但其头衔是"水利同知"。这与驻东台北部庙湾的淮南海防河务同知[44] 的头衔相反，暗示着该职位其实属于地方行政系统，因为水利方面的职责主要由地方行政而非河务系统负责。水利同知除了负责管理水道，还有权"查禁匪徒，巡缉私贩"。[45] 这种角色属于地方行政而非河务管理的范围，通常情况下由县丞负责。[46]

乾隆后期出现了地方行政部门角色扩展和地方职责与河务职责合并的趋势。1765年对淮扬道、淮徐道重新分类，地方职责被包含进来。[47] 同年，两江总督，即地方行政部门的最高长官被授予江南河务最高指挥权；[48] 1783 年，原先一直与总督同级的河道总督，其品级被降了两级，从原先的从一品变为从二品。[49] 这导致了职责过重及河务专业知识缺乏的风险。后来的一名两江总督费淳（约1737—1811）在奏折中指出了这些问题，并请求免除自己的河务职责。[50] 地方事务与河务之间的紧张关系远非停留在表面上，大臣们后来都不愿插手河务，即明显地体现了这一点。[51]

乾隆时期官僚机构重组背后的一个因素，乃是想避免各个管理系统之间的冲突，并协调水利与河务目标。另一个因素无疑是想控制水利管理成本的不断攀升，后者通常被归因于河务官员腐败。[52] 这是乾隆皇帝关注的一个问题。1738 年，署理江苏巡抚许容（1686—1751）估计下河防洪费用每年需要二三百万两。在乾隆皇帝看来，这个数字只能说明地方官员虚报工程以为自肥手段。[53] 但许容的计划或许还不算太过疯狂。据估计，1739 年下河主要水道疏浚及沿海范公堤维修费用达 100 万两。[54] 这种规模的工程之所以极少被建议实施，或许更应该归结为财务的限制，而不是工程的必要性。1727 年至 1728 年间一项规模更小的类似工程耗资近 30 万两，[55] 正如许容指出的，这项工程对下河防洪没有任何帮助。[56] 此项工程的一部分内容即为范公堤的加固，但该堤在 1733 年进行了一次彻底的维修，到了 1738 年又迫切需要维修。[57] 同一时期，下河疏浚对整个水利系统的效率没有产生任何显著影响。1740 年，提议中的下河水道大修工程以相对节约的规模展开，耗资 67 万两，可到了 1745 年，另一项大规模的疏浚工程又迫在眉睫，估计将耗资 48 万两。[58]

这种种工程都只能解一时之需，意在保持现有的系统正常运行。由于它们本身对解决下河泛滥问题没有多少帮助，看来有理由得出结论，即只有实质性地增加年度支出，才能保持下河现有水利系统处于高效状态，至于完全防止洪灾这一难以把握的任务，则需要额外投入更多的经费。虽然下河的频繁泛滥导致了赋税蠲免，其程度显然也引起了皇帝的一定关注，[59] 但乾隆时期河务系统对下河水利工程的贡献非常有限。1740 年全年河务经费支出 67 万两，其中只有 7 万两用于下河水道维修。[60] 1744 年，乾隆皇帝谨慎地批准了一项规模不算大的工程，即修筑下河圩围："若果三年有成，亦可谓惠而不费矣。"[61]

这与同一时期淮-黄-运交汇处的经费控制方法一致。1742 年底，颇有节俭名声的官员白钟山（？—1761），从河东河道总督调任江南河道总督。[62] 皇帝慎重告诫他不要过于节约，但这次任命的动机显然是限制河务成本。1745 年，皇帝坦承白钟山的才能仅限于财务领域，并将河务管理权交给了两江总督。[63] 但白钟山依然任职至次年初，后来又先后回任河东河道总督和江南河道总督。[64] 同时在 1748 年，乾隆皇帝试图控制河务成本的上升幅度，要求江南河务年度开支削减至 40 万两。[65]

盐政与水利管理

乾隆时期江北河务及水利在管理和财政上的危机兴起期间，该地区最大、最富庶的城市扬州被看作经费和行政知识的重要来源。这主要不是因为它是一座府城，而是因为它是两淮食盐专卖的行政中心。下河水利的维护直接关系到盐业部门的利益，因为后者不仅肩负着将食盐运往扬州和仪征的重任，还关系到制盐者们的福利。从扬州向东流过泰州的运盐河，以及与范公堤平行的串场河，都与大运河排水系统相连。运盐河的水来自大运河，串场河的水来自从大运河向东流入大海的许多沟渠。跟范公堤一样，这两条水道显然也在盐政和盐商的利益范围之内。盐业部门感兴趣的第三条水道是三汊河，它从扬州流向仪征，是食盐运往长江沿岸的出口。所有这些基础设施显然都与盐业有关，并且盐商与农民不同，有能力承担这些设施的维护成本。

清朝初期，盐商几乎不怎么承担这些水道的维护义务，但他们确实担负着某些既定责任。商人至少从明朝后期开始就承担了范公堤的维护费用。[66] 他们在清初表现了一次高姿态，即1665年范公堤的维修，三名歙县（徽州）商人承担了这项工程的费用。[67] 1689年，盐商面临着串场河部分河段的疏浚任务，虽然他们后来只承担了此项工程的一小部分费用，但这是因为当局特别免除了他们的大部分负担，而不是因为当局不期望他们承担这种责任。[68] 然而，巡盐御史"不敢"建议将上缴中央的税收转而用于运盐河疏浚。这项工程的费用原本应该全部由盐商承担。[69]

在18世纪，官盐贸易扩展，商人的财富达到了新的高峰，两淮食盐专卖利润成为越来越重要的水利维护经费来源。这些利润的开发方式有四种。首先，将盐税收入解往河务经费库，这是雍正皇帝开创的策略。[70] 其次，除了常规税收，商人还须向运库缴纳年度规费，其中一部分被解往河库。雍正中期，河务当局由此可以收到大约5万两。[71] 当时河务经费总额为67万两，其中30万两显然来自盐税。[72] 再次，商人群体或者自愿，或者被迫赞助各种大型工程，尤其是下河的工程。1725 年到 1750 年间，这种对下河疏浚工程的赞助至少有三次，这些资金通过运库支付（见附录四）。最后，商人直接承担特定水道和设施的全部或部分维护责任，比如三汊河、范公堤。[73]

如支出记录所示，从 18 世纪 20 年代起，盐商开始为江苏中部（尤其是下河）地区水利系统的维护提供实质性的赞助，金额从上千两至数十万两不等，包括从闸门修理到下河沟渠疏浚等工程（见附录四）。这一进展在时间上与湖南的"民堤"相差不大，后者最早建于 1734 年。[74] 这些堤坝的"修建得到了官方的许可和民间的资助"，[75] 很大程度上反映了政府与地方精英之间的互动，这种互动同样体现为商人对下河水利工程的资助。盐商对于维护水利的兴趣虽然在性质上与地主和农民有所不同，并且他们对水利系统的资助还包含着某种形式上的利他主义，但（湖南堤坝维修案例中援引的）"用者付费"原则[76] 在理论上依然有效。因此我们可以看到，嵇璜（1711—1794）在 1757 年的一份奏折这样结尾："各工内所需银两，有隶属水利，应江苏藩库动支；有隶属盐务，应两淮运库动支；隶属河工，应河库动支。"[77]

在实践中，18 世纪中叶的几十年里，盐商和运库看来承担了大规模水利维护的主要成本。"用者付费"原则很难得到连续贯彻，因为在许多（或者是大部分）情况下，从特定设施、水道及水利管理模式中获益的使用者往往有很多类型。在这种情况下，依靠盐政和盐商群体的联合力量来管理和维护水利设施，对于国家来说就更加方便。范公堤的闸门就是一个例子。

范公堤闸门的正常开关，对于下河水排入大海，以及保护下河在高潮时免遭海水入侵，都至关重要。闸门的维护和管理因而与地方行政部门的利益有关，至少它会影响到收成；同时也跟河务当局的利益有关，因为它在洪泽湖和大运河整体排水方案中占有一席之地。1736 年，河务及地方行政部门在该地区的责任得到了清晰的界定，这年在范公堤沿线派驻了 40 名闸夫，他们由河务当局管理，但工资从田赋中开支。在两个重要泄洪口配置了用于疏浚的船只和器械，每年由一支 132 人的队伍进行两次疏浚，此项成本由河库负担。[78] 但闸门的全部维修成本都由运库负担，到了乾隆初年，某些闸门的运转已经成为附近的盐课司大使的新职责。1761 年，所有闸夫的隶属关系都从河务当局转到盐政部门。[79]

食盐专卖收入通常不会用于资助小规模的灌溉工程。修筑东边各堤坝以保护耕地，开掘灌溉沟渠，这依然是当地人的责任，地方官员在其中起着指导和协调作用。[80] 尽管如此，承担着食盐运输和大运河排水功能的各条水道，依然是江北地区更多灌溉工程的基础，盐政部门也就不可避免地偶尔插手灌溉事务。1753 年，即下河发生大洪灾之后的第二年，"恶商"掘开了泰州大镇海安附近的水坝。该坝既用于维持运河上游流域的水位，也是为了防止运河成为私盐运往长江的通衢。该坝的决口导致运河水迅速流失，附近农田于是被剥夺了灌溉用水。结果，通州和如皋的地方官员向盐运使施加压力，要求补偿损失，后者从运库拨出 30 两银子，作为堵上这一决口的费用。[81]

同一年，下河水利维护的压力被转移给盐政部门。1753 年的洪水起于邵伯北边大运河堤坝的戏剧性坍塌，其导致了运河以东地区的灾难，促使许多省级官员和河务官员要求任命一名专门的官员来负责下河水道管理。有人在一定程度上基于"无庸另设道员，以省经费"的考虑，成功地建议由肩负其他重任的两淮盐运使兼任这一没有吸引力的职务，并以淮扬道高级官员作为他的副手。[82] 淮扬道驻淮安，与问题多发的下河地区有一定距离。而且，淮扬道"既管黄、运、江防，工程事务至繁，不能兼顾［下河］"。[83]

因此，在 18 世纪后半期，盐运使的管理范围扩展到了一个在其他盆地由地方士绅主导的领域。盐政部门在江北水利事务中的角色扩张，或许可以用魏丕信的论点来解释，即"中华帝国晚期努力出台一些能够以最低程度的直接干预获得最大效益的政策"。[84] 虽然盐政部门是清朝官僚机构的一部分，但它紧密介于国家和并非官僚机构一部分的盐商之间，这对其在国家机器中的角色有所影响。地方官员依靠或者听信地方士绅的建议，同样，盐务官员也要依靠盐商。正如著名的卢见曾案所显示的，盐务官员颇能与商人共谋，而不惜牺牲国家的利益。[85]

其他盆地由地方士绅管理的水利系统中的矛盾，在江北则表现为盐商带来的问题。正如御史夏之芳（1723 年进士）注意到的：

> 故入江之口，则有杨子河、三汊河、芒稻河等处……而芒稻一河，尤众水会归之地，最为要路。河口有东西两闸，向来不属河员管理，商人欲蓄水行盐，每将闸口堵塞，以致启闭失所，多为民累。[86]

盐政部门和盐商在清代国家组织和大扬州地区社会环境中的特

殊地位，意味着盐政部门在水道维护中的角色扩张从国家干预角度来看颇为暧昧。尽管如此，地方水利与河务部门之间的联系，多少也意味着更高层官僚机构在持续干预水利事务，这与长江中游的情况不同，比如洞庭湖一带。[87] 与此同时，相对正式的下河水利管理机构，在防洪方面并不比两湖地区结构化程度更低、更加内在的系统更成功。从清代水利管理的个案研究中得出的鲜明因素，不是国家对不同地区干预程度的高低带来的差别，而是水利系统效率提高和衰退过程的同步性。下河的案例证实了魏丕信基于湖北水利研究得出的结论，即更多的国家干预不会导致结果上的多大差异。[88]

18 世纪江北的自然灾害比 17 世纪和 19 世纪都要少，可这里的生活一直面临着持续的威胁。高邮的记录中几乎没有显示什么和缓的时期。1755 年，在魏丕信所说的"灾荒救济的黄金年代"中期，高邮米价在经历了连续三年的水灾之后飙升至每斤 4000 文。为期三个月的救济未能防止一场饥荒的到来。1756 年上半年死人"无数"，可是秋天的丰收却使粮价下降了 75%。次年庄稼又毁于洪水。以后的记载与此类似。1759 年至 1768 年的十年里，高邮有六年遭受了水、旱、蝗灾，有时数种灾害并发。[89] 这足以解释江北田赋为何远低于江南。在下河地区，能否在洪水到来之前把庄稼收割上来一直是个问题。何炳棣注意到，此处各州县是"各种早熟［稻米］品种的事实上的试验田"。[90] 就江北的经济生产力而言，食盐总是比庄稼更加重要。

城市与腹地

尽管江都县东北部比较容易受灾，但位于海拔较高的江北南部的扬州并不特别容易遭受洪灾。该城在江北水利系统中的位置与在盐业贸易中的地位一样，它也是一个行政中心，一个筹集金钱和人力的地方。但其问题频仍的腹地帮助塑造了这座城市。其自然低地内的许多农田都是自然灾害的侵袭对象，以至于除了食盐专卖的繁荣，其地方经济没法与江南各个富裕城市相比。比方说，在与各自腹地的关系上，扬州与苏州的差别就很明显。苏州位于一个繁荣、多产、高度城市化的区域的中心，其繁荣多来自近邻的腹地。扬州在 18 世纪可能比苏州更加富庶，但它位于一个更加贫穷、城市化程度更低的地区。它距离作为自己财富来源的沿海各盐场比较遥远，距离偏僻省区的重要市场甚至更远。食盐专卖虽然为这座城市的腹地带来了一定的回报，特别是在水利领域，但这些并不足以产生江北长期繁荣所需的经济多样性。食盐专卖耗尽了大量可利用的经济活动空间——地域、基础设施和人力资源，在此意义上，甚至可以说它阻碍了江北的发展。

水利是区别苏州和扬州的另一个因素。这两座城市的腹地在自然形态上有一定相似之处。苏州太湖地区的"水乡"与扬州府下河地区并没有什么不同，两个地方都有众多的运河，以至于船只成为当地最常见的交通形式。整个太湖流域地势低平，跟下河一样，洪水是导致自然灾害的主要原因。两个地方都面临着水道不稳定的问题，河流流经过程中容易淤塞和改道。[91] 但这些问题在扬州府的严重程度远远超过苏州。长江以南大运河的管理，并不需要庞大的官僚机构的存在。

长江南北条件的反差一直延续到 21 世纪，尽管苏州和扬州在上海面前都显得相对衰落。20 世纪 90 年代，乡村富人的别墅点缀着苏州农村腹地，扬州却依然以灰砖陋室加泥土地面为主，这些房屋可能已经存在两三百年了。来自淮河–洪泽湖–大运河复合体系的洪水，直到 2003 年依然在导致定期的灾害。这种环境远没有脱离历史上的先例，是土地利用模式及河流治理方法的长期产物，后两者在黄河改道南流的几个世纪里形塑了江北的地貌。

由这种环境史可见，清代扬州深处于盐业贸易、水利设施和该城行政角色的三角关系之中。这种关系奠基于 17 世纪，形成于 18 世纪，随着城市经济、盐业贸易和区域水利系统同时步入一个危机阶段，它在 19 世纪最初二十几年里变得更加显著。[92]

第八章

塑造城市

18世纪的扬州具有多重行政功能，城市变得更加富庶，无疑也变得更加拥挤。[1]它也得到了有形的成长，通过种种方式越出了城墙的范围，这表现在其社会构成、文化风气及与其他地方的关系等方面。18世纪建筑环境方面的最明显特征，就是一个大型园林郊区在城西北的发展，同时还有城市内部的变化。与城外园林的发展同步，消费和娱乐场所在新城涌现，并且在很多情况下显示了更长久的生命力。由这些发展的时间顺序可见，该城在乾隆南巡期间（1751—1784）达到了顶峰。

扬州的空间结构与这一时期中国其他城市的双核模式大体一致。[2]比如，许亦农关于苏州的研究证明了双核模型的适用性，同时注意到了不同地方城市社会分化的特定模式。[3]他的研究清楚地表明，城市空间的地方细节可以向我们透露关于特定城市社会经济特征的许多信息。在苏州，家庭纺织业者集中在该城东北角。扬州没有这样一个相应的区域，这显示了两座城市之间的基本区别。扬州的空间结构显示了行政记录中暗示的内容：徽州盐商既是主导经济的势力，也是该城的社会精英。但18世纪的变化也显示了商人显赫程度及城市生活模式的差异。

　　扬州的历史地图表明，该城的城市形态至少从南宋时起即保持着一定的连续性（见图6）。12世纪至20世纪，该城西端一直是官署的地盘。南宋时期的大城为四方形，一条与连接南北城门的街道相互平行的运河，作为南北中轴线将该城分为两半。民政机构以及城隍庙、府学等相关组织，都位于运河西边。

　　明初该城重复了大城的规划。[4] 城墙复制了南宋时期的形状，构成一个整齐的矩形。[5] 护城河可能有助于在元朝这一过渡时期保持形状上的连续性。在南宋和明朝时期，该城都被一条与南北大道平行的城内运河分开，地方行政机构集中在西边。两淮巡盐察院署位于东边，[6] 但这好像模仿了宋代的安排。地方行政与盐政系统在空间上的持续区分，反映了盐政部门在帝国整体行政结构中的含糊位置。

　　城市的东西划分在16世纪得到了更大范围的复制，城东的郊区周围筑起了一道城墙。此后这座复合城市内部又被区分为旧城与新城。旧城护城河东段现在成为城内的第二条运河，上面架起了桥梁，但旧城与新城之间的通道仅限于两座城门。旧城和新城呈现了有规划和无规划的居民区之间的反差。旧城的街道几乎沿着几何模式有规则地展开，新城的街道布局却更加随意。内城墙将两个社会区分开来：17世纪初，新城人口"尽富商大贾，崇尚奢靡"，旧城"多缙绅家，阖户不事事"。[7]

　　经历了1645年扬州浩劫之后，该城很快得到复兴，几乎没有什么明显的变化。旧城与新城之间继续保持着实体和功能上的区分，旧城内部原先的东西划分也得到保留。唯一位于旧城中心运河以东的地方行政机构是甘泉县衙，建于1732年该县设置之后。巡盐御史衙署依然位于旧城东边，占地颇广的盐运使衙门却位于新

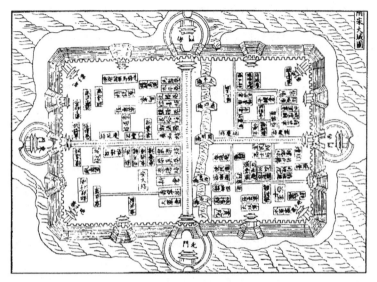

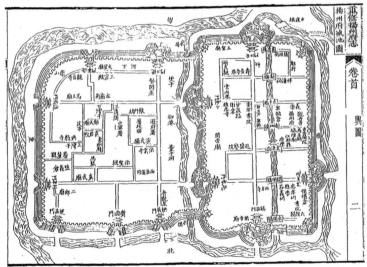

图 6　宋代扬州"大城"（上）与清代扬州城（下）的对比
资料来源：《（嘉庆）重修扬州府志》书前插图。

城。[8] 甘泉县的设置，导致该城在建制上分属于两个县：南边和东边为江都县，西边和北边为甘泉县。但这几乎没有给该城的内部关系带来什么影响。

一个专注于武力并且时刻警惕着叛乱征兆的异族王朝的统治强加而来，这自然使人想到清军力量在扬州的痕迹，而且根据 18 世纪初杜赫德（J. P. Du Halde）的地理著作，扬州有一个"鞑靼兵营"。[9] 可是杜赫德好像弄错了。扬州的防卫由驻扎在新城西北部的一支绿营军队负责，城门内外周边各战略要点分驻各汛。营部位于明代军队曾经驻守之处。[10]

城市土地的利用情况反映了扬州军事组织的变化。清军攻城之后，位于南门以西、旧城西南角的小校场不再用于军事活动，这片土地变成了商品菜园。[11] 借用许亦农的说法，清朝时期，这个角落或许是扬州"社会学意义上的城市边缘地带"，与该城主要商业活动场所和城门一带有着明显的区别。[12] 相反，新城的校场就位于熙熙攘攘的新城西部中央。[13]

新城的空间分化

关于新城的现存史料比旧城丰富得多，这一事实本身就说明了两个城区的反差。从 17 世纪至 19 世纪，这两个城区在空间结构上都显示了某种稳定性，但城市经济成长带来的影响在新城体现得更加明显。风月场所就是一个例子。王朝末期的颓废派鉴赏家张岱（1597—1689）知道如何找到晚明扬州的妓院：

渡钞关，横亘半里许，为巷者九条。巷故九，凡周旋折旋
于巷之左右前后者，什百之。巷口狭而肠曲，寸寸节节，有精
房密户，名妓、歪妓杂处之。[14]

钞关位于新城南门，俯瞰着大运河。内地钞关始设于1429年，扬州紧靠长江与大运河交汇处，位于一条重要的南北交通线路旁边，是首批设立钞关的口岸之一。[15]钞关门是南边城墙的三个通道之一，但它是新城的惯常入口，附近的商业活动很活跃。

现存最早的扬州地图是1883年地图，但此图的主要基础是李斗那本旅行指南中记载的内容。[16]除了太平天国运动之后设立或者重新部署的某些机构，图中所载情况适用于18世纪或更早时期的扬州城。与此图相配套的街道方位说明文字，主要摘自《扬州画舫录》，其中提到了那九条巷（图中显示为十条），它们有规则地排列在旧城墙内侧。[17]张岱笔下的风月场所虽然好像位于新城，但李斗和1883年府志提到的旧城九条巷，显然就是张岱所说的地方。游客要到那里，必须经过通往旧城的小东门，或者经过更北边的倒城或大东门（见地图5）。[18]在19世纪的《风月梦》一书中，作者给出了一条路：出新城校场某茶馆后门，沿着贤良街转弯走到北柳巷，至天寿庵下坡走到运河边，过了摆渡走倒城，即到"九巷一个人家"。[19]

李斗虽然列出了九巷及附近街道的名字，却没有对旧城做更多的其他说明。他关于娼妓的详细记载表明，18世纪或在此之前，在城墙另一边，沿着新城运河两侧发展起了一个类似的青楼区域。李斗记载了18世纪初一名富裕盐商所建的亢家园林，我们可以由此追寻这片地区的历史变迁踪迹。[20]该园沿着运河西岸展开，"长里

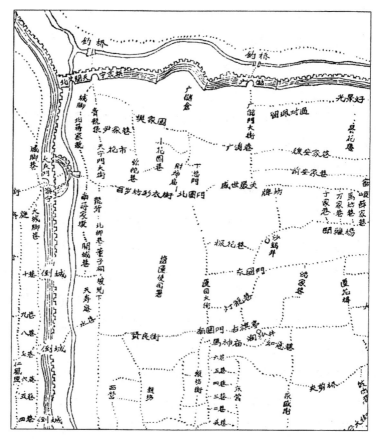

地图 5　新城西北部
图中标出了盐运使司衙署和校场的位置，而且显示"九巷"在内城墙左边。
资料来源：《（光绪）江都县续志》，略经修改后收入周邨：《太平军在扬州》，书前插图。

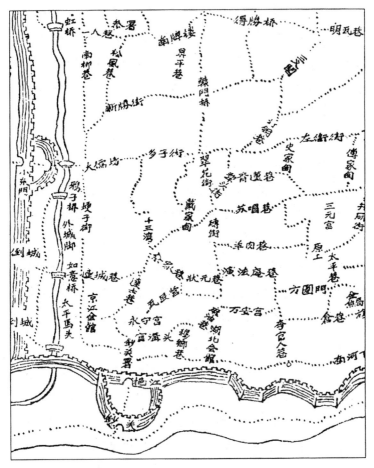

地图6　新城西南部

图中标出了钞关和主要商业街的位置。资料来源:《(光绪)江都县续志》,略经修改后收入周邨:《太平军在扬州》,书前插图。

许"。此种规模暗示着该园修建时要获取该城的土地还比较容易。该园在 18 世纪消失了，一个姓林的老妇人在其中部分地方开了一所茶馆，名叫合欣园，做烧饼生意，还很兴隆。然而，这座茶馆的吸引力主要在于老妇人的女儿，她吸引了许多游客，母女俩最后变得非常富有。园林-茶馆因而也成了一个风月场所。

老妇人死后，茶馆变成一间客栈。房客中有个邬抡元，善于吹笛子，通过教名妓度曲来挣钱，获得了"乌师"（即歌女之师）这一绰号。[21] 她们学唱歌不用走很远。根据李斗的记载，许多人住在外城脚，就在新城一侧的城墙掩映之下。[22] 南边是合欣园，北边是王天福的房子——他是一名有妻有妾的皮条客，他的房子一半在岸上，一半在河中，为"东水关最胜处"。[23] 娼妓们肯定花了不少时间在运河东边、钞关北边的街上购物。缎子街的生意以纺织品为主，这是该城一个繁荣的商业中心；[24] 翠花街卖一些女人的日常用品；卖化妆品的最有名地点是埂子街（见地图 6）。[25]

从钞关门往东，沿着一条与城墙平行的线路，游客步入了一个非常不同的社会空间。盐商们的宅邸坐落在这里，沿着新城墙东南角呈弧形分布。新城墙修筑于 16 世纪，将这些房屋与水道分割开来，但盐商的产业最初肯定是在运河两侧。17 世纪晚期，吴嘉纪如此评论这个角落的居住模式：

> 冷鸦不到处，河下多居人。
> 郁郁几千户，不许贫士邻。[26]

南边城墙一侧的街道名叫南河下街，意思大致可以说是"靠

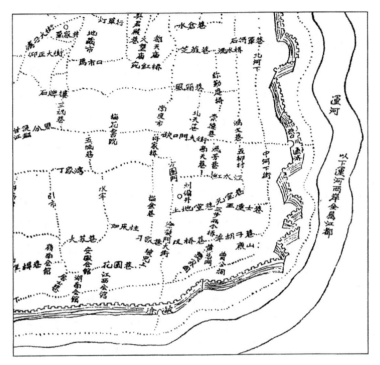

地图 7　新城东南部

图中标出了 18 世纪盐商主要居住区的位置。资料来源:《(光绪)江都县续志》,略经修改后收入周邨:《太平军在扬州》,书前插图。

南的运河边的街道"。这条街通向东边城墙一侧的中河下街及北河下街。这是扬州的黄金大道(见地图 7)。如本书第三章所述,郑侠如建于清初的休园就位于它的附近,占据了东边城墙内的一大块地方。18 世纪晚期,许多最富有的商人都在这片地区拥有园林。[27] 19 世纪,随着富商数量的减少,这里兴起了一些同乡会馆,其中有的房产曾经是盐商的宅邸。[28] 徽州的宗族文化鼓励扩展家庭,这可能是导致这些房屋规模较大的原因。在 17 世纪初的郑宅,据说有一千多人同灶吃饭；18 世纪最著名的商人之一汪交如，他的宅邸可以实现五世同堂的理想。[29]

与东南部相比，新城西北部在 18 世纪似乎是放荡不羁者的聚集区（见地图 5）。许多著名艺术家在此生活过一段时间，从这里很容易到达各道城门，向西可以进入旧城，向北可以出至天宁寺，也很容易到达护城河北段，那里可以通往虹桥（原先称为红桥）和外面的保障湖。[30] 艺术家们还发现，在天宁门北一带生活也很方便，一方面园林景观就在眼前，另一方面也靠近城市。与此前的郑板桥一样，黄慎（1687—1770）也在天宁寺生活过。[31] 郑板桥住在竹林寺，就在北门外，后来住在毗邻天宁寺的马氏兄弟（马曰琯和马曰璐）的行庵附近。[32]

李斗生动地描绘了城西北的情况。晚上直至半夜，空中充满琴声，演奏者为一名艺人，住在董子祠——更早以前这里是艺术家高凤翰（1683—约 1748）的住处。董子祠旁边是道士占用的两栋双层建筑、一家药局，还有盐运使司衙署。近旁是一名苏州人开的装裱店，路边是说书场。说书场"四面团坐"，门口悬挂一道告示牌，上面写着当天即将开讲者的名字。再往南，南柳巷有杭州诗人陈授衣的住处。小秦淮河（新城运河的名字）与南北柳巷平行，将一船又一船的游人往北送至护城河，过天宁寺，然后到达瘦西湖。[33]

城西北的社会结构比较混杂，有僧道、妓女、士人，还有盐务官员，后者生活和工作在这片城镇的嘈杂中心——校场附近。校场位于盐运使司衙署以南。这里的一部分土地原先留作商品菜园，其余用作兵营建筑、寺庙、马厩和居住区。这个地区在实体上并没有跟该城其余地方分离开来，人口比较混杂。1739 年前后，据报告这里容纳了军民人等共计 1200 多户。[34] 17 世纪晚期，来自长江北岸被淹沙洲的许多人被重新安置在距离此处稍南的翠花街，导致附近一带人口相当密集。[35] 拥挤的生活环境使火灾成为校场附近的习见危险。排水状况也很糟糕，在多雨季节，此地往往被淹，蛙鸣声响彻空中。[36]

校场与风月场所邻近，无疑对依然驻扎在此的军营构成了纪律问题。但 1777 年，扬州城守营改驻旧城西边，空出来的新城土地租给了商人们。那里依然使用校场这个名字，但从此以后主要是一个商业场所。[37] 因而在《风月梦》开篇，新到该城准备在此谋职的陆书，第一个下午就去了校场。在那里，他看到有人在表演本地戏曲，有人在作西式绘画。他听了一会说书，瞄了一会男扮女装，看了一会西洋景——这个场景很像 19 世纪更晚些时候一名当地艺术家所描绘的样子（见彩图 11）。[38]

盐运使司衙署是这片地区的另一个突出特征，盐商肯定是这里的常客。他们可能在艺术家们寒碜的住处面前停下脚步，向后者致敬，并索要一份画作。衙署东北不远处住着马氏兄弟，陕西商人员果堂及寓居其家的画家华嵒（1682—1756）肯定就住在附近的某个地方。[39] 在这里很可能看到其他盐商的宅邸。不过总体而言，这片园林宅邸连绵之区的混杂特征，留给人们的印象与城市东南部非常不一样。

18 世纪晚期，这座城市变得越来越拥挤。这也是 1777 年校场被重新部署的原因之一。[40] 河道上的船只日益增多，码头变得如此拥挤，以至于 18 世纪 50 年代出台了规章制度，规定各处码头仅限在册船只使用。[41] 城门外涌现了许多市场，在天宁寺对面的城北护

城河岸边排成一列（见图7）。[42] 最重要的是，城市的扩展通过点缀
在瘦西湖畔的园林就能一目了然。[43] 关于这些园林的相对具体的现
有记载，使我们能够按照时间顺序细致讲述该城在 18 世纪的扩展，
以及它在此后的突然收缩。

扬州的园林和城外的扩张

扬州园林作为一种独特的文化现象在中国出现的同一个世纪，
中英混合风格的园林也正在欧洲确立自己的主导地位。陈从周将扬

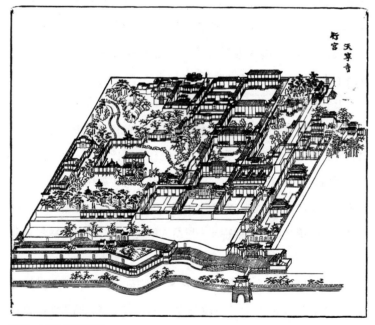

图 7　天宁寺和行宫
图中显示，城北护城河岸边有一排带顶棚的市场。资料来源：《广陵名胜
图》，第 8b 页。

州园林的鲜明特征概括为假山和庭园建筑。[44] 大量财富被投入这些特征的营造。扬州缺乏造园所需材料。那里没有森林，木材必须从外地运来，有可能来自徽州。那里也没有石头。扬州的假山由三类石头建成：苏南、安徽和江西的黄石；来自安徽的带条纹的宣石；还有来自苏州及其附近地区的湖石。它们那些别有趣味的腐蚀形状各不相同。[45] 所有这些石头都要借助船只，跨越遥远的距离，花费高昂的成本，然后运到这座城市。一名 19 世纪来到该城的游客听人说，山西于氏为了修建自己的湖边园林"临水红霞"，花了 20 万两白银购买太湖石。[46]

扬州园林还因为一种独特的所有权模式而显得与众不同。本地人（"老扬州"或"土著"）根本无缘跻身 18 世纪的园主之列。翰林院编修、藏书家秦恩复（1760—1843）在旧城拥有一座雅致的小型园林，看来他是第一个打破这一规则的人。但与该城的大多数富人一样，他也是商人后代，其祖先从陕西来到了扬州。[47] 对于扬州人而言，其中更富裕的人可能靠租金生活，土地无疑依然是财富的源泉。

几乎无一例外，扬州私家园林的拥有者都是盐商，而且大部分园主都是徽州人，尽管其中有一名西商。[48] 郑氏兄弟每人拥有一座园林，他们是 17 世纪扬州最著名的徽州家族。18 世纪，其后继者为黄氏兄弟：黄履晟、黄履昂、黄履暹和黄履昊。坐落在湖边的黄家园林当中，最著名的是"四桥烟雨"，这是 1762 年乾隆皇帝赐予的名字。黄家四兄弟每人都在新城东南角的黄金大道旁拥有一座园林。[49]

蜀冈的平山堂为扬州的园林郊区提供了导标。在《平山揽胜志》一书中，盐商领袖汪应庚细致地梳理了围墙内的城市与蜀冈这座寺院复合体之间的关系。该书首为关于扬州新城内小秦淮河的诗歌，接着是画舫和关于红桥、昔日韩园的另一些诗歌，最后是关于蜀冈各处名胜的诗文。[50] 其中最值得注意的是平山堂本身，它建于1048 年，1673 年修复，1705 年御赐"平山堂"三字和"贤守清风"四字。[51] 再往东，功德山（蜀冈最高点）上有座观音寺，该寺为宋代建筑，重建于明代。蜀冈下面狭长的保障湖上有著名的二十四桥，桥边是建于元代的莲性寺（旧称法海寺）。优美的湖景，加上远处的小山、古桥和古寺，使这片区域非常适合于建造园林——18世纪的扬州即以此闻名。这些园林逐渐在城市和蜀冈之间形成一个连续地带。直线距离只有三四里，但蜿蜒曲折的水路达八九里。

这片地区的历史建筑暗示着它在扬州社会的仪式意义。张岱为我们留下了关于晚明时期清明祭祀场景的有趣概况。清明节在每年阳历 4 月前后，冬至后的第 106 天。此时柳叶青青，桃花正红，扬州人提着篮子，带着扫帚，去祭扫祖先的坟墓。无论贫富、老幼、男女，人们纷纷走出城外，前往家族墓地。张岱描绘的这种场景与张择端著名画卷《清明上河图》中的情景相似，并且他明确地将这一场景与《清明上河图》进行对比，认为展现在自己眼前的街景就像一幅画卷，窥一斑而可见全豹。他勾勒了如下值得注意的社会人群和活动：

> 是日，四方流寓及徽商西贾、曲中名妓，一切好事之徒，无不咸集。长塘丰草，走马放鹰；高阜平冈，斗鸡蹴踘；茂林清樾，劈阮弹筝。浪子相扑，童稚纸鸢，老僧因果，瞽者说

书，立者林林，蹲者蛰蛰。日暮霞生，车马纷沓。宦门淑秀，车幕尽开，婢媵倦归，山花斜插，臻臻簇簇，夺门而入。[52]

清朝初期，明末这些狂欢者出没的许多地方看来已经成为一片废墟。根据孔尚任的描述，那里"多碎石荒坟"，红桥边曾经繁花似锦的一块地段，现在也成了荒地。[53]虽然孔尚任这么说，但这里还是存在一些 17 世纪后半期商业性园艺的痕迹。石涛晚年曾经画过一幅从扬州城外伸向平山堂的街景，画中所配诗文提到"簪花仕女汲于溪"。[54]比他年长的同时代诗人宗元鼎，留下了一篇关于卖花人（他自己）生活的简短记叙。这人住在城西琼花观后面的三室茅屋里，依靠种植两亩鲜花维持生活。他培育了十多个不同的品种，上午在红桥向过往文人出售鲜花，这些人也会跟他交换诗文，或者以高价买走普通鲜花，让他能够去酒肆喝酒。[55]

18 世纪，紧靠城外的小型园林依然被用于商业用途。苏州茶商王希文将自己在城北的勺园用于园艺栽培和养鱼。[56]但显然有一个偏离商业用途的转变，而且所有权也在脱离本地人之手。莲花桥（直至 1757 年才建成）北头在康熙年间是"土人火某"的产业，后来成为盐商黄履晟的园林的一部分。[57]再往北，二十四桥边有一座大园子，康熙年间为一名当地人所有，他栽植牡丹和梅树，花开时节向前来赏花的游人出售茶水。这处产业在 1716 年全部出售给程梦星，后者刚从翰林院编修之职致仕，回来料理家族的食盐生意。这块土地于是以非常不同的方式得到了再开发——到处都种上花木。自然，这是出于放眼都是植被的审美效果。水芹换成了一池荷花，水面盖起一座亭子以便赏荷；种了一百株梅树，梅树丛中建有另一座亭子；栽了一片竹林，竹林中搭起一座阁楼；地面被堆高，形成一座小丘，上面饰以岩石。每个地点和场景都起了名字。[58]

筱园是康熙年间"八大名园"之一，这些园林大多紧邻城市。顺治、康熙年间活跃在扬州的陈维崧（1625—1682）评论过扬州的许多园林，但其中大多数肯定都是城内各处寺院附近的园林，或者就在红桥附近。[59] 关于筱园的记载显示，众多园林沿着保障湖向西北方向延伸，这肯定主要是 18 世纪的现象。程梦星的园址选择，或许受到了其兄弟程之铨的影响，后者从 1697 年开始在湖中小岛上建造一座园林。该园的建造历时三年，耗资 20 万两，以一座观音殿为中心，从而与这片湖区历经数百年寺院建设而形成的已有特征保持一致。该园比筱园距离城市更近。[60] 随着筱园在通往平山堂路上的建成，我们开始看到湖区的发展，以及园林建筑对扬州至平山堂所在的蜀冈高地之间交通线路的影响。

筱园是乾隆年间大型园林建造风潮之前出现的众多雄心勃勃的园林之一。另一座是贺君召的东园，或者径称贺园。该园的建造始于雍正年间，完成于 1746 年，位于莲性寺东边，也向外伸出于湖面上。[61] 当地艺术家袁耀曾经在一幅手轴中以奇幻的笔法描绘过该园：先是苍茫的天空、湖面和薄雾；然后，画的中部是一条河、一个小村庄和一座岛山；最后，人们的视线被引到该园本身，画中精致地表现了该园的建筑细部。[62] 虽然贺园的建造时间在雍正年间，但它也被列为康熙年间"八大名园"之一，袁耀画作中描绘的难忘规模无疑符合其真实尺度。自然，它吸引了为数可观的游客。[63]

这一时期建造的第三座园林是余元甲的万石园，它位于新城东南角的盐商宅邸群。1731 年二月，余元甲在自己的园林中举行了一次文会，出席者有马氏兄弟和许多熟人。一进该园大门，游客即可看到扬州最具代表性的假山建筑之一。这座假山非常大，足以容纳"大小石洞数百"，亦即许多微型洞窟，给人一种仙境般的印象。[64]

最后是马氏兄弟的行庵，在同一时期也很兴盛，对此本书第十章将进一步探讨。此园靠近城市，位于运河北岸。因而这一时期的著名园林当中，只有筱园比较特殊，与城市保持着一定的距离。该园建造时，要到达那里还颇有困难，因为保障湖已经淤塞。程梦星肯定发现了这一不便，因为在1732年，也就是购买这处产业十六年后，他筹集资金——可能是通过盐商群体——对保障湖进行疏浚，工程直至护城河，两岸还栽上了桃树和柳树。在此之前，画舫最远只能将乘客载至莲性寺，现在则可继续前往保障湖的下一个湾头，直到程梦星自己的园子。[65]

除了这些18世纪的园林，别忘了还有郑侠如的休园。该园建于清初，但在郑氏家族手中传了好几代人。李斗曾经提到，它是以文会而著称的三座园林之一。[66] 其余两座为程梦星的筱园和马氏兄弟的小玲珑山馆，但休园和筱园在这方面"最盛"。[67] 李斗对休园有所描述，但与关于其他大型园林的描述相反，他并没有提供这座园林的到访者的具体情况，可能是因为这方面的信息来源较少。1773年，郑侠如的一名后裔出版了一本关于该园的书，主要内容为曾经到过这座园林者的诗文，但该书看来在同一年开始的文字狱中被禁。[68]

回头看来，如果说这三座以在18世纪举行文会而出名的园林能够代表扬州园林的话，那么我们就会得出如下印象，即扬州园林的黄金时代终结于18世纪中叶，或者终结于此后不久。不过事实并非如此。跟其他大多数南方文人一样，袁枚也定期过江前往扬州。他在 1794 年写道："记四十年前，余游平山，从天宁门外拖舟而行。长河如绳，阔不过二丈许，旁少亭台，不过匽潴细流、草树卉歙而已。"他接着描写此后的变迁："自辛未岁〔1751 年〕天子南巡，官吏因商民子来之意，赋工属役，增荣饰观，奢而张之。水则洋洋然回渊九折矣，山则峨峨然隐约横斜矣。"[69]

数学可能不是袁枚的强项，因为从 1751 年到他写作的时候，已经过了四十多年，而非不到四十年。或许他指的是丁丑年，即乾隆第二次南巡的 1757 年。那一年，临湖一带肯定经历了特别的行为风暴，莲性寺旁建起了莲花桥（现在一般称为五亭桥），还开凿了一条水道，以使瘦西湖能够通航至蜀冈脚下。1765 年乾隆第四次南巡，盐运使赵之璧出版了《平山堂图志》一书，并标出了从扬州城到蜀冈的水道旁边每一处园林的地点（见图 8）。该书收录了屈复一篇关于东园的诗文，描述了由此产生的全景风貌："前五十年，余尝登平山堂，北郭园林，连绵错绣，惟关壮缪祠外，荒园一区……去年春又过之，则芜者芳，块者殖，凹凸者因之而高深，游人摩肩继踵矣。"[70]

正如袁枚的序言暗示的，乾隆皇帝的南巡刺激了扬州园林的建造。有个故事说，皇帝游览小金山时，为眼前的景观中没有任何建筑物而感到遗憾：

> 商人黄氏妇闻之，即日就〔近旁〕桑园隙地建大屋，鸠工庀材，一夕成，即今三贤祠也。翌日，上登月观瞥见之，惊问近侍曰："何其速焉？"近侍以黄氏妇所造。上叹曰："富哉商乎，朕不及也！"[71]

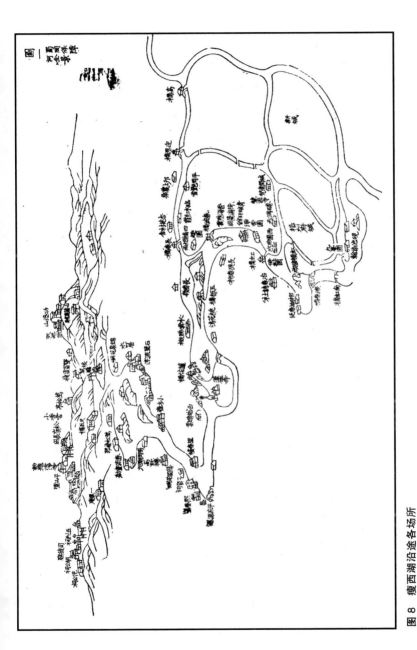

图8 瘦西湖沿途各场所

赵之壁《平山堂图志》中收录的一幅木版画，更早、更晚的园林和已经消失的场所没有显示出来。

关于 1784 年乾隆第六次南巡时一夜建成莲花桥旁著名白塔（见彩图 6）的故事，还有一个几乎相同却更加不可能的版本。[72]

这些神话看来根本就是对真相的精心阐述。那些更知名园林的翻修或重建日期，通常与皇帝巡游的时期（见附录五）一致，一些耗资巨大的工程也是在这些时候进行的。来自陕西临潼的张家在"蜀冈朝旭"中的高咏楼，建于乾隆第三次南巡的 1762 年。[73] 此楼高十余丈（见图 9）。皇帝当年巡游该园时，赐给此楼一副对联以示赞扬。[74] 可能是为了迎接同一次巡游，1761 年，徽商汪长馨将九块巨石从太湖运过了长江。[75] 它们构成了他那著名的九峰园中最引人注目的特征。该园由汪长馨之父在更早时期所建，因而位于扬州城南，在大型园林中显得与众不同。[76] 随后的历次南巡，皇帝都巡视过该园，最后还将一些奇石带回北京。

随着乾隆年间的南巡，扬州园林的风格和社会功能看来发生了变化，17 世纪和 18 世纪初的私家士人园林，正在让位于为公共展示而建造的雄伟且具有宫殿风格的园林。受北方的影响，多层高楼，以及标准的亭台、望楼和带顶棚的走道，逐渐成为扬州园林的重要特征。18 世纪中叶的几十年里，歙县的黄家四兄弟在扬州拥有大量产业，据说他们花了 1000 两银子购买一本园林设计方面的秘籍，从中学会了"造制宫室之法"。[77] 通过如下信息或许可以推知其抱负：他们被称为"四元宝"，是当时扬州的巨头，与上个世纪的郑氏兄弟一样在造园方面相互展开竞争。

这一时期，扬州一些建筑刻意模仿北京的风格。最明显的例子就是天宁寺旁的佛塔，它模仿了一个世纪之前顺治皇帝在北京西苑建造的佛塔（见彩图 6）。[78] 另一个例子见于杏园，它是天宁寺旁的

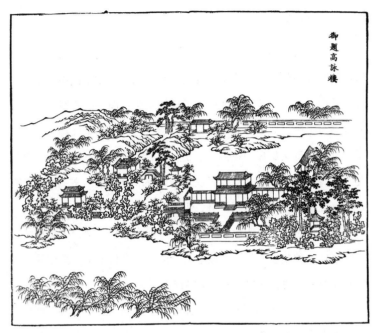

图9　高咏楼

一座宫殿般的园林，建于 1762 年。资料来源：《广陵名胜图》，第 38b 页。

行宫的一部分。该园大门内的一座假山，以及园中带顶棚的走道，都受到了北京翰林院和八旗衙署建筑的启发。[79]

　　杏园综合了两座更早的私家园林，即马氏兄弟的行庵和马氏兄弟两位近亲的让圃。[80] 这些园林所有权的变动，以及它们变成一个北方风格的皇帝行宫，标志着一个新时代在扬州的到来。皇帝巡游过程中，铺张的排场在该城盛行开来。巡游之间的年份里，游客们涌入该城观看为了向皇上表示敬意而制造出来的种种奇观。18 世纪后半期的豪华园林为城市生活奠定了一种新的基调。

园林与城市文化

观赏园林的方式之一是从墙内入手，从这个角度来看，可以认为扬州园林提供了一种非常特殊的社会空间，文化生活中的重要仪式在其中上演。[81] 李斗详细描述了这种文会：园中摆着案台，上面放着书写工具；有茶食和水果作为点心；与会者毛笔飞舞，直至写完一首诗；诗文放在一边供人校正，然后送去付印；每位诗人都以美酒佳肴招待；最后是戏曲表演。作诗环节有时采用文字游戏的形式：每位客人被发给一张诗牌，大家用牌上的字比赛作诗。[82] 这在李斗而言可能都是道听途说，因为他可能太年轻，地位太卑微，没能出席过这种集会，[83] 但许多绘画、诗歌和书籍扉页，都记录了这些园林中举行的其他集会的相关情况。[84]

这类活动的有形环境，在浙江画家张庚（1685—1760）所作的一幅《小玲珑山馆图》中有所描述，现在他为我们所知，主要是因为他写过一部关于清代画家的传记著作。[85] 李斗显然不熟悉这幅图画，但它很好地补充了李斗关于该园文化和社会功能的记载——这些功能在一种特意为文学活动而设计的环境中得到了实现。马曰璐（1697—1766 以后）的题跋既描述了小玲珑山馆的特征，也揭示了该园的功能。园中的两座楼，一座被设计来纵览远处的长江，以及江中的岛屿金山和焦山，另一座乃"藏书涉猎之所"。两座轩分别为"纳凉"和"顾影"而建。这里有牡丹花圃、梅林（红梅绿梅皆有）、竹林，以及依傍着草亭的七块峰石。园中有一条蜿蜒曲折的长廊，"暇时小步其间，搜索诗肠，从事吟咏者也，因颜之曰觅句廊"。[86]

这样，花木、岩石、水和建筑物的精细组合，构成了从文学和自然审美方面来界定的缩微风景。该园的名字取自于其中最突出的特征，即一块巨大的太湖石，马曰璐显然在该园建造时或者完成后不久就得到了它。由于邻居们的抱怨，这块岩石没能竖着陈列。马曰璐解释说："余兄弟卜邻于此，殊不欲以游目之奇峰，致德邻之缺望，故馆既因石而得名，图已绘石之矗立，而石犹偃卧，以待将来。"[87]

该园以文艺功能为主，园门上题写的第一个名字"街南书屋"即反映了这一点，此名一直与那个更含诗意的名字并用。园中的两座主体建筑，一座用于存放兄弟俩的可观藏书，里面有 100 个大书橱，包含了如此多的珍本、善本，以至于马曰璐之子能够为乾隆皇帝 1773 年发起的四库全书工程提供 776 种藏书。[88]

正如徐澄淇细致描述的，马氏兄弟的园林为他们的赞助绘画之举提供了背景。[89] 筱园和东园同样如此，这两座园林中都有常驻艺术家，[90] 或者有知名画家到访过。即使是性情暴躁的郑板桥，也偶尔光临过盐商的园林。郑板桥进士出身，做过一段时间的知县，是一名诗人、书法家，也是 18 世纪扬州最著名的画家之一。他对盐商有一种发自内心的憎恶。18 世纪 40 年代担任山东潍县县令时，他经常"让衙役痛责他们，或者将他们枷起来，打上刑犯烙印，然后赶走"。[91] 但他送给马氏兄弟一张题有诗文的扇面，[92] 为程梦星的筱园题写了一副对联。[93]

张庚关于马氏兄弟园林的图画，显示了园林对绘画的最显著、最直接的影响：园主喜欢请艺术家们来描绘自己的园林。王云（1652—1735 以后）以四季为主题，创作了一幅长达十二个页面的

《休园图》。图中详细展现了精心布置在树林中的亭台。他画得如此细致，以至于别人很可能会以为他曾经花了不少时间去测量该园的尺寸（见彩图 12）。[94] 如前所述，袁耀以奇幻的手法来描绘贺君召的东园，呈现了一幅壮丽的"山水"景观。1773 年罗聘（1733—1799）在北京创作的一幅筱园景观（见彩图 13），则显得柔和、忧郁，在规模和阐释方面都属于另一个极端。

罗聘这幅颇具怀旧色彩的后来之作，使人注意到一个事实，即各种资料中记载颇多的在园林环境中进行的文学和艺术活动，其兴起时间并不会早于 18 世纪中叶。虽然江春被视为继马氏兄弟之后的文会召集者，[95] 但扬州艺术史和园林史的不同发展轨迹表明，它们之间相隔了几十年的社会变迁。从活跃在该城的艺术家们所获赞赏及其现存作品的名气来看，绘画的高峰期要早于造园的高峰期。[96] 与扬州有关的个人主义画家大多出生于康熙中期，卒于乾隆中期（见附录六）。乾隆后半期，即从 18 世纪 60 年代至 90 年代，除了罗聘，扬州几乎没有任何真正知名的艺术家可以称道。

这一时期对于从商人那里获得财富资助的竞争并不难看到：当商人对艺术家的赞助逐渐减弱时，园林和戏班子都很繁荣。[97] 对宫殿般的建筑的投入，比如蜀冈朝旭的高咏楼和莲花桥旁的白塔，加上昆曲戏班的发展，都意味着南巡时期扬州上层社会对于来自京师的信号特别敏感，决心在皇帝（可能还包括所有其他人）面前展示出富丽堂皇的场面。

湖边园林中的豪华建筑当然是为某种观光活动而设计的，这种活动与马氏兄弟的行庵内曾经扶持过的活动不同——1742 年重阳节，马氏兄弟特别邀请个别朋友来观赏仇英的一幅画。一道高墙将此园与外面的世界隔离开来。正如全祖望注意到的，出园门数步，尘土飞扬的小路和肮脏的溪流令人避之犹恐不及，而园内宁静的气氛，则令人感到如临仙境。[98] 相反，湖边的这些园林似乎完全对路人开放，皇帝南巡期间，参观者数量大增。

旅游观光的黄金时代

从正月〔初五〕财神节到九月〔初九〕重阳节——马氏兄弟园林中的著名文会的日子——扬州都充斥着游客。除了标准节假日，还有一些以各种鲜花的盛开为标志的节日：春天有梅花和桃花，夏天有牡丹、菊花和莲花，秋天有桂花和芙蓉。[99] 扬州遍地都是花：“扬人无贵贱皆戴花。”[100]

就像李斗暗示的，如果各种鲜花节在吸引游客数量方面可以跟其他节日相提并论的话，那么它们有着特殊的利益。高峰期可能就在他写作的时候，即 18 世纪的最后几十年。18 世纪以前，扬州园艺已经得到了很好的发展，但作为一个赏花之处，扬州肯定从湖边富商园林的发展中获益良多。鲜花不仅夺目，而且它们提供的审美愉悦乃是基于一种充分发展起来的说法之上。计成在其《园冶》中倡议：“编篱种菊，因之陶令当年；锄岭栽梅，可并庾公故迹。”[101]

画舫——它为李斗那本著名的旅行指南提供了书名——将游客们载往城内各地及城外的瘦西湖。这些画舫体现了园林建设对旅游业的直接影响，因为它们的数量随着园林的建造而增长。李斗列出了顺治年间三条、康熙年间五条、雍正年间六条和乾隆初年的十二条画舫之名。然后，"迨丁丑后，凿莲花埂，浚河通平山堂，遂为巨津，画舫日增"。[102] 运河上的交通工具变得如此密集，以至于规章制度被引入：画舫需要经过登记，才能在城里和周围的十二个码头之一靠泊。李斗发现自己写作该书时有二百三十五艘在册画舫，还有许多未登记的船只，它们虽然不准在码头停靠，却可以在其他地方拉客。[103] 在最繁忙的季节，可资雇用的画舫总数更多，价格也随之高涨。[104]

城市经济所受影响越来越大。新城南部的外城脚分别有三个客运码头，从那里向北至天宁门，小秦淮河两边充斥着妓院、茶馆和酒肆。[105] 天宁门外，下买卖街的小商贩们以出租画舫上用的灯笼为生，每灯八钱。[106] 买卖街这一名字最初仅指运河北岸的一系列市场，那里出售各种珍奇货物。18 世纪更晚的时候，市场扩展到运河南边的城墙下，因而有必要区分"上""下"买卖街。

画舫载着观光者沿着运河前进，从天宁门往西拐，划着或撑着来到瘦西湖的门户——红桥。这里原有一家酒肆，1757 年皇帝巡游时变成一座官园，原先的产业经过收缩，酒肆得以保留下来。它昼夜营业，白天挂着帘子作为招牌，晚上挂着灯笼，出售绍兴和扬州各县出产的各种酒。[107] 画舫出红桥即进入瘦西湖，穿过各处水湾，绕着各个小岛蜿蜒而行。不管走到哪里，都能看到茶馆和酒肆。把爽酒肆在莲性寺后面一片偏僻的松林开张以后，成为一个流行的去处。[108] 由于"野食"顾客的增多，城墙外也开起了餐馆：韩园、留步、郭汉章馆、苏式小饮、流觞，还有其他餐馆。[109]

湖边的园林可能对游客偶尔开放。根据吴沃尧（1866—1910）的说法："原来扬州地方，花园最多，都是那些盐商盖造的。上半天任人游玩，到了下午，园主人就来园里请客，或做戏不等。"[110] 不过园主采取了某些措施来约束入园者。阮元幼时因为贫穷未能获准进入这些扬州园林，对此他一直耿耿于怀。[111] 这不仅表明人们期望这些园林应该可以进出，也反映了这样一个事实，即人们不能随便进入其中。乾隆南巡期间，两淮盐运使组织警卫人员在这些园林入口处巡逻。[112] 这种弱化的控制形式可能是那时留下的规则。

然而，湖边园林的一个突出特征，就是路人可以进去观光。城内的园林总是高墙围绕。这并不意味着他们与行人队伍隔离开来：正如晚明时期一些有着丰富记载的例子那样，偶尔可以有客人进入其中。[113] 但湖边各园林的开放性显然更明显。它们迎湖而开，很容易进入。乘船观赏园林的人包括妇女，有些来自扬州的娱乐场所，也有人在船上挂着帘子，防止自己被下流猥亵者瞥见。[114]

城外的发展情况在城内得到了重复。18 世纪更晚的时候和 19 世纪，城内建造了许多著名的园林。[115] 而且，墙内的建筑和风景复制了其他地方的元素。这也可以发生在小规模的住宅里：李斗在其翠花街的房子外面栽了十余株梅树；[116] 艺术家高翔（1688—1752）生活在马氏兄弟附近，住在"巷尾一间陋室"，但"喜见庭前花木围绕"。[117] 茶馆和妓院可以通过缩微形式充分展现园林的风格。李斗记载的关于茶馆设计的一般原则给人留下了深刻印象，这些茶馆包含了任何园林中都能发现的许多元素，其中包括如下场景：

> 双虹园，北门桥茶肆也。楼五楹，东壁开牖临河，可以眺远。吾乡茶肆，甲于天下，多有以此为业者，出金建造花园，

或鬻故家大宅废园为之。楼台亭舍，花木竹石，杯盘匙箸，无不精美。[118]

    假日里这些地方顾客成群。在天宁街，游客们有时会在青莲斋茶馆待上一天。其经营者是一位来自安徽的和尚，他为顾客们提供从自己老家山上采摘制作的茶叶。[119] 在同样位于天宁街的扑缸春酒肆，度假者可以"烹鱼煮笋，尽饮纵谈"。[120] 面馆一般附有"食肆"，经营者可以接受晚餐预订，这样观光者在湖上玩了一天回来后即可享用。[121] 新城是这种经济活动的主要受益者。在李斗看来最受欢迎的十三家城内茶馆，其中只有一家在旧城，即位于西门的一家素茶馆。[122]

    浴池在茶馆旁边涌现，由此构成了一句俗语所概括的那种生活方式："上午皮包水，下午水包皮。"[123] 根据李斗的记载，洗浴之风发源于该城以北邵伯镇的一间浴池。扬州的第一间浴池建在城东南徐凝门外。开设时间不详，但其地点是一个战略要地，可以抓住有利可图的盐商市场。到 18 世纪晚期，城墙以内已经开设了许多家浴池，其中至少有四家的位置同样可以迎合盐商家族的需要。洗浴生活变得很奢华，费用非常大。男人在迎亲前夕可能会在浴池花上数十两银子，无疑是为了招待朋友和自己。[124]

    游客的季节性流入刺激了 18 世纪晚期休闲业的活跃，这有助于我们理解该城绘画领域的变化。扬州著名画家们的主要活跃期虽然晚至 18 世纪 60 年代初，但没有任何迹象显示该城画家数量此后有所减少。"扬州书画家极多。"李斗这样写道。他提供了从清初到他那个时代活跃在扬州的一百四十九位艺术家的名单，包括当时尚未以"八怪"之名为人所知的一批画家。[125] 18 世纪中叶，位于道教三贤祠里的一个画派出现了一批艺术家，他们必定填补了随后几十年里当地的艺术市场。[126] 然而在 1768 年，一位贫穷老人在市场货摊上出售一幅据称为金农（1687—1763）所绘的梅花作品，价格仅为 100 文钱。看来，至少这类作品在艺术家去世几年后即已丧失其价值。[127]

然而恰在此时，其他的艺术类型却非常流行。其中包括施胖子所绘的美人像，他的开价可以达到 30 两白银，作品规模从缩微像到真人大小不等；施原善于画驴，因而被称为"施驴儿"，以示与"施美人"的区别；还有丁皋和丁以诚父子，他们是长江南岸镇江府丹阳人，其作品也很受欢迎。[128] 这些作品并非为鉴赏家收藏、被文人所称赞者，但它们显然可以吸引那些走出家门在镇上闲逛的度假者。汪鋆（1816—1883 以后）那篇关于某位扬州无名画家的评论被频繁征引，其中提到"昔扬州旧有谣曰，金脸银花卉，要讨饭画山水"。[129] 这种说法始于何时已经不清楚，可是郑板桥和金农这样的艺术家都曾经依靠自己的作品生活得很好，而他们的作品并不是以肖像为特色。另一方面，美人、驴子和肖像看来正是广受游客欢迎的题材类型。如果它们取代了郑板桥的竹子画和金农的梅花画，那可能是因为它们吸引了一个不同的市场。

城市的衰落

18 世纪扬州城外的地产开发呈现了一个明显的模式，即先是渐进的发展，然后是快速的扩张。雍正年间三大园林的发展过程，可以初步解释湖边的园林为何没能持续很长的时间。因为它们显示，只有新的家族和新的财富继续出现，才能确保扬州园林文化在18世纪的持续发展。到18世纪60年代，程梦星的筱园已经陷入困境。盐运使卢见曾将其租赁下来并加以修复，然后它又被另一名盐商汪廷璋买走。[130] 贺君召的东园在18世纪更晚的时候缩小至一半的规模，而且被并入莲性寺地盘内。[131] 万石园没有维持到余元甲身后。[132] 他去世以后，这些岩石流入总商江春手里，用在城内康山的园林，该园位于新城东南角，就在城墙以内。[133]

　　有些园林的经历我们并不了解，甚至连其位置都不知道。这种遗忘在马氏兄弟的小玲珑山馆上体现得特别明显。长期以来，中国园林史学者都不知道该园的确切位置。20世纪80年代初，张庚关于该园的图画被发现，为这个谜团提供了最惊人的解答，因为一篇关于该图的题跋显示，马氏兄弟的园林终结于首商黄至筠之手。19世纪20年代，黄至筠在此处建起了个园，它是扬州现存最大、最著名的园林，也是园林史学者频繁涉及的研究对象。[134]

　　这些著名园林有限的生命跨度，揭示了扬州园林的动力机制和脆弱性。它存在于一种独特的社会背景中，后者部分程度上具有世代性。有些扬州园林从父亲手里传给儿子，可大多数都会易主，遭到拆散，然后在别的环境下由其他人重建。1751年至1784年乾隆南巡这个阶段，实际上比一代人的时间长不了多少。从乾隆皇帝巡游过的地方来看，江春、汪长馨、洪徵治及其他徽裔盐商的园林此时还很兴盛（见附录五）。这一代人过世后不久，该城的盐商数量就开始下降。

　　一部扬州园林的历史，使人想到该城在清代不同时期的划分可能比相关资料中通常显示的分期更加细致。佐伯富在讨论扬州盐商的奢侈生活方式时，利用 19 世纪两部江都县志中的说法，得出了关于该城之繁荣的一般结论。他注意到，1811 年版江都县志中把扬州园林描述为"天下之最"，1883 年版提到乾嘉时期是一个盐业贸易繁荣、"商人多造园"的时代。在阐述这些资料时，他谈到了一些具体的园林，包括程梦星的筱园和郑侠如的休园，而这两座园林无一维持到乾隆后期。[135]

这些园林的兴衰时间和园主的生活情况不是那么清楚，乾隆年间历时较长并且与嘉庆年间互有重叠，加上道光年间（1821—1850）国际关系的戏剧性发展导致中国学者对乾嘉阶段（1736—1820）与此后阶段做出了相当明显的区分，这些都促成了这种对于历史阶段的混淆。对园林建造史和相伴而来的发展情况，包括旅游业做更深入的考察，就能发现 18 世纪晚期的几十年是城市扩展的一个关键阶段，此后很快又开始了一个收缩阶段。19 世纪 40 年代，校场依然很嘈杂，九巷依然很忙碌，但游客如果乘船出城，来到瘦西湖上，就会看到那些园林已经成为废墟。[136] 如果考虑到 19 世纪建造的园林全都位于城墙以内，我们就可以并不怎么牵强地说这座城市此时正在自我收缩。

第四部分

徽城，扬城

Hui City, Yang City

在奠定于晚明、恢复于清初的经济和行政基础之上，扬州在18世纪成长为当时最美丽、最具文化创造力和社会活力的城市之一。整个18世纪，徽州绅商都是该城主导性的社会力量，尽管其重要性在18世纪末有所下降。他们的显赫指向16世纪末至19世纪初扬州社会发展出来的一个基本特征，即社会的两极分化：非常富有者抑或其他所有人，盐商抑或非盐商，徽州人抑或扬州人。

人们很容易从"徽州"这个地名滑向"盐商"这个职业名称，因为它们是如此密切地结合在一起。总体而言，这两个名称表示一种社会群体划分，这种划分将扬州城市人口中的一部分人与其他人区别开来。有的徽州人不是盐商，有的盐商不是来自徽州，但没有来自扬州本地的盐商。换句话说，扬州社会的一个特征就是劳动的文化区分。[1]徽州人构成了商人和士绅精英；当地人则靠地租生活，或者提供服务，或者两者兼而有之。

此部分中，第九章探讨徽州在一种话语结构——即把扬州当作一座提供妇女的城市——中的关键地位。妇女在地方经济中的角色，显示了当地社会在徽州流寓人口的经济和组织力量面前的相对弱势。第十章表明徽州人无疑是重要的城市产业所有者，而且他们对于城市机构的发展同样很重要。从17世纪至18世纪，他们在扬州社会一直很显赫，这为我们提供了不无悖论的基础来重新评估"社会边界的模糊"这一论题，后者在关于18世纪中国的研究中已经走得非常远。而且，正如第十一章即将显示的，到了19世纪初，当徽州人在该城的存在变得微弱时，本地学者的论著却表达了一种强烈的故乡意识。看来，地区间贸易和移民没有导致同乡特殊主义在扬州的长期衰弱，而是催生了一种故乡意识。

第九章

妇女之城

"提起扬州这地名，"朱自清写道，"许多人想到的是出女人的地方。"[1] 朱自清在扬州长大。抗日战争期间，当他生活在遥远的昆明时，他写了一篇著名的文章，文中称扬州是自己的故乡。[2] 然而，他并不是扬州本地人。他的家族祖籍绍兴，他在江苏北部沿海的海州出生。1902 年他们移居扬州，当时朱自清只有四岁，他在这里生活了很长时间，足以观察、吸收这座依然处于清朝统治下的城市文化中的许多内容。

朱自清童年时候的扬州城远非一个世纪以前的繁华都市。到了20 世纪初，这里已是一个保守的地方，新的技术，以及上海、天津等口岸城市年轻女子骑着自行车上街之类的社会变迁，对这里几乎没有触动。朱自清坦承自己对扬州出美女这一名声感到困惑。他评论说："我长到那么大，从来不曾在街上见过一个出色的女人，也许那时女人还少出街吧？"[3]

朱自清回忆中的印象，乃是以自己少年时的目击记忆为基础，并不一定可靠。但他这则评论使人注意到某种倾向，即以能否见到妇女作为一个时代和地方的标志。根据一名欧洲游客的说法，16 世纪晚期的中国妇女是"隐蔽的、有道德的"，她们倾向于"将自己关起来"，一般而言极少被人看到，"除非是一位干瘪的老太婆"，或者是"某些轻浮的荡妇和出身低贱的女人"。[4] 到了 19 世纪晚期，在一个北方汉人城镇，人们对某位邻居的女儿一无所知，根本就没有见过她，这种情况依然被认为值得称道。[5] 朱自清自己的婚姻传奇也证实了这一点：媒人为他介绍了四个对象，他自己和父母都没有见过这些女孩。后来成为他首任妻子的第四位女孩，更是没有见过：当媒人去察看她的时候，她躲了起来，由另一名女孩代为出面。[6]

正如朱自清意识到的，扬州借以知名的女人，并非该城那些隐蔽的、有道德的良家女子。他解释说，"出女人"这个说法，"实在指姨太太与妓女而言；那个'出'字就和出羊毛、出苹果的'出'字一样"。此处他想到了一种名为"养瘦马"的做法，即抚养年轻姑娘，然后将她们作为姨太太或妓女卖掉："《陶庵梦忆》里有'扬州瘦马'一节，就记的这类事；但是我毫无所知。不过纳妾与狎妓的风气渐渐衰了，'出女人'那句话怕迟早会失掉意义的吧。"[7]

朱自清这些文字虽然提到了中国性风俗的变迁，但证实了扬州与妇女之间的关联的持续影响。张岱的《陶庵梦忆》是一部关于晚明社会之回忆的著名文集，作于明朝灭亡之后。朱自清引用张岱的著作，显示了这类著述是多么容易跃入中国文人的头脑中。20世纪 50 年代，林语堂（1895—1976）把张岱论"瘦马"这段文字翻译成英文，并收入他自己的一本英文文集，意在向西方介绍中国文化。[8]

提及与晚明和清代扬州有关的社会现象，其中最常见的就有姨太太和妓女。她们被描述的频率，部分意义上与她们的社会地位有关。对于书写她们的男人而言，这些女人相对显眼、可接近，而且她们由于所受的训练，有时还能亲自写作，尽管其素材不一定与男人所写的相同。她们与城里的某些社会空间和特定社会行为相连。将她们与另外那些更不显眼的扬州良家女子放在一起来思考，我们就能在一定程度上洞悉该城的籍贯等级、该等级与当地经济行为的关系，以及这座明清时期大都市的历史记忆中呈现的矛盾心态。

妇女的形象

用"美女"一词来描述一个地方，这意味着什么？这不会是一种自我描述：观察者、外地人、购买别人女儿的好色之徒，立即明显浮现出来。同样明显的还有财富的流动——用于获得性服务和其他东西——以及那些发财的人。购买瘦马者可能是商人或在外做官者，属于流寓群体。该群体规模不大，但在中国社会是一个重要的部分。1604 年，据说流寓人口与扬州土著的比例为 20：1。[9]

扬州是一座典型的流寓城市，当地的性经济受制于该城男性人口的外来特征。在中华帝国晚期的任何一座城市，女性可能都远远少于男性。官员、商人、脚夫、舟子、流氓无赖，简单地说就是那些在城市谋生的男人，本质上都是流动性的。他们的妻子、小孩（如果有的话）可能会留在老家的村庄生活。这种情况有利于第二个家庭的建立，当然还有妓院，后者在 17 世纪初的扬州已经涌现出来。

据称晚明是一个随处可以看到妓女的时代。"其大都会之地，动以千百计；其他偏州僻邑，往往有之，终日倚门卖笑卖淫为活。"[10] 有着丰富旅行经历的谢肇淛这样写道。谈到扬州的情况，张岱既提到了"匿不见人"的"名妓"，也提到了寻常"歪妓"。他估计后者在扬州有五六百人。"歪妓"是真正的街头女人，一到傍晚就从各个角落现身，在茶馆和酒肆附近游荡，寻找生意。深夜，可以看到她们跌跌撞撞地跟在顾客身后，前往可以让后者愉悦之处，有人在路旁提着灯笼，情景就跟《礼记》中记载的妇女夜游一样。[11]

"瘦马"既非名妓也非歪妓，属于一种不同的性经济类型。地理学家王士性（1547—1598）在16世纪晚期写道：

> 天下不少美妇人，而必于广陵者，其保姆教训，严闺门，习礼法，上者善琴棋歌咏，最上者书画，次者亦刺绣女工。至于趋侍嫡长，退让侪辈，极其进退浅深，不失常度，不至憨憨起争，费男子心神，故纳侍者类于广陵觅之。[12]

从这则较早的评论来看，"瘦马"交易作为著名现象在扬州的出现，不会晚于16世纪的最后二十五年。[13]明末清初的著述中对此有着广泛的记载。[14]结果，"瘦马"成为该城的隐喻。孔尚任的《桃花扇》（完成于1699年）非常直率地刻画了这一特征，使用不同意象来表示各个场所：

> 旧吴宫重开馆娃，新扬州初教瘦马，
> 淮扬鼓昆山弦索，无锡口姑苏娇娃。[15]

除了通过异常直接的方式来买卖，"瘦马"的一个鲜明特征就是她们所受的教育。在王士性的描述中，这包括器乐、唱歌、绘画、书法和棋艺训练——正如高彦颐（Dorothy Ko）的研究所揭示的,整套技艺跟淑女们想学的东西很相似。[16] 对于学习这些技艺的强调,表明"瘦马"是她们那个时代的产物。识字率的提高是晚明和清代社会的一个特征,妇女多才多艺这一理念虽然并非无可争议,但此时已经变得流行起来。[17] 帝制晚期,扬州并不是女性著述的主要"产地"之一。此种荣誉主要归于杭州、常州等江南城市,再次就是太湖地区东部,[18] 跟扬州不同,它们以强大、稳健的士绅社会而自豪。在 16 世纪晚期和 17 世纪,扬州最确定的"多才多艺的女人"就是"瘦马"。

沈德符嘲笑说,这些"瘦马"的技艺仅限于掌握一两支曲子、一盘棋的开头数步,还有几个从书法中精心挑选出来的字,但某个女子的教养程度与这些技艺本身的意义关系不大。[19] 后者提升了女性的价值。这是一支在清初扬州很流行的小调:

十三学画学围棋,十四弹琴工赋诗。

莫管人称养瘦马,只夸家内有娇儿。[20]

所有这些训练,都意味着以"瘦马"为中心的许多社会行为,以及一定规模的商业行为。根据张岱的说法,"扬州人日饮食于瘦马之身者数十百人"。[21] 他关于这种习俗的严厉而夸张的叙述,或许暗示着"养瘦马"乃是社会边缘群体之举,发生在像他这种享乐者经常光顾的阴暗世界。沈德符的叙述更为冷静,他将"瘦马"置于扬州社会的中心位置。根据沈德符的说法,"仕宦豪门,必蓄数人,以博厚糈"。他还观察到,女孩先是离开出生的家庭,而后又离开被扶养的家庭,由此造成了复杂的亲属关系:"更有贵显过客,

［来扬］寻觅母家眷属，悲喜诸状，时时有之。"[22]

　　壮观的"瘦马"婚礼给晚明扬州的城市风景增添了生气。沈德符"见鼓吹花舆而出邢关者，日夜不绝"。[23] 张岱的记载使人想到一幅关于色彩、噪音和运动的图景，"花轿花灯、擎燎火把、山人傧相、纸烛供果牲醴之属"从街上匆匆而过，几分钟之内全都交接完毕。[24]

　　晚明时期的扬州还可看到"官妓"，她们或者是1368年元朝灭亡以后依然留在汉地的蒙古人后裔，或者是被判刑的汉人官员后代。这些不幸的妇女被登记为"乐户"或者"丐户"，都是不许向上流动的下等阶层。[25] 春节期间，官妓会出来公开表演。根据当地风俗，除夕之夜，知府要到城东蕃厘观去迎春。官妓们扮作社火，排成隆重的队列跟他一同前往那里。[26]

　　吴绮从王朝更替的另一个侧面记载了这种社会行为，他的著述或许留下了一个失落的世界。满人对于明代的娼妓文化没有什么印象，在很早的时候就努力切断娼妓与官员之间的联系，也就是娼妓业与朝廷之间的联系。[27] 1673年，"直省道府州县"一律禁止在迎春仪式中使用娼妓。[28] 这显然标志着扬州官妓的完全解散。18世纪晚期，李斗在其书中说，这个关于官妓的故事乃"昔年轶事"。当时甚至连私娼都遭到查禁，女人们逃往其他地方，为了躲避惩罚，或者为了找到一个更合适的营业环境。[29]

　　"瘦马"这一说法随着时间的推移而消失。但这种习俗不可能完全消失，因为有人清楚地提到长江下游其他地区存在着这种现象，不过它已经不是这座城市最明显的标志。小说家吴敬梓（1701—1754）在扬州生活过一段时间。当他在扬州看到一位盐商娶一名淑女为妾的婚礼时，他或许想起了这一习俗。[30] 与他同时代的郑板桥在该城生活过很多年，好像在一首诗文中提到过"瘦马"。[31] 徐珂在编纂于民国时期的书中断言，该习俗在 19 世纪 60 年代依然很流行。[32] 但 18 世纪晚期李斗和 19 世纪初周生的书中都没有提到"瘦马"。扬州官妓和"瘦马"的衰退与高彦颐描述的娼妓文化的变迁相符，她认为在某个时代，娼妓的地位相对较高，她们构成了文人世界密不可分的一部分，并且能够以作家的身份获得承认，而清初正是这样一个时代的终结。[33]

不应高估这种变迁对城市生活的影响。从 17 世纪初直至 19 世纪初，扬州的暗娼业显示了明显的连续性，普通妓女继续出没于该城的街道，上层名妓依然在招待官僚和士人。在李斗那个时代，即官妓解散一个世纪以后，妓女们时常出没于一位生活在内城小秦淮河边的艺术家附近。他喜欢为她们画像，总共画了"不下百数十人"。[34] 黄慎的《携琴仕女图》可能作于类似的背景（见彩图 14），图中仕女的飘带几乎垂至地下。夏天，湖面上可以看到来自娱乐场所的女子，她们乘着妓女所用的独特船只出来观光。在各处园林中，出身显赫的男人身边陪伴着上层名妓。名妓苏高三曾经出席过净香园举行的一次射箭比赛，该园为 18 世纪中叶著名盐商江春所建。[35] 她主动要求参赛，并且连续三次射中靶心。比赛的主办人为学者林道源，是江春的亲戚。他组织了一次作诗活动来庆祝此事，著名士大夫阮元后来也写过一些类似的诗文。[36]

苏高三的情况表明，18 世纪的扬州名妓拥有突出的、被承认的，而且是正常化的地位。她生活在外城脚运河边一座宽敞的房子里：

门内正楼三间，左右皆为厢楼，中有空地十弓，临河度板，中开水门。［正楼］楼上七间，两厢楼各二间，别为子舍，一间作客室，一间作卧室，皆通中楼。楼下三间，两间待客，一间以绿玻璃屏风隔之，为高三宴息之所。[37]

这篇叙述反复提到迎客、待客，使读者形象地看到，苏高三能够在她这种女人的可能限度内最大程度主宰自己的财富和命运。支配着如此大的一座房屋，她肯定有许多佣人，或许还有女孩子在接受训练，以备自己的黄金时代过去以后之需。

看来苏高三的情况与此前和此后一个世纪里的名妓大体一致。对于19世纪40年代周生描述的扬州娼妓的复杂等级，明末清初的张岱无疑也不会感到陌生。居于娼妓级别顶端者仅为客人唱歌跳舞，或者抽着鸦片或烟管，与客人一直交谈至凌晨。她们不卖色，仅为自己喜欢的人留宿。周生写道："虽未入籍，俨如官妓。"她们的顾客是高级官员和显赫之家的男人。行商、更低级的官员和衙门走卒在第二个级别的娼妓中寻找乐趣，后者可能会公然请客人留宿。第三个级别的娼妓通过其风骚的举止就能辨别出来，迎合了市井无赖的需求，但他们显然是有能耐的市井无赖，因为其目标比街头的贩夫走卒更高。[38]

周生还证明了在街头待客的普通妓女的存在。他以生动的笔调描述了她们在自己心中激起的感觉："薄暮归来，深巷门前，家家坐出浴杨妃，短衫罗裤，长带委地，头上花枝作蝴蝶舞，香射十余步，真令人醉。"[39] 这种场景不会与两个世纪以前张岱看到的情景相去多远。

总的来说，关于这两个世纪扬州娼妓生活的记载表明，它与这座城市的园林一样，是徽人鼎盛时代城市文化的一个稳定特征，尽管其持续时间更长。如果说扬州娼妓业的特征在这一时期发生了某些变化（详后），那么它从 16 世纪晚期直至 19 世纪中叶的显著存在就是一个明证，表明一种因盐业贸易而生的强大消费风气，以及一种性别关系模式的存在。在这种模式之下，随着时间的推移，大分裂最终只不过等同于小波浪。

消费者与生产者

妇女在扬州的消费经济中扮演着独特的角色。姨太太和妓女，甚至还有为人妻者，她们本身就是重要消费项目；但各行各业的妇女都是扬州市场的热心顾客。最明显的是，她们对个人饰品的关注，刺激了服饰、珠宝和假发的需求，这些都是当地零售贸易中的重要物品。

有人断定明清易代导致了时尚的消退。彭慕兰（Kenneth Pomeranz）尤其暗示，在"漫长的 18 世纪"，清代妇女之间的竞争方式可能是诗文写作而非打扮。[40] 相反，扬州的情况显示了一种消费时尚在 17 世纪至 19 世纪及此后的稳定存在。17 世纪 90 年代，李淦抱怨说，"天下唯扬州郡邑服饰趋时"。[41] 这是一则关于妇女的评论，就此而言，时尚似乎与该城显赫程度相对较高的妇女有关。李淦揭示了如下事实：富人家的姨太太出门时裹着羽丝，用锦缎和绣丝护着小腿。[42]

对时尚的关注在 18 世纪根本没有减弱。扬州学者韦明铧详细记录了晚明和清代扬州的裁缝业，虽然他没能对不同的世纪做出连贯的区分，但他关于漫长的 18 世纪之趋势的评论，揭示了一个专注于个人打扮的社会的存在。最能说明问题的是，李斗写于 18 世纪晚期的书中，关于扬州服饰的观察正好与 17 世纪李淦的所见相同："扬州人所穿衣服总为新样。"他没有提供实际款式方面的细节，但逐条开列了不同种类的流行和不流行布料，不同颜色的丝绸你方唱罢我登场，变化之快使人眼花缭乱。[43] 市场上的染坊生意兴隆，"以小东门街戴家为最"。[44]

除了服饰，发型、头饰也得到了特别的关注，"蝴蝶""双飞燕""花篮"等名称竞相吸引人们的注意。18 世纪更早的时候禹之鼎画妇人图，极为注意她们的不同发型，直至对那些头上饰品也观察入微（见彩图 15）。根据李斗的说法，扬州妇女的发型打扮与来自其他地方的妇女不同。[45] 假发和头饰市场很兴旺，有一家商店专门经营这些物品。

在大江南地区，"扬州风格"与"苏州风格"展开了竞争，19 世纪初年，这两种风格在上海都能看到。[46] 正如阮元的姻亲林苏门记载的，此时新的服装和已有风格的新款式正在扬州传播。[47] 尤为明显的是，女式长袍的袖子变得越来越宽。[48] 这种时尚随后传入宫廷和旗人妇女当中，结果招致了皇帝的谴责。[49]

化妆品、鞋子、刺绣用的纱线、头发上的插花、扇子，还有烟草、烟袋和烟管等随身用具，都在妇女们购买的物品之列，此外还有结婚时穿的礼服，胸兜、背心等贴身内衣，以及梳洗时穿的绢纱裙子。[50] 扬州的裁缝、鞋匠，以及其他各种手艺人，必定从妇女的穿戴方面赚了不少钱。

作为商品生产者，扬州妇女远没有这么活跃，不管如何去分析城市经济，这个事实都具有深刻的含义。晚明时期，贫困家庭把女儿卖掉，让她们学习成为姨太太和妓女，这种做法乃是由于妇女没法获得有偿雇佣之故。[51] 在明清时期，有偿雇佣对于妇女而言基本上就是纺纱和织布。晚期中华帝国虽然有令人难忘的城市，但其经济主要还是以农业为主。当时，全国妇女都不同程度地投身于农业劳动。这在有的地方仅体现为次要方式，随季节的需要而定；在其他地方却是常规性的，种植二季稻的南方地区尤其如此。除此之外，妇女就是负责织布和给家里人做衣服。因而有"男耕女织"这句谚语。

16、17世纪，在长江下游三角洲——扬州也可以被视为其中的一部分——这些技艺日益转变为正在增长的商品市场的供应来源。女性劳动力对这一时期的经济发展和城市化做出了重要贡献。在纺车的嗡嗡声中，市镇大量增生，江南各条水道充塞着满载货物去做买卖的船只。[52] 田中正俊这样概括江南纺织品生产的地区专业化："棉纺织品产于松江府和苏州府，麻纺织品产于常州府和镇江府，丝织品和生丝产于湖州府和嘉兴府。"[53]

扬州附近的妇女们在纺织些什么呢？不管她们纺织的是什么东西，其数量都很少，商业意义也很小，以至于可以说扬州是16世纪手工业大革命的局外人。关于明清时期扬州府家庭工业的资料很稀少，这意味着乡村经济的运行基本只能接近生存水准，几乎谈不上什么多样化。郑板桥一度抱怨说，自己老家兴化的妇女在麻将上花费了太多的时间。他提出的道德改良建议，使人注意到18世纪中叶兴化普通家庭纺织业技术水平很低："吾邑妇人，不能织绸织布，然而主中馈习针线，尤不失为勤谨。"[54] 在此前后，附近的淮安知府抱怨说自己辖区内无人会种植棉花，更不用说棉花的加工。[55] 因为当地产丝情况不理想，他的一位后继者对妇女发出了谴责。"〔淮安〕郡之人罕知之，"他观察到，"知之亦莫肯为，则以植桑少。"在他看来，问题部分在于妇女"好燕惰者多也"。[56]

在江北其他任何地方，妇女都非常勤劳，但她们自己没有得到更多好处。在宝应，妇女闲时刺绣、缝纫。[57] 在沿海的东台县，妇女闲时养蚕，但蚕丝市场非常小。[58] 布匹需要从江南购入。18 世纪晚期，镇江商人从事丝绸零售生意，无锡商人将"不下于数千万"布匹卖到"淮安、扬州、高邮、宝应及其他地方"。[59] 在南自扬州、北至淮安的整个大运河区域，整个下河地区，以及沿海的更广大区域，几乎都看不到商业性的纺织活动。这在本书所研究的整个时段内都是如此。只有扬州东边的沿江州县偏离了这一常规。一名新知府在 1844 年到任时发现："凡在邻境，皆有妇工。东属通州，织就鸡鸣之布。南连吴郡，绣成龙衮之衣。惟扬州群与嘻嘻，毫无事事。"[60]

江苏省长江以北地区的棉花种植几乎完全局限于靠南的州县通州和海门。这里繁忙的棉花产业在清代很兴盛。18 世纪后半期，"客商"纷纷来通州购买原棉；同一时期在海门，三人纺纱可以养活八口人。[61] 19 世纪，靖江也出产优质布匹，尽管"没有江南的好"。棉花种植有向北延伸至东台高地的微弱趋势，但在帝制晚期，扬州第二产业的发展显然没有超出东边沿江州县之范围。沃克（Kathy Mons Walker）注意到，即使在这里，"主导性的交易商品依然是原棉而非布匹，通州-海门的年度布匹产量从未超过松江在 16 世纪的生产水平"。[62]

扬州地区的烈女传资料显示，手工艺训练是女孩所受教育的一部分。据称有的烈女肩负着经营家中耕地的重任，[63] 但纺纱织布和缝纫洗衣是更常见的自立途径。不过织布——在帝制晚期这是"女工"中的大头——的情况仅占一小部分，在所调查的样本中大约占六分之一。[64] 纺纱者的数量更多，这意味着她们生产的纱线被其他人买去，后者自己为自己织布。扬州的家庭手工业就算有所发展的话，也无疑主要以供应家庭需要为基本导向，寡妇们的纺纱织布工作可能只是为大户人家提供的服务。

作为一个不产布匹的地方，扬州在大规模的地区间棉花贸易中得不到任何好处，而据估计，鸦片战争前夕这种贸易占了全部远距离贸易额的将近四分之一。除了给朝廷的贡品，这里也不出口粮食——地区间贸易中最大的项目。扬州能够成为一个大型商业城市，要归功于远距离贸易中的第三大商品——食盐，它在全部远距离贸易中可能占有15%的份额。[65] 扬州妇女的雇佣模式，包括做媒人和当妓女，都不是食盐贸易的直接成果，而只是受到了它的强烈影响。徽商虽然有着吝啬的名声，可据说他们"娶妾、宿妓、争讼则挥金如土"。[66]

妇女身上体现了该城的繁荣在多大程度上依赖于食盐这一基础。根据周生的说法，当运商开始丧失其对食盐贸易利润的垄断时，后果首先就能在娼妓业看到：

> 自盐务改，裁汰冗费，城内外为娼者，约添三千余家。此辈受祖父余荫，有一名目，日得例规，辄酣酒艳舞，妇女亦逸乐嬉笑，惟知妆饰。骄惰既久，一旦失据，又不能事事，且

习苦未惯，无可如何。与妻子议，惟此事较便，遂忍心为之。
唉，此无功而食者之下场。[67]

周生的评论细致地呈现了城市经济中食盐贸易与妇女地位的对
应关系，早在16世纪末"瘦马"和徽商同时成为扬州的突出特征
之时，这种关系就已经变得很明显。

扬州及其"他者"

徽州男人和扬州女人地位的鲜明对比反映了历史上对该城的不
一样的描述和特征概括。从扬州女人的"瘦马"、娼妓等名声来看，
对于徽州男人而言，扬州根本没有什么值得称道之处。看到自己
客居地的生死模式，他们可能会略微感到吃惊。徽州社会大体而言
非常讲究道德：以新儒学人物朱熹为中心的寺院文化；非常注意仪
式；大家庭和宗族的义务通过祠堂、族田和义学得到维持；鼓励和
表彰妇女孝道；等等。这些东西在扬州无从谈起，那里到处是佛寺
和道观，葬礼中伴随着迷信和异端习俗，包括妇女安葬前娘家人探
视其尸体，而且绑架女孩子去做妓女的现象很盛行。[68]

扬州的徽州男人非常关注妇道问题。从17世纪四五十年代记
录节孝事迹的郑元勋，到两个世纪以后成立善堂的吴世璜，都在
关注这个问题。[69] 18世纪的著名景点五烈寺见证了此问题的重要
性。该寺的修建得到了盐商汪应庚的赞助，他是落籍江都的徽州
人。[70] 乾隆皇帝为了表彰其家族，巡视过其孙子的园林，此园与该
寺都位于蜀冈。[71]

该寺实质上是一座关于寡妇守节的纪念建筑。它纪念着五位守节自尽的普通妇女，她们如果有灵，无疑会吃惊地发现自己赫然跻身于高位之列：附近的两座祠庙，一座纪念宋代名臣范仲淹（989—1052），一座纪念与范仲淹同时代的泰州哲学家胡瑗（993—1059，一般根据其陕西故里称为胡安定）。[72] 这五名妇女的事迹有助于我们理解徽州人的观点。寺中供奉的一名烈女姓程，显然来自徽州，其丈夫是一名商人，似乎也来自徽州。另一名妇女是南京人。其余三位看来都是当地人。[73] 五人当中，有四人都是在丈夫或者未婚夫死后不久自尽的。她们都没有子女，这个事实证实了曼素恩（Susan Mann）的看法，即当时对于寡妇自杀有着严格的限制。[74] 来自南京的这名年轻女子对其父亲解释了自杀的理由，即自己没有公婆需要照料，没有小孩需要抚养，也不想再嫁。这番话简洁地道出了这些限制条件。

第五位妇女的生平比较特殊，她是在丈夫和婆婆依然活着的情况下悬梁自尽的。此人姓裔，是来自北湖黄珏桥的农民。她小时候死了父亲，随母亲一直生活到二十四岁，然后嫁给镇上一个名叫孙大成的人。孙大成是一名豆腐匠，日夜忙于豆子浸泡、过滤、碾磨，然后煮成大锅的豆浆。正如当地的记载所言，这种工作"从未停息"。孙大成的母亲和妹妹过着被遗弃的生活，裔氏最终也跑回自己母亲身边。当有人迫使她再嫁时，她选择了悬梁自尽来捍卫自己的荣誉，而没有屈从于压力跟其他男人结合。[75]

由此故事我们可以瞥见徽州人可能如何看待扬州民众：后者的生活特征，就是以艰苦的手工劳动为城市经济提供服务，就是贫穷、不合道德的习性，以及妇女的随意。那名有着徽州姓氏的妇女的生平，与这位贫穷的豆腐匠之妻形成了鲜明的对比。前者的商人丈夫在广西早逝，但其公婆劝她不要自杀，因为距离那么遥远，消息是真是假尚未证实。一年以后，确切的消息传来，公婆显然没有继续反对。[76] 她于是拜别公婆，闭门自尽。与裔氏女子的情况不同，在这个例子中，家庭组织完全谨守本分，守节寡妇的自杀，完成了一幅协调的家庭伦理关系图景。

徽州和扬州都与盐商有关联，他们跟妓女和小妾也有相应的关系，因此可以将徽州人在扬州弘扬妇道之举理解为增进其自我形象的尝试。徽商的形象往好了说是矛盾的，与之对应的是两种女性形象。一方面是奢侈放纵的名声，与此相应，"瘦马"、小妾和妓女提供了触手可及的性服务。吴敬梓用一个故事集中表现了这种联系，故事说一名有教养的女子 [最终] 拒绝嫁给某扬州盐商。这名妇女在盐商家里颇受冷落，心怀不满，对此盐商勃然大怒："我们总商人家，一年至少也娶七八个妾！"[77] 另一方面，通过徽州社会的性别划分，徽商的道德废弛在妻子那边就变成了忠贞——于是有了吴敬梓另一个相应的故事，说的是一名徽州寡妇跟着丈夫进了坟墓。[78]

徽州男人和徽州妇女的原型之间存在着根本矛盾。[79] 男人首先是商人：既是挥霍者同时也是守财奴，既雄心勃勃又性情粗俗。妇女实际上等同于那些被束缚在家里、敬畏神灵的佛莱芒商人之妻。有个故事说，一名徽州人年年都不在家，他的妻子用自己刺绣所得买了一颗珍珠。她死后三年，丈夫回到家，发现首饰盒中有二十颗珍珠：丈夫一年不在家，就会有一滴珍贵的眼泪。[80]

关于这种矛盾有一个现成的解释：其他地方的人塑造了徽商的形象，而徽州男人则塑造了徽州妇女的形象。如果商人数年不在家，他们就有必要为自己的女人发展出一种忠贞文化，这既是为了自己内心的平静，也是为了徽州社会秩序的安定。关于妇女孝行之类的徽州出版物出奇地多，它们既促进了这种文化在家乡的发展，也推动了它在外地的传播。[81] 带有插图的版本确保了这类出版物能够吸引广泛的读者。[82] 出版者的意图就建构一个关于徽州社会的独特形象而言，很容易实现，因为徽州并不是一个移民城市，徽州妇女因而不会像扬州女人那样成为好色的流寓人口的关注对象。

徽州男人和徽州女人的对立形象构成了互补关系，徽州妇女与扬州女人之间的形象同样如此。徽州的妻子、母亲，扬州的小妾、妓女，这些实际存在的和虚构的女性，都是同一部历史的产物，在同一部戏剧中扮演着不同但相互对应的角色，戏剧的中心就是徽州流寓人口的成功。妇女作为社群和社会地位之标志的深远意义，在相互冲突的徽州妻子和徽州商人形象中得以体现，但需要通过扬州女人才能理解徽州妇女的意义。徽州妻子忠实地在家等待，抚养子女，侍奉公婆，而丈夫却在跟扬州女孩调情。

在形成扬州人自己和外地人心目中关于扬州的特定认知方面，徽州是被参考的几个文化地理坐标之一。另一个是苏州。明清时期，扬州和苏州往往被相提并论，这两个地方都与流行的美女传说相连。扬与苏，淮与吴，一个在长江以北，一个在长江以南，彼此为邻却又相隔遥远。在与女人特别是妓女有关的文献和口承传统中，它们往往成双成对地出现。有个故事说，吴三桂有两个女儿，一个住在扬州，另一个在苏州。[83]"吴云淮雨，多聚于庭。"周生这样写道，显然是在暗示自己描述的扬州妓院中的性交易。[84]"苏州头，扬州脚"这一说法，指的是妓女的变幻无常，既梳着以优雅而著称的苏州发型，又裹着著名的扬州小脚。[85]

苏州在明初就牢固确立了自己作为江南行政和制造中心的地位。当扬州才开始崭露头角之时，苏州已经是中国最典型的文化城市。[86] 16世纪晚期，它正扮演着巴黎在欧洲的某种角色，至少主导着区域内新式和奢侈服饰风格的基调。[87] 它是"江南"这一理念的浓缩。18世纪晚期沈复（1763—?）在广州游览一艘扬州"花船"，经营者是一名扬州妇女和她的儿媳妇，他发现这名妇女穿着苏式服装。这处描述显然表明，在中国其他地方，代表着江南的主要还是苏式风格。[88]

苏州是扬州妓女的一个来源地。正如吴绮记载的，17世纪"相沿呼苏妓为苏浜，土娼为扬浜"，这些粗俗的词汇源于泰州渔船上的当地俚语。[89] 即使是"扬浜"中也可能包括非本地人，李斗笔下的杨小宝即为例证：她出生于苏州，却被卖给一名扬州人做女儿。[90] 吴绮对苏州和扬州妓女的划分，让人想起后来上海的类似情形，并且其等级排列颇为相同，即苏州妓女高于扬州妓女。[91] 1707年，康熙皇帝的心腹大臣和私人耳目王鸿绪（1645—1723）报告说，扬州盐商纷纷前往苏州购买姑娘。[92]

跟扬州有关的第三种二元划分，使它与江北其余各地区别开来。周生写于19世纪40年代的书中对扬州人的方言做了排序，扬州本县江都和甘泉位居最前，然后是附近的仪征县，泰州（这里可能既指泰州也指东台）排在最后。来自江苏不同地方的妓女也有间接的等级排列：来自苏州者（或者更宽泛地说就是"吴派"）温文尔雅；来自南京者开朗大方；来自海边盐产区（东台、盐城）的女人则很放荡，说话粗野，行为没有克制。[93]

同一时期某位扬州本地人撰写的小说《风月梦》，将故事中的许多妓女描述为盐城人。[94] 盐城是一个大县，县城位于海边，与苏州和徽州正好处于两个不同的极端：贫穷；容易遭受洪水；与主要贸易线路隔绝，只有一条盐业运输线路；人口混杂，有农民、渔民、制盐者，士人极少。这部小说中虚构的扬州娼妓提供了一个新的妓女原型，但不一定显示了新的现象。一方面，上个世纪李斗引用的"扬浜"一词，很可能主要指来自江北的妇女；另一方面，与苏州、扬州等城市训练出来的高级名妓相对的那些街头姑娘（可能来自扬州腹地），关于她们的来源几乎没有什么记载。然而在18世纪上半期，扬州妓女中盐城人的数量可能有所增加。《风月梦》一书写作之时，盐业正在衰落，农业处于危机当中，作为苏北人长期以来的避难之处，扬州的吸引力无疑有所提高。

与此同时，在扬州娼妓产业中，来自盐城的女人看来不大可能多于来自附近沿海地区者（包括扬州下辖的兴化和东台）。盐城或许能够大致代表贫穷的北部腹地，包括扬州府和淮安府下辖各州县。在这部小说里，兴化也是某个妓女的故乡。[95] 小说的作者作为扬州本地人，却将盐城列为妓女的主要来源地，这样就使自己的家乡摆脱了妓女问题。盐城属于淮安府，而不是扬州府。如果说扬州不大属于江南的话，那么在一般人心目中，它也不大可能与邻近的北部地区互相混淆。在经济危机和社会动荡期间，后一点或许尤其应该得到强调。

像苏州和徽州一样，盐城也起到了依据性别化的地域特征对扬州进行界定的作用。对于本地人和外地人而言，扬州女人都是社群边界的标志，显示着本地人和外来人的不同抱负和认同，也体现了一种［特殊的］社会环境，这种社会环境使妇女在这些社会群体的交汇处获得了突出地位。她们为当时的社会提供了关于地方的最精致比喻。

扬州"出女人"这一形象，悄然唤起了与此相反的内容：家庭、仪节、礼貌、节俭，这些都跟一个人的本籍紧密相连。在扬州，对于家庭准则的提倡一点也不逊色于中华帝国晚期的其他地方。虽然及早处置女儿的做法很普遍，比如杀婴、童养媳、卖作妓女或奴仆等，但纯粹为金钱目的而转让女儿的做法依然有悖于理想的家庭行为。

这座城市在儒家道德秩序内部占有一席之地，但是，地方志中表彰的妇女，比如通过为人洗衣来抚养小孩的勤劳的寡妇、为儿子传授儒家经典的守寡仕女，所赖以为生的那个市场同样支持了"瘦马"的存在。金钱在转手。扬州不是一座大工业城市：纺织是帝制晚期的典型"女工"，[96] 却不在"瘦马"所学技艺之列，该城其他妇女也没有广泛开展这项活动。相反，在扬州能够引以为豪的是文学技艺和娱乐本领，比如诗歌和绘画。这些文人的技艺通过"瘦马"和名妓的形式受到崇拜，她们体现了一种纯粹的文化审美。

在文学作品和民间传说当中，扬州女人的位置都屈从于购买她们的旅客和流寓人口之下。扬州女儿被来自其他地方的男人买走。正如一首民谣的歌词所说，"肠断嫁天涯"。[97]"美人"产生于长江下游三角洲经济和社会变迁的时代，作为一个几乎没有其他东西可以提供的城市的产物，她们成了帝制晚期扬州的象征，这并没有什么不合适。她们在扬州图景中的地位只有流寓商人可以比拟，后者的财富催生了独特的城市文化，"美人"就是其中的一个部分。

第十章

徽人的权势

1840 年，徽商吴世璜在盐政资助下为风尘女子创建了一家收容所，名为"立贞堂"。立贞堂位于校场南面的左卫街，与风月场所距离不远。[1] 这是扬州两家明确为女人而成立的机构中的第二家，此前在 1805 年已经成立了一个恤嫠会。[2]

这些机构已是社会福利工程的较晚产物，这种工程在该城已经进行了大约两个世纪。扬州拥有诸多名声，比如该城在晚明时期最先成立育婴社，清初又创办了全国第一所育婴堂。[3] 这种机构与济贫中心（养济院、普济堂）、义学和书院一道，帮助帝制晚期的城市社会走向转型。其影响就是城乡差别比以前更加明显，城市治理方式变得更加复杂，城市人口的既有性质也得到了公认。

在扬州，这些机构的成立多由盐商发起，或者得到了他们的资助。虽然有一则记载称 1655 年该城育婴堂的创办乃是由一名本地人发起，但他得到了出身于西商家族的士大夫李宗孔和著名商人、慈善家闵世章的资助。[4] 资金不足导致育婴堂房舍凋敝，但在 1717 年，"邑人"闵廷佐和张师孟同绅商一道，在北门外购得土地，将育婴堂从小东门原址迁到那里。盐运使召集盐商，要求他们每年资助 1200 两。1734 年，闵廷佐召集士绅资助建立了七十九间育婴堂。

乾隆年间，在盐政干预之下又有进一步的扩展。[5]

正如梁其姿指出的，官员和本地人虽然参与了这些项目的发起，但有徽人姓氏者在发起人和赞助人名单上占有突出位置。被认为是捐助者的"郡人""邑人"或"郡绅"，多数都被证明来自徽商家族。[6] 在关于扬州育婴堂之成立的另一种叙述中，此项新事业的六名赞助者中的五名有徽人姓氏。[7] 后来的捐助者当中，"邑人"闵廷佐很有可能是徽商闵世章的子孙。他的姓氏显然指向一个徽人祖先，就如姓 O'Reilly 者显然是爱尔兰后裔一样。

慈善家当中偶尔出现过西商家族的后代，早期的著名例子就是李宗孔。"邑人"张师孟的姓氏在陕西人那里很常见。但西商数量更少，而且更不愿意改变自己的本籍。这两个因素可以解释为何他们在扬州相对而言不那么引人注目。正如罗威廉观察到的，在汉口，西商是一个非常与众不同、异常孤立的群体。[8]

相比之下，徽商积极参与了扬州的重建。他们的慷慨不仅为该城带来了慈善机构和学校，也带来了道路、桥梁、救生船和救火工具。他们有效地创建了城市基础结构，就如建造了该城的园林一样。

扬州的徽州盐商们的事业以多种语言在各种史学研究中得到了记录，对于研究这一时期的历史学者而言，他们的形象已经毫不陌生。然而大体上说，已有的史学研究未能对"商人"和"盐商"、徽商和西商，以及外来盐业士绅和地方士绅做出区分。由于缺乏这种区分，18 世纪扬州社会变迁的动力机制依然不清楚。就慈善机构的创建而言，扬州的独特之处显然仅在于这些机构比其他地方的起步更早，但在扬州，这些机构显示的首先是徽商家族在客籍地的组织和控制能力。[9]

徽商"殖民地"

徽人家族在扬州主导地位的确立没有遇到任何实际困难。正如陈去病（1874—1933）概括的："扬州之盛，实徽商开之。扬，盖徽商殖民地也，故徽郡大姓，如汪、程、江、洪、潘、郑、黄、许诸氏，扬州莫不有之。"[10] 这些姓氏的独特性使我们很容易辨别出扬州的徽州人（见表2）。[11] 当然，这些姓氏之间有着地域上的重叠：郑、刘、王都是常见的姓氏，并不具有很高的地域特性。但在扬州，某人如果姓程、汪、潘、方、江、吴、许、黄，那么几乎可以确定其祖先来自徽州；如果是更少见的姓氏巴、鲍、闵，那么情况同样如此。这些姓氏往往互有联系。费侠莉（Charlotte Furth）关于17世纪初扬州的徽人医师的叙述，其中充斥着徽人姓氏：程、方、汪、洪、巴、吴、罗。[12] 孙、李、刘、陈、杨等扬州本地常见姓氏中，除了刘姓，其余在徽人当中即便存在，也极为罕见。

表2　徽州和扬州的姓氏

常见和特殊的徽人姓氏	扬州大姓
汪、程、江、洪、潘、郑、黄、许、巴、鲍、闵、吴、罗	孙、李、刘、陈、杨

扬州的徽州人喜欢抱团。这部分是由于共同的经济活动之故，比如，生意就是盐商们的自然纽带。因此，歙县济阳村的江氏族人"多事禺策，聚处扬城"。[13] 但徽州当地团体之间的地域纽带在扬州也强烈。歙县吴氏有四个不同的房，每个房都分布在县内不同地

方，"其寓居扬州者，即以所居之村为派"。[14] 如果来自同县同姓的人之间都要进行区分，那么徽州人与扬州本地人的区别之大就可以想象了。

很多情况下，徽州人如果在扬州置地，就会改变自己的本籍；然而这并不意味着他会忘记自己的祖地。吴嘉纪的一首送汪左严去徽州的离别诗，标题中就提到他是回（"归"）徽州，而不只是去（"之"）那里，尽管从法律上说这个源于休宁的汪氏家族已经三代均为江都土著。诗文中指出了汪左严将要返回的地方：

> 游子念旧山，清涕满裳衣。
> 丘墓荒草里，常望儿孙来。[15]

祖坟和祠堂将移民与自己的来源地连在一起。徽州人尤其如此，其宗族制度可能在全中国无与伦比。那些在扬州落籍者将祠堂祭祀风俗和对家谱的重视引入了此地，这种习俗在扬州原本比较微弱。大商人家族的祠堂成了这座城市的地标。[16] 徽州人在扬州附近购置的土地除了用于建造园林，另一个主要目的就是捐给新建的宗祠。[17]

就徽州本身而言，它跟移民家族的联系在清初依然很强。歙县的科举中式者名单上包括许多隶籍江都和仪征的士子，因为这份名单是选择性的，仅包括了部分扬州士子，因而这些榜上有名者可能还有家人生活在徽州。[18] 18 世纪，这种榜单中的扬州士子数量在减少，意味着他们与故乡的联系在减弱，同时也意味着流出徽州变得更加容易。但徽州地方志中有许多传记，记载了扬州和其他地方的徽州人的成就，它们显示了这些散居在外者对于歙县乃至更广泛的徽州府的地方认同之重要性。[19]

地方自豪感可以在一定程度上解释徽州人为何对扬州社会如此感兴趣，以至于在那里成立慈善机构。他们在江都、甘泉、仪征这些新家乡的扎根之处都是纯粹的城市。改变本籍的标准是从事盐业贸易，而不是土地所有权。那些改变了本籍的人如果依然有着故乡意识的话，现在就同时有了一种新的、非常不同的故乡界定方式。他们发起创建和资助各种城市机构，这表明他们并非对其运行不感兴趣。

同乡组织

转向清代扬州创建的各种机构之前，我们有必要注意到一种独特的城市机构在该城的奇怪缺席——同乡组织，或者说会馆。同乡组织的分布是一个很好的指标，可以用来衡量全国不同商人群体的地区间贸易活动，因为来自某个地方的相当数量的商人在另一个地方变得活跃之时，这种组织通常就会建立起来。同乡组织在地方志中常有记载，但直到19世纪中叶，扬州的地方志中都没有开列任何会馆的名单。

李斗匆匆提及"诸州县会馆"，何炳棣据此得出结论，认为扬州可能有一个全国集中程度最高的同乡组织，因为某个会馆代表着一州一县还是一省一府，就意味着流寓人口是高度集中还是分散。[20] 但何炳棣提到的会馆产业——可能用作其他州县的人在扬州的寄宿之处——仅有城墙北边的一处地方，而且资料中说的是明代的情况。18 世纪，这处地方已经为梅花书院所占用。[21]

会馆的缺席看来显示了扬州与苏州、汉口这些大型贸易中心的基本区别，在后者那里，17、18 世纪同乡组织兴盛一时。[22] 直到 19 世纪后半期，扬州才有会馆存在的明显迹象。1883 年的扬州城市图显示了六个省级会馆的存在：山陕会馆、湖南会馆、江西会馆、湖北会馆、安徽会馆，以及岭南（广东）会馆。此外还有镇江（京江）、嘉兴和绍兴这三个府级会馆。其中安徽会馆创建于太平天国和捻军起义被镇压后的 19 世纪 60 年代，[23] 岭南会馆和湖南会馆占据着以往盐商宅邸的地皮，表明它们成立于徽商衰落之后。[24]

看来扬州的同乡组织可能在 19 世纪的六七十年代开始增多。扬州史研究者朱江曾经追溯过湖南会馆产业的历史。那里原先是一处园林场所，经过多次所有权变更，在太平天国时期成为一名太平军将领的住处。[25] 岭南会馆原址就有很好的记载。那里曾经立有一块石碑，位于新城南面，上面显示创建时间为同治八年，即 1869 年。[26] 这块石碑无意中透露，广州商人已经侵占了徽州人在两淮食盐贸易中的地位，尽管他们在扬州社会的重要性没有达到徽州人以前那种程度。这所会馆的创建和随后的维修资金来自商人的个人捐赠，以及基于食盐交易量而计算的摊派款。[27]

何炳棣关于扬州的资料，实际上表明该城除了盐商并不存在大量流寓商人，而且盐商并没有达到与城市精英混同以至成为其中一部分的程度。盐商极少结成同乡组织，[28] 除了这一事实，徽州或者歙县同乡群体的缺席，也意味着这种组织完全不需要，因为 18 世纪的扬州从许多方面来看都是一座徽人城市。他们的慈善活动就宣告了这一事实。

慈善活动

徽州人在扬州的慈善机构史始于扬州育婴堂的成立，对此，17世纪的魏禧在一篇关于该堂主要捐助人闵世章的文章中有充分记载。韩德林（Joanna Handlin Smith）在讨论魏禧的文章时提出，明清易代见证了慈善事业动机从个人使命向社会义务的转变，并且他认为，慈善活动在清代日益走向社团化，这无论如何削减了慈善家的个人积极性。[29] 很难对第二个观点的正确与否进行评估。一方面，地方志里充斥着那些善行人物的传记。另一方面，正如梁其姿指出的，育婴堂、普济堂、赈灾义仓，以及义学和书院的创建和管理，在很大程度上都要归功于雍正皇帝的指导。1723 年他在争议中继位，开启了一个新的时代，即官僚机构高度参与一些原先相对自治、私营和地方化的活动领域。[30]

记载颇丰的雍正皇帝对于慈善活动的兴趣，值得我们进行深入的考察。根据新近一些关于清朝的研究成果，[31] 值得提出质疑的是，清初扬州的慈善活动，是否可以在某种程度上归功于徽州人在清朝统治背景下自觉意识到了汉人社会的需要。与扬州育婴堂的成立有关的一长串徽州人名单——包括在王朝更替中失去了一位兄弟和一名侄子的郑元化——看来能够说明许多问题。雍正皇帝在有争议的情况下继位，迫切需要控制这种能量，并先发制人地阻止国内可能出现的异议。曼素恩分析说，雍正对节妇崇拜的鼓励，暗示着18 世纪 20 年代他对福利事业的干预可能是同一项个人和王朝合法化工程的一部分。[32]

无论这种论点有多少道理，18 世纪慈善事业的社团化，都使我们关于该领域私人动机和主动精神的分析变得复杂，而且不管怎么说，扬州的盐务官员自清初开始即已在组织商人慈善事业方面扮演了关键角色。如本书第五章所述，1672 年，巡盐御使召集盐商捐助了 22 670 两白银以救济饥民。[33] 与商人们后来对扬州各项工程的投入相比，这笔钱的数量根本算不了什么，但在 17 世纪 70 年代也许非常可观。工程的规模显示着盐政的组织能力，巡盐御使的角色指向了官僚机构承担的重要职责，即形塑商人群体、协调其慈善活动，并在一般意义上确保其在扬州社会运行中的核心地位。

如同在水利领域一样，在扬州的慈善领域，盐务官员和盐商也扮演了在其他地区由地方官员和士绅扮演的角色。这是扬州慈善事业的一个鲜明特征，意味着这座府城将是清代中期中国慈善事业勃发的重要受益者。饥荒救济就是一个突出的例子。魏丕信写道，两淮盐义仓是商人资本建立的"最著名、最重要的"义仓。[34] 1726 年，盐商群体捐助 24 万两白银，在该城建立了四座义仓。[35] 扬州的战略位置证明了义仓数量的合理性：饥荒时期，粮食可以用船由此运往江苏和安徽其他地方。随后在沿海各县和各盐场建立了更多义仓。[36]

这些发展对于盐商在扬州影响力的增强，以及扬州在江北地位的提高而言，都有着显而易见的影响。首先，盐商高度参与粮食贸易。根据魏丕信的说法，他们从这项慈善事业中获得了"巨额"利润，结果义仓成功运行了相当长的一段时间。[37] 其次，扬州腹地的盐义仓由扬州商人经营，他们通常是徽人后裔。通州的情况就是这样，该州 1727 年从扬州分出，成为一个直隶州。然而在 1755 年，通州盐义仓却由"扬州商人江助周、徐尚志"经营。附近石港盐场的义仓由"扬州商人洪充实"经营（这三名"扬州商人"均有徽人姓氏）。[38] 再次，扬州城的义仓账目最初由巡盐御使保管，两淮盐区内的其他义仓账目由盐务道保管。1741 年，盐务道一职被裁撤，所有账目都移交给巡盐御使衙门。[39]

就在扬州各主要慈善机构建立或重建之时，赈饥义仓也得到了发展。除了孤儿和饥民，盐商慈善活动的主要目标是囚犯，病人，无以为生的老人、儿童，以及无力安葬自己亲属的人。棺椁、食物、金钱、药品的提供，都由梁其姿描述的典型的慈善机构来组织。其中之一为养济院，位于北门外。该机构的历史可以追溯到明朝初期，清初由闵世章重建，可是到了雍正改革的时候，它早已坍塌多时。1733 年，马曰琯与两名徽商同行一道承担了它的修复费用。[40] 另一个是普济堂，创建于 1700 年，从 1744 年起得到了盐政的资助。普济堂位于缺口门外大运河东边。[41] 决定其地点时可能考虑过土地的可获得性，养济院位于西北边，普济堂自然应该位于东南边的某个地方。

梁其姿注意到，在府城之外，扬州府的其他普济堂倾向于集中帮助病人，而不是关注其他救济措施。[42] 这种功能上的差异，或许可以解释为社会支持基础在扬州更加广泛。该城有许多医师，还有其他医疗资源，著名的有同仁堂，它既提供药品也提供棺椁；盐商黄履暹在城东南自己的园林外边设立了一家免费药铺；盐运使司衙署旁另有一家施药局；该城历史上的不同时期无疑还有其他医疗资源。[43]

商人涉足的另一个领域是救火。人口密集的城市居住区，尤其是校场一带，都面临着火灾的危险，而且火灾对城内外各处主要地标形成了周期性的威胁。府城的鼓楼毁于一场大火，[44] 城南的文峰塔也在另一场大火中被毁坏。[45] 一群绅商为扬州提供了救火设备，它们配置在原本为穷人提供棺椁和药品的同仁堂。军事和民政官员在衙门和每扇城门配备的救火设施肯定也是由盐商资助的，因为巡盐御使三保由于这些设备的安装而受到了称赞。[46] 三保在扬州的任期为1737年至1740年，也就是说这一首创发生在乾隆初期。

提到三保的名字，不禁使人想起地方行政部门的官员在扬州城市机构发展史上的相对罕见，尽管陈宏谋（1696—1771）也是声名显赫的人物。[47] 在推动扬州慈善活动方面，盐政部门显然比地方行政部门更有优势。这些优势不仅在于食盐专卖的优势资源，也在于这些资源很容易得到开发。以食盐交易数量为基础，可以很容易地在盐商纳税时向他们摊派款项。由此筹集的款项赫然记录于早就存在的预算类别之下，并从运库拨给各个地方机构。因而，1732年至1733年间给瓜洲和邵伯普济堂的拨款，就被登录在运库分类账目中的"裁存火优舟车"项下。[48]

地方行政部门在组织权力和财政资源方面根本没法与盐政部门相提并论。扬州一些著名书院的历史就体现了这种资源方面的不平衡。乾隆年间扬州的三个书院，有两个因为有著名学者任教和几乎同样著名的士子而变得出名。它们是梅花书院和安定书院，分别创建于1734年和1735年，都是在原有非教学书院的地皮上开办的。其创建呼应了雍正皇帝关于在全国大兴书院的号召，[49] 可以视为盐商们借以确认自己与皇帝之间的关系的众多举动之一。

安定书院位于旧城，靠近新设置的甘泉县衙，是一个典型的盐政机构。盐商群体联合捐助7400两白银资助了它的创建，维护费用由运库支付，延聘教师、任命山长之权都掌握在盐政部门手中。[50] 相反，梅花书院与地方行政部门的官员关系密切。它位于新城墙外侧的广储门外，所在之处从 16 世纪起连续兴建过不同的书院。[51] 它的重建最初虽然由马曰琯资助，但主意来自同知刘重选（1737 年进士）。这所书院开办初期，刘重选和后来的其他官员都曾亲自在此授课。刘重选最初可能动用了自己的部分资源来资助该书院，因为直到他离开扬州之后的 1739 年，盐政部门才以学生补助金（"膏火"）的形式，开始为其提供资助。

由于缺乏安定书院那种稳定的财政基础，梅花书院在刘重选离开后蹒跚运行。1743 年，它被并入安定书院。1777 年，马曰琯之孙马振伯呼吁重建该书院，作为一个独立机构由地方官员管理，这促使盐政部门采取了行动。在 1776 年至 1778 年曾任盐运使的朱孝纯（1762 年进士）督促下，这所书院的房舍得到修复，并且获得了与安定书院相同的组织地位。所有人事任命权都由盐政部门掌握。一些杰出学者被请来任教，一名书院山长得以任命。首任山长姚鼐（1732—1815）是朱孝纯的好友。[52]

乾隆末期的 1795 年，这所书院共有二百六十名在册学生，光是他们的补助金每年就达 6000 两。[53] 这两所书院与地方行政部门资助的机构形成了鲜明对比。扬州知府创建于 1712 年的一所义学在乾隆年间升格为书院，取名为广陵书院。这所书院完全致力于培养最低级的士人——秀才，但显然是在盐政部门资助下才维持到了 19 世纪。1809 年，正是巡盐御使而不是扬州知府主张增加其学生数额和补助金。[54] 康熙年间总督于成龙创建的红桥书院，到 19 世纪初已经不复存在，1735 年江都知县创建的角里学舍同样如此。[55] 安定书院和梅花书院虽然在太平天国运动期间被毁，但 19 世纪 60 年代又在新城易地重建，依然由盐政部门资助。[56]

梅花书院的历史，体现了扬州的徽人精英家族成员与地方行政和盐政部门官员之间的对话和妥协，并显示了个人积极性在城市机构的创建和维护方面的持续意义。18 世纪的商人传记资料确实表明慈善事业有很强的机构背景，但也继续称赞了个体的慈善家。汪应庚对发扬妇道很有兴趣，对此前文已有探讨，据称他还在 1740 年饥荒期间拯救过上万人的性命。除此之外，他沉迷于许多慈善行为，"如放赈施药、修文庙、资助贫生、赞襄婴育、激扬节烈、建造桥船、济行旅、拯覆溺之类，动以十数万计"。[57] 比他更小的同时代人、"四元宝"之一黄履昂，至少有过三次不同的捐助慈善事业之举。一次是捐助粮食，1736 年，他把 300 多亩地一年的收成捐给扬州养济院。[58] 另一次为定期的现金支付，从 1736 年至 1740 年的五年间，他每月为邵伯普济堂捐助 30 多两银子。第三次他好像征求过管家的意见，在 1741 年向一名典当商投资 1500 两白银，每月利息用于资助孤儿寡妇，依然是通过邵伯普济堂。[59]

马氏兄弟、黄氏兄弟和汪应庚，这些扬州社会的领袖人物的行为表明，雍正时期和乾隆初期（大致为 18 世纪 20 年代至 40 年代）是城市发展的一个重要时代，这种发展路线与湖边造园活动所体现的路线略有不同。几所主要书院创建的这几年中，养济院以新的地位得到重建，育婴堂的费用由盐政负担，创建了盐义仓，成立了一支得力的救火队。商人领袖发起或者以个人之力承担了一系列公共工程，为后来几十年里的社群领袖做出了很好的榜样。鲍志道被刘森视为汪应庚之后最聪明的盐商。他与汪应庚差不多活跃，尽管缺乏汪氏那种累世相传的家族财富。18 世纪晚期，他制订了运盐船工之间的互助制度，重新铺砌了从新城东南端的康山西至钞关而后北至小东门的街道，在每座城门附近都创建了义学，修复了北京的扬州会馆房舍，也为歙县故里做出了各种贡献。他从 1781 年起担任首商二十年，死时被官方授予各种很高的荣誉。[60]

城与府

徽商在扬州慈善事业中的高调表现，暗示着他们在地方领导权方面几乎没有对手。从经济方面来说，本地人没法跟他们竞争。这使我们想到关于徽商慈善活动的最后一点：它们高度集中在这座府城。仪征作为两淮食盐的外运口岸，那里也有强大的商人势力，当地育婴堂即由盐政部门资助，可是再往下，瓜洲的育婴堂就只能仰赖于长江沙洲——这里生产芦苇作为燃料——的地租。关于商人资金的注入仅有一则记载。[61] 在官员和当地士绅的持续努力下，瓜洲建起了普济堂；1729 年陈宏谋就任扬州知府以后，在其房舍扩充方面起了尤为重要的作用。[62] 邵伯的普济堂由知府尹会一（1691—1748）所建。1731 年尹会一赴任后，被繁荣的府城与附近邵伯之间的反差触动。在那里，自从该年年初发生水灾以后，悲惨的民生状况一直没有得到缓解。[63] 可能正是通过他的努力，邵伯和瓜洲的普济堂才最终获得盐政部门资助。

这两所普济堂的例子显示了盐商慈善事业的高度偶然性：它首先在盐商居住地展开，大多数情况下也就是扬州城本身，或者还包括徽州的某些村庄。即使在扬州的两个本县，地方官也必须能言善辩，才能求得商人财富在更大范围内进行分配。更远的地方则超出了视线之外，通常不予考虑。泰州的一所书院由地方官创建于1718年，其经费来自地租。直到1797年，这所书院在已经严重破落之时，才向盐运使请求拨给数千两白银进行维修。可能从这一年开始，运库每年为其提供240两的微薄资助。1820年，地方官和当地士绅筹集资金，对它做了进一步的维修。[64] 康熙年间，通州石港的文正书院得到了通州盐运司运判资助，后来它由于缺乏资金而衰落，但1793年又在通州场商手里得到复兴。[65] 在盐产区中心的东台，商人资助了一所育婴堂，但普济堂显然没有如此幸运。[66] 在如皋，1724年知县创建的一所书院从未得到商人资助，只能依靠地租。[67] 东台附近草堰场的正心书院同样如此。[68] 在同样位于盐产区之内的盐城，无论是育婴堂、普济堂还是其他慈善机构，都没有得到盐商的任何施舍。[69] 可能沿海的徽商都想尽早前往扬州，在东台、盐城这种地方没有一种家乡的感觉。

　　扬州府境内资源分配的不平衡，在教育及其成果——最主要的就是科举中式者的数量——方面体现得最为明显。何炳棣的研究表明，一份关于江苏省进士分布的调查显示，各府进士分布还算平衡，只有苏州、常州的进士数量显得突出，另外苏北沿海的海州进士数量非常少。[70] 然而若以县为单位计算，扬州的数据就呈现了不同的面貌，江都、甘泉和仪征的进士数量很高，扬州府其余各县仅有少量进士（见表3）。何炳棣正确地指出，仪征实际上是扬州的附庸。仪征不仅是一个与扬州两个本县直接相邻的小县，而且其县治靠近扬州，许多人生活在扬州城乡地区，本籍却在仪征。至1806年为止——用墨子刻的话来说，这是两淮食盐专卖"日益变得困难"的年份[71]——这三个县总共出了一百二十名进士，超过了扬州府全部进士总量的一半。

表3　清代至1806年为止扬州府进士分布

州县	进士数量
江都、甘泉、仪征	120
泰州、东台	29
高邮	32
宝应	22
兴化	23
总计	226

注：此处的计算排除了通州、海门、泰兴、如皋等县级行政区，这些地方在1727年从扬州府分离出去，成为通州直隶州。
资料来源：《明清历科进士题名碑录》。

实际上，这三个县的表现比数据中显示的要优秀得多，因为这些数字中并未包括一些长期在扬州居住，但隶籍其他各府或扬州其他各县的进士。1810年版扬州府志编纂者略去了1733年版中曾经收入的十四名江都进士的名字，因为后来证明他们的本籍在其他地方，主要是在山西。截至1806年，扬州这三个核心属县的一百二十名进士中，有四十六人列名于两淮盐法志，因而他们肯定来自当时的在籍盐业家族。从他们的独特姓氏来看，另外还有一二十人来自定居扬州的徽人或者西商家族。隶籍这三个县的进士中，真正本地出身者可能不到一半。[72]

不管江苏其他地方的情况如何，在扬州府内部，科举成就的分布在地理和社会方面都远远谈不上均衡。它集中在府城附近的几个县，集中在盐商移民家族身上。从科举数据来看，也不能说食盐专卖导致了"苏北许多地方"的繁荣。[73] 产盐各县兴化、泰州和东台的表现，明显逊于盐商财富微不足道的高邮。

社会边界的模糊？

徽商在城市社会管理方面的主动性，以及他们在城市土地的占有和科举成就方面的显赫地位，都使我们注意到他们与当地社会的关系这一问题，以及帝制晚期中国社会的阶层分化问题。盐商在扬州社会的塔尖位置与中国社会的正常等级体系相矛盾，后者以士与农、工、商等其他社会群体的基本区分为前提。盐商的社会流动支持了某种见解，即在18世纪的中国社会，士阶层的社会基础发生了转变。如本书导言所述，何炳棣为这种看法提供了初步证据，他认为商人和士大夫这两个社会类别在清代开始变得模糊，并且地域流动性导致了地区间的社会和经济整合，同乡特殊主义正在衰退。

18世纪扬州士、商之间的社会边界的模糊，是最常被提及的明清时期经历的变迁之一。人们往往举出马曰琯、马曰璐兄弟的例子来证明这个论点，这并不只是因为他们真实地出现在一幅著名画作《九日行庵文讌图》中（见彩图16）。在关于此画的一则目录条文中，何惠鉴表达了一种现已被接受的关于18世纪扬州乃至整个中国社会的看法。这是一幅集体肖像，其中许多人拥有显赫的社会地位，因而很有意思。根据何惠鉴的说法：

> 除了两名退休官员，其余主要是百姓；尽管其中许多人都是有造诣的学者，被推荐参加"博学鸿儒"这一颇受尊敬的特

别考试，但他们大多拒绝了这一荣誉。18 世纪的社会和经济变迁，使商人阶级中的某些特定成员有可能被知识精英接受，并与后者结为一体。[74]

正如何惠鉴提到的，当时的扬州是"一座具有无限经济和文化活力的城市，一个繁荣的盐业贸易中心，一个大运河南北交通的枢纽"。[75] 然而，"商人阶级"与"知识精英"的结合之类的讨论并不限于扬州这一背景。不过，论者通常征引扬州这个"例子"来证明整个中国正在发生的事情——这座最繁荣的世纪里最富庶的城市，集中体现了整个中国社会的趋势。

梁其姿关于中华帝国晚期慈善事业的著作支持了这种看法。尽管盐商和官员在扬州慈善活动中占有突出位置，梁其姿还是对盐商的外地来源和职业面貌的含义不予重视，理由是这些商人"与当地文士关系密切"，他们自己往往出身于文人或士大夫家庭，并与当地官员密切合作。[76] 她的观点以中国社会的等级体系这一问题为导向，也就是说，她更感兴趣的是商人与士人之间的关系，而不是徽州与扬州之间的关系。并且她认为，与扬州大多数慈善家一样，清初两位最著名的慈善家"最初均为徽籍"，但与此同时，她又极力强调商人财富的慈善之举、地方官员的责任，以及士绅肩上的道德义务之间的联系。[77]

梁其姿的结论以扬州的资料为基础，却呼应了那些在更广泛领域进行探索的学者们的假设。艾尔曼（Benjamin Elman）利用了吴秀良及何炳棣的研究成果，这样评述："比如，几乎不可能将 18 世纪扬州的士人与商人区别开来。"[78] 黄卫总注意到"商人阶级的兴起及其社会地位的上升可以追溯到 15、16 世纪",同时又引用何炳棣的看法来论证,商人获得成功的"最有代表性的例子"(着重号为作者所加)——扬州,表明社会区别的模糊和随之而来的士人认同问题基本上都是 18 世纪的现象。[79]

"模糊"论对于分析职业地位和故乡认同都有间接意义,在 18 世纪研究领域已经获得了准范式的地位,甚至可以据观点需要来解读相反的资料。曼素恩追溯过一个山东著名家族的兴衰历史,暗示"几乎毫无疑问,〔山东〕周村李氏当中出过商人",但她只能辨别出一个例子,而此人与家族其他成员的关系并不清楚。[80] 她认为这个家族"可能掩盖了自己的商业足迹",但如果确实如此的话,那就意味着商业在这个家族中依然占有较低的地位。罗威廉注意到了本籍在 19 世纪汉口流寓人口中的持续意义,却强调了"以共同来源为组织纽带的原则被违背的程度",赞同何炳棣与窦季良的看法,即"流寓情感和个人认同感正在转向客居地"。[81] 本书的研究支持了这种看法,但强调了本籍在"客居地"依然有着非常突出的意义。换句话说,认同于客居地这一事实,并没有改变另一个事实,即故乡认同。新加坡华人就是一个例子。

此外,正如下一章将会详细讨论的,艾尔曼发现清代的经学家"看上去简直就是传统精英的一部分",但根据"社会边界的模糊",他得出结论说,自己的资料确实"不足以证明汉学家是否越来越多地出自商人家族"。相反,"我们也许看到了一个新的社会群体,其中包括商人之子和研究汉学的士人"(着重号为作者所加)。[82] 何惠鉴没有这么犹豫,而是完全用何炳棣阐释扬州社会的术语来阐释行庵中体现的那个社会群体:商人和士人容易混为一体。类似地,徐澄淇也写道："这幅画表明，中华帝国晚期商人与知识精英之间的界限正在消弭。"[83]

谁未出席马氏兄弟的聚会？

对中国社会的另一种描述，是否能让我们以另一种方式来解读《九日行庵文讌图》？让我们回顾一下它为"社会边界的模糊"所提供的证据。这幅画为方世庶（1692—1751）和叶芳林所作，描绘了马氏兄弟在其行庵举办的一次聚会（见彩图16）。马氏兄弟在散居扬州的徽州人当中略显反常，因为其故乡不在歙县，而在更贫穷、更偏远的祁门县，该县更出名的是茶商而非盐商。[84] 但他们的形象可谓梁其姿眼中徽人慈善家的典型。作为扬州文学艺术的赞助者，他们超过了同时代的大多数歙县人士。[85] 这幅重阳节文会的绘画，正是他们作为文化恩主角色的写照。

重阳节为阴历九月初九，流行的庆祝活动有登山、饮菊花酒。这些仪式习俗模仿了东汉桓景的做法：为了躲避即将到来的大祸，有人建议他去高地避难，并饮菊花酒。[86] 这幅画中涉及高地，描绘了一块露出地面的岩石——这是扬州园林的典型特征，在重阳节的背景下，这就使人想到山地环境。前景中的童仆正在栽菊，一位客人手中抓着一朵菊花——他就是诗人、数学家厉鹗（1692—1752）。其余客人正在专心研究一幅卷轴，可以假定这就是仇英所绘的陶渊明像，它是当天下午诗歌比赛的中心。陶渊明"采菊东篱下"的时候，即已在菊花和作为诗人的他自己之间确立了不朽的联系，二者都表示从无聊的世界隐退。

重阳节的主宾是画中抚琴的程梦星。"程"是一个典型的歙县姓氏，此时在扬州无所不在。[87] 程梦星是当时程氏家族的骄傲，考中进士后被授予翰林院编修一职。[88] 画中的他居于正中位置，就在琴台的后面，由此显示了他在这次聚会中的地位。主人马曰璐以谦恭的姿势礼貌地站在他身后。手持卷轴的两人坐在左边，其中就有马曰琯。在关于该画的一篇题记中，厉鹗亲切地留下了一份对于这次聚会的完整描述，给出了每位客人的名字（出席者名单见表4）。

表4 《九日行庵文讌图》中所绘诸人本籍

姓名	本籍
陈章	浙江杭州
程梦星*	安徽歙县
方士㣭*	安徽歙县
方世庶*	安徽歙县
洪振珂*	安徽歙县
胡期恒	湖南武陵
厉鹗	浙江钱塘
陆钟辉*	安徽歙县
马曰琯*	安徽祁门
马曰璐*	安徽祁门
闵华	安徽歙县
全祖望	浙江宁波
唐建中	湖北天门
汪玉枢*	安徽歙县
王藻	江苏吴江
张士科*	陕西临潼

* 出身于盐商家族。

资料来源：厉鹗：《九日行庵文讌图记》，英文译文见 Chou & Brown, *The Elegant Brush*, pp. 133-134; Ho Wai-kam, "The Literary Gathering at a Yangzhou Garden," pp. 372-375;《扬州画舫录》，第4卷，第85—88页。

根据晚明以来的资料，或许可以质疑此次与会客人的混合性是否是18世纪经济和社会变迁的独特产物。一幅关于郑元勋和客人们在影园的类似画像，精确地体现了相似的社会构成。[89] 抛开这种变迁的发生时间不计，方世庶、叶芳林描绘了一幅非常完整的18世纪扬州社会肖像。盐商、商绅、流寓官员和文人混合在一起，在同一座园林里参加文学活动，这可以说明当时扬州社会的许多方面：精英的构成；精英成员们喜欢的消遣活动；城市空间被投入园林建造；精心构筑的高雅文化风气，有助于抵消低俗、贪婪这种陈旧的商人形象。

考虑到盐商在扬州社会的核心地位，或许可以这样认为，与其说这幅画鲜明记录了社会边界的模糊，还不如说它鲜明证实了士人文化无可挑战的地位。厉鹗在题记中称，出席行庵文宴的十六人，既有扬州土著，也有纯为客居者。厉鹗说的江都本地人，也就是扬州本县土著当中，陆钟辉、程梦星和闵华其实有着歙县渊源。[90] 盐业联系最为明显：马氏兄弟、方氏兄弟、汪玉枢和程梦星都出身于盐商家族。洪振珂"居海滨"（即沿海，那里是盐产区），其母亲来自马家，因而可以放心地说他也属于盐商之列。[91] 张士科与徽州人一样，来自一个出产盐商的典型地区——陕西临潼。周汝式（Juhsi Chou）和布歌迪（Claudia Brown）猜测他很可能出身于"一个诗人之家"，但即便是诗人也要依靠某种东西为生。扬州有许多来自临潼的张姓者，他们可能都参与了盐业贸易，或者靠继承下来的收益为生。[92]

这幅画中至少遗漏了两个社会类别。女人——妓女和表演者——通常会出席扬州园林中举办的文会，她们在画中的缺席，暗示着两位画家有意在此建构一个士人社群。相反，以往各个朝代的文人聚会像——对此这些清代文人无疑很熟悉——普遍都会突出表现随从的女性。[93] 与方世庶同时身处扬州的福建画家华嵒，以奇特的手法创作过一幅关于三国时期著名的金谷园的作品，描述了园主石崇与男女随从在一起的情景，其中的吹笛者显然就有石崇之妾。华嵒或许借鉴了更早的绘画，但作为一个盐商家庭的门客，他对园林场景无疑很熟悉，画中描绘的可能就是扬州文士园林里的通常情景。

这幅画中明显缺席的还有扬州本地人。徽州人和扬州人活动于不同的社会领域？李斗同样这么猜测。他列出了马氏兄弟圈子中的士人名单。名单中并非没有本地人，但为数很少：马氏兄弟的邻居和老友、画家高翔，翰林学士王文充（1733 年进士），来自泰州的一位客人，以及来自宝应的另一位客人。[94] 在围绕另一个商人家族形成的文人圈子中也能看到同样的模式。1746 年，贺君召的东园内举行了一次文会，对此本书第八章已有探讨。在六十四位与此次文会有关，或者其著述表明他们曾经到访过这座园林的士人当中，李斗给出了四十人的故里。两人来自扬州，两人来自江都县（其中一人姓闵，这是非常特殊的徽州姓氏），另一人为兴化县土著。其余各人来自江苏南部、浙江、安徽或者西部省份。[95]

盐商显然喜欢与来自远方和各地的人相伴。然而从这些圈子来看，他们几乎不把本地人计入自己的密友之列。《九日行庵文讌图》实际上异常清楚地展示了何惠鉴没有论及的扬州社会的一个侧面：城市人口根据本籍分成不同的群体。马氏兄弟的园林就是这种划分的一个标记——扬州的大型园林集中在徽州流寓手里。出席那次重阳文会的客人当中，程梦星、汪玉枢、张士科和陆钟辉都拥有园林，并且除了张士科都来自徽州。[96]

从这个角度来考虑，可以认为《九日行庵文讌图》为我们思考扬州各社会阶层之间的关系提供了另一个标尺，这比无视其财富来源、一概视之为"文人"进行分析，或许会更好一些。我们或许应该认真问问画中的无名童仆本籍何处。马家在扬州至少持续了三代，因而或许可以假定这些仆人是本地人。确实如此的话，那么画中就表现了这样一个扬州社会：主仆之间划上了一道流寓－土著的界线。

《九日行庵文讌图》在某个时候不见了。至少18世纪90年代的李斗并不知道它在哪里。[97]此时，行庵已被并入一处行宫地界之内，该行宫是为乾隆皇帝1784年南巡而建造的。马氏兄弟的另一处园林小玲珑山馆也已经被出售。[98]不过这幅画依然在扬州，因为1808年阮元又为它写了一篇题记。[99]嘉庆初期，徽商正在淡出扬州，盐业贸易停滞不前。阮元的题记，或许可以解读为本地士人对已经褪色了的扬州徽人遗产的致敬。

盐商的重新界定

至少从16世纪晚期至19世纪初，扬州的流寓徽人和移民家族显然构成了这座城市的精英群体。我们还剩下一个问题，即在一种强调商人流动性和"社会边界的模糊"的文献背景之下，应该如何去理解这种现象并使之概念化。就此而言，需要厘清的一个问题是"绅商"这一术语，它是作为"模糊"进程的证据而被提出来的。[100]"绅"和

"商"这两个术语确实在扬州文献中一道出现过，但它们指的是复数形式的"绅与商"，而非复合形式的"绅商"。

对这些术语的厘清存在着相当的不确定性，但扬州育婴堂的不同历史，为我们提供了很好的资料来验证第一种解读。扬州府志中提到了"绅商李宗孔、闵世章等"的贡献，这里可能指的是"绅商"。但1806年版盐法志中更长的名单却这样开头："郡绅李宗孔、商人闵世章……"[101]这使我们有必要将前一条资料重新解读为"绅与商"，尤其是因为李宗孔拥有进士资格，闵世章则纯为商人，没有任何功名。[102]该术语还出现在一份为同仁堂提供救火设备的"绅商"名单中，[103]对此，同样的解读显然也最为合适——该术语看来并不是指某一个人。

韩德林在讨论"绅商"这个术语时，对明代和清代的发展做出了区分。正如她注意到的，提及身份区别之消弭的晚明资料极少，并且着眼于此方面来立论的晚明研究论著反复引用了相同的资料（当然，关于清代的研究同样如此，反复提到18世纪的扬州这一例子）。[104]韩德林继续征引该术语在清代文书中的出现情况，来证明清初"商人作为商人"的显赫和被尊重程度的上升。她用来支持其观点的两则资料，一则为前述李宗孔和闵世章，另一则为曼素恩关于该术语的讨论，而后者非常清楚地表明"绅商"是19世纪和20世纪初的现象。正如曼素恩注意到的，张仲礼的《中国士绅》一书发现，地方志中运用该术语的情况相对较少，并且多为较晚的例子，比如19世纪的例子，而此时历史面貌正开始发生相当程度的变化。[105]曼素恩自己写道，"在帝制晚期，'商'与'绅'或'士'之间的界线划分变得不可能"，并且"绅、商角色的模糊〔在19世纪晚期变得明显〕，在地方社会有着深刻的历史根源"。[106] 但在扬州，这种区别却很稳定。有李宗孔这样的"绅"，也有闵世章这样的"商"。

随着盐商在清代的崛起，科举制度中对盐业士绅和乡绅的技术性划分丧失了诸多正式意义。盐商子孙越来越多地以扬州居民而非盐商后代身份参与科举竞争，换句话说，他们越来越多地将自己的本籍改隶当地，而不需要使用商籍。两淮地区的商人子弟有十四个进士名额，但 1779 年仅有一名商人子弟应试。[107] 于是该名额从十四人削减为四人。其他地区也进行了类似的调整。[108]

这种变化可以解释为商人地位在帝制晚期的质变，而且通常也是这么解释的，但以盐商为基础得出的关于商人地位和商-绅关系的可能结论是否能够适用于其他各种商人，这一点远未弄清。任何研究都必须随时关注特定的社会环境。当我们能够证明茶商、木材商、棉花商都能在一定程度上享有盐商那样的社会流动性时，社会边界的模糊之说才有更加巩固的基础。至于盐商本身，如果不是着眼于他们的挥霍行为，而是着眼于他们对社会结构的稳定关注，那么他们在扬州的事业，与其说是对以乡绅之优势为基础的旧有准则和传统做法的偏离，还不如说是在因时而变的基础上对旧有准则和传统做法的复制。与其说盐商成功地逾越了社会屏障，还不如说他们被纳入了某个特别的社会阶层当中。与其将这些创新解释为盐商作为商人的地位的变化，还不如将其解释为区域化食盐专卖背景下盐商的重新界定，即脱离买卖人身份，进入一个与各省土地大户并存的社会阶层当中。

换句话说，边界并没有模糊，但发生了转变。食盐专卖及其复杂的管理、固定的界线和收入定额，都与各省平行而立，并与中央政府保持类似的关系：它们以税收形式向中央提供收入，也培养士大夫。此外，跟土地一样，食盐也可以作为改变某人本籍的依据：在特定盐政区内投资若干"引"盐，显然就等同于在某县购置土地。可以认为盐商在"耕种"食盐，而不是农作物。他们跟制盐者的关系，与缺席地主跟其佃农的关系没有多大区别，不同之处就在于他们聚积了更多的财富。这是孔尚任想到的对比，他异想天开地写道："场则府也，团与灶则州县若，而草荡则其田畴耳。"[109]

盐商和盐务官员都主张盐业贸易及其从业者的权利，坚持他们在帝国运行中应该有适当的地位。这种要求仅获得了部分的成功。盐商在科举方面的成就，没能阻止他们继续成为负面言论和讽刺作品中的笑柄。中国社会依然保持了作为商人的盐商与士人之间的区别，即使二者之间存在着事实上的谱系混同。另一方面，盐商对于士人身份的持续追求，证实了士阶层在中国社会等级体系中的重要性。假如用来描绘徽州盐商形象的背景不是他们的园林，而是自己的账房，那就确实可以认为他们已经挑战了既有的秩序。

在扬州，秩序的颠覆看似强于其他任何地方，但其历史并没有提供关于这种挑战的任何例子，因为到 18 世纪末，盐商的数量和重要性都在衰退。他们毕竟是"官商"。出于并非不相干的原因，他们的地位随着中央政府的弱化而下降，随着政府专卖制度在 19 世纪的连续重组，其超常财富的基础也被摧毁。[110]

第十一章

移民城市中的本地意识

"扬州为斗牛分野,"周生写道,"人物文秀。"[1]在中华帝国晚期,地方也跟人一样由于文学成就而有所区别。周生对扬州人之特征的概括,表明该城在清代中国文化版图中享有很高的地位。18世纪前半期扬州创建的书院,比绘画、园林和戏院更有力地,或许也可以说更平静地宣告了该城的重要性。18世纪后半期,一批本地学者开始崛起,其中有的人曾经是这些书院的学生。他们合称为"扬州学派",在科场中取得了不同层次的成功,但总体上以其学问给自己的故乡带来了荣耀。

"扬州学派"这一名称来自桐城派学者方东树(1772—1851),他曾经受聘于阮元。方东树是宋学的主要捍卫者。他在一场对考据学派的全面攻击中使用了"扬州学派"这个名称,因为扬州学者也在考据学阵营之列,但他为清代扬州最后一个重要的文化产物取了名字,这一点功不可没。[2]跟"扬州八怪"这个词一样,"扬州学派"这个术语也有问题。从研究朱熹著作的王懋竑(1668—1741),到20世纪初的无政府主义者刘师培(1884—1919),都被归入这个群体之列,而他们两人除了精通典籍几乎没有多少相同之处。[3]但活跃在18世纪末19世纪初的大约十五位学者,他们之间显然就存在着私人和学术方面的联系纽带（见附录七）。其中的中坚人物阮元、焦循、凌廷堪（1757—1809）等人起到了整合作用。他们上承老一代学者任大椿（1738—1789）、王念孙（1744—1832）和汪中（1745—1794）等人的余绪，反过来又对更年轻的一代产生了影响。

他们出现的时间值得注意。这些学者出现的时候，那些在 18 世纪扬州名噪一时的艺术家大多已经去世。金农逝世于 1763 年，两年多后郑板桥去世。扬州学派的关键人物阮元出生于金农逝世次年。也是在 1764 年这一年，李斗开始编写他那部著名的旅游指南，后来阮元为该书提供了一篇序文。李斗的编写工作在乾隆后期缓慢进行，这一时期对扬州来说是一个转变阶段。"扬州全盛，"阮元写道，"在乾隆四五十年间［约 1775—1785］，余幼年目睹。"[4] 此后，徽商在扬州的地位逐渐衰落，阮元及其同时代人开始著述。扬州学派的文学成果在 19 世纪头几十年最为密集。刘寿曾（1838—1882）对于本地的歌颂几乎一点也不显得夸张。他宣称咸丰至同治（1851—1861）年间扬州"经学之盛，自苏、常外，东南郡邑，无能与比焉"。[5]

与活跃在更早时期的画家们一样，扬州的学者们留心各种主题，扩大了文人的兴趣范围。他们把清代学术中占主导地位的史学和语言学研究，与不那么正统的天文、算学、音乐、戏曲研究结合起来。然而从地域的角度来看，得到人们特别关注的，正是扬州学者中许多人对扬州及其地区的研究。他们对这些问题的兴趣指向一种本地认同。在 19 世纪初徽商的存在已经减弱的背景下，这一点尤其具有历史意义。

商人与士人

18 世纪晚期和 19 世纪上半期扬州学派的兴起，得益于此前一个世纪盐商们聚积的经济和文化资本，这一点并不足为奇。在梁启超看来，这些商人"［扮演的角色］与南欧巨室富豪之于文艺复兴，若合符契也"。[6] 梁启超这一论断是在考察整个清代学术这一背景下做出的，但从此以后，他的说法就得到了谈论扬州学派者的响应。[7]

扬州商人文化与扬州学派兴起之间的关系很复杂。徽人移民对扬州的学术做出了很大贡献。他们举办的文会、在科场的成功，以及对该城书院的资助，都为这座城市的文学生活注入了非同寻常的生命力。安定书院和梅花书院的创建，吸引了一些知名学者在此任教或者参与其中的活动，也吸纳了一些日后将成为新一代经学家的优秀学生。这些名师中就包括"桐城派"学者姚鼐，他曾经担任过一段时间的梅花书院山长。著名学者王念孙、汪中、焦循、段玉裁（1735—1815）和洪亮吉（1746—1809）都曾经是那里的学生。[8] 19 世纪晚期，当地学者薛寿读了李斗的《扬州画舫录》之后，在怀念中写道：

> ［吾乡……］士有负宏才硕学者，不远千里百里，往来于其间。巨商大族，每以宾客争至为宠荣。兼有师儒之爱才，提倡风雅，以故人文汇萃，甲于他郡。[9]

通过对书院的资助和盐务官员对文学生活的参与，盐政在创造这种环境方面起到了重要作用。作为扬州盐运使，卢见曾仿效清初王士禛的例子，鼓励一个活跃的士人社群的存在。1757年清明节，他举办了一次当时规模最大的文会，地点与王士禛当年一样，还是在虹（红）桥。[10] "皖学"学者戴震（1724—1777）和对应的"吴学"学者惠栋（1697—1758）都受到了卢见曾的赞助：实际上，这两个清代学术史上的重要人物看来在扬州见过面，而且就在卢见曾家里。[11]

18世纪扬州最大的学术收获——四库藏书馆，要归功于扬州自身作为全国盐业中心的地位。四库全书是清代发起的许多图书集成工程中抱负最大的项目，目标是确立权威的汉文典籍。原始的一套收藏于北京皇宫内的一座图书馆里，还有其余六套藏于各处分馆。其中三套位于长江下游地区：扬州、镇江府的金山岛，还有杭州。这种分布证实了长江下游三角洲的非凡意义，即那里是清代文化生产力的核心之处，许多学者活跃在江浙地区，由此即可证明这一点。[12] 与北方的分馆不同，南方这些分馆很容易为众所公认的学者们利用。[13]

扬州的四库藏书馆称为文汇阁（见图10），建于天宁寺行宫内。1806年版盐法志中收录的一幅木版画，描绘了一栋雅致的两层建筑物坐落在漂亮的园林环境中。但根据李斗的记载，这座建筑有三层，分别收藏不同类别的图书。百科全书式的《古今图书集成》总共一万卷，编辑于康熙年间，刊行于雍正年间，[14] 赫然占据着该馆一楼的正中位置。这些图书以御用黄色丝绢镶面。两边分别为绿色绢镶面的经部书籍和红色绢镶面的史部书籍。子部书籍藏于二楼，以玉色绢镶面。数量最多的集部书籍藏于顶楼，包括1229种手稿和43种印刷著作，均以藕色绢镶面。[15]

图 10　文汇阁

一幅 19 世纪初的木版画所绘。资料来源：《(嘉庆) 两淮盐法志》，书前插图。

这座四库藏书馆确认了扬州在全国的突出地位。交游广泛的谢士松被任命为扬州文汇阁典书官，这个细节也体现了食盐专卖、徽人商-绅与支撑着该城繁荣的高层官场之间的联系。谢士松本籍仪征，但在扬州生活，并且与这两个地方的许多杰出代表一样，也是一名歙县商人家族的后代。其父谢溶生为 1745 年进士，官至礼部左侍郎。其母为大学士陈宏谋之女，1729 年至 1731 年陈宏谋任扬州知府，就在那时将女儿许配给了谢溶生。[16] 扬州的盐运使和江南各督抚均有责任为这座图书馆征集藏书。[17] 扬州盐商曾经请求皇上允许他们为扬州和金山的两座四库藏书馆提供资助，尽管遭到了拒绝。[18]

文字狱

四库全书工程之征集图书，既是为了纳入全书收藏，也是为了将其销毁。扬州学派的中坚人物成长期间，一场文字狱正在进行。牟复礼（Frederic Mote）曾经生动地描绘过18世纪文人所处的恐怖气氛，它主要是一场文学迫害运动的结果，这场运动在18世纪头几十年零星进行，乾隆中期进一步加强。[19] 这种气氛导致了清代学术的僵化——这一特征降低了18世纪的学术成就，但的确能够概括这一时期学术所面临的束缚。

乾隆年间的两桩文字狱案件，加剧了扬州的这种恐怖气氛。第一桩发生在1768年，即卢见曾丑闻发生的那一年。案件爆发于严冬时节的阴历正月初三，正值新年期间。盐运使赵之璧正在衙门大堂收缴当年的盐税，突然闯进来一个人，大声攻击时政。他交给赵之璧一个红封，里面装着三份折叠起来的红帖，每份有三张白纸。每张纸上都写着一首煽动性的词。经过调查发现，这人名叫柴世进，又名姜魁，现年四十七岁，原为海安的一名船夫，不久前刚刚失去妻子和儿子。根据其弟弟——也住在扬州——的供词，他由此变得精神失常。审理此案的高层官员倾向于赞同这种判断，皇帝也持相同的看法，免除了其亲属的连坐之罪。不过柴世进本人被杖毙，"以示惩儆"。[20]

第二桩案件发生在十年以后的扬州府东台县，以知府谢启昆（1737—1802）和其他人的被捕和惩处而结束。案件的中心人物为徐述夔。他是东台县人，1738年中举，其著作在他死后由其子刊行于1763年。徐家卷入了一件土地纠纷，另一方将这些著作告官。

1778 年末，此案最终导致徐述夔周围诸人、告密者，以及许多被指控掩盖案情的高级官员在北京受审，其中包括谢启昆和东台知县。谢启昆被处以充军抵罪，知县杖一百，流放三年。徐述夔的孙子、两名学生，还有江苏布政使陶易及其副手，都被处以斩立决，但案子的判决拖到了 1779 年秋。告密者获准回到东台老家。[21]

这两个案件对于当地文人而言具有不同的含义。柴世进的受审和判刑，涉及的是一名出身模糊的百姓，对于士阶层的利益而言显得非常遥远。相反，卷入徐述夔案件的有低级士人和地方官，涉及的事情关系到士绅的重要利益——文学和土地。通过最令人恐惧的方式，徐述夔案对于君主的重要性被公之于众。朝廷命令江苏巡抚前往东台监督开掘徐述夔及其儿子徐怀祖（？—1777）的尸体。他们的尸体被砍成碎片，抛置于野外，头骨被公开示众。徐家的财产被全部没收。[22] 这是文字狱在江苏的典型，就如王锡侯案在江西一样，[23] 它向省内的士绅表明，他们必须谨慎对待自己写作和发表的东西。

文字狱阻止了许多文学作品的流传，在许多情况下它们被整个删毁。清代的文学变得稀薄，历史也一样。大众文化也受到了影响。在扬州，本地戏曲"乱弹"受到了审查。乾隆晚期和嘉庆初期两次发布了对扬州乱弹的严厉禁令。[24] 杰出的扬州学者焦循后来回忆过幼年时听乱弹的乐趣。[25] 在他的老年时期，这种乐趣可能已颇为罕见。

文字狱和四库全书的编纂，不可避免地触及了扬州学者的生活。徐述夔案件发生时，来自扬州兴化县的任大椿正受聘于上书房，四库全书的校勘和贮藏就在那里进行。[26] 他在北京待了很多

年，足以为 1786 年来京的年轻的阮元接风，并指点迷津。[27] 1777
年，任大椿与刘墉（1719—1804）在一起共事，后者作为江苏学
政，将在次年的徐述夔案件中扮演核心角色。他们的上级是纪昀
（1724—1805）。作为卢见曾的姻亲，他在 1768 年的盐务丑闻中受
到了牵连。[28] 王昶（1725—1806）曾在扬州教过卢见曾的子女，同
样卷入了这场丑闻。再度受宠之后，他和另外两名高级士大夫一起
推荐汪中担任金山四库藏书馆典书官一职。[29] 阮元后来提供了四库
全书中遗漏的六十部善本书；[30] 扬州奉旨设局修改曲剧，凌廷堪被
任命为分校之一。[31]

其他扬州学者以次要的方式赶上了文字狱。焦循和江藩
（1761—1830）后来受聘编修扬州府志，此项工作的基础已经由阮
元和焦循早已开始编纂的一部地方史年表《扬州府图经》奠定。编
修府志时，焦循和江藩自然要对条目做出取舍定夺。本地功名拥有
者名单中不见徐述夔的名字，这显然体现了他们的自我审查。徐述
夔案发生时担任扬州知府的谢启昆，仅在官员名单中得到简单提及
（编修府志时他依然活着，因而可能不宜入传）。可是，由于在徐述
夔案中扮演的角色而遭到惩处的东台知县涂跃龙（？ —1798），在
府志中却有一段简短的传记，记载着他对当地教育的贡献。[32] 他经
受住了这场文字狱的折磨，恢复了官职，二十年后作为一名知府辞
世，由于恪尽职守和无比博学而受到人们尊敬。[33] 当然，获罪官员
得到平反的现象很常见，但方志编纂者在交代涂跃龙知县任期内曾
经蒙羞的具体情况时，不得不保持清醒的头脑。他们轻描淡写地确
认了涂跃龙作为扬州府一名受人尊敬的士大夫的地位，或许这就是
一种声明。

柯娇燕（Pamela Crossley）曾经从如下背景对四库全书工程做过探讨，即乾隆皇帝想提供一部关于满人和蒙古人渊源的可靠历史。她写道："对于汉人来说，这种工程根本没有必要。古代典籍中已经包含了关于汉人渊源的全部可知信息。"[34] 可正如她注意到的，与这项工程同时进行的是汉军旗人被逐出八旗体系，这实际上是对各省驻防城镇的一次结构调整。这些变化的含义对于满人认同和满汉界线问题而言最为明显。不过，正如下面将进一步探讨的，乾隆之后的半个世纪里，各种地方史著述在扬州大量出现。因而，关于历史记载的认同政治可能具有传染性。地方史类型中较早的一个著名例子，就是 1787 年汪中撰写的《广陵对》一文。[35] 这些著述的主题，与关于满人的著作汇编中显示的某些关注点一致，即谱系、渊源、忠诚、语言和风俗。

学术的谱系

扬州学派的另一个背景是考据学的兴起，后者又跟盐商和流寓徽人有关联。大致浏览一下清代学术的发展，就能发现盐业贸易与考据学派学者之间的许多连接点。阎若璩（1636—1704）可能是他那个时代最伟大的经学家，他出生于淮安的一个盐商-士绅家族，终其一生，这个家族的本籍依然在山西太原。[36] 甚至更著名的戴震，是一名布商而非盐商之子，但来自徽州的休宁县，跟歙县一样，那里也因盐业贸易而繁荣。[37]

流寓徽人在清代哲学史上的重要性极高，从阎若璩开始到戴震的影响都证实了这一点。著名扬州学者刘文淇（1789—1854）之孙刘寿曾，将其父亲和祖父描述为顾炎武（1613—1682）开创的某种传统的精神继承人：

> 迨乾隆之初，老师略尽，儒术少衰。婺源江氏［永，1681—1762］崛起穷乡，修述大业，其学传于休宁戴氏［震］。戴氏弟子，以扬州为盛。

根据刘寿曾的说法，高邮王念孙、王引之（1766—1834）父子追随戴震的音韵学解释，兴化任大椿在古代典章制度方面同样如此。阮元对王氏父子和任大椿一视同仁，从他们那里学到了他们老师所传授的东西。刘文淇与宝应刘宝楠（1791—1855）的路数非常接近，"二刘"同为传播江永学术的七八名扬州学者之一。[38]

并非每个人都会赞同这种谱系。比如梁启超就将阮元跟高邮"二王"明显区别开来。二王在清代思想史上的地位并无争议。他们和苏南金坛的段玉裁，都被公认为戴震的主要门生。王念孙亲耳聆听过戴震的教诲。另一位门生是焦循，在汪中启发下，他对戴震的著作产生了兴趣。他自己在《易经》、算学和义理研究方面的广度和原创性，都显示了戴震著作的影响。焦循写道："读东原而服之。"[39]如前所述，戴震来自徽州休宁县。因而，他和他的老师江永同样来自"出产"扬州盐商的徽州府。他的学术谱系被称为"皖学"，"皖"即安徽的简称。但"徽学"可能是一个更加合适的称呼。

扬州学者们由于跟18世纪两大学派吴学和皖学的不同关系而有所区分。这种方向上的变异，无疑是他们作为一个群体知名度相对较低的原因。张舜徽是研究这个学派的第一流中国学者，事实上也是该领域几十年来的唯一权威。他将知识的多元化视为该学派的总体特征：扬州学者们"尽量展开讨论和辩难，但仍各自保持不同的见解，从不互相诋毁"。[40] 因此，将这些学者划入一个"学派"的根据，并不在于他们彼此观点相同或研究路数相似，而在于一个由地缘纽带、私人纽带和职业纽带结成的学术共同体。

扬州学派的社会起源

盐业贸易、徽人移民和徽学在扬州学派中的作用，使我们回到了本书上一章探讨的"社会边界的模糊"问题，以及艾尔曼尝试着提出的清代经学的社会起源问题。艾尔曼的假设与结论之间的紧张关系尤其体现了"模糊"论的影响。明清时期的学者当中，那些来自扬州者首先应该显示商人出身的痕迹。实际上，在1746年至1765年间出生的具有全国性影响的著名学者中，艾尔曼关于清代学术的研究论著仅提供了三个出身于商人家族的学者案例，他们都是所谓扬州学派的成员。

如本书上一章所述，在扬州的背景之下，几乎不可能把职业或身份问题与本籍问题区别开来，但身份成了历史研究的主要对象。在讨论扬州学者的社会出身时，大谷敏夫特意论及自学成才的凌曙（1775—1829）及其外甥刘文淇，后者的父亲是一名医师。[41] 经世学者包世臣（1775—1855）认识凌曙，对他的情况有过具体的叙述：

　　[凌]君贫而居市，十岁[在老家村庄]就塾，年余，读

四子书未毕，即去塾，作杂佣保。然停作辄默诵所已读书，苦不明诂解。邻之富人，为子弟延经义师，君乘夜狙其轩外听讲论数月。其师觉之，乃闭外户不纳君。君愤甚，求得已离句之旧籍于市，私读之达旦，而日中佣作如故。年二十，乃弃旧业，集童子为塾师，稍稍近士人。然或塞陋，不足当君意。故君学为世俗制举文无尺度，同人亦莫肯为言者。[42]

包世臣在同一段文字中提到了汪中幼时的贫穷，他认为汪中比凌曙更有才气，不过没有那么刻苦。他还提到了刘文淇的背景之卑微，其"以淹通经史知名江淮间，而其学实自君［凌曙］出"。凌曙显然是自学成才的，相比之下，汪中有受过教育的母亲为其讲授经学，刘文淇也受益于凌曙这位"爱其颖悟，不忍弃之逐末"的舅舅。[43]

这些人能够超越其卑微的背景，是否出于 18 世纪独特的环境之故？将清中期的扬州学派与明中期的泰州学派做一对比，就能表明情况并非如此。来自大扬州地区的泰州学派学者们的社会出身非常复杂。论者注意到了这种现象，并提出了与研究扬州学派——它的繁荣在两三个世纪之后——的历史学者相同的假设，得出了相同的结论。泰州学派的领军人物王亘（1483—1541），是一名独立的食盐交易商，他在当地的十一位门生都来自普通百姓家庭，其中三人出身贫寒。[44] 狄百瑞（William Theodore DeBary）早就指出，在与泰州学派有关联的思想家当中，拥有士绅背景者在数量上占优势——二十五人中占了十七人，其中十一人为进士。[45] 这一比例多少能够与扬州学派中的绅-民比例相提并论，在扬州学派那里士绅成员也扮演着关键角色。正如大谷敏夫暗示的，如果扬州学派体现了动态的阶级关系特征，那或许就不存在长时段的世俗变迁，而只有地位的兴衰，后者在长期存在的社会经济背景下成为可能。否则的话，我们就应该能够看到一种明显的趋势，即清代晚期有更多学者出身于卑微的职业背景。虽然艾尔曼推测这可能是由于社会基础发生了变化，但他关于清代学者社会出身的考察表明情况正好相反。

至少就扬州学者而言，艾尔曼的结论直接瞄准了这些学者的徽州背景，值得深究。他提供的生于 1746 年至 1765 年间、有着商人家族背景的三个著名学者为阮元、焦循和凌廷堪。其中阮元在他那个时代影响最大。阮元成长于一个以财富和权势论英雄的城市中的寒士家庭。作为一座由徽人移民主导的城市中的本地人、一个"重文轻武"社会里的军人家族后代，他在学术和官场生涯中都取得了巨大的成功。他受到三位皇帝赏识，结交重臣，帮助能士，花费巨大精力来促进高雅的文人文化。

正如艾尔曼指出的，阮元家族与盐业贸易有关系。其父亲的生母、祖父阮玉堂（1695—1759）之妾，是江春的堂姊妹；他自己的首任妻子也来自江氏家族。阮元父亲偶尔从事过盐业贸易，阮元自己受教于盐商之子李道南（1759 年进士）。阮元是凌廷堪的朋友，后来成为他的赞助人，后者也是一名盐商的儿子。[46]

这些关系的意义有待进一步探讨。艾尔曼还注意到，阮元的祖父是一名武进士，并且出身于一个本地家族，这个家族自明末以来就扎根于扬州北边的北湖地区。艾尔曼错误地认为阮元母亲是商人之女，这可能是将其母亲和祖母的社会出身弄混了。阮元的外祖父获得了举人资格，担任过福建大田知县。[47]至于亲祖母，她只是妾而不是妻，这使其徽商背景的意义有所降低。[48]她自己可能也是父亲小妾所生的众多女儿之一。

阮元的两次婚姻加深了我们的印象，即他跟盐业贸易的联系微不足道。他与江氏女子的初次婚姻，无疑是祖母的家族关系的结果，维持时间非常短。后来他有效地疏远了这层关系。1791年他的妻子去世，家中无力另行购置家族墓地附近的土地来安葬她，于是她被葬于距离较远之处。阮元成为知名官员并有能力另行购置家族公墓中的土地之后，他打算将母亲的遗骸移葬新址，妻子的遗骸却没有动。[49]他的第二任妻子来自扬州社会以外，更谈不上商人背景。她是山东孔氏之女。他成年时期的社会圈子并无商人特征。阮元在其为著名亲戚江春撰写的传记中称江春为安徽歙县人，1863年版扬州府志将这篇传记归入流寓类别。[50]

阮元的姻亲焦循从未中过进士，也没有知名的官场经历，但他的学问超过了阮元。其《易经》研究确立了他在汉文典籍中的重要地位。焦循除了与凌廷堪的直接交往及跟阮元的家族关系，与商人圈子几乎没有什么联系。他在北湖长大——1644年阮家也在那里落脚——父亲名下有八九百亩土地。[51]焦循父亲和祖父都对《易经》有着深厚的兴趣。清初焦氏宗族成员"或农或贾"，以为谋生之计，[52]但家族成员一直保持着与农耕生活的联系，并且一直有人获得武举功名，这只能表明他们还在与经济困境作抗争，尚未完全打入新的社会阶层。艾尔曼之所以把焦循计入商人出身的少数几名学者之列，是因为他曾经就读于安定书院，后者据何炳棣称"乃为扬州商人家族子弟所设"。[53]但何炳棣的断言并不正确。安定书院创建时明确称自己"为郡士肄业之所",逐渐吸引了来自更远之处、背景更加广泛的学生。[54]

扬州学派中与徽商联系最紧密的,是勤于学问的海州歙县商人后裔凌廷堪,他是清代著名学者中明显出身于商人的例子。凌廷堪在海州板浦盐场出生,那里位于江苏沿海北部的遥远之处。其父亲从歙县来到海州,以做买卖为生。他的社会关系肯定比较差,以至于来到这么远的地方——正如阮元评论的,这是一个"偏远之处"。他娶当地女子王氏(1713—1805)为妻——并非有着明确徽州渊源的"汪"姓。[55]凌廷堪六岁时父亲就去世了。

凌廷堪谨守其徽人传统。1805年他的兄弟、母亲和妻子相继去世,他随即"返回"歙县举行丧礼,四年以后他自己也在歙县去世。如同有着徽州方面的渊源一样,他也有着海州方面的渊源。自从六岁时父亲去世以后,其海州母亲可能对他产生了更大的影响。根据阮元的说法,凌廷堪的母亲根本不希望他做生意,并敦促他出门旅行以结交士人——这呼应了孟母三迁的古老传说。[56]凌廷堪虽然获得了进士功名,却几乎以私人方式研究学问。他拒绝将自己的作品付印,主要是在阮元的发起下,这些作品才在他去世以后得到出版。[57]

其他一些扬州学者的姓氏表明他们也有徽州渊源,因而祖上可能曾经是商人,最明显的就是汪中。[58]汪中仅为秀才,曾因他的非正统观点受到抨击,活的时间较短,几乎没有什么物质资源,创作的文学作品也相对较少,然而他是他那个时代的知名学者,去世后名声甚至更大。岛田虔次认为他是诸子学——即研究汉代以前孔子及其门徒以外的哲学家的学问——之先驱,这门学问在清末士人的一场深刻自省期间变得盛行。[59] 阮元为自己能获得与汪中相同的评价而感到自豪：

> 嘉善谢少宰全圃［墉］先生，两次督学于江苏。乾隆乙巳［1785 年］元应科试，少宰拔元为解经第一人，复以诗文冠一邑。少宰曰："余前任督学得汪中，此任得阮元，皆学人也。"[60]

汪中通常不被视为有着徽州渊源，但杜连喆提供的汪中生平中的两个因素，表明他有这种渊源：首先，他有着典型的徽州姓氏（"汪"）；其次，其曾祖父是一名红色印泥制作（或者制作方法）专家，这种兴趣一般与徽州人在墨和印刷方面的专长相符。但与凌廷堪不同，汪中不承认自己的徽州渊源，认为自己是扬州本地人。根据陈去病的说法，"盖汪虽歙人，而起家甚微，故生平最恶富人。观于梅花书院，踞坐石硋猊，手批盐商之项而面斥之"。[61]

扬州学者的生平表明，在判定其社会出身时也可以参考母亲的世系。汪中和汪喜荀（1786—1847）父子、刘宝楠，以及凌廷堪，都是幼年丧父，由母亲抚养成人。[62] 凌廷堪的母亲在培养凌廷堪的孝顺意识方面必定起到了积极作用，使他能够肯定自己的父系祖先。汪中母亲邹维贞（？—1787）却留下了不同的影响。邹维贞是一名当地寒士之女，通过听父亲授徒而接受过教育。后来作为一名寡妇，她也招收女学生，由此抚养四个孩子。[63] 汪中的《广陵对》一文，开篇也像通常行文那样，为自己的学识低微而感到惭愧，并解释说自己"幼而失怙，未更父兄之训"。[64] 杜连喆推测，他在一家书肆的工作经历，或许有助于他克服缺乏正式的学校教育这一劣势，但他那受过教育的母亲也应该有一份功劳。[65] 至于祖籍，邹家可以追溯到无锡，但汪中的外祖父已经是这个家族在扬州的第七代人，家世方面的信息几乎已经丧失，这意味着任何与故乡的可能联系都已被切断。汪中为母亲之死发布的讣告显示，他几乎没有多少理由感到自己属于父亲那个家族。[66]

焦循关于自己能干的曾祖母的叙述，让我们洞悉了母亲在向儿子传授文化技能方面的重要性。焦循母亲姓卞，她父亲没有儿子，因而溺爱女儿，不是让她学女红，而是教她作诗绘画。出嫁时她的嫁妆盒上覆盖着自己亲手创作的诗画作品。焦循还是一名小孩的时候，经常看到这些盒子：母亲会手把手地教他认诗中的那些字，并教他背诵这些诗文。[67] 阮元的早期教育也从母亲那里获益甚多，因为他的父亲经常不在家。[68] 母亲家族在官场上的成就要高于父系祖先，这意味着某种社会机制，即在一名有抱负的学者的世界观当中，母亲家族的影响可能有着无言而深刻的意义。比如刘文淇的例子，在他的生活当中，舅舅凌曙看来比他自己的父亲还更重要。

事实就是如此：简单考察一下扬州学者们的家世就能发现，他们与盐商和 / 或徽人家族的联系，远没有艾尔曼所了解的那样多。尽管如此，整个扬州学派基本证明了艾尔曼的初始发现，即清代学者"在很大程度上是传统精英的一部分"。扬州学者共同体来自不同的地方和社会经济背景，其（内部）认同和（学派）特征应归功于通婚、教育、家族和官僚圈子内部的扶助等因素形成的纽带。这些纽带明显体现在《清代名人传略》(Eminent Chinese of the Ch'ing Period) 中这些人的生平传记里，体现在他们的作品中，并为论述"扬州学派"的后世学者所记载。[69]

　　总之，与他们跟盐商共同体的关系相反，扬州学者作为一个群体显示了强烈的跨地区联系。成长于城市者如汪中、阮元，与来自偏远州县的乡绅保持着密切关系，如高邮人王念孙、王引之父子，兴化人任大椿，以及来自宝应的刘台拱（1751—1805）和刘宝楠。[70] 对于这些纽带的发展，北京与扬州同样重要，因为他们中的一些人正是在京师初次相识。大家的本籍都是扬州府，此种背景无疑为这样的相遇提供了基础。阮元逗留之处的北京的扬州会馆，则是一个显而易见的聚合地点。[71] 北京的重要性表明，士人和官员，而非盐商，才是扬州学者们自然而然的社会世界。至于那些有着徽州父系渊源的"扬州学派"学者，他们无一来自地位显赫、在社会上取得了成功的盐商家族，无一在正常的官僚体系中占有重要职位，只有凌廷堪获得过进士功名。大体上说，扬州学者们的强大基础是拥有土地的士绅，尽管其中包括一些出身相对低微者，比如凌曙、刘文淇和凌廷堪。

议题中的本地意识

　　关于扬州学派的研究通常以其多元方向为关注焦点，尽管它们之间的相互关系也得到了探讨。但张舜徽试图提供一种综合性的分析。他所概括的扬州学派的特征包括：灵活的、发展性的分析观点，这在焦循身上体现得尤其明显，焦循反对"宋学""汉学"和"考据研究"这样的学术类别划分；研究兴趣异常广泛，其中包括汪中的先秦诸子研究、阮元对青铜器铭文的研究、江藩的大部头历史著作、焦循的词典和戏曲研究，以及刘毓崧的民间故事和谚语征集；愿意背离宋学和汉学对儒家经典的注释，对更早的著作进行独立的文本考证；兼顾高深学问与正直行为的完整人格；愿意承认自己的不足；等等。关于最后一个特征，他列举了一些令人轻松的逸事：焦循把批评自己作品的文字收集起来，并作为附录加以出版；王念孙八十岁时承认，自己校订《淮南子》时未能使用宋人关于这个主题的著作，他认为这是一个遗憾，并很虚心地向顾千里（1766—1835）求教，而后者比他小三十岁。[72]

张舜徽没有特别提及的扬州学派的一个特征，就是对本地的高度兴趣。本书征引了扬州学者们关于该城和扬州府的许多论著。其中大多数出现在李斗《扬州画舫录》一书问世之后的几十年里：阮元关于扬州诗文及其创作历史背景的论著，焦循关于清代扬州居民生平和著述的文集，刘宝楠关于扬州明遗民生平传记的文集，刘文淇关于水道系统的历史研究，焦循和江藩的舆地学研究，还有焦循的北湖小志。[73]与这些知名学者的作品同时出现的，还有其他学者的著述：阮元堂兄弟阮先为焦循的北湖小志编纂了续集，为此阮元还提供了一篇序文；阮元的另一位堂兄弟阮亨，编辑了一套关于扬州各处名胜的木版画；阮元舅舅林苏门出版了关于扬州风俗的两部文集，一部为当地"竹枝词"汇编，另一部是他自己的作品。[74]除此之外还有19世纪上半期创作的一些小说（详后）。

总的来看，这些著述体现了一种坚持不懈的主张，即地方对于共同体的界定具有重要意义。这对于我们理解作为一个"熔炉"、一个以"容忍差异"为特征[75]的扬州有重要含义——这种看法就明清时代的某些时期而言更有道理。当然，到了19世纪初，我们可以发现不那么能够容忍差异的例子。在1811年刊行的第五版江都县志中，编纂者对长期寓居扬州的家族数量之多发出了抱怨：

> 兰州之刘，襄陵之乔、高，泾阳之张、郭，西安之申，临潼之张，兼籍故土，皆实居扬……此外，如歙之程、汪、方、吴诸大姓，累世居扬，而终贯本籍者，尤不可胜数。若但以题名碑为据，而于历志相沿之旧，概行删去，且或载其父而遗其子，录其弟而外其兄，于情事不合，未便轻为附和也。[76]

县志中插入了这样一段对于扬州人口结构的露骨的不满，但这种论述未见于此前版本的县志，[77] 这表明扬州出现了时代的脱节，评论者正在为此寻找一种解释。

差异意识并不等于差异这一事实。根据园林所有权、慈善事业主动性、定居模式和职业结构等客观社会现象，前述各章已经对扬州人和徽州人做出了区分。生活在扬州小巷中的本地人是否自觉感受到了这种区别，那是另一回事。关于这种问题的文献资料都是由受过教育者书写的，这一事实加剧了关于其历史意义的分析的复杂性。换句话说，19世纪初关于扬州的著述的增多，证实了当地精英的本地意识的成长，但它并不一定能够揭示那些永远不知名者的日常经历。

林苏门的三百篇诗文合集，就是这种意识成长的一个例证，使我们有机会洞悉这种差异感的维持机制。林苏门不仅是阮元的亲戚，也是凌廷堪的老朋友，后者为这部文集写过一篇序言。林苏门这本关于大众文化的论著在当时影响很大，使我们得以窥见扬州学派的更广阔世界——他们结交的人并不限于经学家和哲学家，而且他们与林苏门走在同样的街道上，目睹着相同的景象。林苏门的文章覆盖了扬州地方文化的广泛题材，从市场上出售的日用品到文学和艺术成就的片段，都被囊括在内。他对自己诗文的评论同样很有价值，反映了扬州的新近变迁。

林苏门提到的众多地方文化习俗，其中就包括"剧"。在这个标题下，林苏门首先提到北京作为一个戏曲表演场所的突出地位，苏州则位居第二。他注意到，扬州只是在不久以前才模仿北京建立了戏曲表演场所。但林苏门也意识到，扬州在更早以前曾经是一个繁荣的戏曲中心。[78] 乾隆南巡期间徽商戏班在戏曲方面居于领先地位，而到了嘉庆前期，扬州却只能无力地模仿北京的风格，其间的差距非常明显。

扬州戏曲的历史演变表明，本地文化和移民文化之间存在区别的时段，可能比 19 世纪初突然兴起的一阵扬州撰述热潮所显示的更长。扬州戏曲形态的发展轨迹主要有两条。其一是昆山腔或者昆曲的兴起，它产生于 16 世纪的江南吴语地区，17 世纪中叶开始衰落，然后由于孔尚任的《桃花扇》又突然显赫一时。[79] 正如马克林（Colin Mackerras）指出的，昆曲在扬州的繁荣得到了盐商的赞助，至少有七名盐商拥有昆曲戏班。跟扬州的其他大多数事物一样，这也主要是徽州人的一项事业——只有一位姓张的非徽州人拥有昆曲戏班，他可能来自陕西临潼。[80]

戏班发展背后的主要动力可能是 1751 年乾隆皇帝的初次南巡。乾隆帝在宫里就对戏曲表演显示了相当的兴趣。由于喜欢南方戏曲，他决定征调江南演员进京。[81] 可能并非巧合的是，李斗笔下的戏班就在此后得到了发展。扬州的私人戏班在 17 世纪晚期也很活跃，但只是在 18 世纪后半期它们的数量才得以增加。[82]

扬州昆曲并非起源于本地，这从艺术形式本身的渊源、戏班主人的本籍，以及戏班的构成来看都很清楚。在扬州，演员们登记之处的寺院位于苏唱街，盐商戏班中的最佳演员都来自南方。[83] 但也存在着一种本地戏曲传统，即扬州梆子，或称"乱弹"，它属于戏曲中的"花部"，这种类型结合了昆曲以外的各种知名戏曲的形式。[84]

与昆曲相反，本地乱弹"皆系土人"。[85] 只有一名盐商拥有"花部"戏班，他就是阮元的姻亲、首商江春。[86] 考虑到昆曲在当时的声威，江春组建这个戏班之举，或许可以解读为对本地人口的一种姿态。徐澄淇将他这一创举解释为扬州作为"熔炉"的证据，但她也注意到这"很不正常"。同样，这显然是江春个人的特殊举动。[87] 这个戏班不久就由来自扬州以外——主要是苏州和安庆——的著名演员主导，最后提供的是混合剧目。[88]

本地乱弹源于扬州城外。演员来自北边的邵伯、东边的宜陵、北湖诸市镇，以及其他地方。[89] 戏文主要采自元代戏曲，"音节服饰极俚"。[90] 如前所述，生活在扬州北部乡村的焦循，是本地乱弹的狂热爱好者。他就此题材撰写了大量作品，颇为怀念地回忆自己小时候对它的初次接触，充满感情地描写了人们扶老携幼乘船坐车去湖边看戏的场景。[91]

与昆曲不同，本地乱弹在户外露天表演。戏班们春天为乡村观众表演，然后在昆班休演的盛夏时节移至城里（昆曲的表演旺季好像在三月份的清明节与五月份的端午节之间）。[92] 流动的"花部"戏班与本地乱弹展开了竞争：来自江苏南部句容的梆子戏班、来自安徽的安庆"二簧"、来自江西的弋阳风格的表演者，以及来自湖广的罗罗戏班。与本地戏班一样，他们也在昆班休演的盛夏季节进入城里。[93] 不清楚这些外来戏班的主要观众是谁，但可以知道的是，弋阳戏在徽州人当中很流行。[94] 关于乱弹，李斗称"本地乱弹只行之祷祀"。[95]

这段关于 18 世纪晚期扬州戏曲的概述，使人想到三种社会区别。一是城市与周边乡镇地区的区别，二是有钱精英与普通百姓之间的区别，三是盐商（多来自徽州）与本地人之间的区别。这三种区别在一定意义上可以合并为一种区分。几乎所有徽州人都是城市居民，多从事盐业贸易，并且除了宗祠用地极少在扬州地区拥有土地。扬州本地人与土地相连，他们可能构成了该城普通百姓的主体，除了服务于徽商家庭，罕有从事盐业贸易者。显然，昆曲并不是徽州本地的产物，而是由徽州人在扬州发展起来的，他们认为苏州文化要高于自己所居住城市的地方文化。乱弹戏班的活跃证明了该城腹地粗俗文化的活力，后者为街头巷尾的城市社会提供了营养。

戏曲使我们注意到地方文化中的一个侧面，它或许有助于维持扬州本地人与外来移民之间的边界。语言看来是这两种戏曲形式之间的关键区别之一：昆曲使用吴语方言表演，扬州乱弹则用本地方言表演。[96] 由于 17、18 世纪徽州人持续流入扬州，徽州方言的存在肯定很明显。[97] 它与本地方言颇为不同，后者属于东部官话，但不易为讲标准官话者所懂。来自西部各省的移民为该城带来了另一套方言，它们全都来自官话家族，但相互之间又有明显的差异。在扬州，市场上必定回响着各种方言的声音，买卖者有时要费很大的劲才能弄明白对方的意思。厉鹗弄错了马氏兄弟重阳文会中两位客人的名字，这可能是出于弄错了这些名字的发音之故。[98] 周生用一定的篇幅评论了扬州的方言差异，承认自己不知道"芽茄"一词中的"茄"字用扬州方言如何拼读。[99]

　　这里有必要重复一个此前的观点，即必须将社会分化这一事实与由此产生的意义区别开来。打个比方，如果说徽州人和扬州人从未同台看过戏，这未免言过其实。两个世纪的密切联系导致了这两个社会群体之间的文化交流。林苏门很好地记录了 18 世纪末 19 世纪初扬州本地人之间的文化交流。婚礼就是一个例子，由此可见徽州文化对扬州风俗的影响：

> 嫁女入舆，不加笄饰，但盖红帕，外以篾丝为花冠，高尺许，上缀绢绫人物，戴于头上。至夫家下舆时，众亲一揭彩舆之顶，而花冠簇簇然露矣，因争抢之，以为喜祝之意。此徽礼也，扬俗近沿之。或曰徽多虎，嫁者遇虎，舆夫逃去，虎来衔人，仅及花冠，不伤新妇。果尔，则扬城内亦有虎欤。[100]

　　这种对徽州习俗的模仿，不仅意味着扬州人目睹了大量的徽式婚礼，而且意味着徽州文化在扬州的优势。普通人乐于模仿有权有势者的所作所为。这些婚礼特征虽然随着扬州的徽人社会的终结而消失（关于扬州传统婚俗的当代叙述中没有提到它们），[101] 但它们证实了如下看法，即这一时期的本地文化混合了徽州风俗和扬州风俗。

　　明显受徽州文化影响的另一个领域是食品。林苏门提到了扬州市场中出售的"三鲜大连"。这是一种徽州食品：

> 扬州有徽面之名"三鲜"者，鸡、鱼、肉也；"大连"者，
> 大碗面也。外省人初来扬州郡城，入市食面，见大碗汤如水
> 盏，几不敢动下箸，及入口则津津矣。[102]

流寓社群出现以前，面条在扬州可能相对罕见。这里属于稻米地带，因为该城腹地的潮湿环境不利于种麦。徽州面条没有作为与扬州有关的食品而保留下来。保留下来的是炒饭，全世界的中餐馆里至今依然在出售"扬州炒饭"，这可能是徽州人的存在的产物。根据林苏门的说法，扬州人中午通常吃米饭，剩下的米饭做成粥，早晚食用。然而富裕家庭的佣人与中等家庭的佣人也有区别，前者喝的粥里要放油——这种东西在普通人家要省着使用。[103]

林苏门虽然描述了徽州对扬州文化的影响，同时也对这两种文化传统做出了鲜明的区分。他对这种区别的关注体现了本地人和移民的自觉意识，这是 19 世纪上半期扬州学者们的特征。他对于不同习俗的来源有着天然的敏感，能够记录下持续的差异和不同时期的变化。他极其详细地记载了冬季的灶王爷祭礼，在外人看来，其特征或许就是所有家庭都准备一份米丸而已，不管他们来自哪里。然而对扬州的一些人而言，其间的区别很明显：扬州人用糯米粉来做这种米丸；徽州人的米丸用普通籼米粉做成，并且有大有小。[104] 这种区别使人想到韩起澜（Emily Honig）在关于上海人对苏北人之偏见的研究中提到的现象：在上海，江北烹饪习俗被认为很粗鄙，其标志之一就是他们做的糯米丸很大。[105]

林苏门关于扬州日常生活中的一些文化特征的观察，其中最有意思的内容或许与徽州人的居室有关，它们俨然就是某种招牌：

扬城运盐之家，虽土著百年，而厮仆皆呼其［屋外］旗名曰"某某店"，故高门大屋非店而亦曰"店"也。间有贫落大家，零星卖屋，数十家分而居之，前后门竟为通衢矣，故曰"穿店"。[106]

林苏门嘲笑商人家庭及其后裔的装腔作势，但他的叙述对于扬州人的本地认同问题有重要意义。徽州人在扬州历经数代以后，无疑说着扬州方言，也许早晚喝粥，盛夏时节或许也会走出室外去看戏。但迁至扬州数代以后，他们依然坚持一些习俗，由此被视为徽州人。门上的"店"字标记，使那些已经没落者可以获得某种虚荣，即标志着自己属于当地社会的精英——来自徽州的运商。

19世纪初对于本籍来源的敏感性的逐渐增强，再次说明一个问题。"店"一直以来都表示一位徽州人的宅邸，然而吊诡的是，"店"的社会意义却随着"穿店"的出现而变得最明显。可以说，19世纪初的中国正处于这样一个时代，即以一些更具地方色彩和特定历史意义的术语为标准，社会群体正在得到重新界定。

本地与世界

林苏门关于扬州日用品的记载，意味着扬州府士人地方意识发展的背景，或许就是一个更加广阔的世界，它正在将整个中国逐渐纳入其中。换句话说，众所熟知的外来-本地边界的变动或消解征兆，导致了关于共同体的焦虑，以及对本地认同的更强烈关注。

19 世纪头几十年，扬州与中国以外的地方有着令人吃惊的密切交往。林苏门详细记录的日用品显示，19 世纪的最初十年里扬州人与国际贸易的接触非常频繁。在该城流行的家庭宠物西方鼠和广州鸡，以及作为个人和家庭财产的钟表，都显示了远自广州——当时是繁荣的中西贸易中心——而来的商品的影响。[107] 方言中的说法也表明扬州与广州的联系正在加强。林苏门注意到了用"西洋话"这个术语来指"官样文章"，[108] 以及"想发广东财"这句话的突然出现，后者用来指某个丧失了财富的家庭。[109] 在林苏门老年时期，富裕家庭随着盐业贸易的停滞而丧失了自己的财富，这种说法无疑越来越普遍。

来自国外的商品和知识，是扬州学者们生活世界中的一部分。斯蒂芬·罗迪（Stephen Roddy）发现，凌廷堪"对西方科学和技术的欣赏……看来使他持有某种对外部世界的开放心态，甚至是一种宇宙观，使他能够承认中国文化领域以外的世界的事件之意义"。[110] 有一则资料可以支持这种猜测，即凌廷堪向阮元表达过自己对于在扬州看到的外国发明的热爱。[111] 凌廷堪对科学技术的欣赏，还可以从他对算学的兴趣中得到体现。在这方面他跟焦循和阮元有着同样的兴趣：焦循原创性地将数学运用于自己的《易经》研究，后者在凌廷堪辅助下编辑了一部数学家生平传记合集。数学研究和传记编纂，这在清代学术界都是寻常之举，可正如张舜徽注意到的，阮元的数学家传记编纂项目，首次在中国系统地展示了科学家们的著述。阮元的项目中有三十五名外国传主，这在此类成熟的文体中确实显得非同寻常。

当时与扬州有关的小说显示了类似的原创性。凌廷堪的学生李汝珍（1763—约 1830）[112] 撰写的《镜花缘》一书很出名，书中的核心主角到处旅行，那些地方的社会标准与中华帝国晚期的殊为不同。通过这一叙述技巧，该书有效地将"中土"去中心化。斯蒂芬·罗迪将李汝珍的文化相对主义能力归结为凌廷堪的影响，肯定了小野和子将李汝珍放在扬州学派背景下进行研究的做法，顺便暗示李汝珍的世界观有着扬州渊源。[113]

撰写于 19 世纪 40 年代的《风月梦》一书，在精神上与《镜花缘》形成了有趣的对照。李汝珍的小说从"中土"来看外面的其他地方，《风月梦》则是第一部内向深入观察扬州本身的小说。在韩南看来，这是"中国第一部真正意义上的'城市小说'"，扬州是"第一个受到如此待遇的城市"。[114] 与《镜花缘》一书明显相反，此书描写的是一个完全熟悉的世界，并将其刻画得无比细致。这部典型的城市小说创作时间较早，表明扬州存在着一种对于周围世界的变迁本质的高度敏感。[115]

结合这些小说来看，扬州学派年轻一代成员关于地方史和地方文化的学术成果，是一个深刻变迁时代的产物，呈现了其历史意义。就跟在黄昏时起身的密涅瓦女神的猫头鹰一样，18 世纪末 19 世纪初的扬州学者们或许目睹了刚刚结束之日所发生的一切。他们关于自己家乡在世界中所处地位的意识，或许由于世界本身的变迁特征而得到强化。当然，他们正在将扬州写入清代历史当中，使自己的家乡具有与孔子以前的春秋时期邗城一脉相承的谱系。

1804 年，阮元在旧城建了一座宗祠，里面安放着自己父亲家族的祖宗牌位。[116] 这样他就完成了始于两个世纪以前徽人士绅郑元勋发起的本地意识培养过程——当时后者正忙于鼓励妇道和孝行，召集同乡投身于慈善事业，由此在扬州创造了一个道德社会。同时，这座位于扬州中心地区的家庙的建造，可以解读为宣告了本地人对于一座移民城市的所有权。这种宣告在阮元及其周围人的著述中有着暗示。就像阮元为自己家族所做的那样，后来的扬州学者们共同为这座城市提供了一部良好的谱系记录。

第五部分

尾　声

Postscript

经过三十年的酝酿，李斗的《扬州画舫录》终于在乾隆末年问世。李斗该书深刻地影响了后来人看待18世纪扬州的方式。士人、官员、商人和艺术家的行列，逐条详细记录下来的休闲场所，征引的诗文和提到的学术著作，这些都构成了一系列让人眼花缭乱的印象，很容易使人陷入一种关于18世纪之繁荣的普遍观念当中。

正如前面各章所示，如果我们注意到各种变化的发生时间，那么一种关于18世纪扬州的更复杂图景就浮现出来。雍正年间是主要城市机构得以产生的重要时期。18世纪最受欢迎的艺术家大多活跃于18世纪60年代以前。园林建设的黄金时代从18世纪50年代一直持续到80年代。戏曲和城市经济在这些时期都很繁荣。此后，本地士人开始崛起，从19世纪初开始，本地学术得到了明显的大发展。

19世纪没有出现任何可以跟《扬州画舫录》相提并论的著作，从某些方面来看，这个世纪好像是17世纪的反转，此前几十年里取得的成就，这时多趋于局部瓦解。由于许多复杂的原因，这座城市一直没有从太平天国运动的破坏中恢复过来。19世纪该城的历史虽然可以根据这个世纪的情况来解释，但18世纪为其投下了漫长的阴影。它确立了一种思考扬州的方式，这种方式常常使如下问题变得复杂，即外来人如何看待该城，本地人又如何看待自己。

进入 19 世纪末，一种奇特的行话在该城出现。它被称为"鸭语"，源于本地钱庄的一种金融交易密码。在这种隐语中，"一"字变成了"夜明珠"，"二"字变成了"耳朵边"，"是"字变成了"丝瓜"，"无"字变成了"本色"，诸如此类。这种隐语逐渐发展到一种程度，即本地人能够辱骂毫不知情的外来人，而后者很难弄懂其中的恶意。[1]

我们虽然不知道这些行话在该城的使用情况有多普遍，但此种现象意味着这个社会对外来人多有疑虑，正在确立边界来界定自身。结论中概述的 19 世纪历史发展轨迹，部分程度上可以解释为何会出现这种现象。

第十二章

恍如一梦

　　1817 年，行旅作家和社会评论家钱泳（1759—1844）沮丧地发现，扬州的著名园林已经处于荒芜状态。陕西临潼张氏的双桐书室已被夷为废墟，"亭台萧瑟，草木荒芜矣"。徽州吴氏的片石山房卖给了一名媒婆，她在那里开了一家面馆。九峰园中的九块奇石只剩下四五块。曾经辉煌一时的瘦西湖，被钱泳比喻为一个"瓦砾场"，使人想起废弃的建筑、坍塌的假山、杂草丛生的荒野形象。他用诗文写道：

　　　　《画舫录》中人半死，倚虹园外柳如烟。

　　　　抚今追昔，恍如一梦。[1]

　　怀旧情绪在关于扬州的 19 世纪文学作品中很常见。1844 年，阮元为李斗的《扬州画舫录》作跋，以类似的语调评论了自己故乡的衰落。乾隆末年，即 1795 年，他发现"扬州尚殷阗如旧"。八年以后的 1803 年，他告假出门，与一些朋友行经扬州。他写道："此后渐衰，楼台倾毁，花木凋零。"[2] 1834 年探亲期间，他发现商人家族和士人已经陷入贫困状态，贫穷的官吏转向服务和买卖以维持生计。1839 年，他在各省度过了杰出而漫长的官场生涯之后退休，发现故乡的园林和图书馆或者无人照管，或者已经成为废墟。他几乎认不出他幼年时期的城市模样。[3]

对过去的惋惜和对未来的忧虑，无疑在阮元的观察中占有同等地位。1840 年爆发了鸦片战争，1842 年《南京条约》签订期间，英国炮舰堵住了大运河与长江的交汇处。鸦片战争期间，署理两江总督梁章钜（1775—1849）被困于扬州，阮元陪在他的身旁。他们与在扬州避难的其他三名士大夫形成了"五老会"。[4] 阮元带梁章钜去了该城的许多名胜之处。他肯定想让自己的客人看看这些地方的本来面貌。

根据阮元的观察，我们很容易将 19 世纪初的扬州历史描述为一个关于衰落和灭亡的故事，并由此反映整个中华帝国的常规历史。这种历史只能告诉人们一些关于缺席的故事：曾经有过什么，它们现已不复存在。但可能还有另一种历史。正如我们已经看到的，阮元的亲戚林苏门在 1808 年提到了新的日用品和新的时尚。19 世纪 40 年代，《风月梦》中的主角穿着用"洋布"制成的"新式衣"，戴着运动手表，携着烟袋在城市街头闲逛，姑娘们的衣着打扮令人目眩。[5] 从这部小说来看，19 世纪 40 年代的扬州依然是一座繁忙的城市。看看钞关所在的新城南门的情景：

> 络绎行人，稠密烟户。税务房稽查越漏，悬虎头牌示以扬威；门兵班严拿奸究，挂狼牙箭袋而耀武。旅店灯笼，招往来之过客，铺面招牌，揽经商之市贾。进城人、出城人，呵气成云，背负汉、肩担汉，挥汗如雨。[6]

就在阮元退休的 1839 年，龚自珍（1792—1841）来到扬州。他原本听说过该城的衰落，却惊奇地发现它依然是一座优美的城市。"江淮数十州县治，"他写道，"无如此冶华也。"[7]根据这些观察，可以认为 19 世纪初的扬州是一个处于转变而非衰落中的城市，它正在变成一个更加普通的城市，但在长江下游三角洲城市系统中依然占有相当的地位。

另一方面，在 19 世纪上半期，江北的盐业贸易和水利系统都步入了一个危机阶段。水利管理的低谷与盐业贸易的问题前后出现，并且与后者有关。墨子刻将 1805 年至 1830 年间描述为一个食盐专卖"越来越困难"的阶段。[8]这也是江北水利系统中的关键设施崩溃的时期，朝廷正努力从苗民起义和白莲教起义的打击中恢复过来，同时又要对付沿海的海盗和越来越严重的鸦片贸易压力。

或许可以将这些变化，还有 1840 年至 1842 年的鸦片战争和 1850 年至 1864 年的太平天国运动，都视为一系列互不相关的事件，但它们共同动摇了该城的财富基础和行政地位，而且它们确实与行政和经济因素有关。折磨着朝廷的那些灾祸最终对这座城市产生了影响。考虑到该城对行政结构和皇家保护的非同寻常的高度依赖，这种结果几乎不足为奇。

食盐、水道与区域的衰落

早在 19 世纪大规模战争发生前的乾隆末期，盐商们就开始离开扬州。1795 年，对一桩侵吞公款案的调查发现，相当多的商人在故乡生活，雇用经纪人、朋友或亲戚作为自己的代表在扬州纳税。[9] 经纪人的使用并不新鲜：李斗提到了晋商王履泰和尉济美，"王氏任之柴宜琴，尉氏任之柴宾臣，皆深谙盐法者"。[10] 李斗仅提到这一事实，表明他对这种做法相对陌生，但在他写作该书期间，这种做法必定越来越流行。这并不一定对食盐专卖有害，但确实对扬州不利。如果商人们不在扬州生活，那他们也就不会在扬州消费。商人们以徽州为根据地，或者还有长江对岸的镇江（一个新的盐商来源地）甚或汉口，都将利润花在了其他地方。

林苏门开列的消费清单清楚地表明，18、19 世纪之交扬州依然有大量自由消费。不过林苏门也提到了越来越明显的局促感。他观察到："红白事先下支宾酒请帖，近日多有只领帖而不赴席者。"[11] 这可能是偏好发生了改变，但也可以说，扬州人似乎感到了支付能力的下降。正如林苏门在其他地方注意到的："近日皆知穷，而不自讳。每遇儿女喜事，两家言省俭，不娶而赘。"[12]

炫耀性消费有时被认为是盐商财富衰落的原因，[13] 但这种观点背后的逻辑很成问题。17、18 世纪，许多徽人家族耗尽了自己的财富，但总是有上升的家族取而代之。徽商在扬州的存在越来越微弱，部分原因可能在于 18 世纪徽州本身的变迁。宋汉理提出，作为出口商品，大米价格的上涨导致了土地价值的上升，这有助于把徽州人留在家乡。她进而推测，强大的宗族制度在数百年里有助于维系徽州人在外地的事业成功，但它却因为同样大规模的移民而被削弱。[14] 徽州的环境与食盐专卖的衰落之间的关系，依然值得进一步研究。

不管徽州的情况如何，很明显的是，两淮食盐专卖从 18 世纪晚期开始遇到问题，从而降低了对商人的吸引力。食盐定额越来越难以完成，走私者越来越猖獗。1795 年，淮北盐区跟淮南一样，商人数量都有所下降。原有的二十名运商只剩下十二人还在营业，其余运商因为难以处置自己的食盐定额而引退。[15] 还是在 1795 年，乾隆皇帝试图阻止淮南食盐销售量的下滑趋势，沿着分销区域的界线设置了一个无盐带。浙江、福建和两广地区濒临两淮盐区界线的盐铺，都移至 30 里以外，以阻止食盐渗入邻近地区。[16] 六十年前即已有过这种移动之请，引发了冗长的辩论，并且因为"小民"的困难、措施可能无效而被否决。[17] 它在 1795 年得以实施，表明官员与违法销售之间的天平向后者倾斜。边界地区的走私曾经多少得到了接受，被认为是保护核心供应区的正常代价，可现在不再是各个盐区之间的缓冲器。

1795 年销售缓慢和利润受损的一个直接原因是苗民起义，加上其他一些影响，湖南船夫急于跑回家乡去保卫自己的村庄，留下满载食盐的仪征盐船在武昌排队。另一个原因在这一年体现得尤为明显，即为保证货物得到及时处理而在 1792 年引入的"封轮"制度。在这种制度下，盐船抵达后就被封起来，然后依照船只的抵达顺序卸货。这就阻碍了小型盐船的迅速卸货——它们运载的食盐占了该港的三四成。[18]

盐商们还有更长周期的压力，这对于小规模或新开展的生意的影响肯定特别大。墨子刻征引佐伯富的研究并指出，从 18 世纪 70 年代起"报效"额有了提高。1738 年至 1771 年间，即大致为乾隆前期，商人报效朝廷将近 1000 万两。而 1773 年至 1804 年间，报效额增加到将近 2700 万两。[19]

商人资本承受的压力在 19 世纪初年有所增大，当时盐税、运库和商人的私人资产都被强行征集起来，以负担白莲教起义导致的军费支出，以及对付水道系统的危机。1803 年，阁臣建议提高食盐价格以筹集水利资金，可当时食盐专卖利润正用于镇压各省叛乱的军费支出，以及帮助遭受了战争创伤地区的恢复。[20] 显然，正用于防务的资金没法同时用于水利。盐商报效能力的有限于是变得明显。1805 年的洪灾之后，总督铁保（1752—1824）和河道总督徐端（？—1812）明显陷入了困惑，不知怎样才能更好地筹集资金来修复水利设施。办法要么是根据土地来摊派，要么是要求商人捐助——18 世纪他们当然是此类资金的最常见来源。最后从商人那里榨出了 13.5 万两，但其中的主要部分 9 万两是由两名商人捐助的。其余总商加起来也只能提供这个数目的一半。[21]

朝廷看来知道商人正面临着压力，非常挂念他们的利益。嘉庆皇帝在 1813 年下令，下河地区运河及堤坝大修工程的费用主要通过田赋附加的方式来征集。除了田赋附加所得的 32.1 万两，盐商们还要提供 8.8 万两，这个数字略微超过了田赋附加的四分之一，此外还要从河务经费中拨出 1.8 万两。省级官员和河务官员对于资金的分派另有主意，在奏折中明显提高了商人捐助的数目。[22] 然而，商人的钱财不像以往那样值钱。1814 年，据估算，材料费用在此前七年内翻了一番。[23]

通货膨胀严重加剧了盐业贸易面临的压力。道光年间（1821—1850），经常有人将两淮食盐的处置困难和私盐的猖獗归咎于通货膨胀。[24] 食盐在市场上以铜钱购买，盐税却以白银缴纳。根据魏源（1794—1857）的计算，乾隆年间 1 两白银可兑 1000 文钱，道光初年则上升至 1500—1600 文，1827 年至 1833 年间上升得尤其厉害。[25] 食盐价格相应上涨，积压的未售之盐也随即增加。

食盐专卖中的问题在 18 世纪 90 年代盐商引退时即有所暗示，19 世纪 20 年代达到了危机点。张连生将通货膨胀问题与鸦片贸易联系起来，因而将食盐专卖中的问题归结为西方的罪恶影响。[26] 我们不清楚鸦片何时出现于扬州，但其运输方式非常简单：广东潮州是后来上海鸦片的重要来源，19 世纪初，那里的驳船经常运送木炭前往扬州。[27] 到了 19 世纪 40 年代，当周生在扬州生活的时候，鸦片的吸食在该城随处可见。[28]

张连生的假说中有一个问题，即食盐定额处置的严重困难出现在 18、19 世纪之交，而通货膨胀直到 19 世纪 20 年代依然不明显。尽管如此，在鸦片贸易正当活跃的 19 世纪 20 年代，盐商们确实正在经历着明显的困难。根据当时扬州学者李澄的记载：

> 今实运之家不及曩者之半，而消乏者日渐告退。天下之富商大贾，皆视两淮为畏途，裹足而不前。乃以数十家半虚半实之商，办百余万年清年额之引，难已！[29]

正如李澄提到的，商人自己也出现了问题。[30] 1822 年，大学士曹振镛（1755—1835）——他自己就是曾经活跃在扬州的一名徽州盐商的孙子——论述了盐业贸易中的一系列问题。他提到了当时最著名的商人黄至筠的腐败。根据曹振镛的奏折，黄至筠连续多年垄断首商一职，对该职位剥削、滥用过度，以至于其他任何一位总商都不愿出面取代他。同行指责他在商人总共承担的 70 万两定额之外又增加了 20 万两，指责他强行过分摊派并强制借贷。因此，曹振镛请求皇上废除首商一职（显然无效），恢复总商轮流当值的做法。[31]

　　盐业部门的腐败并不新鲜。在盗用资金的规模方面，1768 年的卢见曾案堪与 1822 年的黄至筠案相提并论。区别在于卢见曾案发生在盐业贸易的繁荣时期，而黄至筠的罪行却发生在盐业贸易的危机时期。1822 年夏，此前半年里运抵武昌的 413 船官盐依然尚未卸货，其数量接近湖广盐额总量的一半。[32]

　　黄至筠看来安然渡过了 1822 年的丑闻，无论如何，他的财务行为只不过是商人广泛的不法行为之象征。大致在这一时期，包世臣谈到了扬州育婴堂的管理不善。1830 年前后，这个庞杂的机构包含了 1400 多名弃婴及其奶妈，由盐政资金资助。根据包世臣的说法，其资金的管理非常不规范，免费养活了太多的管事人员和无数医师。他建议将护理医师的数量限制在七八名以内，并严格监督药品的供应和成本。在他看来，扬州和仪征各书院、普济堂、养济院、寡妇救济团体及救生船的受助经费，也都需要进行审计。[33]

　　包世臣吸收了陶澍的意见，后者在 1830 年成为两江总督，肩负着改革两淮盐政之责。陶澍发现总商们对于自主基金的管理极其腐败。比如，他们声称为盐政机关的修整支付了数万两白银，而实际支出仅有数千两；他们声称在手禀红帖方面花了 1000 两银子，而实际支出仅数十文钱。此外，假定用于资助德音、春台两个戏班演出的运库基金，实际却被用来支付商人举办的家宴，而且用于资助贫困商人后代的银子每月达数万两。[34]

　　关于这些补贴，陶澍呼应了李澄的评论：

查淮商向有数百家，近因消乏，仅存数十家，且多借资营运，不皆［依靠］自己资本。更有以商为名，网取无本之利，并不行盐者。[35]

与这种情形相比，汉口的优势值得思考。罗威廉发现，对于活跃在汉口的两淮盐商，地方志中"总是将嘉庆和道光时期视为该群体的黄金时代"。[36]汉口是运往两湖之盐的销售点，占据了淮南盐产定额的大部分。看来如果不是与食盐走私有着深层共谋关系的话，汉口的盐商就不可能繁荣兴旺。如果汉口商人的生意正兴旺，而扬州商人却在困境中挣扎，那么汉口的繁荣就是以牺牲扬州为代价：大型市镇非常活跃，盐政中心却在衰落；非法食盐交易勃兴，官方贸易却在继续挣扎。罗威廉确实注意到，湖广总督发现19世纪30年代"［汉口］大量［食盐］交易未经报告"。[37]

陶澍的调查，揭示了关于19世纪上半期扬州之繁荣的不同叙述之间的矛盾。显然，一些有权势的商人继续过着极其奢侈的生活，更微弱的家族却走向破产。但由于扬州许多人都依靠盐政基金的管理不善来发财，因此毫不奇怪的是，陶澍的改革建议在该城遇到了抵制。反对者在城里贴出两张揭帖，一张画着桃子（意指陶澍的姓氏），另一张画着一个名叫陶姑的漂亮女子，并附有诙谐的讽刺话语。[38]本书第九章提到的周生描述了这场改革的显著后果，即来自"骄惰"家庭的妓女数量日益增多，她们突然被剥夺了财富来源，"无可如何"。[39]同一时期，或许出于相同的原因，良家女子也被送去当女塾师，跟英国贫穷士绅的女儿很相似。[40]

实际上，淮南盐区的贸易变革相对稳健。首商一职被废除，汉口食盐价格（这对于减少食盐积压至关重要）得以下降，额外收费得以终止，获取专卖权所需资本数额得以降低，食盐被包扎成 500 斤一引，这就降低了商人的包扎成本。[41] 更激进的变革发生在淮北盐区，那里的食盐专卖被彻底改组。富商对大量食盐运输权的世袭垄断，被"盐票"制度所取代，在这种制度下，商人每年可以得到一份许可证，每次仅可以销售十"引"食盐。墨子刻注意到，这些改革将小商人纳入了食盐专卖的范围。他们多为"以前的私贩"，因为资本有限而被排除在纲盐认购制度之外。[42]

　　盐票制度直到 1849 年才被引入淮南。这一年武昌码头发生了一场大火，烧毁了四百艘盐船，损失达 500 万两。盐商全体引退，盐票制度进入淮南盐区的大门由此打开。[43] 太平天国运动中断了该制度的实施，直到 19 世纪 60 年代，淮南盐业贸易才得到重组。不过值得注意的是，与淮北的情况相反，中央政府被迫授予大商人在淮南盐业贸易管理中的核心角色。进入清末，淮南商人依然是江北地方事务中的一支强大力量。[44]

　　随着盐业贸易在 19 世纪初的衰落，江北农村地区也遭受了痛苦。江北盆地内陆水道系统的维护一直很困难，这在 19 世纪上半期变得更加严重。1796 年，黄河堤防部分决口，引发了洪灾，在大运河山东段导致了数百万两的损失。这是水道系统崩溃的开始，19 世纪 20 年代全面走向崩溃。[45] 1797 年至 1809 年间，江北地区每年都要暂时或彻底蠲免局部或整个地区的赋税，并为某些地区提供灾害救济。[46] 1804、1805 和 1806 年连续发生了洪灾。1807 年，用于保护下河耕地的堤坝需要维修，但损毁程度太严重，以至于地主们难以承受其维修成本。总督铁保要求为此项任务筹集 17 759 两银子，在六年之内偿还。[47]

相应的是，受损的洪泽湖堤防由于工程和财务原因无法得到恢复。水利系统陷入了日益低效、恶劣天气和财务问题的恶性循环。1808 年提出了维修高家堰这一任务，费用估计需要 150 万两。经过调整，计划中的费用降为 100 余万两，可就在文书往还期间，下河地区又发生了洪灾。三年以后，仅采取了一些措施作为权宜之计，全面重建的费用那时已需要 200 万两。到了 1812 年，高家堰的水坝只剩下五座还在运行。[48] 对于防止该堰决口、阻止湖水溢出大运河进入下河而言，这些水坝至关重要。

在中国水利史上，道光年间是内陆水道系统崩溃的时期。不过罗根（Randall Rodgen）指出，1821 年至 1841 年间，黄河水道明显变得平静。[49] 这一治水成功，部分程度上是通过将洪泽湖水排入下河而取得的，这种方法多少导致了江北的持续灾害。1828 年，前江苏地方官、盐运使潘世恩（1770—1854）之子潘曾绶这样概括说：江淮之水溢出周围数里，乌鸦以死畜为食物。[50] 1832 年，数千农民聚集起来，抵制掘开高邮的大运河堤坝将水泄入下河之举，为此当局不得不召来军队进行控制。[51]

被毁灭的城市

1850 年，即阮元死后次年，太平天国运动爆发。三年以后，扬州遭到攻击，并被太平军占领，此后又两次遭遇攻击。[52] 仪征县诸生阮祚——他可能是阮元的族侄——“率众御敌”被害。[53] 人们被吓坏了，纷纷在门上贴着“尊”“顺”字样，但当地士绅举家被杀，一些普通人家同样如此。[54] 1854 年，江南教区的耶稣会士葛必达（Stanislaus Clavelin）跟城郊的一个基督教家庭在一起，他听说用船运往太平天国首都南京的数百名妇女和儿童，在清军攻击船队时死在江中。他描述了扬州的可怕情景：食品缺乏，人口异常拥挤，空气恶臭，水被污染，未掩埋的尸体导致了瘟疫的流行。他写道："灭绝之神在这座不久前还非常富裕、奢侈逸乐的城市上空盘旋，反复发起攻击，从不收剑回鞘。"[55]

不仅城里，乡村地区也遭到蹂躏。叛军在第二次和第三次攻击时来到北湖，向那里科以重赋。焦循家族的一名成员在 1858 年被杀，另外两人在 1860 年公道桥遇袭期间丧生。[56] 地方志里出现了一批新的殉难者名字，其中包括数千名为保护贞节而死的妇女。文汇阁四库藏书馆被洗劫，扬州与北京、朝廷以及帝国往事之间最有名的联系标志，由此丧失。[57]

考虑到帝国行政部门、作为一个整体的帝国，以及为扬州财富提供了历史支撑的两个体系（大运河和食盐专卖）之间的联系，我们大体可以认为太平天国运动加剧了林苏门观察到的家庭收入下降，周生观察到的就业低迷，以及钱泳和阮元描述的该城园林荒废等趋势。太平天国运动给这座毫无恢复能力的城市带来了毁灭性的打击。当地的敌对状态结束很久之后的 1866 年，那里依然"处于半毁灭状态，留下一片关于过去的悲伤遗迹"。[58] 这与汉口形成了鲜明的对比，那里也遭受了叛乱之苦，但在 1859 年额尔金（Elgin）爵士的印象中，却是"一个只有上海或广州方可与之媲美的商业活动场所"。[59] 根据罗威廉的研究，从土地价值来看，汉口的财富直到 1892 年才恢复到太平天国运动以前的水平，但在同一时期，扬州没能得到相应的恢复。[60] 1894 年，曾经在扬州做过一阵天主教牧师的康治泰事实上已经以寓言的方式诠释了这种历史——他将该城描述为只是退休官员的家乡。他使我们注意到该城依然处于无人料理状态，破落的文昌阁就是一个象征（见彩图 7）：

> 认真看看位于扬州城中间的这座塔。它是一个象征：原先它是这座城市的荣耀，鼓舞了当地诗人的兴致，激发了所有路过者的好奇心。现在，它是一个屈辱和悲伤之物，仅剩下一具骷髅。长毛［太平军］砸碎了它的所有装饰品，三十年来没有一分钱用于它的维修。[61]

不仅扬州，整个江北地区也遭受了苦难。太平军初次攻击扬州的 1853 年，黄河大堤决口，河流重新回到山东半岛的故道。这一地区的秩序紊乱，使堤防维修工作没法进行，因为除了来自南边的太平军，1862 年淮北又爆发了捻军起义。后者从大运河西北部的阜宁出发占领了宝应，太平军则占据着更南边的邵伯。[62] 江北中心地区开始变得像一个被包围起来的封建国家。叛军于 1864 年离去，但扬州此后又为周期性的难民所淹没，他们或者因为谣言，或者因为饥荒而逃难。洪灾得以减少，取而代之的却是干旱。根据 1895年盐城知县的记录：

> 自万历初，迄国朝咸丰间，此三百年中，大抵水灾多而旱灾少……迄咸丰乙卯［1855 年］，黄河北徙，淮水虽未复神禹古道，然已安流入扬子江。自同治丙寅［1866 年］决［大运河

上的〕清水潭，不为灾者近三十年，下河惴惴之忧，又不在水溢，而在旱干矣。[63]

长江以北的江苏各地，都像彭慕兰所描述的山东黄河–大运河区域一样，被忽略了。[64] 由于这一原因，1906 年短暂地出现过一个相对独立的"江淮省"。[65]

扬州的衰落或许可以归结为大运河的衰落之故，后者又是黄河改道的结果。不过大运河依然可以通航至北边的淮安。19 世纪后半期，它是一条有效运输线路，载着外国进口货物的船只在此通行，来自长江以北各州县的漕粮船只依然沿着大运河航行至淮安以北。[66] 虽然扬州和淮安都由于丧失了来自南方的过境贸易而遭受了损失，但主要问题还在于进口货物与地方产品之间没法保持平衡。在一个"女子无所事事"的地方，扬州没有任何底线可以作为依靠。薛福保（1840—1881）家族在太平天国运动期间逃离无锡，在江北的宝应找到一个临时避难之处。他偶尔记录过 19 世纪后半期江北的经济状况。"今江北之困，"他写道，"非独其地瘠也，人力亦未尽也。"那里的情形与他的江南家乡不同：

何者？〔江南〕男子力耕于外，女子蚕织于内。五口之家，人人自食其力，不仰给于一人也……今江北惟通、海知纺织也，然斥卤谷少，民艰食。淮、扬之间，民耳不闻蚕桑之宜，目不睹纺织之勤。妇子终日遨嬉，仰一人而食。而都邑之民，方安坐食其租，大半务益为纤啬，操其有余之势，以规备称之息。农益急，息益重。岁稍歉，则转徙去，口噤不发声。[67]

薛福保提到的农民正跨过长江，通过在上海街头捡垃圾、收集人粪尿和拉人力车勉强维持生活。[68] 不只他们如此。艺术家们也离开扬州，前往环境更加有利的上海，学者们也一样。1866 年，上海龙门书院吸引了扬州兴化县的新儒家学者刘熙载出任山长。这所书院是作为阻挡外国影响大潮的儒学壁垒而创建的。秦博理（Barry Keenan）描述了刘熙载在上海待了十四年后返回兴化的情景，由此分析了新与旧、过去与现在之间的张力。一艘江南制造局所造的蒸汽船载着他"离开了沿海，以及清朝更早时期江南地区的儒学据点——苏州、常州和扬州，在更加安静的苏北腹地找到了避居之处，并最终留在那里"。[69]

从上海看扬州

上海连同其外国租界、大型建筑、铺砌整齐的道路、自来水、电、汽车和无轨电车，为一个 20 世纪的新扬州形象提供了大背景。祖籍浙江但长期在上海居住的郁达夫，从 1928 年开始出门寻访历史上的江南。他的旅程以游览扬州为高潮，这座园林和梦幻之城，比其他任何一个地方更能"使人丢魂"。历代诗人的赞歌和一千五百多年的历史作品在他的脑海中，让他满怀浪漫的期待跨过长江。但令他失望的是，甚至在刚开始踏上通往扬州之路的时候，他就发现周围的风景"平坦萧杀，没有一点令人可以留恋的地方"。花了一天时间参观该城各处名胜之后，这一沮丧的开头得到了证实——寺院和亭台已经衰朽，园林无人料理，曾经令该城园林著称一时的花木和假山，只留下一些令人伤感的遗迹。[70]

1935 年，在给文学杂志《人间世》主编林语堂的一封信中，郁达夫写下了关于这次观光的回忆。他以如下一段建议作为结尾：

> 你既不敢游杭，我劝你也不必游扬，还是在上海梦里想象想象欧阳公的平山堂，王阮亭［士禛］的红桥，《桃花扇》里的史阁部，《红楼梦》里的林如海，以及盐商的别墅，乡宦的妖姬，倒来得好些。[71]

郁达夫将扬州的可怜状态归结为缺乏铁路交通之故。[72] 交通并不足以合理解释该城衰落的原因，但确实拉大了江南与江北之间的实质差距。在回忆自己 20 世纪 30 年代游览扬州的情形时，项美丽（Emily Hahn）提到过这个地方的偏远："这是一座温暖湿润、长着苔藓的城市，非常古老，没有什么变化，一条汹涌奔流的大江把它与熙熙攘攘的镇江切割开来。我们过江那天突然遇到暴风雨，于是被阻断了三天，因为没有任何船只可以过去。"[73]

那时候，扬州是一潭与世隔绝的死水，只有跟内陆地区相比才显得较为突出，在后者那里，乡村人口"食不果腹、衣不蔽体、居处狭陋"。[74] 1936 年，李长傅将扬州描述为江北首府，不过他并没有提到更多的内容：江北其余地区除了南通（清代的通州）都很贫困，不像江南那样，大城市和市镇成为区域风景和经济中的一种特色，浓缩了关于社会、经济和城市应该如何的一些新理念。[75] 南通和海门以拥有现代棉花产业而自豪，但坚定地以上海为导向。江北其他地区的出口几乎完全由初级产品构成，比如扬州的腌制酱菜。这座曾经很大、很富庶的城市，其产业重心为化妆品和牙刷制造，它们的市场都在江北地区以内。[76]

郁达夫发表这封信时，一场激烈的公开论战正围绕着《闲话扬州》一书而展开，该书作者易君左是郁达夫的老朋友。[77] 1932年上半年日本侵略上海期间，易君左曾在扬州待过几个月，当时他是江苏省教育厅编审室主任。由于这场侵略危机，该室全体人员从镇江疏散到扬州，因而他对这座城市的印象是在一个全国性的大焦虑时期形成的，并且无疑因为这个完全未现代化的城市在生活上的不便而有所歪曲。

该书对扬州的刻画之所以值得注意，主要是因为它描述了这座城市所缺乏的东西：那里没有任何中间阶层的居民；盐商的大宅子正在破落，普通住宅都是一些破旧难看的小平房；根本没有百货商店；没有任何汽车，只有人力车；明显缺乏公共卫生，当地人经常当众解手；排水系统很糟糕，桥梁破败，街头满是垃圾。

在易君左那里，这座衰朽的城市成了他眼中那个颓废社会的隐喻。他生动地描绘了扬州人日常生活的节奏：上午在茶馆，下午在澡堂，傍晚在戏院。民族正面临着危机，而扬州人的日日夜夜却浪费在这些毫无效益的活动中。他们缺乏活力和主动性，简言之即缺乏任何斗争精神，他们的贫穷可谓咎由自取。迷信、专注于吃喝、懒惰，这些因素使该城沦落至当前的状态。他写道："扬州像是一个没落中的大家族。"[78]

这种关于扬州人的描绘，尤其是书中关于大多数通敌者和妓女都来自扬州这一毫无理由的断言，把扬州人给激怒了。[79] 一个当地的委员会向江苏高等法院控告该书作者和出版商，成功地使该书遭到查禁。[80] 这是一场比鲁斯式的胜利[①]。伴随着此案发表了太多论述扬州的文章，这些文章虽然主要是谴责易君左，但也证实了扬州梦已经结束。这在围绕易君左将扬州妇女描述为妓女这一问题的争论中体现得最为明显：对娼妓文化的赞美在扬州梦中曾经显得很突出，但它的全盛时代已经过去。

从许多方面来看，扬州几乎没有留下什么清代的遗产。易君左带着一种时代偏见来描述这个社会，但这并不恰当。读者跟着他穿过扬州的街道，经过那些衰朽的大宅子、带围墙的宅邸、土地庙、澡堂和茶馆，逐渐认出了一个更加古老的扬州：一座被城墙围绕起来的城市，川流不息的人从钞关走过；运河上大小船只汇聚；人们纷纷走出家门，走进狭窄的街道，走出城市来到瘦西湖，游客们正在那里眺望各处名胜古迹。

这座城市的生活节奏改变起来很慢。在这一点上，它与巴西的米纳斯维尔哈斯（Minas Velhas）相似，"这个收入很差、人口平庸的旧时城镇"[81] 吸引了布罗代尔（Fernand Braudel）的兴趣，因为那里长期保留着该城在繁荣、富庶期间发展起来的社会习俗。易君左描述的正是这种城镇，只不过是在另一种时空背景之下。他的眼光带有偏见，但他的叙述捕捉到了扬州社会的某些确定特征，不禁使人想起该城在 18 世纪的优雅。对此，身处更早、更辉煌时期的李斗曾经有过具体而亲切的描述。

---

① 意即付出了极大牺牲。——译者注

附 录

一、1733 年前后扬州府市镇分布

县	市镇	方位和距离*	位置
江都	瓜洲	南 40 里	长江边
	扬子	南 15 里	三汊河口
	湾头	东北 15 里	大运河与串场河交叉口
	仙女庙	东北 30 里	串场河
	张纲	东 30 里	陆路
	万寿	东 60 里	白塔河边
	嘶马	东 70 里	江都和泰兴交界处
甘泉	邵伯	北 40 里	大运河
	黄珏	北 [西] 40 里	北湖
	公道桥	北 [西] 40 里	北湖
	陈家集	西 60 里	靠近安徽边界
	上官	西 60 里	靠近陈家集
仪征	新城	东 15 里	大运河 [三汊河]
	朴树湾	东 30 里	大运河 [三汊河]
	石人头	东 40 里	大运河 [三汊河]
	陡山铺	西 20 里	——
	何家港	西 [南] 20 里	长江边
	白沙	南	长江沙洲

（续表）

县	市镇	方位和距离*	位置
泰州	宁乡	东［西北］60里	靠近甘泉边界①
	海安	东120里	串场河交叉口
	西溪	东北120里	运盐河
	港口	北28里	陆路或水路
	溱潼	东北60里	运盐河边
	姜堰	东45里	运盐河边，去西溪的路上
	白米	东65里	串场河边
	曲塘	东75里	串场河边
高邮	参埌	东40里	串场河的一处交叉口
	张家沟	北40里	大运河
	车逻	南15里	大运河
	北阿	西北80里	安徽边界
	界首	北60里	大运河，宝应边界
	临泽	东北90里	宝应边界
	时堡	东北120里	宝应边界
	永安	东南60里	甘泉边界
	樊汊	东南60里	甘泉边界
宝应	槐楼	南20里	大运河
	瓦旬	南30里	大运河
	氾水	南40里	大运河
	扛桥	南50里	大运河
	黄浦	北20里	大运河，山阳边界
	芦村	南40里	大运河，靠近氾水
	黎城	［南］西90里	高邮边界
	水丰	——	靠近黎城
	射阳	东40里	盐城边界？

（续表）

县	市镇	方位和距离*	位置
兴化	唐子	东60里	——
	安丰	东北70里	——
	长安	北35里	——
	芙蓉	东北35里	——
	瓠子角	南25里	——
	河口	西45里	高邮边界

* 以县治为中心的方位和距离来自《（雍正）扬州府志》第6卷第1b—9b页，并参考《江苏全省舆图》和《（嘉庆）重修扬州府志》第16卷做了修正。

① 雍正和嘉庆版《扬州府志》均记载为泰州东六十里，而《江苏全省舆图》第1卷第36a页却标明在西北方向，并注明此处驻有一名副县丞，这可能不是1733年时的情况。

二、18世纪两淮盐务官员等级

职位	级别	驻地	养廉银（两）
两江总督总理盐务（1731）	［从一品］	南京	3000（1734—1774）
巡盐御史	［*］	扬州旧城	3000（1770） 5000（1794）
盐运使	从三品	扬州新城	6000（1734） 4000（1737） 2000（1780）
经历司	从七品	扬州新城	600（1734）
知事	从八品	扬州新城	400（1734）
运库大使	正八品	扬州新城	700（1734）
白塔河巡检司	从九品	扬州新城（曾在白塔河边）	400
淮南盐务监掣同知（1732）	正六品 正五品（1760）	仪征	2400（1736）
淮南批盐所大使	正八品	仪征	700

（续表）

职位	级别	驻地	养廉银（两）
泰壩监掣官	正八品（1728）	泰州	700
淮北盐务监掣同知（1760）	正五品	淮安	2400
淮北批盐所大使	正八品	淮安	400
乌沙河巡检司	从九品	淮安	210
永丰壩监掣官	正八品（1728）	清河县	700？
泰州盐运司运判	从六品	东泰场	2700
富安盐课司大使	正八品（1728）	富安场	400
安丰盐课司大使	正八品	安丰场	500
梁垛盐课司大使	正八品	梁垛场	400
东泰盐课司大使	正八品	东泰场	500
何垛盐课司大使	正八品	何垛场	400
丁谿盐课司大使	正八品	丁谿场	500（1768）
草堰盐课司大使	正八品	草堰场	500（1737）
刘庄盐课司大使	正八品	刘庄场	400
伍祐盐课司大使	正八品	伍祐场	400
新兴盐课司大使	正八品	新兴场	400
庙湾盐课司大使	正八品	庙湾场	400
通州盐运司运判	从六品	石港场	2700
丰利盐课司大使	正八品（1728）	丰利场	400
掘港盐课司大使	正八品	掘港场	400
石港盐课司大使	正八品	石港场	500（1737）
金沙盐课司大使	正八品	金沙场	500（1768）
吕四盐课司大使	正八品	吕四场	400
余四盐课司大使	正八品	余四场	500（1737）
余东盐课司大使	正八品	余东场	400
角斜盐课司大使	正八品	角斜场	400
栟茶盐课司大使	正八品	栟茶场	400

（续表）

职位	级别	驻地	养廉银（两）
海州盐运司运判	从六品	板浦场	2700
板浦盐课司大使	正八品（1728）	板浦场	500
中正盐课司大使	正八品（1728）	中正场	500
临兴盐课司大使	正八品（1728）	临兴场	400

资料来源：《（光绪）两淮盐法志》，第129卷。

注：衙司官员根据其所属部门（泰州、通州、海州）而分组；方括号中的级别表示它并不是该职位的级别。巡盐御史依然保留此前职位的级别；括号中的年代为某个新职位或级别的产生年代，或者是养廉银变化的年代。这里反映的是1768年前后盐务官员的具体情况。

三、1645—1685 年高邮州的自然灾害

年代	灾害属性	后果
1647	洪灾*	——
1649	大洪灾	饥荒
1653	旱灾	饥荒
1659	洪灾	田地被淹
1663	旱灾、洪灾	——
1665	洪灾*	大饥荒
1668	大洪灾	淹死无数
1669	洪灾*	淹死人，田地被淹
1670	洪灾*	田地被淹
1671	洪灾*	田地被淹
1672	洪灾*	饥荒
1673	洪灾*	收成被毁
1674	洪灾、旱灾、洪灾	——
1676	洪灾*、旱灾、洪灾	上河、下河被淹
1677	洪灾	——

（续表）

年代	灾害属性	后果
1678	洪灾、旱灾	作物枯死
1679	旱灾、蝗灾、洪灾	饥荒
1680	洪灾 *	作物和居民被毁
1683	洪灾	下河被淹
1685	洪灾 *	淹死无数；上河、下河被淹

资料来源：《（乾隆）高邮州志》，第12卷。

* 由于大运河或洪泽湖堤防决口而导致的洪灾。

四、1727—1806年江北盐商治水支出节录

年代	项目	费用（银两）	资金来源
1727—1728	下河治水系统全面维修	270 850+	商人捐助，通过运库
1734年起	大运河仪征段闸门缆绳和门板年度更替	每年70	运库
1735	修理白驹盐场闸门	900	——
1738	下河治水系统全面维修	300 000	五年内商人捐助；运库
1739	新兴和庙湾场运河疏浚	27 830	［来自1738年的捐助］；运库
1741	三汊河部分疏浚	600	运库，商人在八年内还清
1745年提出；1754年核准	江北大范围的疏浚	487 861	运库
1753	修理仪征拦潮闸门	1506	运库
1753	三汊河疏浚，修筑一道水坝	28 270	运库
1755	盐场运河疏浚	122 000+	运库；商人在两年内还清
1755	三汊河疏浚，修筑一道水坝	11 712	运库

（续表）

年代	项目	费用（银两）	资金来源
1756	修理芒稻河闸门	5016	盐税
1756 年提出； 1766 年核准	修理范公堤闸门	34 657	运库
1761	沿海运河疏浚开挖	87 241	运库
1765 年提出； 1766 年核准	安丰和其他盐场运河及 小沟渠疏浚	20 000 16 160	从商人违法利润中扣除
1766	建造江都广福桥闸门	669	运库
1767	三汊河疏浚	22 618	运库
1772	运盐河疏浚 建造一座闸门	65 853 1684	盐税，商人在两年内 还清
1776	三汊河部分疏浚	9862	运库
1777	修理响水闸门	2392	运库
1790	运盐河及串场河疏浚	290 000	运库；商人在五年内 还清
1799	修理仪征大运河通济 闸、罗泗闸门	8390	运库
1806	运河疏浚，在下河建造 一道泄洪闸	60 000 30 000 45 000	个别盐商 个人盐商 商人首领捐助

资料来源：《（光绪）两淮盐法志》，第65卷；《续行水金鉴》；《（嘉庆）重修扬州府志》。

注：这里并非完整的清单，某些项目的费用被省略了。估计费用与实际费用可能不一样。

五、乾隆皇帝巡视过的私家园林

园林	1762 年	1765 年	1780 年	1784 年	园主	本籍
九峰园	√	√	√	√	汪长馨	歙县
倚虹园	√	√	√	√	洪徽治	歙县

（续表）

园林	1762 年	1765 年	1780 年	1784 年	园主	本籍
净香园	√	√	√	√	江春	歙县
康山草堂			√	√	江春	歙县
趣园	√	√	√	√	黄履暹	歙县
蜀冈朝旭	√				张绪增	歙县
水朱居		√		√	徐士业	歙县
筱园花瑞				√	汪廷璋	歙县
小香雪		√			汪立德	歙县

资料来源：《广陵名胜图》《南巡盛典》《（嘉庆）重修扬州府志》《扬州画舫录》《（嘉庆）两淮盐法志》。

六、18 世纪与扬州有关的个人主义画家

姓名	字	号 *	本籍
汪士慎（1685—1759）	近人	巢林、溪东外史	徽州歙县
李鱓（1686—1762）	宗扬	复堂、懊道人	扬州兴化
金农（1687—1763）	寿门	冬心、稽留山民	浙江仁和
黄慎（1687—1770）	恭寿	瘿瓢子、东海布衣	福建宁化
高翔（1688—1752）	凤冈	西唐	扬州
郑燮（1693—1766）	克柔	板桥	扬州兴化
李方膺（1695—1755）	虬仲	晴江、秋池	通州
罗聘（1733—1799）	遁夫	雨峰、花之寺僧	徽州歙县
高凤翰（1683—1748）	西园	南村、南阜	山东胶州
华嵒（1682—1756）	秋岳	新罗山人	福建上杭

* 其中一些画家，包括郑板桥在内，主要或者通常以号行世，但不少人也有许多不同的号。此处仅开列了主要的号。

七、与扬州学派有关的学者

姓名	本籍	家庭背景	功名等级
汪中（1745—1794）*	江都（歙县）	士	拔贡
汪喜荀（1786—1847）	江都	士	1807 年举人
王念孙（1744—1832）*	高邮	士绅，地主	1775 年进士
王引之（1766—1834）	高邮	士绅，地主	1799 年进士
焦循（1763—1820）	甘泉	武人，士大夫，地主	1801 年举人
阮元（1764—1849）	仪征	武人，士大夫，地主	1789 年进士
凌曙（1775—1829）	仪征	卑微	——
刘文淇（1789—1854）	仪征	医师	1819 年拔贡
刘宝楠（1791—1855）	宝应	士，地主	1840 年进士
江藩（1761—1830）	甘泉（歙县）	地主	——
凌廷堪（1757—1809）	歙县（海州）	商人	1793 年进士
黄承吉（1771—1842）	江都（歙县）	商人？	——
刘台拱（1751—1805）	宝应	士，地主	1771 年举人
朱彬（1753—1834）	宝应	刘台拱表兄弟	——
任大椿（1738—1789）	兴化	绅	1769 年进士

注　释

第一部分

1. 朱自清：《扬州的夏日》，第 38 页。

第一章

1. 关于马可·波罗这一说法的可靠与否，见 Wood, *Did Marco Polo Go to China?*。

2. Burke, *Venice and Amsterdam*, p. 111. 伯克在一篇关于消费的比较研究论文中提及了扬州，见其 "Res et verba: Conspicuous Consumption in the Early Modern World," p. 151。

3. 李斗：《扬州画舫录》。

4. 郑燮：《满江红·思家》。

5. Watson, *Chuang Tzu: Basic Writings*, p. 45.

6. 韦明铧：《析 "扬州梦"》。

7. 另一种译文见 Payne, "Happy Regret," in *The White Pony*, p. 252。

8. 焦东周生：《扬州梦》。

9. 郁达夫：《扬州旧梦寄语堂》。

10. 丰子恺：《扬州梦》。感谢 Geremie Barmé 提供这则资料。

11. Guinness, *In the Far East*, pp. 32-43.

12. 郁达夫：《扬州旧梦寄语堂》。

13. Honig, *Creating Chinese Ethnicity*; Finnane, "The Origins of Prejudice."

14. 易君左：《闲话扬州》。亦见本书第十二章。围绕易君左对扬州文化的阐释的争论，见 Finnane, "A Place in the Nation"。

15. 抗日战争时期，范长江在扬州北部的共产党根据地担任一家新闻学校的校长（Boorman, ed., *Biographical Dictionary of Republican China*，第 2 卷，第 10—11 页；亦见 Hung, "Paper Bullets"）。

16. 范长江：《游扬州》。

17. 王秀楚：《扬州十日记》。译文见 Aucourt, "Journal d'un bourgeois de Yang-tcheou（1645）"；Backhouse and Bland, "The Sack of Yang Chou-fu"；Mao, "A Memoir of Ten Days' Massacre in Yangchow"; and Struve, *Voices from the Ming-Qing Cataclysm*, pp. 32-48（只有部分译文）。

18. Ho Ping-ti, "The Salt Merchants of Yang-chou."

19. Ho Ping-ti, *The Ladders of Success in Imperial China*, pp. 249, 254. 可能有许多人引用了何炳棣的著作，如 Elman, *From Philosophy to Philology*, pp. 93-95; Martin Huang, *Literati and Self-Re/Presentation*, p. 31；以及 Mackerras, *The Rise of the Peking Opera*, p. 77。

20. 何炳棣：《中国会馆史论》。

21. Zurndorfer, "From Local History to Cultural History," pp. 387-396.

22. 亦见本书第十章。

23. Johnson, *Shanghai*.

24. Hay, *Shitao*, p. 25.

25. Naquin, *Peking*, p. 704.

26. 王振忠：《明清徽商与淮扬社会变迁》。

27. Rowe, *Hankow*. 不过该书的研究重点是 19 世纪。

28. Shiba, "Ningpo and Its Hinterland," p. 403.

29. 同上。

30. Mann, "The Ningpo Pang and Financial Power at Shanghai."

31. Honig, *Creating Chinese Ethnicity*.

32. Hsü, A *Bushel of Pearls*.

33. Hay, *Shitao*, p. 19.

34. 同上。

35. 著名的例子包括袁江（约 1671—1746）及其族亲袁耀（约 1739—1778），王云（1652—1735 以后），以及禹之鼎（1647—1716），他们主要活跃在康熙后期至雍正时期。这些画家已经受到了一些批评性的关注；见 Cahill, "Yuan Jiang and His School"; Mu Yiqin, "An Introduction to Painting in Yangzhou in the Qing Dynasty," pp. 22-25; Barnhart, *Peach Blossom Spring,* pp. 104-118; 以及 Hay, "Shitao's Late Work," pp. 235-237, 242-252. 其他许多人我们只知道其姓名；关于简要的生平情况，见李斗：《扬州画舫录》，第 2 卷，第 36—52 页（由于这本引用率颇高的著作有许多版本，此处提供卷数以便于参阅）；以及汪鋆：《扬州画苑录》。对于龚贤这种区分的讨论，见 Hsü, *A Bushel of Pearls,* p. 214。

36. Meyer-Fong, "Making a Place for Meaning in Early Qing Yangzhou." 亦见其著作 *Building Culture in Early Qing Yangzhou*。此书新近才出版，本书写作过程中未及加以参考。

37. 李斗：《扬州画舫录》，序言，第 5 页。见汪应庚：《平山揽胜志》；赵之璧：《平山堂图志》；汪中：《广陵通典》；以及程梦星：《平山堂小志》。美国国会图书馆藏有最后一本书的复本，感谢梅尔清提供这则资料信息。

38. 亦见本书第十一章。

39. 关于扬州人与仪征人之间的混淆，见本书第三章。根据 1881 年的地方志，仪征人"泰半"居于府城（《（光绪）甘泉县志》，凡例，第 4 页）。

40. 邗上蒙人：《风月梦》，第 30 页。

41. 见本书第十一章。

42. Hay, *Shitao,* p. 32.

43. 同上，第 4—11 页。

44. 斯科特的 4 幅素描收入于王鸿：《老扬州》，第 77—78、137 页。这 4 幅作品，一幅没有标明作者信息，两幅注明为一位"外国画家"所作，另一幅注明为一位"澳大利亚画家"所作。斯科特是美国人，在菲律宾生活并任教几十年，是一位著名的菲律宾史研究者，二战后在扬州做过短期传教士。1991 年，他将自己收藏的 21 幅画作赠送给扬州市政府，这些作品随后被存放于扬州博物馆。同年我有幸在香港的一次会议上见到了斯科特教授，他正要赶往扬州去，于是热情地向我提供了他这些画作的照片。

45. 我认为乔迅（Hay, *Shitao,* p. 6）关于文峰塔和城门的推测性辨认肯定是对的。苏珊·雷高伊思（Susan Legouix, *Image of China,* p. 69）讨论了额勒桑德的水彩画《一个中国城市之郊区》（*Suburb of a Chinese City*），注意到"这幅图案中的场景还有待辨认"。但在已经出版的额勒桑德为马戛尔尼使团旅行记所作的插图图版当中,与这幅水彩画相对应的图版被排在扬州北面的宝应湖图案(见本书图5)与扬州南面的金山图案之间,这似乎反映了额勒桑德创作这些草图时的顺序,因为使团是沿着大运河而下的。文峰塔在视觉上表现得足够清晰,图中塔的层数甚至也很正确,而石涛的画中却不是这样。见 Alexander, *Costumes et vues de la Chine*, vol. 2, facing p. 33。*Costumes et vues de la Chine* 中的图版顺序,与庞赛(A. T. Pouncy)为乔治·斯当东(George Staunton)的两卷本著作《大不列颠国王遣使中国皇帝纪实》(Staunton, *An Authentic Account of An Embassy from the King of Great Britain to the Emperor of China*)提供的配套图集顺序相同。

46. 李斗:《扬州画舫录》,第7卷,第158页。

47. Rowe, *Hankow*, pp. 3-9.

48. Burke, *Venice and Amsterdam*, p. 139.

第二章

1. Barrow, *Travels in China*, p. 516.

2. 摘自谢朓(464—499):《入朝曲》。收入 Waley, *Chinese Poems*, p. 110。

3. Legge, *The Chinese Classis*, vol. 3, *The Shoo King*, p. 107.

4. 同上,第112页。

5. Legge, *The Chinese Classis*, vol. 5, *The Ch'un Ts'ew with the Tso Chuen*, pp. 818-819.

6. 朱偰:《中国运河史料选辑》,第3—5页。

7. 乐史(930—1007)认为邗城就在广陵(扬州)的位置(《太平寰宇记》,第124卷,第4页),但清代学者刘文淇引用了相反的资料,认为邗城的位置不可考(《扬州水道记》,第1卷,第3页)。考古学发现证实了乐史的说法,见南京博物院:《扬州古城1978年调查发掘简报》,第35页。

8. 《后汉书》,第21卷,第2561页。

9. 纪仲庆:《扬州古城址变迁初探》,第48—49页。

10. 郑肇经:《中国水利史》,第133、144页;刘文淇:《扬州水道记》,第1卷,第3页。

11. 此时运河沿着自然地貌从南向北流。当12世纪黄河开始改道南流之时,运河的流向逆转了过来（包世臣：《下河水利说》，《中衢一勺》第 1 卷，第 30 页）。

12. 鲍照：《芜城赋》。

13. Wright, *The Sui Dynasty*, pp. 158-161.

14. Meng Shi, "Shi Tao's 'Brilliant Autumn in Huaiyang'," pp. 146-148. 乔 迅（Hay, *Shitao*, pp. 79-80）将这幅画的名称翻译为 "Desolate Autumn in Huaiyang"，用了较长的篇幅对它进行讨论，并提供了画中顶部 84 行诗的 完整译文。这幅画以彩色形态收入 Meng Shi 的文章，以黑白形态收入乔迅 的著作。

15. 《隋书》，第 26 卷，第 2 册，第 873—874 页。

16. 《旧唐书》，第 40 卷，第 1572 页。有句来自 5 世纪的谚语："腰缠十万贯， 骑鹤下扬州。"这句话有时被用来指当时的扬州城，但其意思指的是省级行 政区扬州，而不是广陵（朱福烓、许凤仪：《扬州史话》，第 3 页）。

17. 许渊冲等：《唐诗三百首新译》，第 94 页；Payne, *The White Pony*, p. 170。

18. Schafer, *The Golden Peaches of Samarkand*, pp. 17-18.

19. 全汉昇：《唐宋帝国与运河》，第 17、32—35 页。

20. 李廷先：《唐代扬州史考》，第 373 页。

21. 同上，第 378 页。

22. 《旧唐书》，第 40 卷，第 1572 页；Twitchett, *Financial Administration Under the T'ang Dynasty*, pp. 52-59.

23. 全汉昇：《唐宋时代扬州经济景况的繁荣与衰落》，第 154 页。关于士兵， 见 *Ennin's Dirary*, p. 38。关于人口迁移，见《旧唐书》第 146 卷，第 3963 页。

24. 《旧唐书》，第 82 卷，第 4715—4716 页。关于 887 年至 892 年间围绕该城 的斗争，朱福烓、许凤仪：《扬州史话》第 82—89 页有很好的概述。斗争 初期，唐朝将领高骈（卒于 887 年）屈死于前黄巢叛军将领毕师铎（卒于 888 年）之手，随后高骈旧部杨行密（卒于 905 年）封锁了该城。这就是 天然痴叟（活跃于 1627 年）那个颇受研究者关注的 7—10 世纪故事之背 景。见 Widmer, "Tragedy or Travesty? Perspectives on Langxian's 'The Siege of Yangzhou'"; Carlitz, "Style and Suffering in Two Stories by 'Langxian'"; Wu, "Her Hide for Barter"; 以及 Finnane, "Langxian's 'Siege of Yangzhou'".

25. 纪仲庆：《扬州古城址变迁初探》，第 53 页。

26. 此段译文由 Hsiung Ting 翻译，收入 Payne, *The White Pony*, p. 258。

27. 朱福烓、许凤仪：《扬州史话》，第 47 页。

28. 全汉昇：《唐宋时代扬州经济景况的繁荣与衰落》，第 170—174 页。关于后周时期修筑城墙之举，以及北宋时期进一步修城墙的可能性，见纪仲庆：《扬州古城址变迁初探》，第 53 页。

29. 焦循、江藩：《扬州图经》，第 7 卷，第 33—34 页。围绕李庭芝守扬州的争论，见 Davis, *Wind Against the Mountain*, pp. 122-123。

30. Chang, "The Morphology of Walled Capitals," p. 75.

31. Hsiao, *The Military Establishment of the Yuan Dynasty*, p. 56.

32. Yule, *The Book of Ser Marco Polo*, p. 154.

33. 《（嘉庆）扬州府志》，第 15 卷，第 26 页。

34. Barrow, *Travels in China*, p. 516.

35. 《（嘉庆）两淮盐法志》，第 44 卷，第 2 页。亦见本书第三章。

36. 朱福烓、许凤仪：《扬州史话》，第 1 页。

37. 比如可以参见姚文田：《广陵事略》，序。

38. 《（嘉庆）扬州府志》，第 5 卷，第 43 页。江都县在 1732 年被一分为二，从此扬州有两个本县，即江都和甘泉。

39. 姚文田：《广陵事略》，序。

40. Lo, "The Controversy over Grain Conveyance."

41. Worthy, "Regional Control in the Southern Song Salt Administration," pp. 109-110；《宋史》，第 477 卷，第 13 841 页。

42. 《元史》，第 21 卷，第 467 页。

43. Achilles Fang, trans., *The Chronicle of the Three Kingdoms*, 1: 187.

44. Shiba, "Urbanization and the Development of Markets in the Lower Yangtze Valley," pp. 15-20.

45. 全汉昇：《唐宋时代扬州经济景况的繁荣与衰落》，第 170—174 页。全汉昇将北宋时期扬州境况的下降归结为真州的兴起之故，但真州未能保持其优势，这表明官僚政治而非经济地理因素才是这种地位逆转的原因。

46. 《元史》，第 15 卷，第 320 页；第 131 卷，第 3187 页。

47. Ho Ping-ti, *The Ladder of Success in Imperial China*, pp. 248-249；费孝

通：《小城镇：苏北初探》，第 77 页；Honig, "The Politics of Prejudice," p. 253。

48. Kennelly, *L. Richard's Comprehensive Geography of China*, pp. 156-157.

49. 《（乾隆）江南通志》，第 69—71 卷。

50. Kinkley, *The Odyssey of Shen Congwen*, p. 9.

51. 《（乾隆）江南通志》，第 4 卷，第 14 页；第 106 卷，第 2 页；单树模、文朋陵：《"康熙六年江苏建省"说确切无误》。

52. Leung, *The Shanghai Taotai*, p. 12.

53. 关于"江淮"一词在唐代和清代的使用情况，分别见《（乾隆）高邮州志》，第 11 卷上，第 16 页；第 11 卷下，第 32 页。

54. 谢肇淛：《五杂俎》，第 92 页。

55. 在一项环境史研究中，李伯重（"Changes in Climate, Land, and Human Efforts," p. 450）用"江南"一词来指代太湖流域盆地，包括苏州、太仓、松江、常州、镇江、江宁、杭州、嘉兴及湖州府。韩起澜（"The Politics of Prejudice," p. 245）将其界定为"浙江的宁绍地区和江苏的无锡－常州地区"，明显排除了江苏西部地区，而李伯重的界定则包括该地区。

56. Finnane, "Bureaucracy and Responsibility," pp. 167-168.

57. 李长傅：《江苏》，第 130 页。

58. 1937 年童寯对江南历史园林的调查，见《江南园林志》，扬州被计入江南城市当中。

59. 黄钧宰：《金壶浪墨》，第 1 卷，第 7 页。

60. 《（嘉靖）惟扬志》，第 8 卷，第 30 页。

61. 同上。

62. 《（康熙）扬州府志》第 2 卷第 12—13 页描述了 1606 年的现状。仪征西边的六合县、通州附近的海岛县崇明县，以及后来成为通州直隶州的其他各县，当时都属于扬州府。

63. 《（万历）扬州府志》，第 1 卷，第 5 页。

64. 为了简单明了，本书一贯使用"仪征"而不是"仪真"这一名称。

65. 《（万历）扬州府志》，第 20 卷，第 5 页。

66. Public Record Office, China: F.O. 228/747, 28/6, 1884, p. 117.

67. 《（咸丰）重修兴化县志》，第 3 卷，第 1 页。

68. 泰州和高邮均为州而非县，这是承袭明代的传统，那时它们都管辖着附近的县。兴化和宝应属高邮管辖，如皋则属泰州管辖（《（嘉庆）扬州府志》，第 5 卷，第 43 页）。

69. 杨德泉：《清代前期两淮盐商资料初辑》，第 45 页。

70. 《（嘉庆）扬州府志》，第 5 卷，第 15—16 页。

71. 《（乾隆）江南通志》，第 20 卷，第 23 页；《清朝通典》，第 92 卷，第 27 135 页。

72. 《（乾隆）江南通志》，第 6 卷，第 12 页。

73. 《（光绪）阜宁县志》，第 2 卷，第 24 页。

74. 《（光绪）靖江县志》，第 5 卷，第 14 页。

75. 周振鹤、游汝杰：《方言与中国文化》，第 89 页。

76. 《续纂淮关统志》，第 11 卷，第 2 页；第 6 卷上，第 25 页。

77. 关于大运河航线的简表式完整介绍，见 Gandar, Le Canal imperial, pp. 66-75。Gandar 的资料来自行程书籍，这方面的情况见 Wilkinson, "Chinese Merchant Manuals and Route Books"。

78. 帝制晚期的行程书籍证实了这一点。18 世纪的《天下路程》一书，第一章即为东南省份福建与京师北京之间的线路。在该书作者看来，这条线路分为三段：福州至杭州、杭州至苏州、苏州至北京。书中分别开列了扬州至杭州、苏州和北京的距离，表明作者意识到长江对于南北区分的意义，但镇江、扬州和淮安这些位于交通网络中的关键节点上的城市，其重要性仅被归结为连接着江南和北京。

79. 《清朝文献通考》，第 27 卷，第 5088、5091 页。超过扬州的有南边各税关苏州、杭州、芜湖、九江，有点出乎意料的是，北边的淮安关和凤阳关也超过了扬州。但如果考虑到各税关之下的税卡数量和分布，扬州税收的重要性就凸现了出来。比方说，如果考虑到如下事实，那么淮安的关税定额规模就不那么可观：其关税征集口岸有 29 个，覆盖范围从淮安西北边约 200 千米的徐州，一直延伸到东边约 66 千米的阜宁（《续纂淮关统志》，第 5 卷）。这 29 个口岸当中，4 个只是巡查点，没有任何税收上缴。关于淮安关的扩张，见 Takino, "Shindai Gaiankan," pp. 117-122。相比之下，除了北京关，扬州关口岸系统的规模在各个"高收入"税关当中是最小的。

80. Shiba, "Ningpo and Its Hinterland," p. 408.

81. 关于17世纪初扬州附近各个市镇的具体比较，见《（嘉庆）扬州府志》，第60卷，第3—4页。

82. 清江浦在1760年成为清河县治所在地，此后一直简称为清江，直到1914年才成为现在所说的淮阴（单树模编：《中华人民共和国地名词典：江苏省》，第270页）。

83. 《（嘉庆）扬州府志》，第16卷，第4页；《（民国）江都县续志》，第6卷，第5页。

84. 《（嘉庆）仪征县续志》，第3卷，第17—18页；第16卷，第12—13页。

85. 《（道光）泰州志》，第8卷，第18页。

86. 《（乾隆）江南通志》，第26卷，第21页。

87. Hohenberg and Lees, *The Making of Urban Europe*, pp. 66-70.

88. 李斗：《扬州画舫录》，第10卷，第230页。

89. 焦东周生：《扬州梦》，第1页。我们对本书的作者一无所知，只能从他那显然是自传式的叙述中了解到19世纪40年代他在扬州娱乐场所的一些活动细节。这个笔名中的前两个字无疑是指作者的故乡，后两个字我认为是指姓氏和人名。（有人认为，焦东周生很可能就是镇江丹徒文人周伯义，后者号焦东野史、焦东野叟。吴春彦、陆林：《"焦东周生"即丹徒周伯义——清代文言小说〈扬州梦〉作者考》，《明清小说研究》2004年第1期。——译者注）

90. 焦东周生：《扬州梦》，第1页。

91. 王振忠：《明清徽商与淮扬社会变迁》，第38页。

第二部分

第三章

1. Lust, *Chinese Popular Prints*, p. 309.

2. Ibn Khurradadhbeh, 转引自 Lewis, *The Arabs in History*, p.90。

3. 关于以杜甫的诗为出发点对唐代扬州阿拉伯和波斯商人的探讨，见朱福烓、许凤仪：《扬州史话》，第77—81页。

4. 全汉昇：《唐宋时代扬州经济景况的繁荣与衰落》，第158—161页；蒋华：

《扬州港与波斯文化的交流》。

5. Yule, *Cathay and the Way Thither*, 1:256.

6. 朱福炷:《伊斯兰教与扬州》,第 2—3 页。

7. 刘彬如、陈达祚:《扬州"回回堂"和元代阿拉伯文的墓碑》,第 49 页。

8. Rouleau, "The Yangchow Latin Tombstone as a Landmark of Medieval Christianity in China"; Rudolph, "A Second Fourteenth-Century Italian Tombstone in Yangchou." 墓碑可在扬州博物馆看到。基于对拉丁文碑文中 VILONIS 一词的释读,这些资料中以 Vigloni 作为此家族的姓氏。我采用了 Robert S. Lopes("Nouveaux document sur les marchands italiens en China a l'époque mongole")的观点,他将其姓氏释读为 YLLIONIS,并将它与一个名叫 Domenico Ilioni 的人联系起来,后者是从 1348 年的一份热那亚法令中辨识出来的。感谢已故的威廉·斯科特提供这则资料(见本书第一章第 44 条注释)。

9. 朱江:《犹太人在扬州的踪迹》。

10. 何炳棣的 "The Salt Merchants of Yang-chou" 一文已经有所提及。佐伯富(Saeki Tomi)的 *Shindai ensei no kenkyū* 一书是关于清代盐政研究的经典著作。关于两淮盐政已经有无数研究论文发表,本章和第六章的注释即清楚地表明了这一点。最详细的专书研究为徐泓的《清代两淮盐场的研究》。关于盐政如何运行的简要介绍,见 Metzger, "The Organizational Capabilities of the Ch'ing State in the Field of Commerce"。

11. Yule, *Cathay and the Way Thither*, 2:210-211.(一土曼相当于一万火,即一万人户交的税,一火即一巴利斯,故一土曼相当于一万巴利斯。——编者注)

12. 关于北宋和元初的数据,见 Yoshida, *Salt Production Techniques in Ancient China*, p. 28。关于明末税收的比较,见《明经世文编》第 474 卷,转引自王方中:《清代前期的盐法、盐商和盐业生产》,注 1。数据如下:两淮 68 万两,长芦 18 万两,山东 8 万两,两浙 15 万两,福建 2 万两,广东 2 万两,云南 3.8 万两,河南 12 万两,四川和陕西未详。

13. Ho Ping-ti, "The Salt Merchants of Yang-chou," p. 153.

14. Brook, *The Confusions of Pleasure*, p. 49.

15. Marmé, "Heaven on Earth."

16. 田秋野、周维亮：《中华盐业史》，第 266 页。

17. 关于这个术语的详细注解，见 Wing-Kin Puk, "The Ming Salt Certificate: A Public Debt System in Sixteenth-Century China?," Ming Studies 2010, no. 61 (April 2010): 1-12。

18. 《（嘉靖）山西通志》，第 39 卷，第 21 页。折算比率因时而异，见田秋野、周维亮：《中华盐业史》，第 267 页。

19. 藤井宏：《明代盐商的一考察》，第 258 页。

20. 同上，第 254—255 页。

21. 李珂：《明代开中制下商灶购销关系脱节问题再谈》，第 35 页。徐泓（《清代两淮盐场的研究》第 87—95 页）详细考察了纳粮折色制度的起点资料，回顾了曾仰丰、左树珍和藤井宏的说法。他的结论是折色趋势确立于成化年间，1468 年始于长芦盐区，然后推广到其他盐区，到 1486 年已经在两淮盐区得到巩固。这与藤井宏《明代盐商的一考察》第 252 页的结论一致。

22. 徐泓：《清代两淮盐场的研究》，第 94 页。

23. 《（万历）扬州府志》，第 11 卷，第 7 页。

24. 由于这个原因，边商有时被描述为仅获取食盐贸易资格，然后将此资格出售给内商（薛宗正：《明代盐商的历史演变》，第 31 页）。但徐泓征引资料表明，在折色初期，边商继续在盐场购盐，然后在仪征（当时叫仪真）或淮安（对于淮北的盐而言）口岸将其出售。他引述了盐引规模翻番的情况，由此导致了在稽查点的长时间耽误，这是他们在 16 世纪 40 年代退出实际交易过程的最主要原因（徐泓：《清代两淮盐场的研究》，第 94—95 页）。这与徐泓利用过的藤井宏的分析一致。

25. 徐泓：《清代两淮盐场的研究》，第 94—95 页。

26. 同上，第 93 页；藤井宏：《明代盐商的一考察》，第 288 页。

27. 胡朴安：《中华全国风俗志》，上编，第 7 卷，第 11 页。

28. 《（嘉靖）山西通志》，第 40 卷，第 2 页。

29. 胡朴安：《中华全国风俗志》，上编，第 7 卷，第 11 页。

30. 张正明：《晋商兴衰史》，第 7 页。

31. Cressey, *China's Geographic Foundations*, pp. 45-46.

32. Bell, "The Great Central Asian Trade Route from Peking to Kashgaria," p. 60.

33. 张正明：《晋商兴衰史》，第 19 页。

34. 见同上书，第 98—103 页表格。

35. 藤井宏：《明代盐商的一考察》，第 298 页。

36. 谢肇淛：《五杂俎》，转引自 Ho Ping-ti, "The Salt Merchants of Yang-chou," p. 143。

37. 刘禹锡：《晚步扬子游南塘望沙尾》。

38. Cressey, *China's Geographic Foundations*, p. 197.

39. 关于何城的出身，见《（万历）扬州府志》，第 18 卷，转引自藤井宏：《明代盐商的一考察》，第 286 页。

40. 关于苏州的这种现象，见 Marmé, "Heaven on Earth," p. 36。

41. 《（嘉靖）惟扬志》，第 9 卷，第 7 页。

42. 藤井宏：《明代盐商的一考察》，第 293 页。

43. 焦循、江藩：《扬州图经》，第 8 卷，第 28—29 页。

44. 《（嘉庆）两淮盐法志》，第 44 卷，第 1 页。关于海盗的袭击，见 So Kwan-wai. *Japanese Pirates in Ming China During the 16th Century*。他没有论及扬州遭到的攻击，该城也没有被标注为被围攻的江南城市之一。Marmé（"Heaven on Earth," p. 36）注意到，在苏州，城墙外的流寓人口居住区也是海盗们在该城的首要攻击目标。

45. 《（嘉庆）两淮盐法志》，第 44 卷，第 2 页。

46. 《（嘉靖）惟扬志》，第 8 卷，第 30 页。

47. 同上，第 37 卷，第 3 页。

48. Zurndorfer, *Change and Continuity*, p. 52.

49. Brook, *The Confusions of Pleasure*, p. 128.

50. 引自韦明铧：《考"扬州乱弹"》，第 194 页。关于梆子腔，见 Mackerras, *The Rise of the Peking Opera*, pp. 8-9。

51. 韦明铧：《考"扬州乱弹"》。亦见本书第十一章。

52. Wolfram Eberhard, "What is Beautiful in a Chinese Woman?" p. 287, 译文。关于李渔，见 Hummel, ed. *Eminent Chinese of the Ch'ing Period*, pp. 495-497。

53. 转见 Bao-Hua Hsieh, "The Acquisition of Concubines in China," p. 147。

54. 赵之壁：《平山堂图志》，第 8 卷，第 12 页。

55. 《（嘉靖）惟扬志》，第 37 卷，第 4—6、8—10 页；《（隆庆）仪真县志》，

第 14 卷，第 37—38 页。

56. 徐泓：《清代两淮盐场的研究》，第 95 页。

57. 《（万历）歙志》，转引自藤井宏：《明代盐商的一考察》，第 294 页。

58. Cahill, *Shadows of Mt. Huang.*

59. Zurndorfer, "The *Hsin-an ta-tsu chih* and the Development of Chinese Gentry Society," pp. 158-161; Zurndorfer, "Local Lineages and Local Development," pp. 20-24; Shiba, "Urbanization and the Development of Markets," pp. 13-48.

60. "绩溪"这两个字现在依然保留在当代地图中，读作"Jixi"。"溪"字有另一种读法，"Jiqi"依然用于该县的英文网页。

61. 李龙潜：《明代盐的开中制度与盐商资本的发展》，第 502 页。

62. 藤井宏：《明代盐商的一考察》，第 289 页。

63. Zurndorfer, *Change and Continuity*, p. 132.

64. 见刘淼：《徽商鲍志道及其家世考述》附录 1 中的人物传记，第 510—517 页。

65. 《（嘉靖）徽州府志》，第 2 卷，第 38 页。

66. Zurndorfer, *Change and Continuity*, pp. 132, 145.

67. Kuhn, *Soulstealers*, p. 40. 关于汪士铎，见 Hummel, ed. *Eminent Chinese of the Ch'ing Period*, pp. 834-835。

68. 明代的一本行程书籍中列出了这些线路及停靠地点之间的距离，见憺漪子：《士商要览》，第 1 卷，第 61 页，第 2 卷，第 3—4 页。该书编者为新安人，也就是徽州人。

69. 藤井宏：《明代盐商的一考察》，第 289 页。

70. Zurndorfer, *Change and Continuity*, p. 69.

71. 同上，第 50 页；亦见该书精彩的第 3 章 "Commercial Wealth and Rural Pauperism in Late Ming and Early Ch'ing China: Hui-chou Prefecture in Transition"。

72. Brook, *The Confusions of Pleasure*, p. 4.

73. 徐泓：《清代两淮盐场的研究》，第 96 页。

74. 憺漪子：《士商要览》，第 1 卷，第 61 页。

75. 全汉昇：《唐宋时代扬州经济景况的繁荣与衰落》，第 170—174 页。

76. 比如，见《（嘉庆）两淮盐法志》，第 43 卷，第 26、28 页；第 45 卷，第

8、12 页；第 46 卷，第 8—10 页。我在其他地方论述过仪征改籍者的数量，曾经错误地推测这是因为仪征县土地更容易获得，见 Finnane, "Yangzhou: A Central Place in the Qing Empire," p. 139。

77. 《（康熙）徽州府志》，第 2 卷，第 66 页；选自 Zurndorfer, *Change and Continuity*, p. 137。

78. Zurndorfer, *Change and Continuity*, p. 114.

79. 关于娼妓业，见本书第九章。

80. 藤井宏：《明代盐商的一考察》，第 297—298 页。

81. Zurndorfer, *Change and Continuity*, p. 97.

82. Metzger, "The Organizational Capabilities of the Ch'ing State in the Field of Commerce," pp. 23-24.

83. Zurndorfer, *Change and Continuity*, p. 143.

84. 李斗：《扬州画舫录》，第 8 卷，第 169 页。

85. 同上，第 171 页。

86. 图 6 中的画作题词显示了郑元勋的出生日期。关于他的死亡有许多记载，见本书下一章。郑元化在清初的扬州很活跃，有资料提及他资助过 1655 年建立的扬州育婴堂（《（嘉庆）两淮盐法志》，第 56 卷，第 4b 页）。郑侠如活到了 64 岁，卒于 1673 年，可能生于 1610 年（郑庆祜：《扬州休园志》，世系卷第 2 页，第 3 卷第 1 页）。

87. 1643 年进士郑元勋，在进士名单中仅记载为"扬州府籍"。扬州府本县江都县的地方志中，他被描述为"江都人"而非"江都籍"。扬州府志称其祖父将户籍改隶江都，别的地方却称他为"歙县人，隶籍扬州"。尽管如此，清代的仪征县志中称郑元勋为土著后代，其中的进士名单显示，他的侄子们都隶籍该县。见《明清历科进士题名碑录》，第 2 卷，第 1346 页；《（雍正）扬州府志》，第 39 卷，第 23、24 页；《（嘉庆）仪征县续志》，第 33 卷，第 5—7 页。

88. 在仪征和扬州本县江都县的复社成员名单中，相应辈分的姓郑者出现过不止一次。仪征有郑元禧（1631 年进士），他跟郑元勋同为"元"字辈；还有郑之纶，他跟郑氏兄弟的父亲郑之彦同为"之"字辈。江都的成员包括郑元勋和郑元弼。见《复社姓氏》，匿名稿本，未署日期。此稿未标页码，其中的姓名分县排列。郑元禧看来是郑元勋的堂兄，也许郑之纶的儿子。

另一份资料称郑元勋为郑元禧"之弟"，这是一种对父系堂兄弟的通常称法（《（乾隆）两淮盐法志》，第 34 卷，第 21 页）。

89. 《（道光）重修仪征县志》，第 33 卷，第 5 页。这个版本的仪征县志由著名扬州学者刘文淇编纂，他征引了以往府志和县志中的全部相关段落。

90. 同上。

91. 竹西社之名来自扬州城西的竹西亭，该亭因为杜牧的一首诗而不朽（《（嘉庆）重修扬州府志》，第 31 卷，第 27 页）。关于复社的成员，见《复社姓氏》。关于它的起源和活动，见 Atwell, "From Education to Politics"。关于当地文人结社的构成名单，见谢国桢：《明清之际党社运动考》，第 165 页，不过这份名单并未包括扬州的任何社团。

92. 焦循：《扬州北湖小志》，第 3 卷，第 8 页。

93. 关于更早的园林，见朱江：《扬州园林品赏录》，第 53 页。

94. 见吴肇钊：《计成与影园兴造》；曹汛：《计成研究》，第 12—13 页。

95. 李斗：《扬州画舫录》，第 8 卷，第 171 页。

96. 计成：《园冶》。

97. 李斗指出，地方志中关于该园的位置说法不一，但根据当时依然存在的残留部分，他认定该园位于城南。更准确的位置可能是城西南，见吴肇钊：《计成与影园兴造》，第 170—171 页。

98. 朱江：《扬州园林品赏录》，第 75 页。

99. 同上，第 171 页。

100. 李斗：《扬州画舫录》，第 8 卷，第 168—169 页。

101. 郑庆祜：《扬州休园志》。关于 18 世纪晚期园林建筑的变迁，见本书第八章。

102. 郑庆祜：《扬州休园志》，自序。

103. 陈从周：《说园》，第 26 页。

104. 郑元勋：《影园自志》，第 31 卷，第 51 页。

105. 《（嘉庆）仪征县续志》，第 39 卷，第 23 页。

106. 同上，第 31 卷，第 55 页。

107. 方象瑛：《休园记》，第 31 卷，第 56 页。

108. 李斗：《扬州画舫录》，第 8 卷，第 172 页。亦见 Borota, "The Painted Barques of Yangzhou," p. 63; Hsu, *A Bushel of Pearls*, pp. 29-31; 以及本

书第八章。

109. Cahill, "Introduction," p. 11; Cahill, "The Older Anhui Masters," p. 68.

110. 汪世清:《董其昌的交游》,第 481 页。

111.《(嘉庆)重修扬州府志》,第 31 卷,第 52 页。

112. Pang, "Late Ming Painting Theory," p. 28; 李斗:《扬州画舫录》,第 8 卷,第 168 页。关于陈继儒,见 Hummel, ed. *Eminent Chinese of the Ch'ing Period*, pp. 83-84, 789。

113. Hsu, *A Bushel of Pearls*, pp. 58-59.

114. Métailé, "Some Hints on 'Scholar Gardens' and Plants in Traditional China," p. 248.

115. 假山作为苏州园林的特征出现于明中期,到 16 世纪晚期已经成为"中国其他地方园林时尚中的醒目特征"。在这一时尚的批评者眼里,它们尤其与"纨绔巨商"的粗俗做法有关,是暴发户的可怜习惯(Clunas, *Fruitful Sites*, pp. 74-75)。

116. 计成:《园冶》,第 29 页。

第四章

1. Crossley, *The Manchus*, p. 41.

2. 莫东寅:《满族史论丛》,第 60—61 页。

3. Crossley, *The Manchus*, p.p 52-53, 212; Hummel, ed. *Eminent Chinese of the Ch'ing Period*, pp. 594-599.

4. 王秀楚:《扬州十日记》,第 240—241 页。

5. 关于结构化叙事,见 Maier, "Consigning the Twentieth Century to History"。

6. 王秀楚:《扬州十日记》。

7. 《(嘉庆)重修扬州府志》,第 44 卷,第 49 页。

8. 同上,第 33 卷,第 5 页。

9. Parsons, *The Peasant Rebellions of the Late Ming Dynasty*, pp. 2-6.

10. 《(嘉庆)重修扬州府志》,第 44 卷,第 50 页。

11. 同上,第 49、50—51 页。

12. 同上,第 69 卷,第 28 页。关于张献忠,见 Hummel, ed. *Eminent Chinese of the Ch'ing Period*, pp. 37-38。

13. 《（嘉庆）重修扬州府志》，第 70 卷，第 22 页。

14. 见本书第一章，注 17。

15. 王秀楚：《扬州十日记》，第 232、240 页。在第二起涉及强奸的例子中，妇女的籍贯身份未被提及，但其姓"焦"（与著名学者焦循同姓）是本地常见姓氏。

16. 同上，第 232 页。关于扬州的山陕和徽州世系，见《（嘉庆）江都县续志》，第 12 卷，第 21—22 页。

17. 王秀楚：《扬州十日记》，第 231 页。司徒琳的译文（Struve, *Voices from the Ming-Qing Cataclysm*, p. 47）暗示王秀楚可能是一名学者。这种解释有道理，但不够确切；该书有一段话涉及王秀楚是否曾在一名满人军官面前自称拥有较高的社会地位。

18. 亦见本书第八章。

19. 王秀楚：《扬州十日记》，第 235 页。

20. 同上，第 241 页。

21. 同上，第 230 页。

22. 转引自 Mote, "The Transformation of Nanking," 第 104 页，第 689 页注 4。

23. Wakeman, *The Great Enterprise*, 1: 573.

24. 《（嘉庆）重修扬州府志》，第 49 卷，第 41 页。

25. 抗日战争期间的一些图画显示，有的大城市在战争前夕几乎已经空无一人，见 Tong & Li, *The Memoirs of Li Tsung-jen*, p. 334；以及 George Johnston 关于 1944 年桂林的描述，见 Kinnane, *George Johnston*, pp. 52-53。

26. Wakeman, *The Great Enterprise*, 1: 362; Hummel, ed. *Eminent Chinese of the Ch'ing Period*, pp. 37-38, 491-493.

27. Hummel, ed. *Eminent Chinese of the Ch'ing Period*, pp. 410-411.

28. 戴名世：《扬州城守纪略》，第 51 页。

29. 同上。

30. 王秀楚：《扬州十日记》，第 229 页。

31. 同上，第 231 页。

32. 同上，第 128 页。

33. Wakeman, *The Great Enterprise*, 1: 547.

34. Struve, *Voices from the Ming-Qing Cataclysm*, p. 31.

35. 王秀楚:《扬州十日记》,第 229 页; Mao, "A Memoir of Ten Days' Massacre in Yangchow," p.516。

36. 英译见 Mao, "A Memoir of Ten Days' Massacre in Yangchow"。

37. 在扬州南面的嘉定,据说城陷后 12 小时内有两万人死于大屠杀(Wakeman, *The Great Enterprise*, 1: 659)。

38. 同上,第 547 页,第 563—564 页注 158。

39. 同上,第 547 页,该书引自 Maurice Collis, *The Great Within*, p. 63, 后者又引自 Backhouse & Bland, *Annals and Memoirs of the Court of Peking*, p. 187。

40. 王秀楚:《扬州十日记》,第 24—242 页。

41. 《(嘉庆)重修扬州府志》,第 45 卷,第 1 页。

42. 同上,第 49 卷,第 39 页。

43. 英译见 Mao, "A Memoir of Ten Days' Massacre in Yangchow," p. 522。

44. Wakeman, *The Great Enterprise*,上册,第 562 页注 155。

45. 《(乾隆)江都县志》,第 29 卷,第 25 页。

46. 同上,第 26 页。

47. 许凤仪、朱福烓:《扬州风物志》,第 85 页。

48. 全祖望:《梅花岭记》,第 211 页,转引自 Wakeman, *The Great Enterprise*, 1: 564-566。关于全祖望,见 Hummel, ed. *Eminent Chinese of the Ch'ing Period*, pp. 203-205;以及 Mote, "The Intellectual Climate in Eighteenth-Century China," pp. 47-51。全祖望对清朝感到失望,对明朝遗民历史的兴趣增强,牟复礼以此为背景考察了这一版本的史可法之死的故事。

49. 全祖望:《梅花岭记》,第 211 页。

50. 韦明铧:《说扬州十日》。

51. 易君左:《闲话扬州》,第 22 页。

52. Hummel, ed. *Eminent Chinese of the Ch'ing Period*, pp. 701-702.

53. 可以比较一下全祖望(《梅花岭记》第 211 页)与戴名世(《扬州城守纪略》第 51 页)的说法。

54. Wilhelm, "The Po-hsüeh hong-ru Examination of 1679"; Struve, "Ambivalence and Action".

55. 扬州文物研究室、史可法纪念馆编:《亮节孤忠史可法》,第 2 页。

56. 关于这些及其他称赞史可法的作品，见同上书。

57. 见《史可法评价问题汇编》。

58. 朱自清：《说扬州》，第 36 页。

59. Wakeman, *The Great Enterprise*，上册，第 351 页注 108；Goodrich, ed., *Dictionary of Ming Biography*, 1: 216。

60. 关于吴甡，见 Goodrich, ed., *Dictionary of Ming Biography*, 2: 1494-1495；关于袁继咸，见 Hummel, ed. *Eminent Chinese of the Ch'ing Period*, pp. 948-949，不过该书未提及袁继咸在扬州的任职情况。

61. 李斗：《扬州画舫录》，第 8 卷，第 171 页。

62. 关于北湖各家族，见本书第五章。王玉藻为李植（1577 年进士）女婿，1585 年，后者和其他一些御使因为弹劾当朝大学士申时行（1535—1614）而被罢官降级，这一系列的政治斗争导致了东林党的形成（《明史》，第 20 册，第 124 卷，第 6141—6145 页；《清史稿》，第 45 册，第 500 卷，第 13 827 页；Goodrich, ed., *Dictionary of Ming Biography*, 1: 331, 2: 1188）。李植曾孙李宗孔是清初扬州的著名人物，见本书附录。

63. 根据阮元的说法（《广陵诗事》，第 3 卷，第 5 页），清初宗氏家族生活在扬州东边江都的一个市镇宜陵。

64. 《（雍正）扬州府志》，第 21 卷，第 23 页。

65. 同上，第 29 卷，第 7 页。

66. 《（嘉庆）重修扬州府志》，第 49 卷，第 40 页。

67. 同上。

68. 《（雍正）扬州府志》，第 29 卷，第 57 页。

69. 《（嘉庆）仪征县续志》，第 33 卷，第 6 页。

70. 戴名世：《扬州城守纪略》，第 45 页。

71. 《（嘉庆）仪征县续志》，第 33 卷，第 6 页。亦见罗振常：《史可法别传》，第 22 页。

72. 《（嘉庆）重修扬州府志》，第 49 卷，第 33—37 页。

73. 焦循：《扬州北湖小志》，第 3 卷，第 8 页。

74. 李斗：《扬州画舫录》，第 8 卷，第 167—172 页。

75. 《（嘉庆）重修扬州府志》，第 49 卷，第 33—37 页。

76. 同上，第 41 页。

77. 同上，第 40 页。

78. 《清史稿》，第 45 册，第 287 卷，第 13 826—13 827 页。

79. 《（雍正）扬州府志》，第 29 卷，第 57 页；《（道光）泰州志》，第 24 卷，第 6 页。

80. 见本章注 63。

81. 森纪子：《盐场的泰州学派》，第 62 页。

82. 沈德符：《万历野获编》，第 482—483 页。关于沈德符，见 Goodrich, ed., *Dictionary of Ming Biography*, 2: 1190-1191。

83. 同上，第 483 页。

84. 《（咸丰）重修兴化县志》，第 8/6 卷，第 6 页。

85. Goodrich, ed., *Dictionary of Ming Biography*, 1: 562-566.

86. 关于宗元鼎的生平，见《清史稿》，第 44 册，第 484 卷，第 13 333 页。关于简略的英文传记，见 Strassberg, *The World of K'ung Shang-jen*, p.371, 注 61。石听泉（Richard Strassberg）的注释是一部关于 17 世纪晚期扬州知名文人传记的名副其实的百科全书，见该书第 371—372 页。

87. Meyer-Fong, "Site and Sentiment," pp. 125-127. 李斗（李斗：《扬州画舫录》，第 10 卷，第 217 页）误以为宗观是宗元鼎之父，实为堂兄弟。

88. 《（乾隆）江南通志》，第 107 卷，第 25 页。

89. 《（咸丰）重修兴化县志》，第 8/6 卷，第 6—7 页。

90. 《（嘉庆）重修扬州府志》，第 53 卷，第 14 页。

91. 李斗：《扬州画舫录》，第 8 卷，第 170 页。

92. 同上，第 171 页。

93. 史德威：《维扬殉节纪略》，第 4—5 页。

94. Wakeman, *The Great Enterprise*, 1: 569-579.

95. Mao, "A Memoir of Ten Days' Massacre in Yangchow," p.537.

第五章

1. 焦循：《扬州北湖小志》，第 3 卷，第 8 页。

2. 王章涛：《阮元传》，第 5 页。

3. 焦循：《扬州北湖小志》，第 3 卷，第 29 页。

4. 同上，第 1 页。

5. 同上，第9页。

6. Struve, "Ambivalence and Action," p. 237.

7. 阮元：《广陵诗事》，第4卷，第6页。

8. Hummel, ed. *Eminent Chinese of the Ch'ing Period*, pp. 240, 265；《清史稿》，第45册，第501卷，第13 859页。关于程邃，见 Jang, "Cheng Sui"。孙默的出生年份见李桓：《国朝耆献类征》，第79卷，第40页。

9. 关于石涛在扬州的岁月，见 Hay, *Shitao*；以及 Hay, "Shitao's Late Work"。

10. 列入"隐逸"类的是以往各朝代的人，包括明朝。见《(嘉庆)重修扬州府志》，第1—7页。

11. 关于吴嘉纪的一种重要文体，即描述妇道、孝行和慈善者，见 Chaves, "Moral Action in the Poetry of Wu Chia-chi"。Chaves 的研究附有吴嘉纪诗歌的大量译文，以及周围一些人的作品，可以进行系统的比较，包括孙枝蔚和陈维崧的作品。关于吴嘉纪作品的详细注释，以及他的熟人所撰写的生平资料，见杨积庆：《吴嘉纪诗笺校》。一个未点校的清代版本也已经再版，见吴嘉纪：《陋轩诗集》。

12. 《(嘉庆)重修扬州府志》，第53卷，第14页。

13. 关于"二仕官员"这一记载的讨论，见 Crossley, *A Translucent Mirror*, pp. 290-296。

14. 《(嘉庆)重修扬州府志》，第53卷，第40、46页。

15. 杨积庆：《吴嘉纪诗笺校》，第18页。同一条目中也列出了与吴嘉纪交往的其他遗民。

16. Strassberg, *The World of K'ung Shang-jen*, pp. 136-137.

17. 《清史稿》，第45册，第501卷，第13 857页。

18. 宗元鼎：《卖花老人传》，第60页；阮元：《广陵诗事》，第3卷，第5页。

19. 焦循：《扬州北湖小志》，第3卷，第16页；《(嘉庆)重修扬州府志》，第53卷，第17页。

20. 焦循：《扬州北湖小志》，第3卷，第15页。

21. 王章涛：《阮元传》，第5—7页。

22. 焦循：《扬州北湖小志》，第6卷，第10页。焦循提到自己家族中早先曾经有人在1615年中过武举人，另一人在1687年乡试中夺魁（《(嘉庆)重修扬州府志》，第42卷，第12页），还有一人在1726年获得了同样的功名

（焦循:《扬州北湖小志》，第 6 卷，第 3、5 页）。

23. Winston Hsieh, "Triads, Salt Smugglers and Local Uprisings," pp. 155-157.

24. 焦循:《扬州北湖小志》，第 3 卷，第 11 页。

25. 《（嘉庆）重修扬州府志》，第 53 卷，第 16 页。

26. 杨积庆:《吴嘉纪诗笺校》，第 312 页。

27. Chaves, "Moral Action in the Poetry of Wu Chia-chi," p. 403.

28. Jang, "Cheng Sui," p. 111. 亦见 Nelson, "Rocks Beside a River."

29. Ayling & Mackintosh, *A Collection of Chinese Lyrics*, p. 165.

30. 焦东周生:《扬州梦》，第 5 页。

31. 杜负翁:《石涛与扬州》，第 5 页。

32. Hay, "Shitao's Late Work," 1: 21.

33. 同上，第 24 页。

34. William Ding Yee Wu, "Kung Hsien," p. 5. 龚贤一直很穷，但这是由于他的超凡脱俗之故（Kim, "Zhou Liang-kung and His *Tu-hua-lu* Painters," p. 200）。

35. Andrews, "Zha Shibiao," pp. 102-108.

36. 杨积庆:《吴嘉纪诗笺校》，第 15 页。李自成进攻三原，据说孙枝蔚曾经动员当地人起来抵抗，见钱仪吉:《碑传集》，第 139 卷，第 12 页。

37. 《（嘉庆）两淮盐法志》，第 146 卷，第 12 页。

38. 杨积庆:《吴嘉纪诗笺校》，第 15 页。

39. 《（嘉庆）两淮盐法志》，第 146 卷，第 12 页。

40. 同上，第 44 卷，第 5 页。

41. 王思治、金成基:《清代前期两淮盐商的盛衰》，第 67 页。

42. 《（乾隆）两淮盐法志》，第 34 卷，第 17 页。

43. Oertling, "Patronage in Anhui During the Wanli Period," p. 171.

44. Contag, *Chinese Masters of the 17th Century*, pp. 13-14.

45. Hay, "Shitao's Late Work," 2: 附录 1，第 661 页。

46. 魏禧:《善德纪闻录》，第 27 卷，第 27 页。见 Smith, "Social Hierarchy and Merchant Philanthropy," p. 433。魏禧没有提供闵世章的活动的时间表，但提到他 72 岁时去世；魏禧去世于 1681 年，因而我们可以推测闵世章出生于 17 世纪初。

47. 魏禧：《善德纪闻录》，第 27 卷，第 33 页。这肯定是在 1668 年至 1674 年间（见本书附录三）。如前所述，闵世章从事商业活动的时间并不清楚。他也许在明朝灭亡以前就已经发财，并在战争期间将财富储藏起来，或者在朝代更替之后不久就发了财。

48. 《（嘉庆）重修扬州府志》，第 19 卷，第 1 页。关于"学宫"这一机构，见 Feuchtwang, "School-Temple and City God," p. 583。

49. 《（嘉庆）重修扬州府志》，第 14 卷，第 3 页。

50. 同上，第 19 卷，第 1 页。

51. 《明清历科进士题名碑录》，第 3 卷，第 1407—1422 页。

52. 比如，后来成功率很高的浙江嘉兴府无人应试，福州和广州也没有人应试。

53. 关于这种接纳，见 Beattie, "The Alternative to Resistance," pp. 241-276。

54. 《（康熙）两淮盐法志》，第 21 卷，第 5 页；《（嘉庆）重修扬州府志》，第 48 卷，第 8 页。

55. Hummel, ed. *Eminent Chinese of the Ch'ing Period*, pp. 809-810, 864-865. 吴绮家族通过食盐专卖将户籍改隶江都，就如汪楫改籍仪征一样（《（嘉庆）两淮盐法志》，第 46 卷，第 8、10 页）。

56. 《（嘉庆）重修扬州府志》，第 38 卷，第 4 页。

57. 同上，第 2 页。

58. 《（乾隆）江南通志》，第 105 卷，第 14—15 页。

59. Wilhelm, "The Po-hsüeh hong-ru Examination of 1679," p. 65.

60. Hummel, ed. *Eminent Chinese of the Ch'ing Period*, pp. 173-174.

61. Kim, "Zhou Liang-kung and His *Tu-hua-lu* Painters," p. 194.

62. 同上。

63. 周亮工：《读画录》。

64. 该序言的译文见 Kim, "Zhou Liang-kung and His *Tu-hua-lu* Painters," pp. 193-194。

65. Meyer-Fong, "Making a Place for Meaning in Early Qing Yangzhou."

66. Hummel, ed. *Eminent Chinese of the Ch'ing Period*, pp. 831-833.

67. 王士禛：《渔洋精华录集注》，年谱第 5 页。

68. 杨积庆：《吴嘉纪诗笺校》，第 489 页。由于资助者的逃离，新成立的育婴堂当时陷入了危机，见 Smith, "Social Hierarchy and Merchant Philanthropy,"

p. 437。

69. 王士禛：《渔洋精华录集注》，年谱第 5 页。

70. 同上，第 6 页。比如，关于泰州可见《冬日登海陵德香阁》，关于高邮可见《秦邮曲二首》。见同上书，第 2 卷，第 24、25 页。

71. 王士禛：《冶春绝句十二首》，见同上书，第 3 卷，第 4—5 页。

72. 同上，第 3 卷，第 27、7、43 页。

73. 同上，第 2 卷，第 81 页。关于王士禛红桥项目的详细讨论，见 Meyer-Fong, "Making a Place for Meaning in Early Qing Yangzhou"。

74. 李斗：《扬州画舫录》，第 10 卷，第 212 页。

75. 杨积庆：《吴嘉纪诗笺校》，第 312 页。

76. 同上，第 504 页。

77. 同上，第 486—490 页。这部手稿刊行时以《陋轩集》为题。

78. 同上，第 80、92、126、193—194、212、217、362、363 页。

79. 同上，第 82—83 页；《（嘉庆）重修扬州府志》，第 28 卷，第 17 页；《（光绪）甘泉县志》，第 8 卷，第 6 页。

80. 石听泉的《孔尚任的世界》(The World of K'ung Shang-jen) 一书对孔尚任的生平，尤其是他在扬州的活动，有过细致的研究，此处的几则评论主要参考了他这部著作。

81. 陈万鼐：《孔尚任研究》，第 24—25 页。

82. Strassberg, The World of K'ung Shang-jen, pp. 135-187, 362-391nn. 关于孔尚任诗友和画友的完整名单和简要生平资料，见陈万鼐：《孔尚任研究》，第 46—90 页。

83. 杨积庆：《吴嘉纪诗笺校》，第 514 页。

84. Strassberg, The World of K'ung Shang-jen, pp. 135, 187.

85. 关于其中十四首诗的译文，见同上书，第 155—162 页。

86. 孔尚任：《孔尚任诗文集》，第 1 册，第 170 页。

87. Strassberg, The World of K'ung Shang-jen, p. 277.

88. 孔尚任：《桃花扇》，第 258 页。

89. Strassberg, The World of K'ung Shang-jen, p. 245.

90. 孔尚任：《桃花扇》，第 1 页。

91. Hay, Shitao, p 99. 关于"漫长的 18 世纪"的讨论，见 Mann, Precious

Records, 第 20 页, 第 236 页注 1。

92. 《（康熙）扬州府志》, 转引自杨积庆:《吴嘉纪诗笺校》, 第 143 页。

93. 《（康熙）两淮盐法志》, 第 13 卷, 第 4 页。

94. 朱偰:《中国运河史料选辑》, 第 109 页;《（嘉庆）重修扬州府志》, 第 10 卷, 第 3 页; 傅泽洪编:《行水金鉴》, 第 65 卷, 第 963 页。

95. 于成龙（1638—1700）抱怨过高邮南北堤坝的定期掘开——这是靳辅方案中排水机制的关键, 有助于保护堤坝免于承受太大压力, 不过这样对下河有负面影响（《（嘉庆）重修扬州府志》, 第 10 卷, 第 20 页）。

96. 见本书第七章。

97. Owen, "Slavery Poetry," p. 105. 关于魏禧, 见 Hummel, ed. *Eminent Chinese of the Ch'ing Period*, pp. 847-848。

98. 《（嘉庆）重修扬州府志》, 第 15 卷, 第 8 页。

99. Owen, "Slavery Poetry," p. 105.

100. Strassberg, *The World of K'ung Shang-jen*, p. 144.

第三部分

1. 李斗:《扬州画舫录》, 第 18 卷, 第 403 页。

第六章

1. 李斗:《扬州画舫录》, 第 9 卷, 第 197—198 页。

2. 《（嘉庆）重修扬州府志》, 第 31 卷, 第 47 页;《（乾隆）江都县志》, 第 8 卷, 第 21—22 页。

3. Loewe, "Imperial Sovereignty."

4. 此衙署为扬州市政府旧址所在地。

5. 《缙绅全书》, 第 2 卷, 第 46 页。关于地方行政的层级划分, 见 Skinner, "Cities and the Hierarchy of Local Systems," pp. 314-316。

6. 《（康熙）两淮盐法志》, 序言第 5—6 页。

7. Goodrich, ed., *Dictionary of Ming Biography*, 2: 1429-1430.

8. 《（康熙）两淮盐法志》, 序言第 5—6 页。

9. Smith, "Social Hierarchy and Merchant Philanthropy," p. 426.

10. Yang Lien-sheng, "Government Control of Urban Merchants in Traditional China," p. 190.

11. Eisenstadt, *The Political System of Empires*, pp. 365-366.

12. Yang Lien-sheng, "Government Control of Urban Merchants in Traditional China," p. 190.

13. 《（康熙）两淮盐法志》，第 7 卷，第 6 页。

14. 王振忠：《明清徽商与淮扬社会变迁》，第 19 页。

15. 同上，第 12—18 页；Spence, *Ts'ao Yin and the K'ang-hsi Emperor*, pp. 124-151; Silas Wu, *Passage to Power*, p. 88; Hay, *Shitao, passim*。

16. 李斗：《扬州画舫录》，第 7 卷，第 154—155 页；阮亨：《广陵名胜图》，第 4 页。

17. 杨德泉：《清代前期两淮盐商资料初辑》，第 47 页。关于这些同样附有实际职务的头衔，见 Brunnert & Hagelstrom, *Present Day Political Organization of China*, pp. 19-20。比如，歙县商人汪廷璋和洪徵治即拥有这种头衔，他们都在自己的园林中接待过皇帝（阮亨：《广陵名胜图》，第 17—18、21—22 页）。

18. 从 1682 年的 276 万两增至 1766 年的 574 万两，见萧国亮：《论清代纲盐制度》，第 66 页的比较表。

19. Metzger, "T'ao Chu's Reform of the Huai-pei Salt Monopoly," pp. 2-4.

20. Torbet, *The Ch'ing Imperial Household Department*, pp. 106-110.

21. 王振忠：《明清徽商与淮扬社会变迁》，第 4 页。

22. 刘隽：《道光朝两淮废引改票始末》，第 126 页。

23. 杨德泉：《清代前期两淮盐商资料初辑》，第 45 页。

24. 徐泓：《清代两淮盐场的研究》，第 103—104 页。

25. 李澄：《淮盐备要》，转引自王方中：《清代前期的盐法、盐商和盐业生产》，第 32 页。

26. 《（康熙）两淮盐法志》，第 13 卷，第 8 页。

27. 王思治、金成基：《清代前期两淮盐商的盛衰》，第 51 页。何炳棣（"The Salt Merchants of Yang-chou," p. 134）错误地将总商数量与盐场数量联系起来。清初有三十个盐场（接近于雍正年间的总商数量），但在此之前显然只有二十四名总商，而且通过 1678 年起的一系列合并，盐场数量本身也有所减少，乾隆末年仅有二十三个盐场（徐泓：《清代两淮盐场的研究》，第 8 页）。

28. 《（嘉庆）两淮盐法志》，第 44 卷，第 9 页；亦见 Ho Ping-ti, "The Salt Merchants of Yang-chou," pp. 138-139。

29. 《（嘉庆）两淮盐法志》，第 46 卷，第 14-15 页。亦见本书第八章。

30. 《（嘉庆）两淮盐法志》，第 42 卷，第 13 页。

31. 程梦星：《平山堂小志》；汪应庚：《平山揽胜志》。

32. 王振忠（《明清徽商与淮扬社会变迁》，第 34 页）将这一变化时间界定为不晚于 1768 年，他注意到阮元在论及该年乾隆皇帝巡视扬州的情况时，曾经以此头衔提到一位名叫黄源德的商人。

33. 阮元（《广陵诗事》，第 7 卷，第 2 页）提到，时隔康熙皇帝最后一次巡视已久，对于即将到来的乾隆皇帝的初次巡视，地方当局不知道该以何种程序来应对方为合适。

34. 《（嘉庆）两淮盐法志》，第 44 卷，第 15 页。

35. Ho Ping-ti, "The Salt Merchants of Yang-chou," pp. 160-161.

36. 王振忠：《明清徽商与淮扬社会变迁》，第 35 页。王振忠列出了这些商人的商业用名：江广达即江春，鲍有恒即鲍漱芳，黄潆泰即黄至筠。黄源德可能是黄履暹的商业用名，乾隆皇帝曾经巡视过他的园林（见本书第八章）。名单中的另一个商业用名是洪箴远，这可能是在扬州拥有三座园林的洪徵治。这两位商人都拥有"奉宸苑卿"这一御赐头衔；见李斗：《扬州画舫录》，第 12 卷第 275—276 页，第 10 卷第 225 页；阮亨：《广陵名胜图》，第 17—18、20—21、36—37 页。关于鲍志道父子，见刘森：《徽商鲍志道及其家世考述》。关于黄至筠和个园，见罗蔚文：《山馆几经易主，玲珑奇石犹存》。关于这座园林的更多情况，见本书第八章。关于黄至筠作为首商的作用，见本书第十二章。

37. 见附录五。

38. 王振忠：《明清徽商与淮扬社会变迁》，第 37 页。关于报效，见 Metzger, "T'ao Chu's Reform of the Huai-pei Salt Monopoly," p. 2，以及本书第十二章。

39. 田秋野、周维亮：《中华盐业史》，第 305 页。

40. 数据来自《（嘉庆）两淮盐法志》，转引自 Metzger, "The Organizational

Capabilities of the Ch'ing State in the Field of Commerce," pp. 18-19。

41. 王方中：《清代前期的盐法、盐商和盐业生产》，第 15 页。

42. Cahill, *The Painter's Practice*, p. 58.

43. 《（光绪）两淮盐法志》，第 151 卷，第 2、4—5 页。

44. 方裕谨：《道光初年楚岸盐船封轮散卖史料（上）》，第 40 页。

45. 《（嘉庆）重修扬州府志》，第 18 卷，第 8 页。

46. 泷野正二郎的《清代乾隆年间的官僚与盐商》一文对此案有最完整的研究。
    亦见 Hummel, ed. *Eminent Chinese of the Ch'ing Period*, pp. 541-542；以
    及佐伯富：《清代盐政之研究》，第 228—229 页。

47. 泷野正二郎：《清代乾隆年间的官僚与盐商》，第 103 页。

48. 吴建雍：《清前期榷关及其管理制度》，第 93 页。

49. 李琳琦：《明清徽州粮商述论》，第 75 页。

50. 《（光绪）两淮盐法志》，转引自王振忠：《明清徽商与淮扬社会变迁》，第
    9 页。

51. 该城没有很好的人口统计数据，但根据 1843 年前后中国城市化水平的比较
    数据，施坚雅（"Regional Urbanization"第 238 页图 1）估算出该城当时
    人口大约为 17.5 万。扬州盐商的地位此时已经严重下降，但其位置可能被
    来自该城腹地的难民取代，那些地区由于内陆水道系统的崩溃而陷于危机
    状态。如果我们考虑到总人口依然在增长，那么将乾隆末年该城人口估计
    为 10 万人左右似乎比较合理。

52. 李斗：《扬州画舫录》，第 1 卷，第 16 页。

53. 同上，第 13 卷，第 279 页。

54. 见王振忠《明清徽商与淮扬社会变迁》一书中的出色研究。

55. 《（嘉庆）两淮盐法志》，第 5 卷各处；《（光绪）两淮盐法志》，第 16—17
    卷各处。佐伯富的《清代盐政之研究》第 16—17 页以表格形式概要显示了
    盐场的分布情况，但他错误地以为掘港场和丰利场分别以通州和如皋为界，
    石港场全部在通州境内。根据《（光绪）两淮盐法志》，第 16 卷，第 15、
    17 页，这几个盐场仅位于如皋境内，将这份资料中的盐场地图与州县地图
    比较，就能证明情况如此。石港及 1736 年的马塘，都跨越了通州—如皋之
    间的边界，尽管它一开始仅在通州境内（《（光绪）两淮盐法志》，第 16 卷，
    第 4—5 页）。至于合并时间，李澄误以为余西场和余中场、石港场和马堂

场、草堰场和白驹场的合并发生在雍正十年，即 1732 年（李澄：《淮鹾备要》，第 8 卷，第 8 页）。这项措施采纳了 1736 年高斌提出的建议（《大清历朝实录·乾隆朝》，第 14 卷，第 16 页）。见本书附录二中的盐场及相关官职名单。

56. 见 1905 年版两淮盐法志中的地图，上面添加了十里为单位的网格（《（光绪）两淮盐法志》，第 16 卷，第 2—3 页；第 17 卷，第 5—6 页）。

57. 徐泓：《清代两淮盐场的研究》，第 15 页。关于张士诚，见 Goodrich, ed., *Dictionary of Ming Biography*, 1: 99-102.

58. 徐泓：《清代两淮盐场的研究》，第 16 页。

59. 《（康熙）两淮盐法志》，第 38 卷，第 56 页。

60. 同上。

61. 《（嘉庆）两淮盐法志》，第 4 卷，第 8—24 页。

62. 整个 18 世纪和 19 世纪初，食盐产地价格保持着相当的稳定，见王方中：《清代前期的盐法、盐商和盐业生产》，第 14 页。

63. 《（嘉庆）两淮盐法志》，第 27 卷，第 1—2 页。

64. 方卓芬等：《河东池盐和淮南海盐》，第 354 页。

65. 《（嘉庆）两淮盐法志》，第 29 卷，第 1 页。

66. 《（嘉庆）东台县志》，第 15 卷，第 8 页。

67. 《（光绪）阜宁县志》，第 6 卷，第 11 页。

68. 《（嘉庆）两淮盐法志》，第 29 卷，第 2—6 页。

69. Ho Ping-ti, "The Salt Merchants of Yang-chou," p. 132.

70. 《大清历朝实录·乾隆朝》，第 41 卷，第 9 页；第 25 卷，第 21 页。

71. 《（嘉庆）东台县志》，第 18 卷，第 36 页。

72. 田秋野、周维亮：《中华盐业史》，第 307 页。

73. 泷野正二郎：《清代乾隆年间的官僚与盐商》，第 102—103。见 Hummel, ed. *Eminent Chinese of the Ch'ing Period*, pp. 411-413 以及高斌（1683—1755）和高晋（1707—1779）的传记。

74. Hummel, ed. *Eminent Chinese of the Ch'ing Period*, pp. 541-542.

75. 《（光绪）两淮盐法志》，第 129 卷，第 11 页；李澄：《淮鹾备要》，第 8 卷，第 2 页。

76. 《清朝通典》，第 35 卷，第 2213 页。

77. 正式房数总共十九个（见 Ho Ping-ti, "The Salt Merchants of Yang-chou," p. 131），但处理本地或"食岸"事务的"户房"由南、北二房组成，"北房"处理淮北本地食盐事务，"南房"处理淮南食盐事务（李澄：《淮鹾备要》，第 8 卷，第 4—7 页）。

78. 《（光绪）两淮盐法志》，第 129 卷，第 13 页。

79. 《（康熙）两淮盐法志》，第 2 卷，第 8—9、17—18 页；《（嘉庆）两淮盐法志》，第 5 卷，第 15、27 页。

80. 《（光绪）两淮盐法志》，第 130 卷，第 2 页；李澄：《淮鹾备要》，第 8 卷，第 8 页。

81. 通州盐运司运判管辖的十个盐场位于通州和后来的邻近属县如皋境内，泰州运判管辖的盐场全部或者部分位于当时的泰州境内。所有这些盐场都在扬州府境内。淮安运判管辖泰州北部的两个盐场，其余位于盐城（包括后来的阜宁）和海州的盐场，都在淮安府境内（《（康熙）两淮盐法志》，第 3 卷各处）。

82. 泰州运判驻东台场，负责管辖阜宁县庙湾与泰州（后来的东台）富安之间的十二个（后来为十一个）盐场。其管辖范围跨越了两府的四个县级行政区，但没有包括泰州（东台）最南部的角斜场和栟茶场，这两个盐场及淮南其余七个盐场，都由驻石港的通州运判管辖（《（光绪）两淮盐法志》，第 16—17 卷各处）。

83. 同上，第 17 卷，第 20—22 页。

84. 这些地区的情况见 Bureau of Foreign Trade. *China Industrial Handbooks: Kiangsu*, pp. 6-8。

85. 《（光绪）两淮盐法志》，第 130 卷，第 12 页。

86. 同上，第 11—12 页。

87. 同上，第 12—13 页。

88. 王振忠：《明清徽商与淮扬社会变迁》，第 107 页。

89. 《（光绪）两淮盐法志》，第 4 卷，第 1—2 页。

90. 徐泓：《清代两淮盐场的研究》，第 127—181 页各处。

91. 《大清历朝实录·乾隆朝》，第 2 卷，第 10 页。

92. 《清朝文献通考》，第 29 卷，第 5115 页。

93. 《（嘉庆）重修扬州府志》，第 21 卷，第 4 页。

94. 《大清历朝实录·乾隆朝》，第 14 卷，第 71 页。

95. 同上，第 1060 卷，第 3 页。

96. 各个食岸的盐税不一样。18 世纪江都县和甘泉县的基本税率大约为纲盐税率的四分之三，见《（光绪）两淮盐法志》，第 93 卷，第 3 页。

97. 《钦定户部漕运全书》，第 83 卷，第 9 页。

98. 《（光绪）两淮盐法志》，第 59 卷，第 11—12 页。

99. 同上，第 4 页。

100. 同上，第 21 页。

101. 佐伯富：《清代盐政之研究》，第 203 页。

102. 《（光绪）两淮盐法志》，第 59 卷，第 12—13 页；《（嘉庆）重修扬州府志》，第 21 卷，第 6 页。

103. 《（光绪）两淮盐法志》，第 59 卷，第 13 页。

104. 《（乾隆）江南通志》，第 81 卷，第 26 页；《（光绪）两淮盐法志》，第 82 卷，第 2 页。

105. 《（嘉庆）重修扬州府志》，第 21 卷，第 3 页。

106. 《清朝文献通考》，第 29 卷，第 5120 页。

107. 巡商数量由七名增加到十名，巡役从十二人增加到二十人；每道城门驻有一名巡商和两名巡役，他们都由一名特委官员统领（《（光绪）两淮盐法志》，第 59 卷，第 36—37 页）。

108. 《（嘉庆）重修扬州府志》，第 21 卷，第 3—4 页。

109. Metzger, "Organizational Capabilities of the Ch'ing State in the Field of Commerce," p. 38.

110. 《大清历朝实录·乾隆朝》，第 21 卷，第 20 页。

111. 同上，第 1060 卷，第 15—16 页。

112. 同上，第 1058 卷，第 9 页。

113. 同上，第 21 卷，第 20 页。

114. 同上，第 1056 卷，第 2—3 页。

115. 同上，第 23 页。

116. 同上，第 1060 卷，第 2 页。

117. 同上，第 1063 卷，第 9—10 页。

118. 李澄：《淮鹾备要》，第 5 卷，第 17 页。

119. 同上，第 4 卷，第 1 页。

120. 同上，第 5 卷，第 22 页。

121. 方裕谨：《道光初年两淮私盐研究》，第 86—87 页。

122. 同上，第 86 页。

123. Rowe, *Hankou*, pp. 234.

124. 见本书第十章。

125.《（乾隆）两淮盐法志》，第 34 卷，第 13 页；Metzger, "Organizational Capabilities of the Ch'ing State in the Field of Commerce," p. 24，注释。

126. 全汉昇：《唐宋时代扬州经济景况的繁荣与衰落》，第 170—174 页。

127. 不可能以每引 364 斤将食盐运往各个目的地。在江西和湖广山区，"引盐地多山僻，小县河道浅狭"，因此一引盐必须分装为更小的包裹。每包重量因其目的地之不同而异，大包往湖广，小包往江西，以防止本应发往甲地之盐非法出售至乙地（《（嘉庆）两淮盐法志》，第 4 卷，第 38 页）。

128. 王振忠：《明清徽商与淮扬社会变迁》，第 144 页表格。

129. 黄钧宰：《金壶浪墨》，第 1 卷，第 7 页。

130. 王振忠：《明清徽商与淮扬社会变迁》，第 96 页。

131.《（嘉庆）东台县志》，第 15 卷，第 8 页。

第七章

1. *Relations de la mission de Nan-king confiée aux religieux de la Compagnie de Jésus*, vol. 2, 1874-1875, pp. 28-33.

2. Gandar, *Le Canal impérial*, pp. 3-4.

3. 同上，第 4 页。

4. 《（嘉庆）重修扬州府志》，第 10 卷，第 5 页。

5. 同上，第 3 页。

6. 傅泽洪编：《行水金鉴》，第 135 卷，第 1962—1963 页。关于靳辅，见 Hummel, ed. *Eminent Chinese of the Ch'ing Period*, pp. 161-163。

7. 费孝通：《小城镇：苏北初探》，第 77 页。该书的英文版翻译得很随意，其中没有此处引用的这句话，见 Fei Hsiao Tung, "Small Towns in Northern Jiangsu," p. 90。

8. 费孝通：《小城镇：苏北初探》，第 77 页。

9. Lamourous, "From the Yellow River to the Huai," p. 545；郑肇经：《中国水利史》，第 26—29 页。

10. 郑肇经：《中国水利史》，第 136—139 页。

11. 朱偰：《中国运河史料选辑》，第 87 页。

12. 靳辅：《靳文襄公治河方略》，第 331、333 页。

13. Vermeer, "P'an Chi-hsun's Solutions for the Yellow River Problems of the Later 16th Century."

14. 《（嘉庆）重修扬州府志》，第 11 卷，第 4 页。

15. 关于排入长江的情况，见同上书，第 11 卷，第 9 页。

16. 靳辅的策略在 17 世纪 80 年代的早期重建阶段得以贯彻实施，但他在围绕其缺陷而展开的政治争论中被废黜，见汪胡桢、吴慰祖编：《清代河臣传》，第 26—28、33—34 页。石听泉（Strassberg, The World of K'ung Shang-jen, p. 208）概要论述了这场争论。经过与河务当局的长期冲突，张鹏翮于 1700 年初就任河道总督一职。他建立了在 18 世纪主控黄、淮、大运河交汇之处的水利系统。在用来保护洪泽湖的高堰，他用三道"滚坝"取代了六道"减坝"，后者使洪泽湖水持续往外流，前者则可在洪水时期仅排出有限的湖水。他开凿了七条运河，以便将湖水引向北边的黄河，从而向东注入大海。在保护着下河地区的大运河东堤，高邮南边的三道"减坝"被"滚坝"取代，长江各入水口也得到了维修和疏浚，以提高向长江排水的效率。见傅泽洪编：《行水金鉴》，第 68 卷第 991、997 页，第 139 卷第 2011 页，第 140 卷第 2019 页，第 143 卷第 2021 页，第 152 卷第 2183 页；《大清历朝实录·康熙朝》，第 220 卷，第 15 页；武同举编：《淮系年表》，第 11 卷，第 24 页。

17. 到乾隆初期，淮河水再度取道洪泽湖和大运河向东排入下河，但 1748 年第二次被任命为河道总督的高斌，却想恢复张鹏翮的策略。1753 年的洪灾导致该方法被放弃，见《（嘉庆）重修扬州府志》，第 22 卷，第 43—44 页；黎世序编：《续行水金鉴》，第 88 卷，第 1975—1976 页。1757 年稽璜被任命为副总河，他极力主张继续从下河排水（《（嘉庆）重修扬州府志》，第 12 卷，第 6 页）。然后在 1760 年，河道总督白钟山和两江总督尹继善宣布自己想回到高斌的策略上去（同上，第 25 卷，第 9 页）。

18. Will, "State Intervention," p. 298.

19. 傅泽洪编：《行水金鉴》，第 141 卷，第 2035 页。

20. Hay, *Shitao*, pp. 78-79.

21. Will, "State Intervention," p. 321; Perdue, *Exhausting the Earth*, p. 192.

22. 关于最后两个术语，见 Will, "State Intervention," p. 337。

23. 《（同治）续纂扬州府志》，第 1 卷，第 20、27 页；《（咸丰）重修兴化县志》，第 2 卷上，第 11 页。

24. 见本书第十章。

25. 同上。

26. 傅泽洪编：《行水金鉴》，第 8 卷，第 181 页。见 Finnane, "Bureaucracy and Responsibility," pp. 164-165。

27. Finnane, "Bureaucracy and Responsibility," pp. 178-187.

28. 官员名单见傅泽洪编：《行水金鉴》，第 167 卷，第 2145—2146 页；以及《清朝文献通考》，第 85 卷，第 5620—5621 页；安东篱（"Bureaucracy and Responsibility," pp. 174-177）将其制成了表格。

29. Ch'ang-tu Hu, "The Yellow River Administration in the Ch'ing Dynasty," p. 508.

30. 傅泽洪编：《行水金鉴》，第 136 卷，第 1971 页。

31. 《（咸丰）重修兴化县志》，第 2 卷上，第 14 页。参见魏源对河务措施的干预，他在 1849 年担任兴化知县，见 Leonard, *Wei Yuan and China's Rediscovery of the Maritime World*, p. 30。

32. 黎世序编：《续行水金鉴》，第 95 卷，第 2184 页；第 98 卷，第 2215 页；《（嘉庆）重修扬州府志》，第 12 卷，第 33 页。

33. 《（嘉庆）重修扬州府志》，第 12 卷，第 15 页。

34. 黎世序编：《续行水金鉴》，第 75 卷，第 1746 页。

35. 《（嘉庆）重修扬州府志》，第 14 卷，第 35 页。

36. Finnane, "Bureaucracy and Responsibility," pp. 173-184.

37. 《大清历朝实录·雍正朝》，第 72 卷，第 12 页。

38. 黎世序编：《续行水金鉴》，第 132 卷，第 3010 页。

39. 同上，第 75 卷，第 1745 页。

40. 同上。

41. 《（嘉庆）重修扬州府志》，第 12 卷，第 3—7 页。

42. Finnane, "Bureaucracy and Responsibility," p. 173.

43. 《大清历朝实录·乾隆朝》，第 22 卷，第 27 页。

44. 黎世序编：《续行水金鉴》，第 87 卷，第 1977 页。

45. 傅泽洪编：《行水金鉴》，第 87 卷，第 1977 页。

46. 《大清历朝实录·乾隆朝》，第 22 卷，第 27 页。

47. 《钦定大清汇典事例》，第 901 卷，第 20—21 页；第 902 卷，第 4—6 页。

48. 同上，第 904 卷，第 17 页；黎世序编：《续行水金鉴》，第 15 卷，第 344 页。

49. 《清朝通典》，第 33 卷，第 2207 页。

50. 《大清历朝实录·嘉庆朝》，第 40 卷，第 23 页。

51. Polachek, "Literati Groups and Literati Politics," pp. 153-156.

52. 比如，雍正年间的情况，见黎世序编：《续行水金鉴》，第 75 卷，第 1751 页；乾隆年间的情况，见同上书，第 11 卷，第 265 页；嘉庆年间的情况，见《大清历朝实录·嘉庆朝》，第 44 卷，第 3 页。

53. 黎世序编：《续行水金鉴》，第 81 卷，第 1875 页。

54. 同上，第 80 卷，第 1851 页。

55. 同上，第 75 卷，第 1736 页。

56. 同上，第 80 卷，第 1845 页。

57. 同上，第 77 卷，第 1785 页；《（嘉庆）重修扬州府志》，第 11 卷，第 23 页。

58. 黎世序编：《续行水金鉴》，第 81 卷，第 1870 页；第 83 卷，第 1910 页。

59. 《大清历朝实录·乾隆朝》，第 251 卷，第 18 页。

60. 黎世序编：《续行水金鉴》，第 81 卷，第 1870 页。

61. 同上，第 83 卷，第 1909 页。

62. 同上，第 82 卷，第 1888 页。

63. 《大清历朝实录·乾隆朝》，第 251 卷，第 17 页。

64. 汪胡桢、吴慰祖编：《清代河臣传》，第 79—80 页。

65. 《钦定大清汇典事例》，第 904 卷，第 6 页。

66. 《（光绪）两淮盐法志》，第 65 卷，第 23 页。

67. 同上，第 6 卷，第 13 页。

68. 同上。

69. 《（嘉庆）东台县志》，第 10 卷，第 4 页。

70. 《（光绪）两淮盐法志》，第 65 卷，第 6 页。

71. 黎世序编:《续行水金鉴》, 第 7 卷, 第 172 页。

72.《钦定大清汇典事例》, 第 904 卷, 第 6 页。

73. 黎世序编:《续行水金鉴》, 第 7 卷, 第 172 页;《(光绪)两淮盐法志》, 第 65 卷, 第 5 页。

74. 见 Perdue, *Exhausting the Earth*, p. 213, 表 21。

75. 同上, 第 218 页。

76. Perdue, "Water Control in the Dongting Lake Region," p. 750.

77. 黎世序编:《续行水金鉴》, 第 88 卷, 第 1999 页。

78.《大清历朝实录·乾隆朝》, 第 22 卷, 第 26—28 页。

79.《(光绪)两淮盐法志》, 第 130 卷, 第 17 页。

80. 傅泽洪编:《行水金鉴》, 第 136 卷, 第 1970 页。

81.《(乾隆)直隶通州志》, 第 3 卷, 第 19 页。

82. 黎世序编:《续行水金鉴》, 第 87 卷, 第 1975—1976 页。

83. 同上, 第 1977 页。

84. Will, "State Management of Water Conservancy," p. 81.

85. 泷野正二郎:《清代乾隆年间的官僚与盐商》。

86.《(嘉庆)重修扬州府志》, 第 11 卷, 第 9 页。

87. Will, "State Intervention"; Perdue, "Water Control in the Dongting Lake Region."

88. Will, "State Intervention," pp. 346-347.

89.《(嘉庆)高邮州志》, 第 12 卷, 第 16—18 页。

90. Ho Ping-ti, *Studies in the Population of China*, p. 173.

91. Li Bozhong, "Changes in Climate, Land, and Human Efforts," pp. 452-455.

92. 见本书第十二章。

第八章

1. 关于这一时期的城市人口, 不存在任何数据。见本书第六章注 51。

2. Skinner, "Introduction," pp. 533-536.

3. Yinong Xu, *The Chinese City in Space and Time*, pp. 75-77.

4.《(嘉庆)重修扬州府志》, 第 13 卷, 第 1—2 页。

5. 同上, 第 15 卷, 第 2 页。

6. 《（嘉靖）惟扬志》，第 1 卷，第 16 页。这幅 16 世纪的地方志中的地图已经褪色，无法复制，甚至没法完全看清楚。通常我们能在更晚版本的地方志中发现此类地图的复制品（宋代扬州城地图即如此）。但这幅明代地图不是这样，原因可能在于清朝时期的"旧城"基本保留了明代的形状。

7. 《（万历）江都县志》，引自《（嘉庆）重修扬州府志》，第 60 卷，第 3 页。

8. 《（嘉庆）重修扬州府志》，第 19 卷，第 1 页；第 13 卷，第 3 页；第 5 卷，第 20 页。关于学宫的意义，见 Feuchtwang, "School-Temple and City God"。

9. Du Halde, *The General History of China*, 1: 141. 该书的法文原版问世于乾隆初年，因而它肯定创作于雍正年间。关于"駃騠兵营"这个说法的资料来源不清楚，我们只知道杜赫德关于扬州的其他描述看来借鉴了 17 世纪中叶卫匡国（Martino Martini）的著作 *Novus atlas sinensis* 第 128 页中的内容。虽然杜赫德自己在中国待过很多年，但他的许多资料看来可能都来自这样的文献资料，以及耶稣会同行的报告。直至 18 世纪 20 年代，中国各省还有耶稣会士存在，这应该能够表明关于中国各省著名地方的信息的可靠性，但根据民国初期曾经在扬州传教的明道源神父（Jules Crochet, 1857—1932）的说法，自从 1696 年毕嘉（Père Gabiani）去世直至鸦片战争之后对耶稣会重新开放为止，扬州没有任何牧师（见 Crochet, "Histoire d'une Chrétienté," p.103）。关于八旗在各省的分布，见 Elliott, *The Manchu Way*, pp. 105-106。

10. 《扬州营志》，第 9 卷，第 1—2 页。

11. 同上，第 9 页。

12. Yinong Xu, *The Chinese City in Space and Time*, p. 77.

13. 《扬州营志》，第 9 卷，第 9 页。

14. 张岱：《陶庵梦忆》，第 39 页；译文选自 Strassberg, *Inscribed Landscapes*, pp. 347-348。

15. 《（乾隆）江南通志》，第 79 卷，第 22 页。亦见 Ray Huang, *Taxation and Governmental Finance in Sixteenth-Century Ming China*, p. 226。

16. 参见《（光绪）江都县续志》，卷首，第 1 页，其中提到了这种影响。

17. 同上，第 8 页。

18. 李斗：《扬州画舫录》，第 9 卷，第 188 页。

19. 邗上蒙人：《风月梦》，第 37 页。文中提及的各个地方（贤良街、北柳巷、天寿庵）可在地图 7 中找到。

20. 盐商亢某号称"西亢"，肯定来自山西。他跟安岐（1683—？）在同一时期同样出名，由此可知他的财富何时最盛（李斗：《扬州画舫录》，第 9 卷，第 194 页）。

21. 同上，第 189—190 页。"乌师"是一个双关语，"乌"字与其姓氏"邬"字发音相同。

22. 同上，第 188—195 页。"外城角"的字面意思是"城墙以外的地基"，意即城外居住区的顶头或南端。这个名字显然出现于新城合龙之前。

23. 李斗：《扬州画舫录》，第 9 卷，第 199 页。

24. 《扬州营志》，第 16 卷，第 17 页。缎子街又称为"多子街"，这显然是方言的混淆；官话中的"缎"字与当地方言中的"多"字发音非常相像（叶森、朱峰：《扬州街巷杂谈》，第 145 页）。

25. 李斗：《扬州画舫录》，第 9 卷，第 185—186 页。

26. 杨积庆：《吴嘉纪诗笺校》，第 373 页。

27. 其中有江春所建的康山草堂，以及黄履晟、黄履昂、黄履暹、黄履昊四兄弟的园林（李斗：《扬州画舫录》，第 12 卷，第 275—276 页）。

28. 《（光绪）江都县续志》，第 12 卷下，第 8—9 页。

29. 李斗：《扬州画舫录》，第 8 卷，第 170 页；第 15 卷，第 332 页。关于郑氏家族，亦见本书第三、四章。汪交如家族几代人从事盐业贸易，是扬州最富裕的家族之一，拥有为众多家族成员所共享的大量产业。汪交如之子汪廷璋购买了程梦星的筱园（同上，第 15 卷，第 332—333 页）。

30. 金农、高凤翰、高翔、汪士慎（1685—1759）和罗聘都在这个角落里生活过一段时间（卞孝萱：《扬州八怪之一的高翔》，第 233 页；Hay, Shitao, p. 8.）。

31. 林秀微编：《扬州画派》，第 90 页。

32. 薛永年、薛锋：《扬州八怪与扬州商业》，第 100、103 页；郑燮：《板桥题画》，《郑板桥全集》第 7 页。关于竹林寺的地点，见《（嘉庆）重修扬州府志》，第 28 卷，第 26 页。

33. 李斗：《扬州画舫录》，第 9 卷，第 196—198 页。

34. 《扬州营志》，第 9 卷，第 3—4、5 页。

35. 同上，第 8 页。

36. 同上，第 16 卷，第 17 页。

37. 同上，第 9 卷，第 8—9 页。在今天的扬州，史可法路以西和扬州市政府旧址（以前的盐运使司衙署）以南的一小块地方依然称为"校场"。

38. 邗上蒙人：《风月梦》，第 14 页。

39. Tsang, "Portraits of Hua Yan," p. 71. 此文征引了一位华嵒的年轻朋友和旧邻的说法，后者说华嵒跟员果堂一起住在城北时，自己曾经是他的邻居，但员果堂后来搬到了"城东边"（即靠近东边的城墙）。看来可以推测其住处就在中部偏北或者西北部某个地方。

40. 《（嘉庆）重修扬州府志》，第 45 卷，第 23 页。

41. 李斗：《扬州画舫录》，第 18 卷，第 404—407 页。

42. 同上，第 4 卷，第 61 页。

43. 这成为该城的一句口头禅。用山东士大夫刘大观那几句频繁被征引的话来说，"杭州以湖山胜，苏州以市肆胜，扬州以园亭胜，三者鼎峙，不可轩轾"（同上，第 6 卷，第 144 页）。

44. 陈从周：《扬州园林的艺术特色》。关于对扬州现存园林的英文介绍，见 Chen Lifang and Yu Sanglin. *The Garden Art of China*, pp. 180-181，以及 Johnson, *Scholar Gardens of China*, pp. 190-206。

45. 朱江：《扬州园林品赏录》，第 83 页。

46. 陈从周：《园林谈丛》，第 55 页。关于该园的特征，见阮亨：《广陵名胜图》，第 35—36 页；以及朱江：《扬州园林品赏录》，第 154—155 页。

47. 《（嘉庆）重修扬州府志》，第 48 卷，第 50 页。

48. 当代关于扬州园林的最佳调查为朱江的《扬州园林品赏录》一书。关于园林所有权的记载，可见李斗的《扬州画舫录》、阮亨的《广陵名胜图》，以及赵之璧的《平山堂图志》。

49. 李斗：《扬州画舫录》，第 12 卷，第 275—276 页。

50. 汪应庚：《平山揽胜志》。

51. 同上。

52. 张岱：《陶庵梦忆》，第 54 页。

53. Hay, "Shitao's Late Work," 1: 232.

54. 同上，第 261 页。

55. 宗元鼎：《卖花老人传》，第 60 页。

56. 李斗：《扬州画舫录》，第 6 卷，第 136 页。

57. 李斗:《扬州画舫录》,第 12 卷,第 275 页。

58. 李斗:《扬州画舫录》,第 15 卷,第 325 页。

59. 阮元:《广陵诗事》,第 6 卷,第 14 页。关于清初红桥附近的园林,见汪应庚:《平山揽胜志》,第 3 卷,第 18 页。

60. 李斗:《扬州画舫录》,第 13 卷,第 287—288 页。

61. 同上,第 4 卷,第 96 页;第 13 卷,第 300 页。

62. 陈从周的《园林谈丛》书前收录了一幅非常模糊的该园的黑白照片。

63. 李斗:《扬州画舫录》,第 13 卷,第 300—308 页。

64. 同上,第 15 卷,第 329 页。该园据说由石涛设计,尽管这种说法看来很难成立,因为石涛卒于 1707 年(李斗:《扬州画舫录》,第 2 卷,第 38 页)。余元甲是江都县的进士,但其家族可能来自徽州的余岸村,那里也是扬州另一位著名人物的家乡(同上,第 13 卷,第 299 页)。余元甲的社会关系和居住地址都表明他很可能是一名盐商。

65. 同上,第 15 卷,第 327 页。

66. 同上,第 8 卷,第 172 页。

67. 同上。本书原文采用了徐澄淇(Ginger Hsü, *A Bushel of Pearls*, p. 17)关于小玲珑山馆的译文。

68. 郑庆祐:《扬州休园志》。根据朱江(《扬州园林品赏录》,第 107 页)的研究,郑侠如之子郑为光编纂了一部以此为书名的著作,随后该书被禁。他的资料可能来自李斗,后者写过同样的东西,但李斗没有见过该书,因为他并不知道该书有多少卷(李斗:《扬州画舫录》,第 8 卷,第 172 页)。现存的作品是由郑侠如的一名后代编纂的,但非常罕见(大英博物馆东方部藏有一件抄本)。

69. 转引自 Mu Yiqin, "An Introduction to Painting in Yangzhou in the Qing Dynasty," p. 21;译文略有修改。

70. 赵之璧:《平山堂图志》,第 9 卷,第 21—22 页。

71. 《清朝野史大观》,第 11 卷,第 6 页。

72. Finnane, "Yangzhou," p. 137.

73. 李斗:《扬州画舫录》,第 15 卷,第 334—335 页。

74. 同上,第 337 页。

75. 《(嘉庆)两淮盐法志》,卷首,第 4、47 页。

76. 李斗：《扬州画舫录》，第 7 卷，第 161—164 页。

77. 同上，第 12 卷，第 269 页。

78. Naquin, *Peking*, p. 309.

79. 同上；李斗：《扬州画舫录》，第 4 卷，第 100 页。

80. 他们是来自陕西临潼的张四可和来自歙县的陆钟辉（李斗：《扬州画舫录》，第 4 卷，第 86 页）。

81. Hsü, *A Bushel of Pearls*, pp. 27-41.

82. 李斗：《扬州画舫录》，第 8 卷，第 172 页。

83. 徐澄淇以现在时来翻译他的叙述，但过去时可能更加合适。正如本书导言所述，李斗该书创作于 1764 年至 1795 年间，开始动笔的时间已在 1755 年马曰琯去世之后，而且可能不会比马曰璐去世的 1766 年更早多久。

84. Hsü, *A Bushel of Pearls*, pp. 31-32. 参见卞孝萱：《扬州八怪之一的高翔》，第 239 页；以及林秀微编：《扬州画派》，第 120 页。

85. 张庚：《国朝画征录》。

86. 丘良任：《扬州二马及其〈小玲珑山馆图记〉》，第 124 页。这份期刊收录了后来重新发现的一幅张庚作品的粗糙复制品，其中显示他意在图解而非表现这座园林，他可能只是想提供一份该园的平面图。

87. 同上；《扬州画舫录》，第 4 卷，第 84 页。

88. 李斗：《扬州画舫录》，第 4 卷，第 84 页。这些作品包括宋、元、明的绘画，以及活跃在扬州的当代艺术家的作品，比如本地的职业画家禹之鼎、个人主义画家高凤翰，以及杭州画家陈撰（1678—1758），他们肯定都互相认识。

89. Hsü, *A Bushel of Pearls*, 第二章。

90. 画家陈撰客居程梦星的筱园十年，然后受总商江春邀请住在他的园林中。关于陈撰，见 Hummel, ed. *Eminent Chinese of the Ch'ing Period*, pp. 85-86. 方象瑛仅称陈撰是某位富裕盐商的客人。他可能依靠了杭世骏（1696—1773）提供的陈撰传记。李斗批评杭世骏仅提及陈撰是江春的客人，却没有提到程梦星（李斗：《扬州画舫录》，第 15 卷，第 328 页）。另外，徽州画家汪士慎在马氏兄弟的小玲珑山馆生活了许多年，他的同行画家李鱓（1686—1762）在山西商人贺君召的东园中待过一段时间（薛永年、薛锋：《扬州八怪与扬州商业》，第 28 页）。

91. Scott, "Yangzhou and Its Eight Eccentrics," p. 62.

92. 郑燮：《板桥题画》，《郑板桥全集》第 7 页。

93. 薛永年、薛锋：《扬州八怪与扬州商业》，第 26 页。

94. 王云是高邮本地人，在朝廷任职十七年，其技巧颇受人仰慕，见汪鋆：《扬州画苑录》，第 1 卷，第 6—7 页。关于这幅画的局部复制品，见《中国美术全集》，第 10 册，《清代绘画》第 103 页，图 102，以及附录中的《图版说明》第 36 页。

95. Hsü, *A Bushel of Pearls*, p. 53.

96. 徐澄淇的开创性研究显然集中关注 1765 年之前去世的一批艺术家。著名的扬州"职业"画家（借用一个不无问题的分类法）出现得稍晚一些。其中包括禹之鼎、袁耀和王云。见本书第一章注 35。

97. 关于戏曲，或者说音乐剧（本书第十一章有进一步的探讨），见 Macherras, *The Rise of the Peking Opera*, pp. 49-80。

98. 本书原文英译选自 Chou & Brown, *The Elegant Brush*, p. 137。

99. 李斗：《扬州画舫录》，第 11 卷，第 251 页。

100. 同上，第 4 卷，第 77 页。

101. 计成：《园冶》，第 55 页。

102. 李斗：《扬州画舫录》，第 18 卷，第 404 页。

103. 同上，第 404—407 页。

104. 同上，第 11 卷，第 234—241 页。

105. 同上，第 9 卷，第 186—188、193—196 页。

106. 同上，第 6 卷，第 132 页。

107. 同上，第 13 卷，第 279 页。

108. 同上，第 284 页。

109. 分别为韩园、留步、郭汉章馆、苏式小饮、流觞（同上，第 11 卷，第 254 页）。

110. 吴沃尧：《二十年目睹之怪现状》，转引自朱江：《扬州园林品赏录》，第 99 页。

111. Wei Peh-t'i, "Juan Yuan," p. 2.

112. 李斗：《扬州画舫录》，第 4 卷，第 101 页。

113. 关于晚明园林的公共用途，见 Clunas, *Fruitful Sites*, pp. 94-97。

114. 李斗：《扬州画舫录》，第 11 卷，第 241、250 页。

115. 朱江：《扬州园林品赏录》。

116. 李斗：《扬州画舫录》，第 9 卷，第 196 页。

117. Tsang, "The Relationships of Hua Yan and Some Leading Yangzhou Painters," p. 19.

118. 李斗：《扬州画舫录》，第 1 卷，第 25 页。

119. 同上，第 4 卷，第 78 页。

120. 同上。

121. 同上，第 11 卷，第 254 页。

122. 大东门的两家、小东门的两家、校场的一家、三竹巷的一家，以及缺口门盐商角落附近的一家餐馆最著名（同上，第 1 卷，第 25—26 页）。

123. 易君左：《闲话扬州》，第 9 页。

124. 妓院区附近的埂子街有一座浴池，另一座浴池位于北边的广储门边，与马氏兄弟曾经居住之处相距不远。旧城有两座，分别位于开明桥和太平桥，后者对于在当地政府衙门和安定书院工作的官员、学者而言很方便。缺口门、徐宁门、北河下及东关分别还有一座浴池。见李斗：《扬州画舫录》，第 1 卷，第 25 页。

125. 同上，第 2 卷，第 36—52 页。关于"八怪"一词及其问题的讨论，见 Giacalone, *The Eight Eccentrics of Yangzhou*, pp. 28-29, 以及 Chou & Brown, *The Elegant Brush*, pp. 7-8。除了本书附录六中收录的，其他一些艺术家也偶尔出现在"八怪"的名单中，包括高其佩（1672—1734）、边寿民（1684—1752）和闵贞（1730—约 1788），但这些艺术家与扬州的联系非常微弱（Giacalone, *The Eight Eccentrics of Yangzhou*; 白坚、丁志安：《边寿民三题》）。

126. 这个画派由僧人石庄（？—1732）发展起来，他跟徽州画家查士标学过绘画。石庄的一名学生竹堂有个孙子叫甘亭，也成为一名僧人画家。这些人都是南京上元人，但甘亭自己有许多学生，他们都是扬州本地人。石庄之后的三代门徒在 18 世纪中叶肯定已经形成了一个扬州画家群体，在乾隆后期一直都很活跃（李斗：《扬州画舫录》，第 2 卷，第 35 页）。

127. *Catalogue of the Exhibition of Individualists and Eccentrics*, p. 53.

128. 分别见李斗：《扬州画舫录》，第 2 卷，第 47、37、45—46 页。

129. 汪鋆：《扬州画苑录》，第 2 卷，第 13 页。

130. 李斗：《扬州画舫录》，第 13 卷，第 327 页。

131. 同上，第 299 页。

132. 同上，第 2 卷，第 38 页。

133. 同上，第 15 卷，第 329 页。

134. 罗蔚文:《山馆几经易主，玲珑奇石犹存》。如本章前面所述，第一篇题跋
     为马曰琯所作。第二篇为包世臣（1775—1855）所作，他记载了该图被出
     售给盐商汪雪礓的情况，以及它被卖给安定书院山长吴山尊的情况，后者
     找到了包世臣的题跋。马曰琯的题跋没有标明时间，但包世臣的题跋注明
     为 1801 年题于扬州。关于这幅图画的第三篇题跋出现于太平天国运动之后，
     由汪雪礓之后裔、艺术史家汪鋆所作，他提到包世臣写完题跋之后不久，
     "巨石迭被迁移，山馆亦成瓦砾。"至于图画本身，他碰巧在市场上找到了它
     （丘良任:《扬州二马及其〈小玲珑山馆图记〉》，第 124 页）。

135. 佐伯富:《运商的没落和盐政的弊坏》，第 385 页。

136. 邗上蒙人:《风月梦》，第 30 页。

第四部分

1.   Hechter, *Internal Colonialism*.

第九章

1.   朱自清:《说扬州》，第 35 页。

2.   朱自清:《我是扬州人》。

3.   朱自清:《说扬州》，第 35 页。

4.   Da Cruz, "Treatise in Which the Things of China Are Related at Great
     Length," p. 149; de Rada, "The Relation of Fr. Martin de Rada, O.E.S.A.," p.
     282.

5.   Pruitt, *A Daughter of Han*, p. 29.

6.   朱自清:《择偶记》。关于该文的英文翻译，见 Chu Tzu-ch'ing, "My Wife
     and Children"。

7.   朱自清:《说扬州》，第 35 页。关于朱自清提到的著作，见张岱:《陶庵梦
     忆》，第 56—58 页。译文可见 Lin Yutang, *Translations from the Chinese*,

pp. 229-231；Pollard, "The Jades of Yangzhou"；Bao-Hua Hsieh, "The Acquisition of Concubines in China," pp. 147-150；以及 Wei Minghua & Antonia Finnane, "The Thin Horses of Yangzhou," pp. 56-57。最后一篇文献，是我自己对韦明铧《扬州文化谈片》第 150—167 页收录的该文中文节本的译文、导读、注释和说明。刊行本中的主要遗漏之处是关于"马"字的语源学讨论。韦明铧该文此前曾经以更简短的形式刊于《读书》1983 年第 3 期，第 103—107 页。

8. Lin Yutang, *Translations from the Chinese*, pp. 160-162.

9. 《（万历）扬州府志》，序言，第 3 页。

10. 谢肇淛：《五杂俎》，第 196 页。关于谢肇淛，见 Goodrich, ed., *Dictionary of Ming Biography*, 1: 546-550。

11. 张岱：《陶庵梦忆》，第 40 页。

12. 王士性：《广志绎》，第 29 页。关于王士性，见 Goodrich, ed., *Dictionary of Ming Biography*, 2: 1405-1406。

13. 有名可考的少数"瘦马"当中，一人生于 1595 年，卒于 1612 年（Ko, *Teachers of the Inner Chambers*, p. 91）。

14. 谢肇淛（《五杂俎》，第 186 页），历史学家沈德符，诗人、剧作家孔尚任，诗人、社会评论家金埴（1663—1740），还有张岱，都提到了"瘦马"，见 Wei Minghua & Antonia Finnane, "The Thin Horses of Yangzhou"。关于沈德符，见 Goodrich, ed., *Dictionary of Ming Biography*, 2: 1190-1191。金埴出身于南京地区的一个著名家族，其祖先曾经在明朝担任官职，其父亲为 1653 年进士（金埴：《不下带编 巾箱说》，第 1 页）。

15. 见陈世骧（Chen Shih-hsiang）和艾克敦（Harold Acton）对孔尚任《桃花扇》一书的相当随意的翻译（K'ung Shangren, *The Peach Blossom Fan*, p. 190），其中根本没有关于扬州或者"瘦马"的暗示，尽管译文所依据的中文版里提供了相关注释。关于原文，见孔尚任：《桃花扇》，第 163 页。

16. Ko, *Teachers of the Inner Chambers*, p. 265.

17. 关于清代识字率的提高，最大胆的论断可见 Rawski, *Education and Popular Literacy in Ch'ing China*。围绕罗友枝（Rawski）这种估计的争论，尤其是关于妇女识字率的争论，见 Clara Wing-chung Ho, "Encouragement from the Opposite Gender," p. 308。亦见 Handlin［Smith］, "Lu Kun's New

Audience"。

18. 见曼素恩（Mann, *Precious Records*, p. 231）基于胡文楷《历代妇女著作考》一书提供的数据。

19. 沈德符：《万历野获编》，第 54 页。

20. 金埴：《不下带编 巾箱说》，第 5 部分，第 92 页。

21. 张岱：《陶庵梦忆》，第 56—57 页。

22. 沈德符：《万历野获编》，第 597 页。

23. 同上。

24. 张岱：《陶庵梦忆》，第 58 页。

25. Bao-Hua Hsieh, "The Acquisition of Concubines in China," pp. 162-163.

26. 《（康熙）扬州府志》，第 7 卷，第 3 页；李斗：《扬州画舫录》，第 9 卷，第 187 页。亦见王士祯：《香祖笔记》，1702 年，转引自王书奴：《中国娼妓史》，第 262 页。

27. 王书奴：《中国娼妓史》，第 261—262 页。

28. 同上；Mann, *Precious Records*, pp. 126-127.

29. 李斗：《扬州画舫录》，第 9 卷，第 189 页。

30. 吴敬梓：《儒林外史》，第 397—399 页；Wu Ching-tzu, *The Scholars*, pp. 509-511.

31. Wei Minghua & Antonia Finnane, "The Thin Horses of Yangzhou," p. 48.

32. 徐珂：《清稗类钞》，第 38 册，第 80 稗，第 38 页。

33. Ko, *Teachers of the Inner Chambers*, p. 256.

34. 李斗：《扬州画舫录》，第 2 卷，第 46 页。

35. 朱江：《扬州园林品赏录》，第 152—153 页。

36. 李斗：《扬州画舫录》，第 9 卷，第 190 页。

37. 同上。

38. 焦东周生：《扬州梦》，第 36 页。

39. 同上，第 35 页。

40. Pomeranz, *The Great Divergence*, p. 155.

41. 本书原文英译选自 Hay, *Shitao*, p. 12。乔迅将"扬州郡邑"翻译为"the city and prefecture of Yangzhou"，但李淦不可能对整个扬州府的社会潮流做出断言，因为扬州下属的各个州县大多数都很穷。韦明铧《扬州瘦马》

第 143 页也征引了李淦的评论。

42. 英译选自 Hay, *Shitao*, p. 12，略有改动。

43. 韦明铧：《扬州瘦马》，第 143 页。

44. 李斗：《扬州画舫录》，第 1 卷，第 28 页。

45. 韦明铧：《扬州瘦马》，第 153 页。

46. 同上，第 152 页。

47. 林苏门：《邗江三百吟》，第 6 卷。

48. 同上，第 6 卷，第 4 页。

49. Rawski, *The Last Emperor*, p. 41；Elliott, *The Manchu Way*, p. 471，注 67。

50. 林苏门：《邗江三百吟》，第 6 卷。

51. 《（嘉庆）重修扬州府志》，第 11—12 页。

52. Elvin, *The Pattern of the Chinese Past*, pp. 268-284.

53. Tanaka, "Rural Handicraft in Jiangnan," pp. 80-81.

54. 本书原文英译采用了林语堂的译文，见 Lin Yutang, "Family Letters of a Chinese Poet," in idem, *Translations from the Chinese*, p. 492。林语堂遗漏了郑板桥原刊十六封信中的五封信，还有两封信中的部分内容。这些书信完整的法文译文、介绍和详细的注释，见 Diény, *Les "Lettres Familiales" de Tcheng Pan-kiao*。

55. 《大清历朝实录·乾隆朝》，第 437 卷，第 16—17 页。

56. 《（光绪）淮安府志》，第 2 卷，第 6—7 页。

57. 《（嘉庆）重修扬州府志》，第 61 卷，第 2—3 页。

58. 《（嘉庆）东台县志》，第 19 卷，第 7 页。

59. 郑昌淦：《明清农村商品经济》，第 150 页。

60. 桂超万：《宦游纪略》，第 5 卷，第 3 页。感谢魏丕信提供这则资料。

61. 《（乾隆）直隶通州志》，第 1 卷，第 33 页。

62. Walker, *Chinese Modernity and the Peasant Path*, p. 56.

63. 《（乾隆）江都县志》，第 29 卷，第 4、77、98 页。

64. 三十五例中占了六例；同上，第 29 卷，第 35、36、39 页。

65. Wu Chengming, "Introduction: On Embryonic Capitalism," p. 9.

66. Ho Ping-ti, "The Salt Merchants of Yang-chou," p. 144.

67. 焦东周生：《扬州梦》，第 39 页。

68. 赵宏恩：《玉华集》，第4卷，第6卷，第35页。感谢邓海伦提供这则资料。

69. 《（嘉庆）仪征县续志》，第33卷，第5页；《（同治）续纂扬州府志》，第3卷，第7页。

70. 《（嘉庆）两淮盐法志》，第46卷，第31页；《（民国）歙县志》，第9卷，第39页。

71. 阮亨：《广陵名胜图》，第30页。

72. 赵之璧：《平山堂图志》，第2卷，第16—17页。关于胡瑗，见孙显军：《古教育家胡瑗》。

73. 《（乾隆）江都县志》，第29卷，第50、60—62页；李斗：《扬州画舫录》，第16卷，第366—367页。

74. Mann, "Historical Change," p. 68.

75. 《（乾隆）江都县志》，第29卷，第60页。

76. 同上，第61页。

77. 吴敬梓：《儒林外史》，第397—399页；Wu Ching-tzu, The Scholars, pp. 509-511.

78. 吴敬梓：《儒林外史》，第471—472页；Wu Ching-tzu, The Scholars, pp. 600-602.

79. Zurndorfer, Change and Continuity, pp. 50-51.

80. 铃木博之：《清代徽州府的宗族与村落》，第80页。

81. Carlitz, "The Social Uses of Female Virtue in Late Ming Editions of Lienü Zhuan," pp. 139-140.

82. Cohen & Monnet, Impressions de Chine, pp. 103-104.

83. 《清朝野史大观》，第6卷，第46页。

84. 焦东周生：《扬州梦》，第4页。

85. 感谢韦明铧指出这一点。

86. Marmé, "The Rise of Suzhou," p. 19.

87. Brook, The Confusions of Pleasure, 220-222; Ko, "Bondage in Time," p. 10.

88. Shen Fu, Chapters from a Floating Life, pp. 43-44.

89. 李斗：《扬州画舫录》，第9卷，第189页。

90. 同上，第192页。

91. Hershatter, Dangerous Pleasures, p. 54.

92. Silas Wu, *Passage to Power*, p. 102.

93. 焦东周生：《扬州梦》，第36、41页。

94. 邗上蒙人：《风月梦》，第12、25、27、38、39页。

95. 同上，第40页。

96. Bray, *Technology and Gender*, p. 256.

97. 费轩：《扬州梦香词》，转引自 Wei Minghua & Antonia Finnane, "The Thin Horses of Yangzhou," p. 63。

第十章

1. 《（同治）续纂扬州府志》，第3卷，第7页。

2. 恤嫠公会的房舍位于旧城安定书院附近的胡安定祠（《（同治）续纂扬州府志》，第18卷，第6页）。

3. 梁其姿：《明末清初民间慈善活动的兴起》。

4. 地方志和盐法志中提供的育婴堂成立时间互相冲突。此处采用雍正和嘉庆版扬州府志中的说法。同治和光绪版的盐法志中引用了方濬颐（1815—1889）的不同说法，他作为两淮盐运使在1870年承担了新堂的扩建工作（原有的育婴堂在太平天国运动期间被毁，1869年重建）。根据方濬颐异常详细的叙述，三名盐商在1655年负责创建了育婴堂：两人来自徽州（吴自亮和方如珽），还有一位是西商员洪麻（《（同治）续纂扬州府志》，第3卷，第7页；《（光绪）两淮盐法志》，第152卷，第13页）。嘉庆版的盐法志一开始提到了这三名商人，但随后说该堂由李宗孔和闵世章，以及郑元化、程有容、吴必长和许承宗等人资助。除了李宗孔，其他人从姓氏来看都是徽州人（《（嘉庆）两淮盐法志》，第56卷，第4页）。郑元化是郑元勋的兄弟。许承宗必定还有一位名叫许承勋的兄弟或堂兄弟，后者在1676年以江都籍获得进士功名，尽管盐法志中称他为"歙县"人（《（嘉庆）两淮盐法志》，第35卷，第13页）。程有容也是歙县人，同一份资料中提到了他在康熙年间的洪灾救济活动，这可能就是1672年李宗孔所述内容（《（嘉庆）两淮盐法志》，第46卷，第29页）。

5. 《（嘉庆）重修扬州府志》，第18卷，第5页。

6. 比如，黄履昂被称为"邑人"（《（乾隆）江都县志》，第7卷，第23页），马曰琯被称为"郡人"（《（嘉庆）重修扬州府志》，第19卷，第10页）。

7. 见本章注 4。

8. Rowe, *Hankou*, pp. 228-229, 246.

9. 昆明的情况与此类似。18 世纪初，那里的流寓商人创建了一所普济堂，由城市房产的租金资助。这使人想到，如果着眼于社会而非国家对帝制晚期的慈善活动进行比较研究，就能系统地揭示发起者和慈善机构与其他部门和地方社会之间的关系。见 Rowe, *Saving the World*, p. 370。

10. 陈去病：《五石脂》，第 309 页。

11. 从 1806 年以前清代扬州的进士名单中减去那些同样出现在徽州歙县地方志（《（民国）歙县志》）传记部分的姓氏，以及独特的西部姓氏，就得出了这一结果。

12. Furth, A *Flourishing Yin*, pp. 228-265.

13. 王振忠：《明清扬州盐商社区文化及其影响》，第 3 页。

14. 李斗：《扬州画舫录》，第 13 卷，第 282 页。

15. 吴嘉纪：《送汪左严归新安》。汪左严以教书为业，是休宁盐商家族之后裔，见杨积庆编：《吴嘉纪诗笺校》，第 80 页。

16. 王振忠：《明清徽商与淮扬社会变迁》，第 134—135 页。

17. 见同上书第 70—71 页提到的宗祠用地。

18. 清代 1770 年以前的科举榜单中，江都 / 甘泉籍和仪征籍的初级中式者分别有十九人和二十一人。江都 / 甘泉籍和仪征籍考中进士者分别有七人和八人（《（乾隆）歙县志》，第 8 卷）。

19. 《（民国）歙县志》，第 7—10 卷。

20. 何炳棣：《中国会馆史论》，第 60 页。

21. 李斗：《扬州画舫录》，第 3 卷，第 58 页。

22. 吕作燮：《试论明清时期会馆的性质和作用》。

23. 王振忠：《明清徽商与淮扬社会变迁》，第 166 页。

24. 《（光绪）江都县续志》，第 12 卷下，第 8—9 页；我在其他地方曾经探讨过扬州的同乡组织问题，当时对何炳棣观点的异议表达得更加犹豫，见 Finnane, "Yangzhou," p. 140。

25. 朱江：《扬州园林品赏录》，第 109 页。

26. 《建立会馆碑记》。碑文落款为光绪十年（1884 年）五月。

27. 这块记载着派款数量的石碑题为"场运各商捐款"。

28. 王方中：《清代前期的盐法、盐商和盐业生产》，第 17 页。

29. Smith, "Social Hierarchy and Merchant Philanthropy."

30. 梁其姿：《施善与教化：明清的慈善组织》，第 4 章。

31. Elliott, *The Manchu Way*.

32. Mann, "Historical Change."

33. 《（康熙）两淮盐法志》，第 13 卷，第 4 页。

34. Will, *Bureaucracy and Famine*, p. 201.

35. 《（光绪）两淮盐法志》，第 152 卷，第 1、3 页。

36. 两淮其他盐义仓的设立地点和年份：泰州、通州、如皋、盐城、海州和板浦场，都在 1727 年；石港场、东台场和阜宁，在 1735 年（同上，第 152 卷，第 6—7 页）。

37. Will, *Bureaucracy and Famine*, p. 201.

38. 《（乾隆）直隶通州志》，第 4 卷，第 21—22 页。

39. 《（光绪）两淮盐法志》，第 152 卷，第 7 页。

40. 同上，第 151 卷，第 4 页。

41. 《（嘉庆）重修扬州府志》，第 18 卷，第 5、8 页。

42. 梁其姿：《明末清初民间慈善活动的兴起》，第 66 页。

43. 《（嘉庆）重修扬州府志》，第 18 卷，第 6 页；李斗：《扬州画舫录》，第 12 卷第 275—276 页，第 9 卷第 198 页。同仁堂的创建时间没有提及。关于医师的数量，见包世臣：《安吴四种：中衢一勺（上）》，第 5—6 页。

44. 《（雍正）扬州府志》，第 13 卷，第 2 页。

45. 《（嘉庆）重修扬州府志》，第 30 卷，第 41 页。

46. 《（光绪）两淮盐法志》，第 137 卷，第 27—28 页。

47. Rowe, *Saving the World*, p. 369. 梁其姿把陈宏谋视为积极参与政府对慈善事业的接收的"地方官员"，罗威廉对此进行了商榷，指出陈宏谋对此领域的参与是间歇性的，取决于他在何处任职。罗威廉还细致展现了陈宏谋对扬州普济堂事业的特别参与，可正如梁其姿（《施善与教化：明清的慈善组织》，第 106 页）提到的，他所讨论的普济堂实际上在瓜洲。见本书稍后部分对于府城与其他地方在城市机构创建和维持方面的差异的进一步探讨。罗威廉的资料来源，即 1743 年版县志，并没有将扬州城的普济堂列入其中。

48. 《（嘉庆）重修扬州府志》，第 18 卷，第 6 页；《（嘉庆）两淮盐法志》，第 56 卷，第 1 页。

49. 盛朗西：《中国书院制度》，第 132 页。

50. 《（光绪）两淮盐法志》，第 151 卷，第 2 页；李斗：《扬州画舫录》，第 3 卷，第 60 页。

51. 蔡贵华：《扬州梅花书院考》，第 374—376 页。

52. 《（光绪）两淮盐法志》，第 15 卷，第 4 页。

53. 学生当中正生占一半，每人每月津贴白银 3 两；其余为附生，每人每月津贴 1 两。这样每年仅津贴支出就超过 6000 两。1794 年，住宿学生每人每天另有 3 钱银子，一年下来将近 11 两，前十名正生每年还能另外得到 18 两。还有随生，对他们没有名额限制，也不提供任何资助（同上，第 151 卷，第 2、4—5 页）。

54. 同上，第 5 页。

55. 《（嘉庆）重修扬州府志》，第 19 卷，第 15—16 页。

56. 《（民国）江都县续志》，第 8 卷下，第 5 页。

57. 李斗：《扬州画舫录》，第 16 卷，第 23 页。

58. 《（嘉庆）重修扬州府志》，第 18 卷，第 7 页。

59. 同上，第 8 页。

60. 刘淼：《徽商鲍志道及其家世考述》。

61. 《（嘉庆）两淮盐法志》，第 56 卷，第 7 页。

62. 《（嘉庆）重修扬州府志》，第 18 卷，第 6 页；《（乾隆）江都县志》，第 7 卷，第 24—25 页。

63. 《（嘉庆）重修扬州府志》，第 18 卷，第 8—9 页。

64. 《（乾隆）直隶通州志》，第 8 卷，第 14、16 页。

65. 《（光绪）两淮盐法志》，第 151 卷，第 9 页。

66. 《（嘉庆）东台县志》，第 14 卷，第 2、11 页。

67. 《（嘉庆）如皋县志》，第 9 卷，第 54 页。

68. 《（光绪）两淮盐法志》，第 151 卷，第 9 页。

69. 《（光绪）盐城县志》，第 17 卷，第 24—25 页。

70. Ho Ping-ti, *The Ladder of Success in Imperial China*, p. 249.

71. Metzger, "The Organizational Capabilities of the Ch'ing State in the Field

of Commerce," p. 41.

72. 《（嘉庆）两淮盐法志》，第 48 卷；《（嘉庆）重修扬州府志》，第 39 卷。

73. Ho Ping-ti, *The Ladder of Success in Imperial China*, p. 249.

74. Ho Wai-kam, "The Literary Gathering at a Yangzhou Garden," p. 375. 关于其他收录情况，见 Chou & Brown, *The Elegant Brush*（1985），pp. 133-134; *The Elegant Brush*（1986），pp. 109-110。注意这些并非相同的作品。1985 年那本是在凤凰艺术博物馆举行的一次展览的详细目录，1986 年版为在香港举办的同一项展览而制作，是一份更简单的小册子，没有具体的目录说明，尽管其中收录了周汝式（即 Ju-his Chou）的一篇导言。牟复礼（Frederick Mote, "The Intellectual Climate in Eighteenth-Century China"）亦详细讨论过这幅画，他将其解读为对清朝的不满的宣言。

75. Ho Wai-kam, "The Literary Gathering at a Yangzhou Garden," p. 375.

76. 梁其姿：《明末清初民间慈善活动的兴起》，第 64 页。

77. 同上。梁其姿在其他地方（《施善与教化：明清的慈善组织》，第 124 页注 41）提到，官员与商人界线的模糊不仅限于扬州，情况很可能确实如此。比如，活跃在两浙盐区的徽州盐商的地位肯定具有可比性。但在这个方面，其他地方与扬州的可比程度还有待于证明。梁其姿为此做的脚注显示，现有的例子几乎全都局限于安徽家族，尤其是徽州家族。曼素恩（Susan Mann, *Local Merchants and the Chinese Bureaucracy*, pp. 89-90）提供的例子是个例外，可正如后文将进一步探讨的，她的证据并不充分。

78. Elman, *From Philosophy to Philology*, p. 94.

79. Martin Huang, *Literati and Self-Re/Presentation*, p. 31.

80. Mann, *Local Merchants and the Chinese Bureaucracy*, p. 89.

81. Rowe, *Hankow*, pp. 248-249. 虽然罗威廉关于汉口社会的分析与此处提出的论点不一致，但他对社会互动的描述，尤其是对徽州盐商的活动的描述，与扬州的情况形成了呼应；尤其见该书第 98—106、246—247 页。

82. Elman, *From Philosophy to Philology*, p. 95.

83. Hsü, *A Bushel of Pearls*, p. 41.

84. Zurndorfer, *Change and Continuity*, p. 132.

85. Hummel, ed. *Eminent Chinese of the Ch'ing Period*, pp. 559-560；薛永年、薛锋：《扬州八怪与扬州商业》，第 11—12 页。

86. 王骥：《江苏岁时风俗谈》，第 76 页。

87. 《（民国）歙县志》第 3—7 卷描述的活跃于清代江北地区的一百零四位歙县名人，其中有十五人姓程，十五人姓汪，十四人姓江。

88. 程氏家族是何炳棣所研究的一个案例，见其 "The Salt Merchants of Yang-chou," pp. 158-159.

89. 亦见本书第三章，第 66—67 页。

90. 关于陆钟辉，见李斗：《扬州画舫录》，第 4 卷，第 86 页；关于程梦星（1712 年进士）和闵华，见《（民国）歙县志》，第 10 卷，第 39、40 页。这次聚会的另一名参加者、前陕甘总督胡期恒，在 Chou & Brown, *The Elegant Brush*, p. 134 中被错误地描述为扬州土著，实际上他是湖南武陵（今常德）人氏（李斗：《扬州画舫录》，第 4 卷，第 86 页）。

91. 李斗：《扬州画舫录》，第 4 卷，第 88 页。

92. Chou & Brown, *The Elegant Brush*, p. 136. 关于临潼张氏，见李斗：《扬州画舫录》，第 15 卷，第 337—338 页。注意，Ho Wai-kam, "The Literary Gathering at a Yangzhou Garden," p. 373，以及 Chou & Brown, *The Elegant Brush*, p. 136，都把张士科（Shih-k'o）写成了张四科（Ssu-k'o），尽管后一本书通过参考李斗《扬州画舫录》第 4 卷第 86 页的条文，正确地认出了张士科的"字"（厉鹗的题记中所用）。虽然"四"确实是"士"字的变音，但不清楚他们为何采用这种译法。为了清晰起见，此处采用传统的读法，尤其是因为扬州还有一位更加著名的张四可，他也来自临潼，但出身于不同的家族（《（乾隆）江都县志》，第 22 卷，第 18 页；李斗：《扬州画舫录》，第 15 卷，第 338 页）。

93. 比如见丘文播（活跃在 10 世纪中叶）：《文会图》，台北：故宫博物院。

94. 李斗：《扬州画舫录》，第 4 卷，第 90 页。王文充以仪征籍获得进士功名（《（嘉庆）重修扬州府志》，第 39 卷，第 28 页）。

95. 李斗：《扬州画舫录》，第 13 卷，第 300—308 页。

96. 此处提到的园林主人当中，程梦星拥有筱园（见本书第八章）；汪玉枢拥有南园，后来由其孙子恢复为九峰园（李斗：《扬州画舫录》，第 7 卷，第 161—164 页）。张士科和陆钟辉共同拥有一座邻近行庵的园林（同上，第 4 卷，第 86 页）。

97. 同上，第 4 卷，第 83 页。

98. 罗蔚文：《山馆几经易主，玲珑奇石犹存》。

99. Ho Wai-kam, "The Literary Gathering at a Yangzhou Garden," p. 375.

100. 见我自己此前在 "Yangzhou" 一文第 139 页的论证和说明，文中征引了李宗孔和闵世章被称为"绅商"的资料。

101.《（嘉庆）重修扬州府志》，第 18 卷，第 5 页；《（嘉庆）两淮盐法志》，第 45 卷，第 7 页。

102. 李宗孔家族最初来自山西大同，早就在扬州打下了根基。其曾祖和祖父都是进士（见本书第四章，注 62；《（嘉庆）两淮盐法志》，第 45 卷，第 3 页）。

103.《（嘉庆）重修扬州府志》，第 18 卷，第 6 页。

104. Smith, "Social Hierarchy and Merchant Philanthropy," p. 422.

105. Mann, *Local Merchants and the Chinese Bureaucracy*, p.232, 注 17。

106. 同上，第 22 页。

107.《大清历朝实录·乾隆朝》，第 1076 卷，第 5 页。

108. 关于浙江和山西的变化，见同上书，第 1069 卷，第 15 页。

109. 孔尚任：《湖海集》，第 182 页。

110. 进一步的探讨，见本书第十一章。

第十一章

1. 焦东周生：《扬州梦》，第 34 页。这是一个古典的宇宙论说法，对应着天地之别。"牛"是"牵牛"（即牧童）的简称。汪中在其《广陵对》一文中采用了相同的说法。汪中的《汪中集》第 425 页对此说法有所解释。

2. 赵航：《扬州学派新论》，第 14 页。关于方东树，见 Hummel, ed. *Eminent Chinese of the Ch'ing Period*, pp. 238-240。

3. 张舜徽：《清儒学记》，第 378—479 页。

4. 阮元：《扬州画舫录二跋》，第 7 页。

5. 张舜徽：《清代扬州学记》，第 166 页。

6. Liang Ch'i-ch'ao, *Intellectual Trends in the Ch'ing Period*, p. 75.

7. 张舜徽：《清代扬州学记》，第 9—10 页。张舜徽的许多开创性研究成果后来收入其著作《清儒学记》，第八部分；《扬州学记》，第 378—479 页。亦见大谷敏夫：《从社会关系角度看扬州常州学派》，该文部分参考了张舜徽的著作。

8. 李斗：《扬州画舫录》，第 3 卷，第 62—67 页。亦见 Hummel, ed. *Eminent Chinese of the Ch'ing Period* 的不同人名条目。

9. 张舜徽：《清代扬州学记》，第 9 页。

10. 李斗：《扬州画舫录》，第 10 卷，第 219 页。红桥当时写作"虹桥"。

11. 同上，第 220 页。

12. 吴哲夫：《四库全书纂修之研究》，第 138—140 页。

13. 同上，第 264 页。

14. Guy, *The Emperor's Four Treasuries*, p. 22; Hummel, ed. *Eminent Chinese of the Ch'ing Period*, pp. 93-295.

15. 李斗：《扬州画舫录》，第 4 卷，第 99 页。关于每部分藏书数量，见 Guy, *The Emperor's Four Treasuries*, p. 110, 图 2。

16. 《（嘉庆）两淮盐法志》，第 43 卷，第 28 页；李斗：《扬州画舫录》，第 3 卷第 64 页，第 4 卷第 99 页。谢溶生为李斗的《扬州画舫录》写过一篇序，而且根据罗威廉的研究（Rowe, *Saving the World*, p. 28），谢溶生晚年跟阮元关系密切。

17. 吴哲夫：《四库全书纂修之研究》，第 41 页。

18. 同上，第 144 页。

19. Mote, "The Intellectual Climate in Eighteenth-Century China," pp. 45-48; 亦见 Fisher, "Loyalist Alternatives in the Early Ch'ing"。

20. 杜景华：《柴世进投送词帖案》。

21. 可能只有徐述夔的长孙被处决。弟弟的死刑被折算成发往黑龙江为奴。陶易在被处决或被赦罪之前死于狱中。御使台和东台县衙的官吏被赦免。Hummel, ed. *Eminent Chinese of the Ch'ing Period*, pp. 320-321 对此案有概括的介绍。此案详情见郑远：《乾隆皇帝全传》，第 631—636 页。该书未注明资料来源，但其中的大量引文显然来自清代文书。亦见俞玉储：《徐述夔〈一柱楼诗〉案》。

22. 郑远：《乾隆皇帝全传》，第 631—636 页；张书才、杜景华编：《清代文字狱案》，第 78—86 页。

23. Guy, *The Emperor's Four Treasuries*, pp. 174-177.

24. 韦明铧：《考"扬州乱弹"》，第 207 页。

25. 同上，第 187 页。

26. 任祖铺:《〈阅微草堂笔记〉所录任大椿轶事考》,第 118—119 页。

27. 王章涛:《阮元传》,第 28 页。

28. Hummel, ed. *Eminent Chinese of the Ch'ing Period*, pp. 120-121. 纪昀关于任大椿的记载,相关讨论见任祖铺:《〈阅微草堂笔记〉所录任大椿轶事考》。

29. 吴哲夫:《四库全书纂修之研究》,第 184 页。关于王昶,见 Hummel, ed. *Eminent Chinese of the Ch'ing Period*, pp. 805-807。

30. 王章涛:《阮元传》, 第 97—98 页; Hummel, ed. *Eminent Chinese of the Ch'ing Period*, p. 400。

31. 李斗:《扬州画舫录》,第 5 卷,第 103 页。

32. 《(嘉庆)重修扬州府志》,第 45 卷,第 23 页。

33. 李桓:《国朝耆献类征》,第 12 册,第 247 卷,第 29 页。

34. Crossley, *A Translucent Mirror*, p. 290.

35. 汪中:《汪中集》,第 161 页。

36. 《清史列传》,第 9 册,第 6 卷,第 17 页;亦见 Hummel, ed. *Eminent Chinese of the Ch'ing Period*, pp. 908-910,其中未提及阎若璩与盐业贸易的联系。

37. Hummel, ed. *Eminent Chinese of the Ch'ing Period*, pp. 695-699.

38. 张舜徽:《清代扬州学记》,第 165—166 页。

39. 大谷敏夫:《从社会关系角度看扬州常州学派》,第 330 页。

40. 张舜徽:《清代扬州学记》,第 12 页。

41. 大谷敏夫:《从社会关系角度看扬州常州学派》。

42. 全文引自张舜徽:《清代扬州学记》,第 164 页。

43. 同上。

44. 森纪子:《盐场的泰州学派》,第 60—65 页。

45. De Bary, "Individualism and Humanitarianism," pp. 171, 173.

46. 王章涛:《阮元传》,第 8—10 页,尤见第 8 页注 1 关于他跟江氏家族的关系。关于江氏家族本身,见 Ho Ping-ti, "The Salt Merchants of Yang-chou," pp. 160-161。关于凌廷堪,见 Hummel, ed. *Eminent Chinese of the Ch'ing Period*, pp. 514-515。阮元在 1782 年,即虚岁 19 岁那年与凌廷堪初次相见(张鉴:《雷塘庵主弟子记》,第 6 页)。

47. 张鉴:《雷塘庵主弟子记》,第 3 页。

48. 王章涛：《阮元传》，第5—6页。

49. Wei Peh-t'i, "Ruan Yuan," p. 80.

50. 阮元：《研经室集》，引自《（同治）续纂扬州府志》，第15卷，第1页。

51. 周邨：《太平军在扬州》，第2页。

52. 焦循：《扬州北湖小志》，第6卷，第3页。

53. Ho Ping-ti, *The Ladder of Success in Imperial China*, p. 202; Elman, *From Philosophy to Philology*, p. 95 征引了何炳棣的著作。

54. 李斗：《扬州画舫录》，第3卷，第60页。

55. 关于凌廷堪的母亲，见阮元：《凌母王太孺人寿诗序》。

56. 同上。

57. Hummel, ed. *Eminent Chinese of the Ch'ing Period*, p. 515.

58. 其他还有黄承吉（1771—1842），其父亲从歙县迁至扬州；以及江藩，其家族实际上来自安徽（尽管不是来自徽州府），并通过在甘泉县置地而实现了本地化。

59. Shimada, *Pioneer of the Chinese Revolution*, pp. 91-92.

60. 阮元：《定香亭笔谈》，第3卷，第54页。

61. 陈去病：《五石脂》，第311页。

62. Hummel, ed. *Eminent Chinese of the Ch'ing Period*, pp. 528, 514, 815.

63. 汪中：《先母邹孺人灵表》，第240页。

64. 汪中：《广陵对》。

65. Hummel, ed. *Eminent Chinese of the Ch'ing Period*, pp. 814-815.

66. 汪中：《先母邹孺人灵表》，第240页。

67. 焦循：《扬州北湖小志》，第6卷，第2页。

68. Wei Peh-t'i, "Ruan Yuan," pp. 8-12.

69. 见张舜徽：《清代扬州学记》；赵航：《扬州学派新论》；以及冯尔康等编《扬州研究》一书中的各种文章。

70. 宝应刘氏在扬州学者网络中的地位尤其重要。见 Hummel, ed. *Eminent Chinese of the Ch'ing Period*, pp. 528-529, 530-531。刘台拱在1772年前后认识了汪中，赴京途中认识了王念孙。刘宝楠是刘台拱的堂兄弟和学生，1806年之后的某个时期在扬州安定书院学习，并成为仪征/扬州学者刘文淇的朋友。1822—1823年在北京期间，他跟汪中之子汪喜荀在一起，1833

年担任阮元之子、直隶保定知府阮常生（1788?—1833）的幕宾。刘文淇是凌曙的外甥和门徒，后者曾经为阮元做过一段时间的幕宾和家庭教师。刘文淇之子仪征刘毓崧（1818—1867）以及刘宝楠之子宝应刘恭冕，都帮助促成了自己父亲著作的完成，太平天国运动之后南京创建了江南印书局，他们在那里一道共事。见张舜徽：《清代扬州学记》，第9—10页；赵航：《扬州学派新论》；以及 Hummel, ed. *Eminent Chinese of the Ch'ing Period* 不同人名条目。

71. Wei Peh-t'i, "Ruan Yuan," p. 38.

72. 张舜徽：《清代扬州学记》，第11—14页。顾广圻来自苏州，但在扬州建立了稳定的联系，其父亲曾在扬州行医，他自己中年时期在扬州住过很长时间。他替 1804—1805 年的扬州知府张敦仁（1754—1834）校勘过宋版书，因而对宋代文献非常熟悉（Hummel, ed. *Eminent Chinese of the Ch'ing Period*, pp. 417-418）。

73. 汪中：《广陵通典》；阮元：《广陵诗事》；阮元：《淮海英灵集》；刘宝楠：《胜朝殉扬录》；刘宝楠：《宝应图经》；刘文淇：《扬州水道记》；焦循、江藩：《扬州图经》；焦循：《扬州足征录》；焦循：《扬州北湖小志》。

74. 阮先：《扬州北湖续志》；阮亨：《广陵名胜图》；王章涛：《阮元传》，第6页；林苏门：《邗江三百吟》。

75. Hsü, *A Bushel of Pearls*, p. 227.

76. 《（嘉庆）江都县续志》，第12卷，第21—22页。

77. 1597 年版的县志中，编纂者用很长的篇幅论及该城流寓人口的数量。跟 19 世纪的后继者一样，他注意到有些家族中的不同成员有着不同的本籍。然而，编纂者的评论基调却是称赞非扬州土著的文学和科举成就（《（万历）江都县志》，第18卷，第8—9页）。

78. 林苏门：《邗江三百吟》，第8卷，第11页。

79. Strassberg, *World of K'ung Shang-jen*, pp. 131, 360, 注 38。

80. 关于张氏戏班，见李斗：《扬州画舫录》，第5卷，第119页。

81. Macherras, *The Rise of the Peking Opera*, pp. 116-118.

82. 关于 17 世纪晚期扬州的戏院，见 Macherras, *The Rise of the Peking Opera*, p. 128。

83. 李斗：《扬州画舫录》，第5卷，第117页。

84. Macherras, *The Rise of the Peking Opera*, pp. 6-7. 石昕泉的著作（Strassberg, *World of K'ung Shang-jen*, p. 357, 注 30）提到，"雅""花"之别在 17 世纪晚期还不明显；亦见韦明铧：《考"扬州乱弹"》，第 192 页。

85. 李斗：《扬州画舫录》，第 5 卷，第 125 页。

86. 见 Ho Ping-ti, "The Salt Merchants of Yang-chou," pp. 160-161；以及王振忠：《明清徽商与淮扬社会变迁》，第 35—36 页。

87. Hsü, *A Bushel of Pearls*, p. 62.

88. 李斗：《扬州画舫录》，第 5 卷，第 125 页。

89. 同上。

90. 同上。

91. 韦明铧：《考"扬州乱弹"》，第 187 页。

92. 李斗：《扬州画舫录》，第 18 卷，第 406 页。

93. 同上，第 5 卷，第 125 页。

94. Zurndorfer, *Change and Continuity*, pp. 241-247.

95. 韦明铧：《考"扬州乱弹"》，第 206 页。

96. 同上，第 216 页。

97. Morse, *The Chinese Mosaic*, p. 115.

98. Chou & Brown, The Elegant Brush（1985），p. 136 注意到了这一错误。

99. 焦东周生：《扬州梦》，第 41 页。

100. 林苏门：《邗江三百吟》，第 5 卷，第 8—9 页。

101. 赵学礼、曹永全：《谈扬州婚俗》，第 68 页。

102. 林苏门：《邗江三百吟》，第 9 卷，第 2 页。

103. 同上，第 9 卷，第 3 页。

104. 同上，第 3 卷，第 18 页。

105. Honig, "Pride and Prejudice: Subei People in Contemporary Shanghai," p. 146.

106. 林苏门：《邗江三百吟》，第 3 卷，第 12 页。

107. 同上，第 7 卷，第 3、4、5—6 页；第 6 卷，第 7 页；第 8 卷，第 7—8 页。

108. 同上，第 10 卷，第 1 页。

109. 同上。

110. Roddy, *Literati Identity*, p. 82.

111. 同上。

112. 该小说的部分英译，见 Lu Ju-chen, *Flowers in the Mirror*。

113. 小野和子：《镜花缘的世界》，第 41—43 页。

114. Hanan, "*Fengyue Meng* and the Courtesan Novel," p. 349.

115. 王德威（Wang, *Fin-de-Siècle Splendor*, p. 5）将城市景观在小说中的出现看作晚清文学现代性的一个特征。《风月梦》肯定符合这一标准。

116. 王章涛：《阮元传》，第 80 页。

第五部分

1. 胡朴安：《中华全国风俗志》，第二部分，第 3 卷，第 96 页。

第十二章

1. 钱泳：《履园丛话》，第 20 卷，第 15—16 页。

2. 李斗：《扬州画舫录》，阮元二跋。

3. 同上。

4. 梁章钜：《文选楼》，载氏著：《归天琐记》，第 1 卷，第 2 页。

5. 邗上蒙人：《风月梦》，第 10、14、28、30、37、54 页。

6. 同上，第 14 页。

7. 龚自珍：《龚自珍全集》，第 185 页。

8. Metzger, "The Organizational Capabilities of the Ch'ing State in the Field of Commerce," p. 41.

9. 《大清历朝实录·乾隆朝》，第 1419 卷，第 9—10 页。

10. 李斗：《扬州画舫录》，第 2 卷，第 54 页。

11. 林苏门：《邗江三百吟》，第 5 卷，第 13 页。

12. 同上，第 8 页。

13. Hsü, *A Bushel of Pearls*, p. 15.

14. Zurndorfer, *Change and Continuity*, p. 165.

15. 《（光绪）两淮盐法志》，第 40 卷，第 19 页。

16. 《盐法通志》，第 11 卷，第 16 页。

17. 同上，第 5—8 页。

18. 方裕谨编:《道光初年楚岸盐船封轮散卖史料》，第 39 页。关于封轮制度，见 Rowe, *Hankow*, p. 104。

19. Metzger, "T'ao Chu's Reform of the Huai-pei Salt Monopoly," p. 2.

20. 1801 年至 1804 年间，用于湖北、陕西、河南、四川平叛和战后重建的两淮盐税、运库摊派和商人捐助款超过了 250 万两（《大清历朝实录·嘉庆朝》，第 82 卷，第 3 页；第 85 卷，第 9、20 页；第 91 卷，第 3 页；第 92 卷，第 27 页；第 93 卷，第 14 页；第 102 卷，第 5 页；第 104 卷，第 5、14 页；第 126 卷，第 27 页）。

21. 《（同治）续纂扬州府志》，第 1 卷，第 9 页。关于铁保，见 Hummel, ed. *Eminent Chinese of the Ch'ing Period*, pp. 717-718。

22. 《大清历朝实录·嘉庆朝》，第 120 卷，第 12 页。

23. 《钦定工部则例》。1875 年版，第 39 卷，第 11 页。

24. 张连生:《清代扬州盐商的兴衰与鸦片输入》，第 23 页。

25. 《魏源集》，引自同上。

26. 张连生:《清代扬州盐商的兴衰与鸦片输入》。

27. 林苏门:《邗江三百吟》，第 4 卷，第 6 页。关于上海鸦片贸易中的潮州商人，见 Goodman, *Native Place, City, and Nation*, pp. 70-72。

28. 焦东周生:《扬州梦》，第 38 页。

29. 李澄:《淮鹾备要》，第 3 卷，第 1 页。

30. 同上，第 4 卷，第 1 页。

31. 方裕谨编:《道光初年楚岸盐船封轮散卖史料》，第 45 页。正如王振忠（《明清徽商与淮扬社会变迁》，第 39 页）指出的，随后十年里陶澍引入的改革措施之一就是首商职位的废除。

32. 也就是说，在 779 934 引的总量中占了 348 119 引。方裕谨编:《道光初年楚岸盐船封轮散卖史料》，第 39 页。

33. 包世臣:《安吴四种:中衢一勺（上）》，第 5—6 页。关于育婴堂的规模和资金，见《（光绪）两淮盐法志》，第 152 卷，第 13—14 页。

34. 田秋野、周维亮:《中华盐业史》，第 306—307 页。

35. 同上，第 305 页。

36. Rowe, *Hankow*, p. 104.

37. 同上。

38. 《清稗类钞》，第 4 卷，转引自杨德泉：《清代前期两淮盐商资料初辑》，第 49 页。

39. 焦东周生：《扬州梦》，第 39 页。

40. 同上。

41. 田秋野、周维亮：《中华盐业史》，第 308 页。

42. Metzger, "T'ao Chu's Reform of the Huai-pei Salt Monopoly," p. 30.

43. 田秋野、周维亮：《中华盐业史》，第 315 页。

44. Chu, *Reformer in Modern China*, p. 139.

45. Polachek, "Literati Groups and Literati Politics," p. 94.

46. 救济措施的范围难以列举。资料如下：《大清历朝实录·嘉庆朝》，第 14 卷第 11 页，第 21 卷第 14 页（1797 年）；第 34 卷第 6 页，第 35 卷第 7 页（1798 年）；第 51 卷第 4 页，第 52 卷第 12 页，第 53 卷第 11 页（1799 年）；第 74 卷第 9 页（1800 年）；第 87 卷第 29 页（1801 年）；第 103 卷第 27 页，第 104 卷第 8 页（1802 年）；第 107 卷第 2 页（1803 年）；第 134 卷第 33 页（1804 年）；第 139 卷第 3 页，第 150 卷第 25、38 页（1805 年）；第 156 卷第 8、16、26 页，第 160 卷第 13 页，第 164 卷第 26 页，第 166 卷第 25—26 页（1806 年）；第 173 卷第 4 页，第 190 卷第 17 页（1807 年）；第 192 卷第 9 页，第 201 卷第 37 页，第 204 卷第 17 页（1808 年）；第 306 卷第 18 页（1809 年）。

47. 《（同治）续纂扬州府志》，第 1 卷，第 7 页。

48. 同上，第 5—13、25 页。

49. Dodgen, "Hydraulic Evolution and Dynastic Decline," pp. 36-37.

50. Polachek, *The Inner Opium War*, p. 78. 关于潘世恩，见 Hummel, ed. *Eminent Chinese of the Ch'ing Period*, pp. 607-608。

51. 《（同治）续纂扬州府志》，第 1 卷，第 49—51 页。

52. 周邨：《太平军在扬州》。

53. 《（同治）续纂扬州府志》，第 11 卷，第 23 页。阮祚与阮元之子的单字名字有着相同的部首，表明这是族中的辈分之名。阮氏家谱或许能够澄清这一关系，但它在"文革"期间已经被毁。见王章涛：《阮元传》，第 3 页注 3。

54. 《（同治）续纂扬州府志》，第 10—11 卷各处。

55. Brouillion, *Memoire sur l'état actuel de la mission du Kiang-nan*, p. 442.

56. 《(同治)续纂扬州府志》，第 11 卷，第 20、22 页。

57. 吴哲夫：《四库全书纂修之研究》，第 159 页。

58. Harvey to Alcock, 29/10/1866, Public Record Office: China, F.O. 228/415.

59. *North China Herald*, 22/1/1859.

60. Rowe, *Hankow*, p. 78.

61. Gandar, *Le Canal impérial*, p. 62. 罗马字母有所改动。

62. 《(同治)续纂扬州府志》，第 24 卷，第 22 页。

63. 《(光绪)盐城县志》，第 3 卷，第 29 页。

64. Pomeranz, *The Making of a Hinterland*.

65. Hinton, *The Grain Tribute System of China*, p. 75.

66. 同上，第 39—48 页；Carles, "The Grand Canal of China," pp. 106-107。

67. 《皇朝经世文统编》，第 40 卷，第 10—11 页。关于薛福保，见 Hummel, ed. *Eminent Chinese of the Ch'ing Period*, pp. 331-332。

68. Honig, *Creating Chinese Ethnicity*, pp. 58-91.

69. Keenan, *Imperial China's Last Classical Academies*, p. 59.

70. 郁达夫：《扬州旧梦寄语堂》。

71. 同上，第 6 页。

72. 同上，第 3 页。

73. Hahn, *China to Me*, pp. 43-44.

74. 王慕韩：《江苏盐垦区土地利用问题之研究》，第 22 866 页。

75. 李长傅：《江苏》，第 130 页。

76. Bureau of Foreign Trade, *China Industrial Handbooks*, p. 127.

77. 易君左：《闲话扬州》。关于这场争论的详细讨论，见 Finnane, "A Place in the Nation"。

78. 易君左：《闲话扬州》，第 2—21 页。

79. 同上，第 16 页。

80. 《闲话扬州》结果成为一本稀见之书。普林斯顿大学图书馆藏有一本。该书在扬州依然相当敏感，近年来被收入《扬州历史文化风俗内部资料》，但仅限于内部流通。也就是说，该书没有得到再版。

81. Braudel, "In Bahia, Brazil."

参考文献

方　志

《(嘉庆) 东台县志》，1817 年。

《(光绪) 阜宁县志》，1886 年。

《(光绪) 甘泉县志》，1885 年。

《(乾隆) 高邮州志》，1783 年。

《(嘉庆) 高邮州志》，1813 年。

《(光绪) 淮安府志》，1884 年。

《续纂淮关统志》，1816 年。

《(嘉靖) 徽州府志》，1566 年。

《(万历) 江都县志》，1597 年。

《(乾隆) 江都县志》，1743 年。

《(嘉庆) 江都县续志》，1811 年。

《(光绪) 江都县续志》，1883 年。

《(民国) 江都县续志》，1926 年。

《(乾隆) 江南通志》，1737 年。

《(光绪) 靖江县志》，1879 年。

《(康熙) 两淮盐法志》，1693 年。

《(乾隆) 两淮盐法志》，1748 年。

《(嘉庆) 两淮盐法志》，1806 年。

《(光绪) 两淮盐法志》，1905 年。

《（嘉庆）如皋县志》，1808 年。

《（嘉靖）山西通志》，1564 年。

《（万历）歙志》，1609 年。

《（乾隆）歙县志》，1771 年。

《（民国）歙县志》，1937 年。

《（道光）泰州志》，1827 年。

《（乾隆）直隶通州志》，1755 年。

《（咸丰）重修兴化县志》，1852 年。

《（光绪）盐城县志》，1895 年。

《盐法通志》，1918 年。

《（嘉靖）惟扬志》，1542 年。

《（万历）扬州府志》，1601 年。

《（康熙）扬州府志》，1685 年。

《（雍正）扬州府志》，1733 年。

《（嘉庆）重修扬州府志》，1810 年。

《（同治）续纂扬州府志》，1874 年。

《（隆庆）仪真县志》，1567 年。

《（嘉庆）仪征县续志》，1808 年。

《（道光）重修仪征县志》，1890 年。

其他中文文献

《大清历朝实录》，台北：1965 年。

《复社姓氏》，匿名手稿，未署日期。原件缩微复制胶片藏于台北中央图书馆北
    平善本书库。

《后汉书》，北京：中华书局，1971 年。

《皇朝经世文统编》，上海：宝善斋，1901 年。

《皇朝中外一统舆图》，胡林翼、严树森编，邹世诒、晏启镇绘，湖北抚署景桓
    楼，1863 年。

《缙绅全书》，1855 年版。

《旧唐书》，北京：中华书局，1973 年。

《明清历科进士题名碑录》，台北：华文书局，1969 年。

《明史》，北京：中华书局，1974 年。

《钦定大清汇典事例》，1899 年版，台北：中文书局，未注明出版日期。

《钦定工部则例》，翁同龢编，1875 年，台北：成文出版社重印本，1966 年。

《钦定户部漕运全书》，1766 年版，台北：成文出版社重印本，1969 年。

《清朝通典》，《十通》，北京：中华书局，1963 年。

《清朝文献通考》，《十通》，北京：中华书局，1963 年。

《清朝野史大观》，上海：上海文艺出版社，1990 年。

《清史列传》，台北：中华书局，1962 年。

《史可法评价问题汇编：辑自 1966 年上海文汇报》，香港：杨开书报供应社，
　　1968 年。

《宋史》，北京：中华书局，1977 年。

《宋书》，北京：中华书局，1974 年。

《隋书》，北京：中华书局，1973 年。

《扬州变略》，载《中国近代内乱外祸历史故事丛书》第 3 册，台北：广文书局，
　　1964 年，第 127—130 页。

《扬州经济状况》，《中外经济周刊》第 221 期（1927 年 7 月 23 日），第 15—21 页。

《元史》，北京：中华书局，1976 年。

《中国美术全集》，第 10 册，《清代绘画》，杨涵、龚继先、胡海超编，上海：上
　　海美术出版社，1988 年。

白坚、丁志安：《边寿民三题》，载薛永年编：《扬州八怪考辨集》，南京：江苏
　　美术出版社，1992 年，第 75—80 页。

包世臣：《安吴四种：中衢一勺（上）》，1872 年，台北：文海出版社重印本，
　　1969 年。

鲍照：《芜城赋》，载《鲍氏集》，上海：商务印书馆，未注明出版日期。

卞孝萱：《扬州八怪之一的高翔》，载薛永年编：《扬州八怪考辨集》，南京：江
　　苏美术出版社，1992 年，第 232—242 页。

蔡贵华：《扬州梅花书院考》，载冯尔康等编：《扬州研究：江都陈轶群先生百龄

冥诞纪念论文集》，台北：联经出版公司，1996 年，第 373—387 页。

曹汛：《计成研究：为纪念计成诞生四百周年而作》，《建筑师》第 13 期（1982 年），第 1—16 页。

陈从周：《说园》，上海：同济大学出版社，1984 年。

陈从周：《扬州园林的艺术特色》，《江海学刊》1962 年第 9 期，第 45—49 页。

陈从周：《园林谈丛》，上海：上海文化出版社，1980 年。

陈去病：《五石脂》，载顾公燮、佚名、陈去病：《丹午笔记，吴城日记，五石脂》（江苏地方文献丛书），南京：江苏古籍出版社，1999 年。

陈述祖、李北山编：《扬州营志》，扬州，1831 年，收入《北京图书馆古籍珍本丛刊》第 48 种，北京：书目文献出版社，1998 年。

陈万鼐：《孔尚任研究》，台北：商务印书馆，1971 年。

陈舟士：《天下路程》，建安：本堂藏版，1741 年。

程梦星：《平山堂小志》，1751 年。

戴名世：《扬州城守纪略》，收入扬州文物研究室、史可法纪念馆编：《亮节孤忠史可法》，南京：江苏文艺出版社，1993 年，第 44—53 页。

单树模、文朋陵：《"康熙六年江苏建省"说确切无误》，《江苏地方志》1990 年第 6 期，第 35—37 页。

单树模编：《中华人民共和国地名词典：江苏省》，北京：商务印书馆，1987 年。

憺漪子：《士商要览：天下水陆路程》，未注明出版时间（明代）。

杜负翁：《石涛与扬州（一）》，《江苏文献》1975 年第 6 期，第 4—6 页。

杜景华：《柴世进投送词帖案》，载张书才、杜景华编：《清代文字狱案》，北京：紫禁城出版社，1991 年，第 122—125 页。

范长江：《游扬州》，南京师范学院《文教资料简报》1979 年第 5 期，第 52 页。

方晨：《扬州清代木刻年画》，《中国民间工艺》第 13—14 期（1994 年），第 85—88 页。

方象瑛：《休园记》，载《（嘉庆）重修扬州府志》，第 31 卷，第 55b—56b 页。

方裕谨：《道光初年两淮私盐研究》，《历史档案》1998 年第 4 期，第 80—89 页。

方裕谨编：《道光初年楚岸盐船封轮散卖史料（上）》，《历史档案》1991 年第 1 期，第 37—48 页。

方卓芬、胡铁文、简锐、方行：《河东池盐业和淮南海盐业中的资本主义萌芽》，收入许涤新、吴承明主编：《中国资本主义发展史（第一卷）：中国资本主义的萌芽》，北京：社会科学文献出版社，2007年，第482—498页。

费孝通：《小城镇：苏北初探》，载费孝通：《小城镇四记》，北京：新华出版社，1985年，第75—114页。

丰子恺：《扬州梦》，载丰子恺：《缘缘堂随笔集》，杭州：浙江文艺出版社，1983年，第378—383页。

冯尔康等编：《扬州研究：江都陈轶群先生百龄冥诞纪念论文集》，台北：联经出版公司，1996年。

傅泽洪编：《行水金鉴》，1725年，上海：商务印书馆重印本，1936年。

高晋：《南巡盛典》，1771年，台北：文海出版社重印本，1971年。

龚自珍：《龚自珍全集》，上海：上海人民出版社，1975年。

桂超万：《宦游纪略》，台北：广文书局，1972年。

郭成康、成崇德等：《乾隆皇帝全传》，北京：学苑出版社，1994年。

邗上蒙人：《风月梦》，1848年序，北京：北京大学出版社，1990年。

何炳棣：《中国会馆史论》，台北：学生书局，1966年。

胡朴安：《中华全国风俗志》，1922年，郑州：中州古籍出版社重印本，1990年。

胡文楷：《历代妇女著作考》，上海：商务印书馆，1957年。

黄钧宰：《金壶浪墨》，见氏著《金壶七墨》，上海：扫叶山房，1929年。

嵇超：《范公堤的兴筑及其作用》，《复旦学报》1980年第8期，第59—61页。

纪仲庆：《扬州古城址变迁初探》，《文物》1979年第9期，第43—56页。

蒋华：《扬州港与波斯文化的交流》，载韦培春编：《伊斯兰教在扬州》，南京：南京大学出版社，1991年，第73—79页。

焦东周生：《扬州梦》，台北：世界书局，1978年。

焦循、江藩：《扬州图经》，扬州：江苏广陵古籍刻印社重印本，1981年。

焦循：《扬州北湖小志》，扬州，1808年。

焦循：《扬州足征录》，扬州，1815年，收入《北京图书馆古籍珍本丛刊》第25种，北京：书目文献出版社，1991年。

金埴：《不下带编 巾箱说》，北京：中华书局，1982年。

靳辅：《靳文襄公治河方略》，1767年，台北：文海出版社重印本，未注明出版日期。

孔尚任：《湖海集》，上海：古典文学出版社，1957 年。

孔尚任：《孔尚任诗文集》，汪蔚林编，北京：中华书局，1962 年。

孔尚任：《桃花扇》，王季思、苏寰中编，北京：人民文学出版社，1959 年。

乐史编：《太平寰宇记》，台北：文海出版社，1963 年。

黎世序：《续行水金鉴》，1832 年，上海：商务印书馆重印本，1936 年。

李澄：《淮鹾备要》，1823 年。

李斗：《扬州画舫录》，扬州：江苏广陵古籍刻印社，1984 年。

李桓：《国朝耆献类征》，台北：文海出版社，1966 年。

李珂：《明代开中制下商灶购销关系脱节问题再探》，《历史档案》1992 年第 4 期，第 33—39 页。

李琳琦：《明清徽州粮商述论》，《江淮论坛》1993 年第 4 期，第 73—78 页。

李龙潜：《明代盐的开中制度与盐商资本的发展》，载南京大学历史系明清史研究室编：《明清资本主义萌芽研究论文集》，上海：上海人民出版社，1981 年，第 498—537 页。

李廷先：《唐代扬州史考》，南京：江苏古籍出版社，1992 年。

李长傅：《江苏》，上海：中华书局，1936 年。

梁其姿：《明末清初民间慈善活动的兴起：以江浙地区为例》，《食货月刊》增刊第 15 卷第 7—8 期（1986 年），第 52—78 页。

梁其姿：《施善与教化：明清的慈善组织》，台北：联经出版公司，1997 年。

梁绍壬：《两般秋雨庵随笔》，上海：上海古籍出版社，1982 年。

梁章钜：《归天琐记》，台北：台湾商务印书馆，1976 年。

林苏门：《邗江三百吟》，扬州，1808 年。

林秀微编：《扬州画派》，台北：艺术图书公司，1985 年。

刘宝楠：《宝应图经》，扬州，1848 年。

刘宝楠：《胜朝殉扬录》，南京：淮南书局，1871 年。

刘彬如、陈达祚：《扬州"回回堂"和元代阿拉伯文的墓碑》，《江海学刊》1962 年第 2 期，第 49—52 页。

刘隽：《道光朝两淮废引改票始末》，《中国近代经济史研究集刊》第 1 卷第 2 期（1933 年），第 123—188 页。

刘淼：《徽商鲍志道及其家世考述》，《江淮论坛》1983 年第 3 期，第 58—67 页。

刘森编：《徽州社会经济史研究译文集》，合肥：黄山书社，1988年。

刘人岛编：《中国传世人物名画全集》，第2卷，北京：中国戏剧出版社，2001年。

刘文淇：《扬州水道记》，淮南书局，1879年。

刘禹锡：《晚步扬子游南塘望沙尾》，《全唐诗》第355卷，第6册，北京：中华书局，第3992页。

卢浩编：《扬州八怪画集》，南京：江苏美术出版社，1990年。

罗蔚文：《山馆几经易主，玲珑奇石犹存》，《扬州师院学报》1983年第3期，第126—127页。

罗振常：《史可法别传》，收入扬州文物研究室、史可法纪念馆编：《亮节孤忠史可法》，南京：江苏文艺出版社，1993年，第11—43页。

吕作燮：《试论明清时期会馆的性质和作用》，载南京大学历史系明清史研究室编：《中国资本主义萌芽问题论文集》，南京：江苏人民出版社，1983年，第172—211页。

莫东寅：《满族史论丛》，北京：三联书店重印本，1979年。

南京博物院：《扬州古城1978年调查发掘简报》，《文物》1979年第9期，第33—42页。

钱仪吉：《碑传集》，上海：江苏书局，1893年。

钱泳：《履园丛话》，苏州：振新书社，1870年。

丘良任：《扬州二马及其〈小玲珑山馆图记〉》，《扬州师院学报》1983年第3期，第123—125页。

全汉昇：《唐宋帝国与运河》，台北：中央研究院，1946年。

全汉昇：《唐宋时代扬州经济景况的繁荣与衰落》，《中央研究院历史语言研究所集刊》第11辑（1947年），第149—176页。

全祖望：《梅花岭记》，收入扬州文物研究室、史可法纪念馆编：《亮节孤忠史可法》，南京：江苏文艺出版社，1993年，第211—212页。

任祖镛：《〈阅微草堂笔记〉所录任大椿轶事考》，《扬州师院学报》1983年第4期，第118—122页。

阮亨：《广陵名胜图》，扬州（？），1822年。

阮先：《扬州北湖续志》，收入陈恒和编：《扬州丛刻》，第11—12卷，江都，1936年。

阮元:《定香亭笔谈》,1800 年版,台北:广文书局重印本,1968 年。

阮元:《广陵诗事》,台北:艺文印书馆,1967 年。

阮元:《淮海英灵集》,台北:台湾商务印书馆重印本,1966 年。

阮元:《凌母王太孺人寿诗序》,收入氏著:《研经室集》,5.2b,扬州,1842 年。

阮元:《扬州画舫录二跋》,收入李斗:《扬州画舫录》,扬州:江苏广陵古籍刻印社,1984 年,第 7—8 页。

森纪子:《盐场的泰州学派》,载泰州学派纪念馆筹备组、泰州市政协文史委员会编:《泰州学派学术讨论会纪念论文集》,泰州,1987 年,第 46—77 页。

沈德符:《万历野获编》,北京:中华书局,1959 年。

盛朗西:《中国书院制度》,台北:华世出版社,1977 年。

史德威:《维扬殉节纪略》,1812 年版,张海鹏编:《借月山房汇钞》,第 8 卷,台北:益世书局,1968 年。

孙显军:《古教育家胡瑗》,载王瑜编:《扬州历代名人》,南京:江苏古籍出版社,1992 年,第 33—38 页。

藤井宏:《明代盐商的一考察——边商、内商、水商的研究》,刘淼译,载刘淼编:《徽州社会经济史研究译文集》,合肥:黄山书社,1988 年,第 252—346 页。

天然痴叟:《江都市孝妇屠身》,收入氏著:《石点头》,长春:吉林文史出版社,1986 年,第 223—244 页。

田秋野、周维亮:《中华盐业史》,台北:商务印书馆,1979 年。

童寯:《江南园林志》,北京:中国工业出版社,1963 年。

汪胡桢、吴慰祖:《清代河臣传》,台北:文海出版社,1970 年。

汪应庚:《平山揽胜志》,1742 年,扬州:江苏广陵古籍刻印社重印本,1988 年。

汪鋆:《扬州画苑录》,载陈恒和编:《扬州丛刻》,江都,1936 年。

汪中:《广陵对》,收入蒋秋华、林庆彰编,王清信、叶纯芳点校:《汪中集》,台北:中央研究院中国文哲研究所筹备处,2000 年,第 161—169 页。

汪中:《广陵通典》,扬州:扬州书局,1860 年。

汪中:《汪中集》,蒋秋华、林庆彰编,王清信、叶纯芳注释,台北:中央研究院中国文哲研究所筹备处,2000 年。

汪中:《先母邹孺人灵表》,收入蒋秋华、林庆彰编,王清信、叶纯芳注释:《汪中集》，台北：中央研究院中国文哲研究所筹备处，2000年，第240—242页。

王方中：《清代前期的盐法、盐商和盐业生产》，《清史论丛》1982年第4辑，第1—48页。

王鸿：《老扬州：烟花明月》，南京：江苏美术出版社，2001年。

王开编：《陕西古代道路交通史》，北京：人民交通出版社，1989年。

王慕韩：《江苏盐垦区土地利用问题之研究》，《民国二十年代中国大陆土地问题资料》第45册，台北：成文出版社，1977年。

王士性：《广志绎》，北京：中华书局，1981年。

王士禛：《渔洋精华录集注》，济南：齐鲁书社，1992年。

王书奴：《中国娼妓史》，上海：上海三联书店，1988年。

王思治、金成基：《清代前期两淮盐商的盛衰》，《清史论丛》1982年第4期，第50—84页。

王锡荣：《郑板桥交游行踪漫考》，载薛永年编：《扬州八怪考辨集》，南京：江苏美术出版社，1992年，第300—324页。

王骧：《江苏岁时风俗谈》，南京：江苏古籍出版社，1985。

王秀楚：《扬州十日记》，载《中国近代内乱外祸历史故事丛书》第2册，台北：广文书局，1964年，第229—243页。

王章涛：《阮元传》，合肥：黄山书社，1994年。

王振忠：《明清徽商与淮扬社会变迁》，北京：三联书店，1996年。

王振忠：《明清扬州盐商社区文化及其影响》，《中国史研究》1992年第2期，第3—25页。

韦明铧：《估"扬州派"——扬州传统文化精神的得与失》，收入氏著：《扬州文化谈片》，北京：三联书店，1994年，第123—149页。

韦明铧：《考"扬州乱弹"——关于清代戏曲史的一个考证》，收入氏著：《扬州文化谈片》，北京：三联书店，1994年，第185—236页。

韦明铧：《说"扬州十日"——读王秀楚〈扬州十日记〉》，收入氏著：《扬州文化谈片》，北京：三联书店，1994年，第168—184页。

韦明铧：《析"扬州梦"——大诗人杜牧和他的千年风流梦》，收入氏著：《扬州文化谈片》，北京：三联书店，1994年，第109—122页。

韦明铧：《扬州瘦马》，福州：福建人民出版社，1998年。

魏禧:《善德纪闻录》,载焦循编:《扬州足征录》,扬州,1815 年,卷 27,页 25b—34b,收入《北京图书馆古籍珍本丛刊》第 25 种,北京:书目文献出版社,1988 年。

吴嘉纪:《陋轩诗集》,台北:文海出版社,1966 年。

吴嘉纪:《送汪左严归新安》,收入杨积庆编:《吴嘉纪诗笺校》,上海:上海古籍出版社,1980 年,第 80 页。

吴建雍:《清前期榷关及其管理制度》,《中国史研究》1984 年第 1 期,第 85—96 页。

吴敬梓:《儒林外史》,香港:太平书局,1969 年。

吴肇钊:《计成与影园兴造》,《建筑师》第 23 期(1985 年),第 167—177 页。

吴哲夫:《四库全书纂修之研究》,台北:台北故宫博物院,1990 年。

武同举:《淮系年表》,1928 年,台北:文海出版社重印本,未注明出版日期。

萧国亮:《论清代纲盐制度》,《历史研究》1988 年第 5 期,第 64—73 页。

谢国桢:《明清之际党社运动考》,北京:中华书局,1982 年。

谢肇淛:《五杂俎》,台北:伟文出版社,1977 年。

徐泓:《清代两淮盐场的研究》,台北:嘉新文化基金会,1972 年。

徐珂:《清稗类钞》,台北:商务印书馆,1966 年。

许凤仪、朱福烓:《扬州风物志》,南京:江苏人民出版社,1980 年。

许渊冲、陆佩弦、吴钧陶编:《唐诗三百首新译》,香港:中国对外翻译出版公司,1991 年。

薛永年、薛锋:《扬州八怪与扬州商业》,北京:人民美术出版社,1991 年。

薛宗正:《明代盐商的历史演变》,《中国史研究》1980 年第 2 期,第 27—37 页。

扬州文物研究室、史可法纪念馆编:《亮节孤忠史可法》,南京:江苏文艺出版社,1993 年。

杨德泉:《清代前期两淮盐商资料初辑》,《江海学刊》1962 年第 11 期,第 45—49 页。

杨鸿勋:《江南园林论》,上海:上海人民出版社,1994 年。

杨积庆:《吴嘉纪诗笺校》,上海:上海古籍出版社,1980 年。

姚文田:《广陵事略》,开封,1812 年序。

叶森、朱峰:《扬州街巷杂谈》,《中国民间工艺》第 13—14 期(1994 年 6 月),

第 143—146 页。

易君左:《闲话扬州》,上海:中华书局,1934 年。

俞玉储:《徐述夔〈一柱楼诗〉案》,载张书才、杜景华编:《清代文字狱案》,北京:紫禁城出版社,1991 年,第 178—186 页。

郁达夫:《扬州旧梦寄语堂》,《人间诗》第 28 期(1935 年),第 3—6 页。

张岱:《陶庵梦忆》,上海:新文化书社,1934 年。

张庚:《国朝画征录》,收入于安澜编:《画史丛书》,第 3 册,上海:上海人民美术出版社,1963 年。

张鉴:《雷塘庵主弟子记》,出版时题为《阮元年谱》,北京:中华书局,1995 年。

张连生:《清代扬州盐商的兴衰与鸦片输入》,《扬州师院学报》1982 年第 2 期,第 21—26 页。

张书才、杜景华编:《清代文字狱案》,北京:紫禁城出版社,1991 年。

张舜徽:《清代扬州学记》,上海:上海人民出版社,1962 年。

张舜徽:《清儒学记》,济南:齐鲁书社,1991 年。

张正明:《晋商兴衰史》,太原:山西古籍出版社,1995 年。

赵尔巽:《清史稿》,北京:中华书局,1977 年。

赵航:《扬州学派新论》,南京:江苏文艺出版社,1991 年。

赵宏恩:《玉华集》,1734 年序。

赵学礼、曹永全:《谈扬州婚俗》,载曹永森编:《扬州风情》,南京:江苏文艺出版社,1991 年,第 63—74 页。

赵翼:《陔余丛考》,京都:中文出版社,1979 年。

赵之璧:《平山堂图志》,扬州,1765 年序。

郑昌淦:《明清农村商品经济》,北京:中国人民大学出版社,1989 年。

郑庆祜:《扬州休园志》,察视堂,1773 年。

郑燮:《郑板桥全集》,北京:中国书店,1994 年。

郑元勋:《影园自志》,收入《(嘉庆)重修扬州府志》,第 31 卷,第 51b—52a 页。

郑肇经:《中国水利史》,长沙:商务印书馆,1939 年。

周邨:《太平军在扬州》,上海:上海人民出版社,1957 年。

周亮工:《读画录》,上海:上海人民美术出版社,1963 年。

周维权:《中国古典园林史》,北京:清华大学出版社,1990 年。

周振鹤、游汝杰:《方言与中国文化》,上海:上海人民出版社,1986 年。

朱福烓、许凤仪:《扬州史话》,南京:江苏古籍出版社,1985 年。

朱福烓:《伊斯兰教与扬州》,载韦培春编:《伊斯兰教在扬州》,南京:南京大学出版社,1991 年,第 40—45 页。

朱江:《扬州园林品赏录》,上海:上海文化出版社,1984 年。

朱江:《犹太人在扬州的踪迹》,《远逝的风帆:海上丝绸之路与扬州》,南京:东南大学出版社,第 128—129 页。

朱偰:《中国运河史料选辑》,北京:中华书局,1962 年。

朱自清:《说扬州》,《人间世》第 16 期(1935 年),第 35—36 页。

朱自清:《我是扬州人》,收入江苏省政协文史资料委员会、扬州市政协文史资料委员会编:《朱自清》,南京:江苏文史资料编辑部,1992 年,第 222—225 页。

朱自清:《扬州的夏日》,收入氏著:《你我》,北京:生活·读书·新知三联书店,1984 年,第 38—41 页。

朱自清:《择偶记》,收入江苏省政协文史资料委员会、扬州市政协文史资料委员会编:《朱自清》,南京:江苏文史资料编辑部,1992 年,第 245—247 页。

诸可宝:《江苏全省舆图》,上海:江苏书局,1895 年。

宗元鼎:《卖花老人传》,收入张潮编:《虞初新志》,上海:上海书店,1986 年,第 60—61 页。

佐伯富:《运商的没落和盐政的弊坏》,刘淼译,载刘淼编:《徽州社会经济史研究译文集》,合肥:黄山书社,1988 年,第 368—416 页。

英文文献

Alexander, William, *Costumes et vues de la Chine.* 2 vols. Paris, 1815.

Andrews, Julia. "Zha Shibiao." In *Shadows of Mt. Huang,* ed. James Cahill, pp. 102-8. Berkeley, Calif.: University Art Museum, 1981.

Atwell, William S. "From Education to Politics." In *The Unfolding of Neo-Confucianism,* ed. Wm. Theodore De Bary, pp. 333-67. New York: Columbia

University Press, 1975.

Aucourt, P. "Journal d'un bourgeois de Yang-tcheou (1645)." *Bulletin de l'Ecole francaise d'Extrême Orient* 7 (1907) : 297-312.

Ayling, Alan, and Duncan Mackintosh. *A Collection of Chinese Lyrics.* London: Routledge and Kegan Paul, 1965.

Backhouse, E., and J. O. P. Bland. "The Sack of Yang Chou-fu." In Backhouse and Bland, *Annals and Memoirs of the Court of Peking,* pp. 105-208. Boston and New York: Houghton Mifflin, 1914.

Barkan, Lenore. "Nationalists, Communists and Rural Leaders: Political Dynamics in a Chinese County, 1927-1937." Ph.D. diss., University of Washington, 1983.

Barnhart, Richard M. *Peach Blossom Spring: Gardens and Flowers in Chinese Paintings.* New York: Metropolitan Museum of Art, 1985.

Barrow, John. *Travels in China.* London: T. Cadell and W. Davies, 1806.

Beattie, Hilary. "The Alternative to Resistance: The Case of Tung-ch'eng, Anhui." In *From Ming to Ch'ing: Conquest, Region and Continuity in Seventeenth-Century China,* ed. Jonathan Spence and John Wills, pp. 241-76. New Haven: Yale University Press, 1979.

Bell, Colonel Mark S. "The Great Central Asian Trade Route from Peking to Kashgaria." *Proceedings of the Royal Geographical Society and Monthly Record of Geography,* n.s., 12, no. 2 (1890) : 57-93.

Boorman, Howard L., ed. *Biographical Dictionary of Republican China.* 5 vols. New York: Columbia University Press, 1967.

Borota, Lucie. "*The Painted Barques of Yangzhou:* Excerpts, by Li Dou." *Renditions* 46 (Autumn 1996) : 58-65.

Braudel, Fernand. "In Bahia, Brazil." In idem. *On History,* trans. Sarah Matthews, pp. 165-76. London: Weidenfeld and Nicholson, 1980.

Bray, Francesca. *Technology and Gender: Fabrics of Power in Late Imperial China.* Berkeley: University of California Press, Berkeley, 1997.

Brook, Timothy . *The Confusions of Pleasure: Commerce and Culture in Ming China.* Berkeley: University of California Press, 1998.

Brouillion, Le R. P. *Memoire sur l'état actuel de la mission du Kiang-nan, 1842-1855, suivi de lettres relatives à l'insurrection, 1851-1855.* Paris: Julien, Lanier et cie, 1855.

Brunnert, H. S., and V. V. Hagelstrom. *Present Day Political Organization of China.* Trans. A. Beltchenko and E. E. Moran. 台北：成文出版社，1978 年。

Bureau of Foreign Trade. *China Industrial Handbooks: Kiangsu.* 上海，1933 年。台北，1973 年重印本。

Burke, Peter. "Res et verba: Conspicuous Consumption in the Early Modem World." In *Consumption and the World of Goods,* ed. John Brewer and Roy Porter, pp. 148-60. London: Routledge, 1993.

——. *Venice and Amsterdam: A Study of Seventeenth-Century Elites.* Cambridge, Eng.: Polity Press, 1994.

Cahill, James. "Introduction." In *Shadows of Mt. Huang: Chinese Painting and Printing of the Anhui School,* ed. James Cahill, pp. 7-15. Berkeley, Calif.: University Art Museum, 1981.

——. "The Older Anhui Masters." In *Shadows of Mt. Huang: Chinese Painting and Printing of the Anhui School,* ed. James Cahill, pp. 67-75. Berkeley, Calif.: University Art Museum, 1981.

——. *The Painter's Practice: How Artists Lived and Worked in Traditional China.* New York: Columbia University Press, 1994.

——. "Yuan Jiang and His School," pts I and II. *Ars Orientali* 5 (1963) : 259-72; 6 (1967) : 191-212.

Cahill, James , ed. *Shadows of Mt. Huang: Chinese Painting and Printing of the Anhui School.* Berkeley, Calif.: University Art Museum, 1981.

Carles, W. R. "The Grand Canal of China." *Journal of the Royal Asiatic Society* (China Branch) 31 (1896-97) : 102-10.

Carlitz, Katherine. "The Social Uses of Female Virtue in Late Ming Editions of *Lienü Zhuan.*" *Late Imperial China* 12, no. 2 (Dec. 1991) : 117-52.

——. "Style and Suffering in Two Stories by 'Langxian'." In *Culture and State in Chinese History: Conventions, Accommodation, and Critiques,* ed.

Theodore Huters, R. Bin Wong, and Pauline Yu, pp. 207-35. Stanford: Stanford University Press, 1997.

Catalogue of the Exhibition of Individualists and Eccentrics: The Mr. and Mrs. R. W. Finlayson Collection of Chinese Paintings. Toronto: Royal Ontario Museum and University of Toronto; Seattle: Seattle Art Museum, 1963-64.

Chang, Sen-dou . "The Morphology of Walled Capitals." In *The City in Late Imperial China,* ed. G. W. Skinner, pp. 75-100. Stanford: Stanford University Press, 1977.

Chaves, Jonathan. "Moral Action in the Poetry of Wu Chia-chi (1618-1684)." *Harvard Journal of Asiatic Studies* 46, no. 1 (1986) : 387-469.

Chen Lifang and Yu Sanglin. *The Garden Art of China.* Portland: Timber Press, 1986.

Cheung, Anthony, and Paul Gurofsky, eds. and trans. *Cheng Pan-ch'iao: Selected Poems, Calligraphy, Paintings and Seal Engravings.* Hong Kong: Joint Publishing, 1987.

Chou, Ju-his, and Claudia Brown. *The Elegant Brush: Chinese Painting Under the Qianlong Emperor.* Phoenix, Ariz.: Phoenix Art Museum, 1985.

Chu, Samuel C. *Reformer in Modem China: Chang Chien, 1853-1926.* New York: Columbia University Press, 1965.

Clunas, Craig. *Fruitful Sites: Garden Culture in Ming Dynasty China.* London: Reaktion Books, 1996.

Cohen, Monique, and Nathalie Monnet. *Impressions de Chine.* Paris: Bibliothèque Nationale, 1992.

Collis, Maurice. *The Great Within.* London: Faber and Faber, 1941.

Contag, Victoria. *Chinese Masters of the 17th Century.* Trans. Michael Bullock. London: Lund Humphries, 1969.

Cressey, George Babcock. *China's Geographic Foundations: A Survey of the Land and Its People.* New York: McGraw-Hill, 1934.

Crochet, Jules. "Histoire d'une Chrétienté." Archives [jésuites] de la Province de France, Vanves. FCH 370.

Crossley, Pamela Kyle. *The Manchus*. Cambridge, Mass.: Blackwell, 1997.

——. *A Translucent Mirror: History and Identity in Qing Imperial Ideology*. Berkeley: University of California Press, 1999.

da Cruz, Gaspar. "Treatise in Which the Things of China Are Related at Great Length." 1569. In *South China in the Sixteenth Century,* ed. C. R. Boxer, pp. 45-239. Nendeln, Liechtenstein: Kraus Reprint, 1967.

Davis, Richard L. *Wind Against the Mountain: The Crisis of Politics and Culture in Thirteenth-Century China.* Cambridge, Mass.: Harvard University, Council on East Asian Studies, 1996.

De Bary, Wm. Theodore D. "Individualism and Humanitarianism in Late Ming Thought." In *Self and Society in Ming Thought,* ed. Wm. Theodore De Bary and the Conference on Ming Thought, pp. 145-245. New York: Columbia University Press, 1970.

de Rada, Martin. "The Relation of Fr. Martin de Rada, O.E.S.A." 1575. In *South China in the Sixteenth Century,* ed. C. R. Boxer, pp. 241-310. Nendeln, Liechtenstein: Kraus Reprint, 1967.

Diény, J. P., trans. *Les "Lettres Familiales" de Tcheng Pan-kiao.* Mélanges publiées par l'Institut des hautes études chinoises, vol. 2. Paris: Presses universitaires de France, 1960.

Dodgen, Randall A. "Hydraulic Evolution and Dynastic Decline: The Yellow River Conservancy, 1796-1855." " *Late Imperial China* 12, no. 2 (Dec. 1991) : 36-63.

Du Halde, J. B. *The General History of China.* London: J. Watts, 1741.

Eberhard, Wolfram. "What Is Beautiful in a Chinese Woman?" In *Moral and Social Values of the Chinese: Selected Essays,* by Wolfram Eberhard, pp. 271-304. 台北：成文出版社，1971 年。

Eisenstadt, S. N. *The Political System of Empires.* New York: Free Press, 1969.

The Elegant Brush: Chinese Painting Under the Qianlong Emperor. Hong Kong: The Council, 1986.

Elliott, Mark C. *The Manchu Way: The Eight Banners and Ethnic Identity in Late*

Imperial China. Stanford: Stanford University Press, 2001.

Elman, Benjamin. *From Philosophy to Philology: Intellectual and Social Aspects of Change in Late Imperial China.* Cambridge, Mass.: Harvard University, Council on East Asian Studies, 1984.

Elvin, Mark. *The Pattern of the Chinese Past.* London: Eyre Methuen, 1973.

Ennin's Diary: The Record of Pilgrimage to China in Search of the Law. Trans. and ed. Edwin O. Reischauer. New York: Ronald Press, 1955.

Fang, Achilles, trans. *The Chronicle of the Three Kingdoms.* Cambridge, Mass.: Harvard University Press, 1952.

Fei Hsiao Tung. "Small Towns in Northern Jiangsu." In *Small Towns in China: Functions and Propsects,* by Fei Hsiao Tung, pp. 88-132. Beijing: New World Press, 1986.

Feuchtwang, Stephen. "School-Temple and City God." In *The City in Late Imperial China,* ed. G. William Skinner, pp. 581-608. Stanford: Stanford University Press, 1977.

Finnane, Antonia . "Bureaucracy and Responsibility: A Reassessment of the River Administration under the Qing." *Papers in Far Eastern History* (Australian National University, Department of Far Eastern History), no. 30 (Sept. 1984) : 161-98.

——. "The Origins of Prejudice: The Malintegration of Subei in Late Imperial China." *Comparative Studies in Society and History* 35, no. 2 (Apr. 1993) : 216-17.

——. "A Place in the Nation: Yangzhou and the Idle Talk Controversy of 1934." *Journal of Asian Studies* 53, no. 4 (Nov. 1994) : 1150-74.

——. "Yangzhou: A Central Place in the Qing Empire." In *Cities of Jiangnan in Late Imperial China,* ed. Linda Cooke Johnson, pp. 117-49. Albany: State University of New York Press, 1993.

Fisher, Tom. "Loyalist Alternatives in the Early Ch'ing." *Harvard Journal of Asiatic Studies* 44, no. 1 (June 1984) : 83-122.

Furth, Charlotte. *A Flourishing Yin: Gender in China's Medical History, 960-1665.*

Berkeley: University of California Press, 1999.

Gadoffre, F. "Le Pays des canaux: essai sur la province du Kiangsou." *Revue de Géoraphie* 50, no. 9 (Mar. 1902) : 218-37.

Gandar, Dominic. *Le Canal impérial: étude historique et descriptive.* Variétés sinologiques, no. 4. Shanghai, 1894.

Giacalone, Vita, with Ginger Cheng-chi Hsü. *The Eccentric Painters of Yangzhou.* New York: China House Gallery, China Institute in America, 1990.

Goodman, Bryna. *Native Place, City, and Nation: Regional Networks and Identities in Shanghai, 1853-1937.* Berkeley: University of California Press, 1995.

Goodrich, L. Carrington, ed. *Dictionary of Ming Biography.* New York: Columbia University Press, 1976.

Guinness, Geraldine (Mrs. Howard Taylor). *In the Far East: Letters from Geraldine Guinness in China.* Melbourne: China Inland Mission, 1901.

Guy, R. Kent. *The Emperor's Four Treasuries: Scholars and the State in the Late Chi'en-lung Era.* Cambridge, Mass.: Harvard University, Council on East Asian Studies, 1987.

Hahn, Emily. *China to Me.* Boston: Beacon Press, 1988.

Hanan, Patrick. "*Fengyue Meng* and the Courtesan Novel." *Harvard Journal of Asiatic Studies* 58, no. 2 (Dec. 1998) : 345-72.

Hay, Jonathan S. *Shitao: Painting and Modernity in Early Qing China.* New York: Cambridge University Press, 2001.

——. "Shitao's Late Work (1679-1707) : A Thematic Map." Ph.D. diss., Yale University, 1989.

Hechter, Michael. *Internal Colonialism: The Celtic Fringe in British National Development, 1536-1966.* Berkeley: University of California Press, 1977.

Hershatter, Gail. *Dangerous Pleasures: Prostitution and Modernity in Twentieth-Century Shanghai.* Berkeley: University of California Press, 1997.

Hinton, Harold C. *The Grain Tribute System of China.* Cambridge, Mass.: Harvard University, Chinese Economic and Political Studies, 1956.

Ho, Clara Wing-chung. "Encouragement from the Opposite Gender: Male Scholars' Interests in Women's Publications in Ch'ing China—A Bibliographical Study." In *Chinese Women in the Imperial Past: New Perspectives*, ed. Harriet T. Zurndorfer, pp. 308-53. Leiden: Brill, 1999.

Ho Ping-ti. *The Ladder of Success in Imperial China: Aspects of Social Mobility.* New York: Science Editions, 1964.

——. "The Salt Merchants of Yang-chou: A Study of Commercial Capitalism in Eighteenth-Century China." *Harvard Journal of Asiatic Studies* 17 (1954) : 130-68.

——. *Studies in the Population of China.* Cambridge, Mass.: Harvard University Press, 1959.

Ho Wai-kam. "The Literary Gathering at a Yangzhou Garden." In *Eight Dynasties of Chinese Painting: The Collections of the Nelson Gallery-Atkins Museum, Kansas City, and the Cleveland Museum of Art,* ed. Sally W. Goodfellow, pp. 363-66. Cleveland, Ohio: Cleveland Museum of Art, 1980.

Hohenberg, Paul M., and Lynn Hollen Lees. *The Making of Urban Europe, 1000-1950.* Cambridge, Mass.: Harvard University Press, 1985.

Honig, Emily. *Creating Chinese Ethnicity: Subei People in Shanghai, 1850-1980.* New Haven: Yale University Press, 1992.

——. "The Politics of Prejudice: Subei People in Republican-Era Shanghai." *Modem China* 15, no. 3 (1989) : 243-74.

——. "Pride and Prejudice: Subei People in Contemporary Shanghai." In *Unofficial China: Popular Culture and Thought in the People's Republic,* ed. Perry Link, Richard Madsen, and Paul G. Pickowicz, pp. 138-55. Boulder, Colo.: Westview Press, 1989.

Hsiao, Ch'i-ch'ing. *The Military Establishment of the Yuan Dynasty.* Cambridge, Mass.: Harvard University, Council on East Asian Studies, 1978.

Hsieh, Bao-Hua. "The Acquisition of Concubines in China, 14-17th Centuries." 《近代中国妇女史研究》1993 年第 1 期，第 125—200 页。

Hsieh, Winston. "Triads, Salt Smugglers and Local Uprisings." In *Popular*

Movements and Secret Societies in China, 1840-1950, ed. Jean Chesneaux, pp. 144-64. Stanford: Stanford University Press, 1972.

Hsü, Ginger Cheng-chi. A *Bushel of Pearls: Painting for Sale in Eighteenth-Century Yangchow.* Stanford: Stanford University Press, 2001.

Hu, Ch'ang-tu. "The Yellow River Administration in the Ch'ing Dynasty." *Far Eastern Quarterly* 14, no. 4 (Aug. 1955) : 505-13.

Huang, Martin. *Literati and Self-Re/Presentation: Autobiographical Sensibility in the Eighteenth-Century Chinese Novel.* Stanford: Stanford University Press, 1995.

Huang, Ray. *Taxation and Governmental Finance in Sixteenth-Century Ming China.* London and New York: Cambridge University Press, 1974.

Hummel, Arthur, ed. *Eminent Chinese of the Ch'ing Period.* Washington, D.C.: U.S. Government Printing Office, 1943.

Hung, Chang-tai. 1991. "Paper Bullets: Fan Changjiang and New Journalism in Wartime China." *Modem China* 17, no. 4 (Oct. 1991) : 427-68.

Jang, Scarlett. "Cheng Sui." In *Shadows of Mt. Huang: Chinese Painting and Printing of the Anhui School, ed.* James Cahill, pp. 11-12. Berkeley: University Art Museum, 1981.

Ji Cheng. *The Craft of Gardens.* Trans. Alison Hardie. New Haven: Yale University Press, 1988.

Johnson, Linda Cooke. *Shanghai: An Emerging Jiangnan Port.* Stanford: Stanford University Press, 1994.

Johnston, R. Stewart. *Scholar Gardens of China.* Cambridge, Eng.: Cambridge University Press, 1991.

Kao, Mayching, ed. *Paintings by Yangzhou Artists of the Qing Dynasty from the Palace Museum.* Beijing: Palace Museum; Hong Kong: Art Gallery, Chinese University of Hong Kong, 1985.

Keenan, Barry C. *Imperial China's Last Classical Academies: Social Change in the Lower Yangzi, 1864-1911.* Berkeley: University of California, Institute of East Asian Studies, 1994.

Kennelly, M., S. J., trans. and rev. *L. Richard's Comprehensive Geography of China*. Shanghai: T'suwei Press, 1908.

Kim, Hongnam. "Zhou Liang-kung and His *Tu-hua-lu* Painters." In *Artists and Patrons: Some Social and Economic Aspects of Chinese Painting,* ed. Chu-Tsing Li, pp. 189-201. Lawrence: University of Kansas, Kress Foundation Department of Art History; Nelson-Atkins Museum of Art, with University of Washington Press, 1989.

Kinkley, Jeffrey. *The Odyssey of Shen Congwen*. Stanford: Stanford University Press, 1987.

Kinnane, Garry. *George Johnston: A Biography*. Melbourne: Nelson, 1986.

Ko, Dorothy. "Bondage in Time: Footbinding and Fashion Theory." *Fashion Theory* 1, no. 1 (1997) : 3-27.

——. *Teachers of the Inner Chambers: Women and Culture in Seventeenth-Century China*. Stanford: Stanford University Press, 1994.

K'ung Shangren. *The Peach Blossom Fan* (桃花扇). Trans. Chen Shih-hsiang and Harold Acton. Berkeley: University of California Press, 1976.

Kuhn, Philip. *Soulstealers: The Chinese Sorcery Scare of 1768*. Cambridge, Mass.: Harvard University Press, 1990.

Lamouroux, Christian. "From the Yellow River to the Huai: New Representations of a River Network and the Hydraulic Crisis of 1128." In *Sediments of Time: Environment and Society in Chinese History,* ed. Mark Elvin and Liu Ts'ui-jung, pp. 545-84. New York: Cambridge University Press, 1998.

Legge, James. *The Chinese Classics,* vol. 3, *The Shoo King*. Reprinted— Hong Kong: Hong Kong University Press, 1960.

——. *The Chinese Classics,* vol. 5, *The Ch'un Tsew with the Tso Chuen*. Reprinted—Hong Kong: Hong Kong University Press, 1960.

——. *The Four Books* (四书) Reprinted-Taibei: Culture Book, 1973.

Legouix, Susan. *Image of China: William Alexander.* London: Jupiter Books, 1980.

Leith, James A. *The Idea of Art as Propaganda in France, 1750-1799: A Study in the History of Ideas*. Toronto: University of Toronto Press, 1965.

Leonard, Jane Kate. *Wei Yuan and China's Rediscovery of the Maritime World.* Cambridge, Mass.: Harvard University, Council on East Asian Studies, 1984.

Leung Yuen-sang. *The Shanghai Taotai.* Singapore: Singapore University Press, 1987.

Lewis, Bernard. *The Arabs in History.* New York: Harper and Brothers, 1960.

Li Bozhong. "Changes in Climate, Land, and Human Efforts: The Production of Wet-Field Rice in Jiangnan During the Ming and Qing Dynasties." In *Sediments of Time: Environment and Society in Chinese History,* ed. Mark Elvin and Liu Ts'ui-jung, pp. 447-84. New York: Cambridge University Press, 1998.

Li Ju-chen. *Flowers in the Mirror* (镜 花 缘). Trans and ed. Lin Taiyi. London: Peter Owen, 1965.

Liang Ch'i-ch'ao. *Intellectual Trends in the Ch'ing Period.* Trans. Immanuel C. Y. Hsü (徐中约). Cambridge, Mass: Harvard University Press, 1959.

Lin Yutang. *Translations from the Chinese (The Importance of Understanding).* Cleveland, Ohio: Forum, 1960.

Lo, Jung-pang. "The Controversy over Grain Conveyance during the Reign of Qubilai Qaqan, 1260-94." *Far Eastern Quarterly* 13, no. 3 (1954) : 263-85.

Loewe, Michael. "Imperial Sovereignty: Dong Zhongshu's Contribution and His Predecessors." In *Foundations and Limits of State Power in China,* ed. Stuart Schram, pp. 33-57. London: School of Oriental and African Studies; Hong Kong: Chinese University Press, 1987.

Lopes, Robert S. "Nouveaux documents sur les marchands italiens en Chine a l'époque mongole." *Académic des insciptions et belleslettres, comptes rendus des séances de l'année 1977,* Apr.-June 1977, pp.454-67.

Lust, John. *Chinese Popular Prints.* Leiden: E. J. Brill, 1996.

Mackerras, Colin. *The Rise of the Peking Opera, 1770-1870: Social Aspects of the Theatre in Manchu China.* Oxford: Clarendon Press, 1972.

Maier, Charles S. "Consigning the Twentieth Century to History: Alternative Narratives for the Modern Era." *American Historical Review* 105, no. 3 (June 2000) : 807-31.

Mann (Jones), Susan. "Historical Change in Female Biography from Song to Qing Times: The Case of Early Qing Jiangnan (Jiangsu and Anhui Provinces)" *Transactions of the International Conference of Orientalists in Japan* 30 (1985) : 65-77.

——. *Local Merchants and the Chinese Bureaucracy, 1750-1950.* Stanford: Stanford University Press, 1987.

——. "The Ningpo *Pang* and Financial Power at Shanghai." In *The Chinese City Between Two Worlds, ed.* Mark Elvin and G. William Skinner, pp. 73-96. Stanford: Stanford University Press, 1974.

——. *Precious Records: Women in China's Long Eighteenth Century.* Stanford: Stanford University Press, 1997.

Mao, Lucien. "A Memoir of Ten Days' Massacre in Yangchow." *Tien-hsia Monthly* 4/5 (May 1937): 515-37.

Marmé, Michael. "Heaven on Earth: The Rise of Suzhou." In *Cities of Jiangnan in Late Imperial China, ed.* Linda Cooke Johnson, pp. 17-45. Albany: State University of New York Press, 1993.

Martini, Martino, S. J. . *Novus atlas sinensis.* French ed. N.p.: Clausa Recludo(?), 1655.

Meng Shi. "Shi Tao's 'Brilliant Autumn in Huaiyang'." *Chinese Literature,* Winter 1989, pp. 146-48.

Métailé, George. "Some Hints on 'Scholar Gardens' and Plants in Traditional China." *Studies in the History of Gardens and Designed Landscapes* 18, no. 3 (Autumn 1998) : 248-56.

Metzger, Thomas. "The Organizational Capabilities of the Ch'ing State in the Field of Commerce: The Liang-huai Salt Monopoly, 1740-1840." In *Economic Organization in Chinese Society, ed.* W. E. Wilmott, pp. 9-45. Stanford: Stanford University Press, 1972.

——. "T'ao Chu's Reform of the Huai-pei Salt Monopoly (1831-1833)." *Papers on China* (Harvard University) 16 (1962): 1-39.

Meyer-Fong, Tobie. *Building Culture in Early Qing Yangzhou.* Stanford: Stanford

University Press, 2003.

——. "Making a Place for Meaning in Early Qing Yangzhou." *Late Imperial China* 20, no. 1 (1999): 49-84.

Moser, Leo J. *The Chinese Mosaic: The Peoples and Provinces of China.* Boulder, Colo.: Westview Press, 1985.

Mote, Frederick. "The Intellectual Climate in Eighteenth-Century China: Glimpses of Beijing, Suzhou and Yangzhou in the Qian-long Period." Special issue: *Chinese Painting under the Qianlong Emperor,* vol. 1. *Phoebus* 6, no. 1 (1986): 17-55.

——. "The Transformation of Nanjing." In *The City in Late Imperial China,* ed. G. William Skinner, pp. 101-53. Stanford: Stanford University Press, 1977.

Mu Yiqin. "An Introduction to Painting in Yangzhou in the Qing Dynasty." In *Paintings by Yangzhou Artists of the Qing Dynasty from the Palace Museum,* ed. Mayching Kao, pp. 21-32. Beijing: Palace Museum; Hong Kong: Art Gallery, Chinese University of Hong Kong, 1985.

Naquin, Susan. *Peking: Temples and City Life, 1400-1900.* Berkeley: University of California Press, 2000.

Nelson, Susan E. "Rocks Beside a River: Ni Tsan and the Ching-kuan Style in the Eyes of Seventeenth Century Critics." *Archives of Asian* Art 32(1980): 65-88.

North China Herald. Shanghai.

Oertling, Sewall, II. "Patronage in Anhui During the Wanli Period." In *Artists and Patrons: Some Social and Economic Aspects of Chinese Painting,* ed. Chu-tsing Li, pp. 165-75. Lawrence: University of Kansas, Kress Foundation Department of Art History, and Nelson-Atkins Museum of Art, with University of Washington Press, 1989.

Ono Kazuko. *"Kyōka en no sekai: Shinchō kōshō gakusha no yutopia zō."* (镜花缘的世界：清朝考证学者的乌托邦想象) *Shiso,* no. 721 (1982) : 40-55.

Otani Toshio. "Yōshū Jōshū gakujutsu kō: sono shakaiteki kanren." (从社会关系角度看扬州常州学派) In *Min-Shin jidai no seiji to shakai* (明清时代的政治

与社会), ed. Ono Kazuko, pp. 313-45. Kyoto: Kyōto daigaku, Jinbun kagaku kenkyūjo, 1983.

Owen, Stephen. "Salvaging Poetry: The 'Poetic' in the Qing." In *Culture and State in Chinese History: Conventions, Accommodations, and Critiques,* ed. Theodore Huters, R. Bin Wong, and Pauline Yu, pp. 104-25. Stanford: Stanford University Press, 1997.

Pang, Mae Anna Quan. "Late Ming Painting Theory." In *The Restless Landscape: Chinese Painting of the Late Ming Period,* ed. James Cahill, pp. 22-28. Berkeley: University Art Museum, 1971.

Parsons, James B. *The Peasant Rebellions of the Late Ming Dynasty.* Tucson: University of Arizona Press, 1970.

Payne, Robert. *The White Pony: An Anthology of Chinese Poetry from Earliest Times to the Present Day.* London: Allen and Unwin, 1949.

Pemble, John. *Venice Rediscovered.* Oxford: Clarendon Press, 1995.

Perdue, Peter. *Exhausting the Earth: State and Peasant in Hunan, 1500-1850.* Cambridge, Mass.: Harvard University, Council on East Asian Studies, 1987.

——. "Water Control in the Dongting Lake Region During the Ming and Qing Periods." *Journal of Asian Studies* 41, no. 7 (Aug. 1982): 747-65.

Polachek, James. *The Inner Opium War.* Cambridge, Mass.: Harvard University, Council on East Asian Studies, 1992.

——. "Literati Groups and Literati Politics in Early Nineteenth Century China." Ph.D. diss., University of California, 1976.

Pollard, D. E., trans. "The Jades of Yangzhou." *Renditions* 40 (Autumn 1993): 160-62.

Pomeranz, Kenneth. *The Great Divergence: China, Europe, and the Making of the Modem World Economy.* Princeton: Princeton University Press, 2000.

——. *The Making of a Hinterland: State, Society and Economy in Inland North China, 1853-1937.* Berkeley: University of California Press, 1993.

Pruitt, Ida. *A Daughter of Han: The Autobiography of a Chinese Working Woman.* Stanford: Stanford University Press, 1967.

Public Record Office. China: F.O. Legation and embassy archives.

Rawski, Evelyn Sakakida. *Education and Popular Literacy in Ch'ing China*. Ann Arbor: University of Michigan Press, 1979.

———. *The Last Emperors: A Social History of Qing Imperial Institutions*. Berkeley: University of California Press, 1998.

Relations de la mission de Nan-king confiée aux religieux de la Compagnie de Jésus. Shanghai: Imprimérie de la mission catholique, 1876.

Roddy, Stephen J. *Literati Identity and Its Fictional Representations in Late Imperial China*. Stanford: Stanford University Press, 1998.

Rouleau, Francis A. "The Yangchow Latin Tombstone as a Landmark of Medieval Christianity in China." *Harvard Journal of Asiatic Studies* 17, nos. 3-4 (1954) : 346-65.

Rowe, William T. *Hankow: Commerce and Society in a Chinese City, 1796-1889*. Stanford: Stanford University Press, 1984.

———. *Saving the World: Chen Hongmou and Elite Consciousness in Eighteenth-Century China*. Stanford: Stanford University Press, 2001.

Rudolph, Richard C. "A Second Fourteenth-Century Italian Tombstone in Yangchou." *Journal of Oriental Studies* (Hong Kong) 13 (1975) : 133-37.

Saeki Tomi. *Shindai ensei no kenkyū* (清代盐政之研究) Kyoto: Tōyōshi kenkyū-kai, 1956.

Schafer, E. H. *The Golden Peaches of Samarkand: A Study of T'ang Exotics*. Berkeley: University of California Press, 1963.

Scott, William Henry. "Yangzhou and Its Eight Eccentrics." In idem, *Hollow Ships on a Wine-Dark Sea and Other Essays*, pp. 53-68. Quezon City: New Day Publishers, 1976.

Shen Fu. *Chapters from a Floating Life: The Autobiography of a Chinese Artist*(浮生六记) Trans. Shirley Black. London: Oxford University Press, 1960.

Shiba, Yoshinobu. "Ningpo and Its Hinterland." In *The City in Late Imperial China*, ed. G. William Skinner, pp. 391-439. Stanford: Stanford University

Press, 1977.

——. "Urbanization and the Development of Markets in the Lower Yangtze Valley." In *Crisis and Prosperity in Sung China,* ed. John Winthrop Haeger, pp. 13-48. Phoenix: University of Arizona Press, 1975.

Shimada Kenji. *Pioneer of the Chinese Revolution: Zhang Binglin and Confucianism.* Trans. Joshua A. Fogel. Stanford: Stanford University Press, 1990.

Skinner, G. William. "Cities and the Hierarchy of Local Systems." In *The City in Late Imperial China,* ed. G. William Skinner, pp. 275-351. Stanford: Stanford University Press, 1977.

——. "Introduction: Urban Social Structure in Ch'ing China." In *The City in Late Imperial China,* ed. G. William Skinner, pp. 521-53. Stanford: Stanford University Press, 1977.

——. "Regional Urbanization in Nineteenth-Century China." In *The City in Late Imperial China,* ed. G. William Skinner, pp. 211-49. Stanford: Stanford University Press, 1977.

Smith, Joanna E. Handlin. "Lu Kun's New Audience: The Influence of Women's Literature on Sixteenth-Century Thought." In *Women in Chinese Society,* ed. Margery Wolf and Roxane Witke, pp. 13-38. Stanford: Stanford University Press, 1975.

——. "Social Hierarchy and Merchant Philanthropy as Perceived in Several Late-Ming and Early-Qing Texts." *Journal of Economic and Social History of the Orient* 41, no. 3 (1998): 417-51.

So Kwan-wai. *Japanese Pirates in Ming China During the 16th Century.* East Lansing: Michigan State University Press, 1975.

Spence, Jonathan. "Opium." In idem, *Chinese Roundabout: Essays in History and Culture,* pp. 228-56. New York: Norton, 1992.

——. *Ts'ao Yin and the K'ang-hsi Emperor: Bondservant and Master.* New Haven: Yale University Press, 1966.

Staunton, Sir George. *An Authentic Account of an Embassy from the King of Great*

Britain to the Emperor of China. 2 vols. London: W. Bulmer, 1797.

Strassberg, Richard E. *Inscribed Landscapes: Travel Writing from Imperial China.* Berkeley: University of California Press, 1994.

———. *The World of K'ung Shang-jen: A Man of Letters in Early Ch'ing China.* New York: Columbia University Press, 1983.

Struve, Lynn A. "Ambivalence and Action: Some Frustrated Scholars of the K'ang-hsi Period." In *From Ming to Ch'ing: Conquest, Region and Continuity in Seventeenth-Century China,* ed. Jonathan Spence and John E. Wills, pp. 323-65. New Haven: Yale University Press, 1979.

———. *The Southern Ming, 1644-1962.* New Haven: Yale University Press, 1984.

———. *Voices from the Ming-Qing Cataclysm: China in Tigers' Jaws.* New Haven: Yale University Press, 1993.

Sun Yatsen. *San Min Chu I: The Three Principles of the People* (三民主义) Trans. F. W. Price. Chungking: Republic of China, Ministry of Information, 1943.

Suzuki Hiroyuki. "Shindai Kishūfu no sōzoku to sonraku: Kiken no Kōson." (清代徽州府的宗族与村落：歙县江村) *Shigaku zasshi* 10, no. 4 (1992)：65-86.

Takino Shōjirō. "Shindai Kenryū nenkan ni okeru kanryō to enshō: Ryōgai en'in an o chūshin to shite." (清代乾隆年间的官僚与盐商：以两淮盐引为中心) *Kyūshū daigaku Tōyōshi ronji,* no. 15 (1986)：83-106.

———. "Shindai Waiankan no kōsei to kinō ni tsuite." (清代淮安关的构成与功能) *Kyūshū daigaku Tōyōshi ronji,* no. 14 (1985): 116-56.

Tanaka Masatoshi. "Rural Handicraft in Jiangnan." In *State and Society in China: Japanese Perspectives on Ming-Qing Social and Economic History,* ed. Linda Grove and Christian Daniels, pp. 79-100. Tokyo:University of Tokyo Press, 1984.

Tong, Te-kong, and Li Tsung-jen. *The Memoirs of Li Tsung-jen* (李宗仁回忆录). Boulder, Colo.: Westview Press, 1979.

Torbert, Preston M. *The Ch'ing Imperial Household Department: A Study of Its Organization and Principal Functions, 1662-1796.* Cambridge, Mass.: Harvard

University, Council on East Asian Studies, 1977.

Tsang, Ka Bo. "Portraits of Hua Yan and the Problem of His Chronology." *Oriental Art* 28, no. 1 (1982): 64-79.

——. "The Relationships of Hua Yan and Some Leading Yangzhou Painters as Viewed from Literary and Pictorial Evidence." *Journal of Oriental Studies* (Hong Kong) 23 (1985): 1-28.

Twitchett, Denis. *Financial Administration Under the Tang Dynasty*. Cambridge, Eng.: Cambridge University Press, 1970.

Vermeer, E. B. "P'an Chi-hsun's Solutions for the Yellow River Problems of the Later 16th Century." *T'oung Pao* 73, nos. 1-3 (1987): 33-67.

Wakeman, Frederic, Jr. . *The Great Enterprise: The Manchu Reconstruction of Imperial Order in Seventeenth-Century China*. Berkeley: University of California Press, 1985.

Waley, Arthur, comp. and trans. *Chinese Poems*. London: George Allen and Unwin, 1976.

Waley-Cohen, Joanna. *The Sextants of Beijing: Global Currents in Chinese History*. New York: Norton, 1999.

Walker, Kathy Le Mons. *Chinese Modernity and the Peasant Path: Semi-colonialism in the North Yangzi Delta*. Stanford: Stanford University Press, 1999.

Wang, David Der-wei. *Fin-de-Siècle Splendor: Repressed Modernities of Late Qing Fiction, 1849-1911*. Stanford: Stanford University Press, 1997.

Wang Shiqing. 董其昌的交游, In *The Century of Tung Ch'i-ch'ang, 1555-1636*, ed. Wai-Kam Ho, pp. 461-83. Kansas City: Nelson-Atkins Museum of Art, in association with the University of Washington Press, 1992.

Wei Minghua and Antonia Finnane. "The Thin Horses of Yangzhou." *East Asian History*, no. 10 (Dec. 1995): 47-66.

Wei Peh-ti. "Juan Yuan: A Biographical Study with Special Reference to Mid-Ch'ing Security and Control in Southern China, 1799-1835." Ph.D. diss., University of Hong Kong, 1981.

Widmer, Ellen. "Tragedy or Travesty? Perspectives on Langxian's 'The Siege of Yangzhou'." In *Paradoxes of Traditional Chinese Literature,* ed. Eva Hung, pp. 167-98. Hong Kong: Chinese University Press, 1994.

Wilhelm, Hellmut. "The Po-hsüeh hong-ru Examination of 1679." *Journal of the American Oriental Society* 71 (1951): 60-66.

Wilkinson, Endymion. "Chinese Merchant Manuals and Route Books." *Ch'ing-shih wen-t'i* 2, no. 9 (Jan. 1973): 8-34.

Will, Pierre-Etienne. "On State Management of Water Conservancy in Late Imperial China." *Papers in Far Eastern History* (Australian National University, Department of Far Eastern History), no. 36 (Sept. 1987): 71-91.

——. "State Intervention in the Administration of a Hydraulic Infrastructure: The Example of Hubei Province in Premodern Times." In *The Scope of State Power in China,* ed. Stuart Schram, pp. 295-347. London: School of Oriental and African Studies; Hong Kong, Chinese University Press, 1985.

Wood, Frances. *Did Marco Polo Go to China?* London: Seeker and Warburg, 1995.

Worthy, Edmund H. "Regional Control in the Southern Song Salt Administration." In *Crisis and Prosperity in Sung China,* ed. J. W. Haeger, pp. 101-41. Arizona: University of Arizona Press, 1975.

Wright, Arthur E. *The Sui Dynasty.* Knopf, New York, 1978.

Wu Chengming. "Introduction: On Embryonic Capitalism." In *Chinese Capitalism, 1522-1840,* ed. Xu Dixin (许涤新) and Wu Chengming, pp. 1-20. Houndmills, Eng.: Macmillan, 2000.

Wu Ching-tzu. *The Scholars* (儒林外史) Trans. Yang Hsien-yi and Gladys Yang. New York: Grosset and Dunlap, 1972.

Wu, Silas. *Passage to Power: K'ang-hsi and His Heir Apparent, 1661-1722.* Cambridge, Mass.: Harvard University Press, 1979.

Wu, William Ding Yee. "Kung Hsien (ca. 1619-1689)." Ph.D. diss., Princeton University, 1979.

Wu, Yenna. "Her Hide for Barter." *Tamkang Review* 27, no. 2 (Winter 1996) : 129-

82.

Xu, Yinong. *The Chinese City in Space and Time: The Development of Urban Form in Suzhou.* Honolulu: University of Hawaii Press, 2000.

Yoshida, Tora. *Salt Production Techniques in Ancient China: The Aobo Tu.* Trans. and rev. Hans Ulrich Vogel. Leiden: E. J. Brill, 1993.

Yule, Henry. *The Book of Ser Marco Polo.* 1871. Rev. Henri Cordier. London: John Murray, 1903.

——. *Cathay and the Way Thither: Being a Collection of Medieval Notices of China.* 1866. Rev. Henri Cordier, 1913. Reprinted-Nendein, Liechtenstein: Kraus Reprint, 1967.

Zheng Xie. "Si jia." . In *Cheng Pan-Ch'iao: Selected Poems, Caligraphy, Paintings and Seal Engravings* (parallel text), pp. 74-75. Ed. and trans. Anthony Gurofsky and Paul Gurofsky. Hong Kong, Joint Publishing Company, n.d.

Chu Tzu-ch'ing. "My Wife and Children." Trans. Ernst Wolff. In *Chinese Civilization and Society: A Source Book,* ed. Patricia Ebrey Buckley, pp. 294-95. New York: Free Press, 1981.

Zurndorfer, Harriet T. *Change and Continuity in Chinese Local History.* Leiden: E. J. Brill, 1989.

——. "From Local History to Cultural History: Reflections on Some Recent Publications." *T'oung Pao* 83 (1997): 386-424.

——. "The *Hsin-an ta-tsu chih* and the Development of Chinese Gentry Society, 800-1600." *T'oung Pao* 67, no. 3-5 (1981): 154-214.

——. "Local Lineages and Local Development: A Case Study of the Fan Lineage, Hsiu-ning hsien, Huizhou, 800-1500." *T'oung Pao* 70 (1984): 18-59.

译后记

学习和研究历史，有点像深度旅行。作为一名教历史课的大学老师，我常给学生们说这句话。我们大多是普通人，身处于局促的时空范围内，能够接触到的人和事非常有限，很容易陷于平庸无聊状态。或许正因为此，旅游成了越来越热闹的时代潮流。抛开商业因素的推动不说，人们大多希望通过旅游来开拓视野，了解别处的风土人情，感受更加丰富的世相人生。如果说，旅游有助于摆脱空间的局限，那么学习和研究历史，则有助于跨越时空的距离，让自己去体味从古至今的人类生活，与千百年前的贤者、智者灵魂相遇，精神相通。进一步说，很多旅游活动，要达到比较好的体验和效果，也离不开历史知识和思维的帮助。游览名山大川、名城古迹，自然如此。即便一汪清澈水潭、一片苍茫戈壁，如果能够让人真切感受到李白与友人踏歌相别的浪漫、玄奘孤身远赴域外求法的勇毅，那么此行可谓不虚！

呈现在读者面前的这本《说扬州》，正是一部"深度旅行"的成果，而且特别适合作为后来者的深度旅行指南。作者安东篱教授，来自澳大利亚东南海滨名城墨尔本，是"文革"结束后最早来华的外国留学生之一，在南京大学学习期间，就选定了扬州城市史作为自己的研究对象。回到澳大利亚以后，她完成了以扬州为题材的博士论文，又发表了不少研究论文，经过二十多年的反复打磨，2004 年终于在哈佛大学出版社出版了本书的英文本。中国人常说，"十年磨一剑"，而这本书却"磨"了二十多年！读者展阅之后，当能明显感受到其中凝聚了多少"深度旅行"的体验和心得。作为一部严谨的历史学著作，本书的学术水准和学术质量在此不必多言，对于专业研究者来说，它已经是绕不过去的"学术前史"。尤为可贵的是，这本书的构思、内容和文笔，又别具一种独特的美感。全书以素描的笔法，由远及近、由古及今，描摹了一幅幽深的扬州历史形象。在作者流畅、自然的笔调下，扬州犹如一位曾经的贵妇人，历经荣华与沧桑，最终归于平淡与安宁，留下了许多故事给后人去细细品味。非专业人士如果对扬州旅游感兴趣，不读一读这本书，那可真是一大遗憾！

本书中文第一版的翻译工作，是李霞和我在十五年前共同完成的。全书正文 12 章均由李霞翻译，其余译文、全书通校和史料核对工作均由我承担。译稿完成后，安东篱教授指导的熊帆博士又对译稿做了最终校订。承马俊亚教授帮忙联系，从哈佛大学出版社获得了中译本授权。又经老友陈怀宇博士帮助，译稿最终由中华书局正式出版。中文版 2007 年面世以后，受到了读者的热情关注。镇江的裴伟先生特意来函，指出了十余处人名、地名上的细节问题。今年年初，后浪出版公司林立扬女士筹划出版本书的中文第二版。趁此机会，经与原作者安东篱教授联系，我对全部译稿通核了一遍，订正了人名、地名和打字方面的一些细节问题。第四章的一处中文引文，当初未能找到原始文献，权宜采用了英文回译的方式，这次也查到并且补上了中文原文。谨此对各位师长和朋友致以诚挚的谢意，也希望这个新的版本能够给读者带来更好的阅读体验。

回想本书的翻译过程，不禁又想起了恩师蔡少卿先生。蔡先生是本书作者和译者之间共同的学术纽带。1977 年，安东篱教授还是一名澳大利亚青年学生的时候，来到南京大学历史系留学，得到了蔡先生的热心指导和帮助。此后二十多年里，安东篱教授夫妇与蔡先生一直保持着学术联系。1999 年，我来到南大历史系跟随蔡先生读博士，三年后毕业留校。蔡先生一直关心我的职业成长，积极帮我联系、推荐，让我有机会于 2004 年秋前往澳大利亚墨尔本访学，由此结识了安东篱教授并交往至今。可惜的是，蔡先生现在已经远离我们而去了。撰写这篇后记之前，刚刚译完安东篱教授为本书中文第二版新写的序言，译至最后一句，我也一时难以自禁，泪水盈眶。

键盘敲击一晚，时已午夜，准备关机休息。猛然想起，天亮后还要迎接第三次全员核酸检测，这才回头意识到，此时此地此身，正处于"新冠疫情"笼罩之中。特此补上一笔，作为他日的记忆。

李恭忠

2021 年 7 月 29 日

于南京仙林南大和园

出版后记

　　说到扬州，我们都有太多或模糊或生动的印象：冶春茶社的汤包、水上轻摇的画舫、别有情调的评弹、巷里桥头的明清建筑、诗词小说中略带悲情色彩的"扬州瘦马"……那些深深浅浅的记忆在心头织造成了一个"扬州梦"，梦里的它总是美的，但梦外的它总有几分斑驳。

　　透过《说扬州》，我们能感受到作者安东篱对扬州这座历史名城的爱意。她将笔尖聚焦在明清时期的扬州，着力刻画这一时期让扬州发生重要变化的几大因素，如人口流动、盐业壮大、水利运转等，以及随之出现的园林文化、女性文化和士商文化。在如此宏大的架构下，文字与观点却没有流于表面——若不是遍览那一时期的所有方志，细细品读时人的诗文和著述，是极难在一个外来者的角度深切体会一座城之血和肉的。书中大量对历史文献的引述便是例证，那句"画舫录中人半死，倚虹园外柳如烟"的叹息至今萦绕在编者心头。

　　在这样细致且深刻的描绘之下，扬州的美多了几分真切和厚重。这或许便是该书在2007年首次出版后能让众多读者喜爱的原因之一吧。幸得安东篱教授和李恭忠教授的信赖，我们能在十多年后再次出版该书，在此致以万分的敬意与感谢。

　　本次出版在旧版的基础上做了细致修订，又补充多幅彩图，以飨读者。本书若有纰漏之处，欢迎各位读者来信指正。

　　服务热线：133-6631-2326　188-1142-1266

　　读者信箱：reader@hinabook.com

后浪出版公司

2021 年 8 月

图书在版编目（CIP）数据

说扬州 / （澳）安东篱 (Antonia Finnane) 著；李
霞，李恭忠译.-- 北京：北京联合出版公司，2022.5
ISBN 978-7-5596-6046-6

Ⅰ.①说… Ⅱ.①安…②李…③李… Ⅲ.①扬州—
地方史—研究—明清时代 Ⅳ.① K295.33

中国版本图书馆 CIP 数据核字 (2022) 第 042023 号

SPEAKING OF YANGZHOU: A Chinese City, 1550-1850
by Antonia Finnane
© 2004 by President and Fellows of Harvard College
Published by arrangement with Harvard University Asia Center
through Bardon-Chinese Media Agency
Simplified Chinese translation copyright © 2022
by Ginkgo (Shanghai) Book Co., Ltd.
All rights reserved.
本书简体中文版权归属银杏树下（上海）图书有限责任公司

北京市版权局著作权合同登记 图字：01-2022-0753
审图号：GS（2022）2983 号

说扬州

著　　者：［澳］安东篱（Antonia Finnane）
译　　者：李　霞　李恭忠
出 品 人：赵红仕
选题策划：后浪出版公司
出版统筹：吴兴元
特约编辑：梁欣彤　林立扬
责任编辑：徐　樟
营销推广：ONEBOOK
装帧制造：墨白空间·张家榕

北京联合出版公司出版
（北京市西城区德外大街 83 号楼 9 层　100088）
文畅阁印刷有限公司印刷　新华书店经销
字数 296 千字　889 毫米 × 1194 毫米　1/32　13.5 印张　插页 20
2022 年 5 月第 1 版　2022 年 5 月第 1 次印刷
ISBN 978-7-5596-6046-6
定价：80.00 元